新版

生命変革の哲学

――日蓮仏教の可能性

須田晴夫

鳥影社

新版の序

本書の旧版は二〇二二年二月にペーパーバックとして出版されたが、その直後、ロシアによるウクライナ侵攻が勃発するなど大きな世界の変動が生じたので、その変動を受け止めて旧版に加筆した。また、日蓮仏教の把握には日蓮の位置づけの問題を避けることはできないと考えたため、第三章第四節「日蓮教団の問題」を加え、『新版　生命変革の哲学――日蓮仏教の可能性』として上梓することとした。併せて旧版に見られた冗長な部分を削除し、より質の高い出版物となるよう改訂した。

もとより内容に大きな変化はないが、今回の新版が旧版よりも更に読み易いものになっていれば幸いである。

終わりに、困難な出版状況の中で、本書のような大部の書物の出版に尽力していただいた鳥影社社長の百瀬精一氏に心からの感謝の意を表したい。

二〇二四年二月十六日　日蓮生誕の日に　　　著者記す

初版　はじめに

現代は、地球温暖化にともなう異常気象や環境破壊、格差の拡大に象徴される多くの社会・経済問題などの深刻な危機に直面している。人類は従来の活動の在り方を見直し、新たな道を探らなければならないが、そのために求められるのは基盤となるべき思想、価値観であろう。現代社会のあらゆる分野で「思想、哲学への回帰」ともいうべき現象を見てとることができる。

グローバル化が進展し、「世界は一つ」の状況が現出している今日、求められる哲学は人種や国家の枠を超えた普遍的な「共通哲学」である必要があろう。またそれは危機的状況を受け止めながらそれを克服し、新たな世界を生み出していく「生成の哲学」でなければならない。その共通哲学の形成に寄与できる要素が日蓮の創造した宗教にあると考え、現代思想としての可能性を探ってみたのが本書を執筆した趣旨である。

「日蓮仏教」とはあまり耳なれない言葉だが、文字通り、十三世紀の日本に現れた日蓮（一二二二〜一二八二）が開き、弘めた仏教のことである（「日蓮仏法」といっても同義）。天台宗の僧侶として出発した日蓮は、大乗経典の中でも最も有力な経典の一つである法華経を基盤にして独自の仏教を開いた。日蓮の仏教は従来の仏教を継承するとともに、それを超越した新しい仏教であった。日蓮の教団は、彼の存命中はおそらく数百人規模の極めて小規模の教団だったが、彼の死後、次第に日本社会の中で広がり、多くの分派に分かれているものの、今日では日本における主要な仏教教派の一つとなっているだけでなく、地球上のほとんどの国に日蓮仏教を実践する人々が生まれている。今や日本に限定された宗教ではなく、新たな世界宗教として発展しつつある。

本書は、そのような日蓮仏教の世界的展開を踏まえて、思想の概要を説明するとともに、自身と世界を変革する哲学としての現代的意義について考察したものである。内容は世界観および生命観から文明論まで多岐にわたっているが、それは宗教が本来、人間と世界の全体に関わるものだからである。

もとより、本書の内容は全て著者一人の個人的見解に過ぎない。それでも本書が仏教思想の今日における可能性を考えるための参考となれば幸いである。

二〇二二年二月六日

著者記す

新版　生命変革の哲学

――日蓮仏教の可能性

目次

凡例

一、日蓮遺文（御書）の引用は創価学会版『日蓮大聖人御書全集　新版』による。書名を示さずページ数のみ記したものは同書の引用であることを示す。御書だけではなく引用文については読み易さを考慮して、句読点など、若干、表記を改めた箇所もある。

一、法華経の引用は創価学会版『妙法蓮華経並開結』（創価学会教学部編）による。読み下し文は改めた箇所もある。

一、御書の題号および仏教用語の読み方については『仏教哲学大辞典　第三版』（創価学会）を参照した。

新版　生命変革の哲学

——日蓮仏教の可能性

第一章　世界観

第一節　仏教の成立と特質

日蓮仏教について述べる前提として、他の宗教にはない仏教全般の特質について確認しておきたい。

インドとネパール国境付近にあったカピラ城の王子に生まれた釈尊（ゴータマ・シッダルタ、紀元前五六六～四八六、または紀元前四六三～三八三、生没年には諸説ある）に始まる仏教は、当然のことながら、それまでインドで育まれてきた思想を前提にして成立した。

インドの文明は、旧石器・新石器時代はさておき、紀元前二六〇〇年から同一九〇〇年頃にかけて繁栄したインダス文明を起源とする。モヘンジョ・ダロやハラッパーなどの都市を中心に発展したインダス文明では強大な権力をもった専制君主は存在せず、牡牛《おうし》・樹神《じゅしん》・地母神《じぼしん》（母である大地の神）・生殖器崇拝などが行われていたが、これらの信仰は後のヒンズー教に受け継がれていった。同文明が滅亡した原因については気候の乾燥化など諸説あるが、確定していない（山崎元一『古代インドの文明と社会』）。

インド文明史においては紀元前一五〇〇年頃、カスピ海周辺の中央アジアで遊牧生活をしていたアーリア人（インド・イラン人）がヒンズークシ山脈を越えてインドに入ったのが転機となった。

優れた軍事技術によってドラヴィダ人などの先住民を征服したアーリア人の宗教は、インド最古の聖典「リグ・ヴェーダ」が示すように、太陽や雷、暴風、大地、河などの自然現象を神格化した多神教であり、神へ供物を捧げる祭祀を重視するものだった。その神々にはイランのゾロアスター教やギリシャ・ローマの宗教の神と共通しているものも多い。

アーリア人はインダス川上流地域からガンジス川流域へと移動するにつれ、生活形態も遊牧から農耕中心に変化した。余剰生産の増加とともに非生産階層が生まれ、後期ヴェーダ時代である紀元前八〇〇年頃には祭祀を執り行う祭官階級であるバラモン、王侯・武士階級であるクシャトリア、農民や商人ら生産階級であるヴァイシャ、隷属階級であるシュードラの四階級が形成されていった（ヴァルナ制度。後のカースト制度）。

四階級の中でもっとも強い権威を持ったのは祭祀によって神々をも動かす力を持つと信じられたバラモンであり、その故にその宗教はバラモン教と呼ばれる。バラモン教は統一的秩序のない多数の神々を信ずる多神教であり、祭祀と呪術が一体になっていた。神と人間の関係は神に供物と賛美を捧げる代わりに神からの果報を予期する互恵・交換関係だった（辻直四郎『インド文明の曙』四一頁）。

ヴェーダは神々の賛歌や神話が中心で、哲学思想は萌芽的なものしかなかったが、紀元前八〇〇年頃から前五〇〇年頃を中心に造られていった古ウパニシャッド（ヴェーダの付嘱文書。奥義書《おうぎしょ》と呼ばれる）において過去世・現世・未来世の三世にわたる輪廻思想と業思想が確立された。この輪廻と業の教義はその後、インド思想の根幹となり、後に成立する仏教やジャイナ教においても当然のこととして採用された（辻・前掲書一六九頁）。

古ウパニシャッドは、宇宙は唯一の根本原理であるブラフマン（梵《ぼん》）の発展ないしは顕現であるとする一方、人間生命の主体を生気・本体・霊魂・自我を意味するアートマン（我）とし、その梵（宇宙我・大我）と我（個人我）が一体であるという梵我一体説を根本思想とした。「それ（梵）は汝である」「我は梵である」というウパニシャッドの言葉はその思想を端的に示したものとされる。アートマンは身体的束縛を脱した常住不変の実在、人間自身の内部に潜む実我であると見なされた（木村泰賢『印度哲学宗教史』二四七頁）。ブラフマンとアートマンは体的には区別されるが、質的には同一であると考えられた。やがてそのブラフマンも擬人化され、神格化されて「梵天」という男性の最高神に到達した（辻・前掲書一六五頁）。

バラモン教はバラモンの特権を強調するあまり、硬直的な祭祀万能主義に陥り、宗教としては停滞していった。その中心地はガンジス川上流地域だったが、紀元前六〇〇年頃からガンジス川中流・下流地域で都市が発達するようになり、クシャトリアや商人階層からバラモン教の束縛を嫌って「沙門《しゃもん》」と呼ばれる自由な思想家が生まれていった。仏教の文献ではそれらの思想家を「六十二見」と呼んでいる。六十二とは単に多数の意味だが、その自由思想家には次のような共通の特徴があった（山崎元一・前掲書一一五頁）。

①ヴェーダの権威とヴェーダの祭祀の有効性を否定した。
②宗教・思想におけるヴァルナ差別を否定した。
③難解なヴェーダ語ではなく、平易な言葉で広範囲の人々を対象に教えを説いた。
④個人として自己主張し、帰依者も個人として帰依した。

多数の思想家の中では仏典で「六師外道」と呼ばれる人々が有力だった。六師外道はいずれも釈尊よりも少し前の世代に属する。仏教は先行する六師外道を批判していく中で誕生していったと考えられている（中村元『原始仏教の成立』五七頁）。ウパニシャッドの思想が直接、仏典と交渉があったことは認められていないが、ウパニシャッドの業思想が仏教に継承されていることが示すように、間接的には大いに関係があったと見られる（木村泰賢『原始仏教思想論』七〇頁）。当時は思想の自由、言論の自由が広く認められていた。国王や都市が討論会を開いて自由な討論をさせたが、どのような意見を述べても罰せられることはなかったという（中村元『思想の自由とジャイナ教』二二三頁）。

六師外道は当時のインド文明の中心地であったガンジス川中流域のマカダ国を中心に活動し、仏教とも接触する機会が多くあったので仏典の中に記されている。それは次のようなものである。

①プーラナ・カッサパ

道徳否定論者の代表とされる。彼は善も悪も人間が仮に定めたものであり、生き物や人間を殺そうと、物を盗もうと、姦通をなそうと、悪が生ずることも悪の報いが来ることもないとした。また、布施をしても真実を語っても、善が生ずることも善の報いが来ることもないと主張した。人生態度としては快楽主義をとった。

②マッカリ・ゴーサーラ

宿命決定論者の代表。アージーヴィカ教（漢訳では「邪命外道《じゃめいげどう》」）の祖。人間も含めて一切の生き物の状態は運命によって決定されているものであり、善悪の区別も因果応報もないとする。人間の自由意思を認めないのであるから道徳否定論でもある。実践論としては苦行主義をとっていた。彼の宗教は釈尊の時代には相当に有力で、阿育王《あいくおう》（アショーカ王）の詔勅にも仏教やジャイナ教と並ぶ宗教として列記されている。

③アジタ

唯物論者の代表。順世派（ローカーヤタ派）の祖。人間は地水火風の四元素から成るものであるから死後は何も残らないとして霊魂（アートマン、我）の存在を否定し、生きている限り快楽を追求すべきと主張した。因も縁もなく、一切はみな偶然の結果に過ぎないので道徳も宗教を必要ないとした。幸福も不幸も全て偶然であるから人間の努力も一切無意味となる。来世や輪廻を否定し、善悪の業報も否定する道徳否定論者である。仏教は、アジタが説くような、死によって全てが消滅するという見解を「断見《だんけん》」と呼んでいる。

④パクダ

アジタとは逆に心身の不滅・常住を説いた。パクダは、人間は地・水・火・風・苦・楽・霊魂の七要素から成るとし、これらの要素は不変不動であるとした。七要素は不滅であるから、たとえば剣で人を切ったとしても、剣は七要素の間を通過するのみであるから生命には別条なく、殺す者も殺される者も存在しないという。霊魂を実体視して永遠常住のものと見るこのような見解を仏教は「常見《じょうけん》」と呼ぶ。人は他人に苦も楽も与えることはないとするので、この立場も道徳否定論である。

⑤サンジャヤ

人間は真理を認識することはできないとする不可知論《ふかちろん》、懐疑論の立場に立つ。輪廻・業報・霊魂の存在などの問題について否定も肯定もしなかった。各人がその時々の気分に応じて判断したものが真理であるとし、何をどのように判断してもよいとする相対主義者である。これも価値判断の基準を持たないという意味で道徳否定論である。釈尊の十大弟子である舎利弗《しゃりほつ》と目連《もくれん》は、初めはサンジャヤの弟子であったが、彼らは釈尊の教えに触れてサンジャヤの思想の限界を知り、同門の二百余人とともに釈尊に帰依したと伝えられる。

⑥ニガンタ・ナータプッタ

現在もインドで約四百五十万人の信徒を持つジャイナ教の開祖。本名はヴァルダマーナといい、マハーヴィーラ（大勇）と尊称される。釈尊よりも少し前の同時代人とされるが、生没年は不明である。

ジャイナ教は不殺生・真実語（不妄語）・不盗・不淫・無所有の五つの戒律を厳格に守る戒律主義と厳しい苦行を特徴とする。極度の苦行によって霊魂を浄めることが必要であると説いた。特に不殺生は極端に守られ、出家修行者が歩く時は小虫を踏まないよう箒《ほうき》で前を掃きながら進むという。また、行者は空中の小虫を吸い込まないようマスクをする。無所有も徹底されていて、全裸で修行する者が少なくない。断食などの苦行も義務付けられ、断食による死が礼賛される。

苦行を強調し、霊魂の存在を認めていた点では仏教と異なるが、業による因果応報の観念や縁起説的思考はジャイナ教の中にもあり、その意味では仏教と類似した側面があったと見られる（中村元『思想の自由とジャイナ教』二三八頁）。

これら六師外道の思想は多分に道徳を否定する危険思想の傾向があって、仏教から厳しく破折された。釈尊は快楽や苦行を追求する極端な態度を排除して中道を重んじ、また四姓の厳しい差別を当然視したバラモン教の態度を否定して人間の絶対的平等を強調した（信仰と解脱においてはカーストや貧富の差別はもちろん、僧俗や男女の差別も設けられなかった）。ただし、釈尊はバラモン教や六師外道から全く無関係ではなく、むしろ、それら同時代の思想を止揚して総合したところに釈尊の独創的特色があったと見られる（木村泰賢『原始仏教思想論』八二頁）。

仏教と他の宗教とを区別する指標は「法印《ほういん》」と呼ばれ、「諸行無常《しょぎょうむじょう》」「諸法無我《しょほうむが》」「涅槃寂静《ねはんじゃくじょう》」の三つが三法印とされる（それに「一切皆苦」を加えて四法印とする場合もある）。

「諸行無常」とは、全ての現象・存在は生滅変化しており、常に変わらない常住不滅のものは存在しないことをいう。「無常」とは変化することを意味する。無常は衰滅するマイナス面だけではなく、事態が良い方向に変化していく面も当然含まれている。

「諸法無我」とは、全ての現象において、バラモン教が説いたアートマンや霊魂のような不生不滅の実体（我）は存在しないということを指す。バラモン教や六師外道は自我を固定的・実体的にとらえたが、仏教はそれを否定して、万物はあくまでも流動的なものであるとした。それ故に仏教は、宇宙を創造し、人間世界に介入する神などの観念は一切認めない。ただ存在するのは、善因善果・悪因悪果という因果の法則を含む「法（ダルマ）」だけであるとする。その意味で仏教は当初から徹底的に無神論の立場を貫く宗教である。

もちろん「無我」といっても、生命の同一性がないというのではない。幼児が時の推移とともに老人となっても同一の人物であることに相違はない。また「無我」は、とくに明治期以後の日本でしばしば悪用されたように、滅私奉公して「私を無くす」ことではない。仏教の生命観は、業が過去世・現世・未来世の三世を超えて一つの生命に連続していると見る。人間の主体性、個性を尊重していくのが仏教の基本精神である。

「涅槃寂静」とは、万物を貫く超時間的な法に立脚して、環境の変化に左右されない平静・安心の境地にあるということである。涅槃はサンスクリット語の「ニルヴァーナ」の漢訳で、一般に悟りの境地を意味する。インド思想の伝統として、ニルヴァーナに達することで三世の輪廻を脱して再びこの世に生まれてこないことを理想とする観念があった。

仏教においてもその趣旨がしばしば説かれるが、中村元博士が「ニルヴァーナの教えそれ自体が、仏教にとっては、当時の他の宗教からとり入れたものにほかならず、一種の方便説にすぎなかった」（『原始仏教の生活倫理』二三九頁）と述べているように、輪廻からの離脱という教説はインド社会に適応するための方便説に過ぎず、悟りを得た聖者であると否とを問わず、万人が三世にわたって輪廻していくとするのが仏教の本意と考えられる。生死を繰り返しながら輪廻していくことは生命の絶対的な法則であり、誰人もその法則の外にいることは許されないからである。

また「一切皆苦」とは、文字通り、一切世間は苦悩に満ちたものであるという認識を指すが、それは現実に安住して快楽を追求しようとする現世主義的態度を否定する在り方をいう。与えられた現実を全て肯定し「うまく立ち回って人生を楽しむのが正しい」とする現世主義からはあるべき人生の理想を目指す倫理や宗教は生じない。釈尊が一切皆苦を強調したのは釈尊の時代に広がっていた現世主義的態度を退ける意味があった。

「諸行無常」「諸法無我」「涅槃寂静」という仏教の根本思想は、まとめれば「縁起説」に要約される。縁起とは縁によって生起するとの意で、現象世界には他と無関係にそれ自体のみで存在する常住の固定的な実体はありえず、万物は原因および原因を発動させる他との関係（縁）の中で生滅流動していくことをいう。世界各地に共通してみられる、根源的・恒常的な実体から万物が発生するという思想（発生説）を厳しく退ける立場が縁起説である。

原始経典に「縁起を見る者は法を見る。法を見る者は縁起を見る」（パーリ中部経）と説かれる通り、縁起説こそ全ての仏教の根本教理である。また竜樹《りゅうじゅ》（ナーガールジュナ、一五〇年頃〜二五〇年頃）が『中論《ちゅうろん》』で「縁起せるところのもの、それが空《くう》であると我々は説く。それは仮名《けみょう》にして、それはすなわち中道である」と説くように、縁起は「空」「中道」と同義とされる。

森羅万象は単独では存在せず、他者との相互関係の中で生起するとみるのが仏教の縁起説であり、それが仏教を他の思想と区別するメルクマール（指標）である。因果だけでは個物があるのみで、他者との関係性が現れない。万物は他者との関係の中で存在しているのであるから、因果だけではなく縁を考慮の要素に入れなければ生命の実相を把握することができない。因は果の直接原因であるのに対し、縁は因を助ける働きをなす間接原因である。因はそれぞれの生命の在り方を限定するが、縁は相互関係の働きであるから、因によって限定されながらもそこから創造していく作用となる。人間の自由意思はまさに縁に当たる。この因と縁の二つを構成要素とするのが仏教の業思想である（佐々木現順『業と運命』一五四頁）。

さらに仏教を他の宗教と区別し特徴づけるものとして「因果」と「業」の思想、および生命は過去世・現世・未来世の三世にわたって連続すると見る「輪廻」の生命観がある。要するに、仏教の根本的特徴は「縁起」「因果」「業」「輪廻」に要約できる。それ故にそれらを説かない教えは、どのように仏教を装っても仏教ということはできない。

仏教は、差別的で呪術的なバラモン教だけでなく、快楽主義や苦行主義に傾斜して道徳を否定する六師外道らの危険思想を打ち破り、人間の絶対的平等を強調した。また縁起説に基づく因果論と業思想に立脚して、悪を戒め善を勧める建設的な人生態度を教え、全ての生き物（一切衆生）に慈悲を及ぼしていくことを説いた。このような普遍的な思想を持つところに仏教が国家や民族の壁を越えて世界宗教として発展していった根本要因があったといえよう。

仏教は「諸法無我」を根本的立場とするから、単数・複数を問わず神や霊魂の存在を認めない。また、神や霊魂がその恣意的《しいてき》な意志によって人間の禍福《かふく》に介入するという思想は、たとえば人間がいかに努力しても神や霊の意志によって水泡に帰することもあり得ることになり、因果の理法を撥無《はつむ》（払いのけて排斥すること）するので、そのような観念も容認しない。

要するに仏教の立場からすれば、自身にとって他者である神や霊魂が人間の幸不幸を決定するという観念は何の根拠もない妄想に過ぎない。世界の宗教においては神や霊魂の存在を前提にするものが大多数であり、むしろ一般的とも言えるが、仏教は当初からそのような有神論的宗教、霊魂信仰の類いを徹底的に否定し、排除する立場に立つ（仏教が梵天《ぼんてん》・帝釈《たいしゃく》などバラモン教の神を仏教を守護する諸天善神と位置づけるのは仏教守護の働きの表象としてそれらの神を仏教の体系内に包摂する趣旨であり、バラモン教のように梵天・帝釈などを実体視してそれらを信仰・礼拝の対象とするものではない）。各人の人生を決定するのは自分自身以外にないという自律、自力の思想が仏教の根本的態度だからである。

1　「法根本」の思想

釈尊は、万物を貫く永遠の法を根本として生きることを強調した。入滅を前にした釈尊が「自らを灯明（島）とし、自らを拠《よ》り所とせよ。法を灯明（島）とし、法を拠り所とせよ」（「ディーガニカーヤ」）と遺言したことは釈尊の立場をよく示している。そこで表明されているのは、①法を根本としていくこと、②法によって自己を確立していくこと、の二つである。釈尊は根本の法（妙法）を覚知して仏となった。仏を仏ならしめたものは法であり、法こそが仏の師である。仏は法を覚知した「覚者《かくしゃ》」に過ぎず、仏自身が根本になるのではない。釈尊はこの遺言で、法を根本として各自が自己を確立していくことが仏教の基本的態度であることを教えたのである。

法の原語は「ダルマ」で、本来、「保つもの」「支えるもの」の意味である。森羅万象をしてそのようにあらしめているものが法である。また、法の意味は多義的であり、法則や正義、真理、さらには真理を説いた仏の「教え」の意味もある。因果律やいわゆる科学的法則も法の中に含まれる。また、存在・事物・現象などの意味もある。「諸法無我」という場合の「法」はこの意味である。

法こそが諸仏を生み出す根源であり、種であることを法華経の結経である観普賢菩薩行法経《かんふげんぼさつぎょうほうきょう》（普賢経）は次のように説いている。

「この大乗経典は諸仏の宝蔵《ほうぞう》なり。十方三世の諸仏の眼目なり。三世の諸の如来を出生する種なり」（法華経六九七頁）

「この方等経は、これ諸仏の眼《まなこ》なり。諸仏はこれに因って五眼を具することを得たまえり。仏の三種の身は方等より生ず。これ大法印なり。涅槃海《ねはんかい》を印す。かくのごとき海中より能《よ》く三種の仏の清浄《しょうじょう》の身を生ず」（同七二二頁）

釈尊は万物の根源の法（妙法）を覚知して覚者となったが、妙法そのものを明示的に説くことはなかった。人々の能力に応じた教えを説くことによって、各自が法を覚知していくように導いたのである。また小乗・大乗のあらゆる仏教経典も、妙法の存在を示唆することすらなかった。唯一、法華経のみが寿量品において、五百塵点劫という久遠の昔に成道した釈迦仏が成道する以前に菩薩行を行じていた（「我本行菩薩道《がほんぎょうぼさつどう》」）と説くことによって釈迦仏を仏ならしめた妙法の存在を暗々《あんあん》裏《り》に（文底に）示唆したのである。そこに法華経の他経に隔絶する卓越性があるが、法華経を最勝の経典と位置づけた天台大師（五三八〜五九七）、妙楽大師（七一一〜七八二）、伝教大師（七六七〜八二二）等も、内心では妙法を覚知していたとしても、法華経と同様、妙法を明示するという態度には出なかった。天台は法華経の思想を一念三千の法理として体系化し、その法理をもとにした瞑想によって妙法の覚知に近づくことを弟子に教えた。しかし天台仏教においては妙法の明示がないのでその修行は困難を極め、万人成仏という法華経の思想はほとんど現実のものとはならなかった。

その限界を打ち破り、万人に成仏の道を開いたのが日蓮である。すなわち日蓮は、妙法を南無妙法蓮華経と名づけ、それを直接唱えること（唱題）を人々に広く教えた。また妙法を具体の文字曼荼羅本尊に示し、本尊を受持して唱題に励むことによって妙法に則《のっと》った人生を誰でもが実現できるとした。

妙法は仏を生んだ根源であり、妙法は仏が有するものを全て具える故に、妙法を受持する人は仏の持つ全てを譲り受けることが可能となる。日蓮はその趣旨を「観心本尊抄《かんじんのほんぞんしょう》」で「釈尊の因行《いんぎょう》・果徳《かとく》の二法は妙法蓮華経の五字に具足《ぐそく》す。我等この五字を受持すれば、自然《じねん》に彼《か》の因果の功徳を譲り与えたもう」（一三四頁）と述べている。妙法による自己の確立という釈尊の思想は、万人にとって、日蓮によって初めて現実のものとなったのである。

2　超越的存在と他力主義の否定

仏教は自身の外に神や霊魂などの超越的存在があるという観念を持たない。それ故に、現実世界とは別に超越的世界（神や霊の世界）があるという観念も認めない（仏教のいう梵天・帝釈天などの諸天善神は、法を行ずる者を守護する宇宙の働きの象徴的な表現で、何ら実体的なものではなく、万物を創造する創造神でもない）。仏教は創造神の存在を承認しないので、多くの宗教に見られる世界創造神話を一切持たない。仏教においては現実を超越した神霊の世界は存在せず、存在するのは現実世界だけである。

超越的世界に存在する神仏や霊が現実世界に介入して禍福《かふく》等の何らかの働きかけを行う（たとえば「祟《たた》り」の類い）という観念は完全に否定される。仏教は神の概念を立てない宗教（無神教）である。ただし浄土教は仏教の一派と称しながら現実世界を離れた他界である極楽浄土に阿弥陀如来が存在すると説くので、浄土教の世界観はほとんど一神教の世界観に類似したものになっている。

仏教においては、真理（実相）は現実の外に存在するものではなく、現実世界の現象（諸法）に即してのみ認められる。これが、法華経が強調する「諸法実相」の法理である。日蓮は、この諸法実相の法理に触れて「地獄より上《かみ》仏界までの十界の依正《えしょう》の当体、ことごとく一法ものこさず妙法蓮華経のすがたなり」（「諸法実相抄」一七八八頁）と述べている。一切の存在は全て妙法蓮華経（妙法）の現れとするのである。

仏教は超越的存在を一切認めないので、神など自己の外にある他者によって救済されるという「他力主義」を退け、あくまでも自己の力と責任で幸福を実現していくとの「自力主義」を基本とする。

その前提にあるのは、あらゆる生命が仏の特質を具えているという肯定的な生命観である。仏というと、仏教経典においては体が金色《こんじき》で眉間《みけん》の白毫《びゃくごう》から光明を発するなどの三十二の超人的特徴（三十二相）を持った存在として説かれているが、そのような表現は仏の生命の偉大さを神秘的に強調することによって神話的世界観に住していた古代人を仏教に導き入れるための方便（手段）であり、実際にそのような存在があるわけではない。

仏教は誰もが本来、自力で仏の境地に達することができるとする。釈尊は万人に対して誰もが自分と同じ覚者となりうる教えを説いた。一切の生命に仏としての性分（仏性《ぶっしょう》）があるという主張こそ大乗仏教の根本思想である。そこで、人間は罪業深いものであるから自力では幸福になれないと主張する悲観的人間観は完全に否定される（その意味で、人間は何をなそうとも罪悪そのものであるとする親鸞《しんらん》の思想は本質的に仏教の基本に違背している。その思想は、人間には原罪があるので人間が行うのは悪以外ないというキリスト教的観念に類似する）。仏教は、人間には罪業もあるが、それさえも克服し、新たな現実を作りだしていけるとするのである。

そこから、人生の責任は他者ではなく最終的には自己自身にあるという「自己責任」の思想が生まれる。他者の悪行によって被害を受けた場合、悪をなした者の責任を追及して悪行の被害を償《つぐな》わせることは当然だが、それとは別に、災難を受け止めて人生を切り開いていく責務は自己自身にある。悪人に遭遇しなければならなかった業因は自身の内にあるからである。仏教は「自分が不幸なのは他者や社会が悪かったためだ」とする被害者意識や他者への怨恨を克服し、どのような苦難も乗り越えていける自己自身を築くことを教えるのである。

3　永遠の世界と無数の宇宙

法則は始まりもなければ終わりもない永遠のものであり、世界もまた無始無終の永遠の存在である。仏教は、世界がある時点から始まり、ある時点で終わるという観念を持たない。世界の創造や終末の観念自体が存在しない。万物は生成しては安定し、衰退して滅していく「成住壊空《じょうじゅうえくう》」のサイクル（輪廻）を永遠に繰り返すものとする。滅した後の「空《くう》」の状態は何もない完全な無ではない。次の生成を孕《はら》んだ状態である。死滅の後の「空」の状態から次の生成が開始される。生滅の循環が無限に持続していく。現代の量子論は、真空と考えられている空間にも電子と陽電子が絶えず生成消滅しているとする。真空にもエネルギーがあるとされる（真空のエネルギー）。

ビックバン宇宙論は宇宙の始まりを説くが、それが示す宇宙は現在の人間が存在している宇宙に過ぎない。今日では、人間が住する宇宙の他にも多くの宇宙が存在しているという多元的宇宙論が有力になっている。

仏教においても法華経・華厳経《けごんきょう》・梵網経《ぼんもうきょう》などの大乗経典では人間が住する娑婆《しゃば》世界の他に無数の

他方の世界があるとされる（たとえば法華経では、娑婆世界とは別の他方の国土から妙音《みょうおん》菩薩などの諸菩薩が娑婆世界に来訪すると説かれる）。娑婆世界とは人間が存在し、認識できる宇宙、他方世界とは人間が認識できない他の宇宙と考えることができる。仏教は宇宙もまた無数に存在するものとするのである。

現代の宇宙論をリードしてきた英国のホーキング博士は無数の宇宙の存在について次のように述べている。

「M理論（「万物の理論」の候補である、物理学の基本的理論のこと—引用者）によると、私たちの宇宙は唯一の宇宙ではありません。M理論は、多くの宇宙が無から創生されたと予言します。宇宙の創生には超自然的な存在である神の介入を何ら必要としません。むしろ、無数の宇宙が物理法則から自然に生まれるのです。科学は無数の宇宙が自然に生まれるということを予言しています」（『ホーキング、宇宙と人間を語る』一六頁）。

またホーキング博士は「なぜ、宇宙は存在しているのか」「なぜ、我々は存在しているのか」という問いに対して「宇宙の自発的生成」をもってその答えとしている（同書二五二頁）。このような見解は仏教の無始無終の宇宙観に合致している。我々が住む宇宙も、また我々自身も、他者によって創られたものではなく、自発的に自らの意志によって生成したのである。

ホーキング博士と同様に「無」からの宇宙の生成という理論を提唱したのはウクライナ出身の物理学者ビレンケン博士である。ビレンケン博士の言う「無」においては物質も空間も時間も存在しない（アインシュタイン以前は時間と空間は周りから何の影響も受けない単なる「容れもの」だったが、アインシュタインの相対性理論の登場により、物質の存在が時間・空間の在り方を変えることが明らかになった)。ビレンケン博士の見解によれば、「宇宙は、時間も空間もエネルギーもまったくない『無』から、量子論的『トンネル効果』によって創生された」(佐藤勝彦『宇宙は我々の宇宙だけではなかった』六〇頁)ということになる。

無数の宇宙の存在を説く多元的宇宙論によるならば、無数の宇宙を生み出した「無」は超宇宙ともいうべきものである。それぞれの宇宙は「無」から生まれ出ようとする自らの意志によって誕生した。仏教の洞察によれば、万物は成住壊空《じょうじゅうえくう》を繰り返していくのであるから、個々の宇宙の中にある全ての存在が生じてはまた宇宙に溶け込んでいくのと同様に、個々の宇宙もまた誕生しては長遠の時間の果てにはやがて消滅し、「無」に帰っていくと考えられる。

今日の観測によれば、我々の宇宙の膨張速度は加速度的に増加しており、無限大の速度になると全ての銀河も天体も解体されて原子になり、最終的には原子もバラバラになって宇宙が消滅する(ビッグリップ)との仮説が考えられている(陽子や中性子も壊れていく)。宇宙が途中で膨張から収縮に転ずるとする説(ビッグクランチ)、膨張を続ける宇宙ではブラックホールも蒸発し、やがて全体が絶対零度に近い超低温になるという説(ビッグフリーズ)もあるが、その場合でも個々の宇宙が消滅していくことでは変わらないと見られる。「我々の時空を超えたところでも、無限個の宇宙がやはり生成と消滅を繰り返している」(佐藤勝彦・前掲書六一頁)という宇宙物理学者の発言も仏教的宇宙観に響き合うものがある。

仏教の思想は極めて合理的で、仏教が説く宇宙観は現代科学が提示する宇宙観と矛盾するものではないが、仏教からは科学が把握できるのは世界の一部に過ぎないとする見解が導き出される。実際に現代科学の知見では超宇宙はおろか、我々が住んでいる宇宙の全貌を把握することもできていない。今日の宇宙論によれば、星や銀河など原子で構成されている普通の物質は全宇宙の五%にも満たず、残りは原子や素粒子で出来ていないダークマターとダークエネルギーであることが明らかになっているが、その正体は全く分かっていない。

4　個と宇宙

仏教によれば、個々の生命と宇宙は一体不二である。個々の生命は宇宙に存在する元素で構成されている（この場合の宇宙は我々が存在している宇宙を指す）。個物は宇宙から生まれ、滅すればまた宇宙に帰っていく。宇宙と切り離された個は存在しない。個の生命には全宇宙が凝縮されている。我即宇宙であり、宇宙即我である。

天台大師が確立した一念三千の法理は、個物と宇宙が一体相即しているとする仏教の世界観を端的に示すものである。すなわち個々の生命（一念）に全宇宙の一切の現象（三千）が具わっているとする。一念三千について述べた妙楽大師湛然《たんねん》の「一心一念、法界《ほうかい》に遍《あまね》し」（『止観輔行伝弘決《しかんぶぎょうでんぐけつ》』）の言葉も同様の趣旨である。「法界」とは、あらゆる存在・現象（法）の世界、すなわち全宇宙を指す。一個の生命（一心・一念）は全宇宙に遍満しているというのである。

万物はそれ自体だけでは存在せず、必ず他者との関係（縁）によって生起するという縁起観が仏教の基本である。また、不変の存在はありえず、全てが流動し、生滅するとする（諸行無常）。仏教の基本であるこの縁起（空《くう》）の論理を明確にしたのが大乗仏教の思想を大成した竜樹《りゅうじゅ》であった。この縁起の世界観は仏教の正統思想として法華経ないしは天台・妙楽・伝教らに引き継がれ、日蓮においても確固とした前提として継承されている。

万物は生成しては滅するが、滅といっても完全な無ではない。その状態から条件に応じてまた生成が開始される。空とは単純な無ではなく、生を孕《はら》んだ滅の状態をいう。存在はやがて非存在となり（滅）、非存在がまた存在となっていく（生起）。生起している状態は一時的に過ぎず（仮《け》）、時が経過すれば滅の状態となる（空《くう》）。その生滅を繰り返しつつ、生命の同一性は損なわれずに保たれている（中《ちゅう》）。天台大師のいう「空仮中《くうけちゅう》の三諦《さんたい》」とは、そのような存在の在り方を示したものといえよう。

万物は流動し、ある時は生として現れ、ある時は滅の状態となる。その事物は単純な生でも滅でもない。それ故に竜樹は『中論』で「不生不滅」とした。逆に言えば、生滅を繰り返す万物はそれ自体に生も滅も含んでいる。したがって「生でもなく、滅でもない」とともに「生でもあり、滅でもある」ということになる。

生滅の言葉を有無に置き換えれば、生命は単なる有（生）でもなければ無（滅）でもない。単なる有や無という言葉では把握できないものである。この点について日蓮は「一生成仏抄」で「起こるところの一念の心を尋《たず》ね見れば、有りと云わんとすれば色《いろ》も質《かたち》もなし。また無しと云わんとすれば、様々《ようよう》に心起こる。有と思うべきにあらず、無と思うべきにもあらず。有無の二つの語《ことば》も及ばず、有無の二つの心も及ばず。有無にあらずして、しかも有無に遍《へん》して、中道一実の妙体にして不思議なるを妙とは名づくるなり。この妙なる心を名づけて法ともいうなり」（三一八頁）と述べている。

西欧的な形式論理で言えば、物事の判断は肯定か否定かのどちらかで、その中間はありえないということが原則であるが（この原則を「排中律《はいちゅうりつ》」という。ちなみに「AはAである」というのが同一律、「Aは非Aではない」というのが矛盾律で、この二つに排中律を加えた三つの原理がアリストテレスが確立した形式論理学の基本法則である）、竜樹は単なる肯定も否定もともに否定し（両非《りょうひ》の論理）、仏教の世界観が形式的な排中律を乗り越えたものであることを示したのである（この点は山内得立《やまうちとくりゅう》『ロゴスとレンマ』に詳しい）。

形式論理が肯定と否定しか認めないのは、あくまでも事物を静的に捉えているからである。たとえば、ある雲が白いと肯定し、他の色ではないと否定するのは、ある瞬間の雲の状態を固定して判断したからである。しかし、実際は雲の色は瞬間瞬間に変化するものであり、ある時は白であっても時が経過すれば黒や赤や他の色に変化する。それ故に一つの雲でも流動変化する全体を捉える時、特定の色をもって限定することができない。白であると肯定することも、白でないと否定することもできない。

このように仏教は世界を生成流動するそのままを把握する。単なる肯定も否定し、単なる否定も否定する。また、肯定でもあるとともに否定でもあるとするのが「中道」である。その在り方は静的な形式論理を超越し、言語で表現しきれないので不可思議であり、妙である。竜樹の主著が『中論』と名づけられていることが示すように、竜樹は「中道」の思想を明確にしたのである。

現象を固定して捉える「概念」によっては流動する世界を在りのままに把握することはできない。この点について、ベルグソンは『形而上学入門』で次のように述べている。

「概念で実在が把捉《はそく》できると信じるのは空頼《そらだの》みであって、概念はわれわれに実在の影を示すだけのものである」（『形而上学入門』七三頁）

「実在とは動性である。実在するものは既成の事物ではなくて生成しつつある事物であり、自

己を維持する状態ではなくて変化しつつある状態である」（同書九四頁）

「固定した概念によって実在の動性を構成し直す手段は、まったく存しない」（同書九六頁）

世界を生成流動するものと捉えることは世界を「もの」ではなく「こと」を軸として捉えることを意味している。「もの」的世界観から「こと」的世界観への転換について創価学会第三代会長の池田大作は『法華経の智慧』第一巻で次のように述べている。

「『コト』というのは『事象』『現象』であり、まさに『法』そのものです。世界を〝諸物〟としてではなく、〝諸法〟として、とらえ始めている。その諸法の実相（真実の姿）を説いたのが、法華経なのです。今、このように、生命観、世界観をめぐって、明らかに、パラダイム（考え方の枠組み）の大転換が見られる」（同書四九頁）

5　生命の世界

日蓮によれば、宇宙全体が生死を繰り返す生命の世界であり、一切の存在は生死の法に貫かれている。この点について日蓮は「生死一大事血脈抄《しょうじいちだいじけつみゃくしょう》」で次のように述べている。

「妙は死、法は生なり。この生死の二法が十界の当体なり。（中略）天地・陰陽・日月・五星・地獄乃至《ないし》仏果、生死の二法にあらずということなし。かくのごとく、生死もただ妙法蓮華経の生死なり」（二七七四頁）

日蓮の洞察によれば、宇宙や天体を含めてあらゆる存在は生死を繰り返すものであり、またその生死は全て妙法の働きである。宇宙そのものが一つの大生命体である。あらゆる存在が他との関連の中で存在している（無数の他者から働きかけを受け、また他者に働きかけている）と見る仏教の縁起観によるならば、宇宙だけでなく万物も一つとして無意味なものはなく、他に何らかの価値を及ぼしていると見ることができる。万物が慈悲の当体であることについて日蓮は次のように言う。

「春の時来《きた》って風雨の縁に値《あ》いぬれば、無心の草木も皆ことごとく萠《も》え出でて花を生じ、敷《さ》き栄えて世に値《あ》う気色《けしき》なり。秋の時に至って月光の縁に値いぬれば、草木皆《みな》ことごとく実《み》成り熟して一切の有情《うじょう》を養育し、寿命を続《つ》ぎ長養《じょうよう》し、終《つい》に成仏の徳用を顕す。これを疑い、これを信ぜざるの人有るべしや。無心の草木すら、なおもってかくのごとし。いかにいわんや人倫においてをや」（「総勘文抄」七二九頁）

「千草万木、地涌の菩薩にあらずということなし」（「御義口伝」一〇四七頁）

「菩薩とは、十界の衆生の本有《ほんぬ》の慈悲なり」（「御義口伝」一一一三頁）

我々が住む宇宙自体に生命を育む特質があるとする見解は、今日、多くの科学者が共有するところとなっている。たとえば物理学者のポール・デイヴィーズは、地球のような惑星が存在するのは超新星爆発が水素とヘリウム以外の重元素を銀河中にばらまいたことによるとし、さらにその超新星爆発も、素粒子間に働く弱い相互作用がちょうど超新星を生むような強さで働いていることによって成立しているという（『The Accidental Univers』六七頁）。

素粒子間の弱い相互作用と同様なことは他の物理定数にも見られる。哲学者のオークローズと物理学者のスタンチューは共著『新・進化論』で次のように述べている。

「ほかにも、たくさんの基本的な物理定数で、同じようなことが見られる。たとえば、原子核において陽子と中性子を結び付けている強い力が今の半分の強さだったとしたら、元素はたちまちのうちに崩壊してしまう。鉄や炭素でさえ、不安定な元素になってしまうのだ。逆に、強い力がちょっとでも強すぎたとしたら、重陽子が存在し、ふつうの水素が激しい爆発を起こしうることになる。そうなれば、宇宙に存在していたすべての水素が、星が形成される以前に燃えつきてしまっただろう。この場合もやはり、安定な元素も水素も存在していなかったはずである。どちらにしても、生命は誕生していない」（『新・進化論』三六九頁）

植物から動物に至る食物連鎖の姿も一切の生命を養う宇宙の働きと見ることができる。宇宙自身も生成と死滅を繰り返しながらそれ自体の内に無数の生命を含む大生命体である。それは、一個の人間の体が約六十兆個の細胞からできており、また体内に百兆個以上の腸内細菌などが存在していることと類比される。個々の人間も全体を構成する無数の細胞の一つと見ることもできる。人間の体が体内の百兆を超える生命の調和のうえに成り立っているように、宇宙もまた、その内に存する無数の生命と調和しつつ存続しているのである。宇宙を慈悲と調和の当体と見る仏教の宇宙観は、人間の倫理を考える上でも重要な前提となる。

地球上に生命が初めて生まれたのは、地球が誕生して約五億年後の、今から約四十億年前と考えられている（現在知られている最古の生物化石は約三十五億年前の原核生物の化石）。地球上にどのようにして生物が誕生したかという「生命の起源」の問題はまだ確定的に解決していないが、当初無機物だった物質が有機物へと化学的に進化し、有機物が複雑化して生命が誕生したとするソ連の科学者オパーリン以来の化学進化説が主流である。この説に立つならば、原始地球の物質は生命体へと進化する潜在的な特質を持っていたことになる。物質は自らの意志によって自身の特質を開発し、生命体へと変化していったと見ることができる（物質も意志を持つという見解については次章で触れる）。

生命の誕生から人間に至る生物進化の原理として、ダーウィンから近年まで、生存競争による自然淘汰（自然選択）という発想（＝適者生存）が支配的だったが、実際には種の間でも種の内部でも直接的に害を与えあう闘争は観察されておらず、自然淘汰は進化を説明する論理として破綻しているという主張が今日では有力になっている。少なくとも種の分化をもたらすような大進化は自然淘汰を軸とするネオダーウィニズムでは説明できない。生物学者の池田清彦氏は「単細胞生物から多細胞生物へ、無脊椎動物から脊椎動物へ、魚類から四足動物へ、といった大きな進化はどのようにして起きるのか。ネオダーウィニズムは説明することができない」（『「進化論」を書き換える』一八七頁）と述べている。

生物は互いに殺しあうのでなく、生息する環境を分けあったり、食物を区別したりして協調、共存することによって生存している（『新・進化論』一五三頁以下）。種が生まれる原因は漸進ではなく、跳躍である。生命は自発的な力によって跳躍し、新種を生み出すと考えられる（同書二〇九頁）。

人類学者の今西錦司博士は次のように言う。

「生長も進化もこれを時間軸に沿った一つのコースとみるかぎり、いずれも主体のあらわした自己運動の軌跡である、と見なしてよい」（『主体性の進化論』二〇六頁）

「主体性はこの世界を構成しているあらゆるものに認められる。分子だって自己運動しているものなら、その主体性を認めてもよい」（同書二一一頁）

物質から生物まで広く主体的な意志を認めようとするこれらの見解は、万物を統一して捉える仏教の生命観に通ずるものがある。

第二節　業と因果

1　因果

因果の思想は原始仏教から大乗仏教まで全ての仏教において一貫して認められる。たとえば原始仏教ではいわゆる十二縁起説を説くが、「縁《よ》って起こること」（縁起）の「縁って」とは「もとづいて」「条件として」「原因として」の意味であり、「起こること」は「生起していること」「成立していること」という結果を意味するから、「縁起」の言葉の中に既に「因果」の観念が含まれていると解される（藤田宏達「原始仏教における因果思想」『仏教思想3　因果』八六頁）。アビダルマ仏教（部派仏教、小乗仏教）においても、『倶舎論《くしゃろん》』などで六因・四縁・五果説として詳細な分析的因果論が展開されていることが示すように、因果思想は当然の前提となっている。大乗仏教においても因果の観念は根本的なものであり、たとえば法華経如来寿量品では釈迦仏が菩薩道を行じたことを因として五百塵点劫成道の仏果を得たと説いているが、天台大師はこの釈迦仏成道の因果を「本因本果」とする。

このように、およそ因果の理法を否定したところに仏教は存在しない。この点について中村元博士は「因果は仏教の中心観念である」（『仏教思想3　因果』三頁）、「『因果』の観念は仏教にとって本質的なものである」（同書五二頁）と結論づけている。日蓮は「開目抄」で心地観経《しんちかんきょう》を引いて「過去の因を知らんと欲《ほっ》せば、その現在の果を見よ。未来の果を知らんと欲せば、その現在の因を見よ」（一一二頁）と述べ、一貫して因果の理法を強調している。

現代科学においても因果律は不動の前提とされている。要するに原因が先にあって、その後に結果があるのであり、その逆になることはない（フライパンを火にかける前にオムレツが出来ているということはない）。時間は一方通行で、遡ることは不可能であり（時間の不可逆性）、現代物理学においてもタイムトラベルはできないとされている。タイムトラベルが不可能なのは、それが可能になれば何者も光速以上の速度で移動できないという物理学上の公理が崩れ、因果律が破れるからである。因果律を根本の前提として重視する仏教の態度は現代科学の思考にも合致している。

仏教は世界も個々の生命も共通・普遍の法に貫かれていると見るのであるから、自然現象だけでなく人生万般について因果の理法を認めていくことが仏教の基本である。そのことは仏教が神や霊魂などの超越的存在を認めないことと結びついている。各自の人生が神や霊などの恣意的な意思によって決定されるのであれば、因果律は成り立たず、善悪の問題も生じない（一神教においては善悪を決めるのは神のみであり、人間は啓示によって示された神の意思に従うだけの存在とされる）。自己の人生を決定するのは自己自身であることが前提となってこそ善因善果・悪因悪果という因果律が成り立つ。もちろん、仏教の説く因果律は単純な一因一果の関係ではない。むしろ多因多果の関係である。

仏教が因果律を前提にするといっても、因果によって全てがあらかじめ決定されているとする決定論を主張するものではない。現在の自己は過去の無数の因によって制約されているが、未来に向かって人間は自由に行動を選択することができる。世界と歴史の限定を受けながらも、人間は未来に向けて自己と世界を自ら新たに創造していく精神の力を持つ。

田村芳朗博士によれば、仏教が仏教以外の思想を因果論の観点から批判するとき、仏教以外の思想は次の三つに要約される（「法華信仰と因果」『仏教思想3　因果』）。

①神や天による創造が因となって万物が現れる（果）とする創造説

②一ないしは多数の始原的な実体、あるいは一心から万物が発生したとする発生説（流出説）

③万物は因もなく、自然のうちに初めからそのようにあったとする自然説

創造説に立てば、人間の苦楽・善悪・禍福を含めて一切の現象は神が創造したものとなるので、人間のあらゆる行為も本質的には神がなしたこととなり、人間の自由や責任ということが成り立たなくなる。悪や不幸も神の仕業《しわざ》であり、なぜ神は悪をもたらすのかという神の責任が問われることとなる。あるいは神の創造は人間を創造しただけで終わり、それ以降は人間の自由意思によるというのであれば、何故に創造をそこで止めたのか、神の恣意性が問題となる（何をなそうと神の自由であり、神は責任を負わないというのであれば、そのような神観念自体が問題となる）。

仏教からは、①②③の説はいずれも因果を実体的に捉える誤りを犯し、因としての人間の主体的な行為を否定するものとして退けられる。中でも人間の計らいを排除してあるがままの自然の姿に身を任せるという自然説（「自然法爾《しぜんほうに》」という言葉に象徴される）は、道教や密教、禅宗、浄土教、天台本覚論などに色濃く見られる思想だが、そのような立場は仏教の根本に違背している。

仏教は本来、因果の理法の客観的普遍性を認めたうえで、現在の果を出発点としてそこから新たな行為を起こし、その行為を因として未来の果を形成していく現実変革の実践を説く。正法の確立によって安国の実現を目指した日蓮の思想は仏教本来の因果論を踏まえたものである。

2　業の思想

業《ごう》（カルマ）による輪廻説はウパニシャッドにおいて完成されたもので、釈尊の時代には既にインドでは一般的に認められた人生観であった。仏教は当然のものとしてその思想を受け取った。業とは、元来、行為の意味である。「身口意《しんくい》の三業」といわれるように、身体（身）や言語（口）だけでなく、心で何を思ったかということ（意）も業となる。善業が因となって善果を生み、悪業が因となって悪果をもたらすという善因善果・悪因悪果という因果応報の思想は古代インドにおいて定着しており、仏教もそれを容認する（善因善果・悪因悪果は正確には善因楽果・悪因苦果と言うべきだが、通例の表現に従う）。日蓮仏教も仏教の正統を自認するものとしてその思想を継承する。

釈尊は、アジタやプーラナ・カッサバなど因果応報を否定する当時の自由思想家たち（六師外道）を痛烈に批判した。因果応報思想は仏教の根本教理の一つである。要するに行為の影響は行為が終わった後にも生命の中に潜在的に残り、その力（業力《ごうりき》）が善悪の結果となって現れてくるとするのである。

釈尊が自分自身を「精進《しょうじん》論者」と呼んだ（「ヴィリヤバーダ」）ことが示すように、仏教は人間の努力を勧奨し、称賛していくことを基本とする。それ故に、釈尊の教えとされる「八正道」の第六には「正しい精進」が挙げられ、大乗仏教の実践法である「六波羅蜜《ろくはらみつ》」の第四にも「精進波羅蜜」が掲げられている。

業思想の前提になっているのは、現在は過去における原因がもたらした結果としてあるという因果律の法則である。人間に限らず、物質を含めて万物は自身の自由な意志と行為によって未来の自己を形成する。また現在の自己は過去における自身の意志の結果として存在する。事態は過去・現在・未来という時間の経過に従って推移し、決して逆戻りすることはない。自己を形成するのは自己自身であり、決して神や霊などのように自己の外の力によるのではない。世親《せしん》（天親）が『倶舎論《くしゃろん》』で「世の別は業によって生ず」（大正蔵二九巻六七頁）と述べているように、世界の種々の差別はその事物自体の意志（意業）と行為（身業・口業）によって生ずる。生物や物質のさまざまな形態も全てそのもの自体が決定したのである。

万物はそれが誕生（成立）した時から相違（差別）がある。人間でいえば、生まれた境遇や場所も、持っている才能や性格も、千差万別である。健康に生まれる人もあれば、生まれつき病弱であったり、障害を持っている人もある。同じ人間に生まれながら、生まれた瞬間になぜこれほど厳しい相違があるのか。

どのような形で生まれてきたのかということは厳然とした一つの結果であり、因果律を認めるならば、その結果をもたらした原因が時間的に遡《さかのぼ》って（時間の不可逆性）その生命の中に存在すると見なければならない。仏教は、その原因こそ生命自身の意志と行為、すなわち業であると見たのである。それ故に天台大師も日蓮も業論をもって自身の教義の根本原理とした。例えば天台は『摩訶止観《まかしかん》』で病の原因を挙げる中で「六には業の起こるが故に病む」（大正蔵四六巻一〇六頁）、

「業が謝《しゃ》せんと欲するが故に病む」（同書一〇七頁）と述べ、業が病の因となる場合があるとした。日蓮も「経文を見候えば、烏《からす》の黒きも鷺《さぎ》の白きも先業《せんごう》のつよ（強）くそ（染）みけるなるべし」（「佐渡御書」一二八八頁）として、業が生命の在り方を規定する力であることを強調している。

遺伝や環境による制約は大きいが、生命なかんずく人間はその制約を受けながらも自らの意志によって自己を変革し、新たな運命を能動的・創造的に切り開くことができると見る。

ただし、因果の理法が万物を貫いているといっても、実際には今世において善をなした者が不遇な人生を送り、悪行を重ねた者が安楽な生を得るという「不条理」がしばしば存在する。しかし、その不条理も三世永遠の生命観に立つ時は解消される。

世親は業について、①順現業《じゅんげんごう》、②順生業《じゅんしょうごう》、③順後業《じゅんこうごう》、④不定業《ふじょうごう》、の四つに分類した。

①順現業とは現世（今世）に作った業の結果が今世に現れる場合をいう。
②順生業は現世に作った業の結果が次の生に現れる場合、
③順後業とは現世に作った業の結果が次々生（第三生）以後に現れる場合、
④不定業とは現世に作った業の結果が現れる生がいつか定まらない場合をいう。

すなわち、ある行為の結果がいつ現れるかということは一概には決定されない。今世で現れる場合もあれば、次の生か、さらにそれ以降の生において現れる場合もあるというのである。

今世で善をなした人が苦難の中で生を終えるのは、その善業の結果が今世ではまだ現れず、今世では過去の悪業の報いが続いているからである。しかし、未来にはその悪業の結果が出ることも終了し、今世で積んだ善業の結果を受けることが可能になる。逆に悪人が安楽な人生をまっとうする場合は、今世の悪業の報いが今世にはまだ現れず、過去に積んだ善業の結果が持続している場合である。しかし、その善業の結果もやがて終わって、次には今世に行った悪業の報いを受けることとなる。このように、永遠の生命観に立つとき、善因善果・悪因悪果の法則は万人の上に公平・平等に現れることを知ることができる。先に述べたように、因果律といっても単純な一因一果の関係をいうのではない。現実の姿は多くの因が相互に関係しあって、そこから生じる結果もまた多様であると見るのが仏教の因果論である。

人生の現実においては罪もなくむしろ善をなしてきた人が事故や災害で亡くなるなどの「不条理」は希ではない。なぜこの人はこのような形で死ななければならなかったのかという問題に対して、「全ては神の意思による」とする「神意説」や「たまたま運が悪かっただけ」という「偶然説」などは何の説明にもなっていない。それに対して、人生の結果をもたらした原因は自己の生命の内にあるとする仏教の業論は、もとより科学的に論証できるものではないが、人生の不条理問題に対する人間の思惟の中でもっとも合理的な説明になっていると思われる。

3　生命論的自己責任

自己の在り方を形成した要因は自己の意志と行為であるから、その責任が全て自己自身にあることは当然である。仮に現在の自己が他者のために不遇に陥ったと見える場合でも、そのような他者に出会わなければならなかった原因は自己自身の中にある。その意味で自己が直面した運命の責任は自己自身にあるのである。人は、人生の不幸に直面した場合、往々にしてその責任を社会や他者に押しつけようとする傾向があるが、何々が悪かったからと人生の責任を他者に押しつけている態度では決して自己の人生を幸福の方向に転換していくことはできない。不幸の原因が自己の生命の中にあることを直視し、その原因を取り除く挑戦が必要なのである。

この点について創価学会第二代会長の戸田城聖は「自らの命に生きよ」と題する文章で次のように述べている。

「人々の生活を見るときに、事の大小を問わず、失敗したときに、『あの人が悪いから、こんなことになった』といって、失敗の責任が全然自分にはなくて、全部他人にあるようにいう人がある。たとえば、ある人が事業に失敗したとする。すると、その人は、銀行が金を貸してくれなかったのが悪かったのだとか、オジが世話してくれなかったのが悪かったのだとか、あるいは悪い支配人がおったからだとかいって、自分になんの責任もないような言い方をする。もちろん、それは自己弁護であり、愚痴っぽい人々は、そのように言いたくなるものであろうが、あまり聞きよいものではない。なんとなれば、自ら省みる力がなさすぎるからである。その事業の失敗の原因は、全部かれ自身にあるのである。（中略）ここにおいて、十界互具、一念三千を説く大仏法を信ずる我々は、日常の生活の責任が、ことごとく自分自身にあるということを知らなくてはならない。貧乏して悩むのも、事業に失敗して苦しむのも、夫婦げんかをして悲哀を味わうのも、あるいは火ばちにつまずいて、けがをするのも、結局、それは皆自己自身の生活である。すなわち、自己自身の生命現象の発露《はつろ》である。かく考えるならば、いっさいの人生生活は、自己の生命の変化である。ゆえに、よりよく変化して、絶えず幸福をつかんでいくということが大事なのではないか。されば、自己自身に生きよ、いや、自己自身に生きる以外にはないのだ、

ということを知らなければならない」（『戸田城聖全集』第一巻一八二頁）

業の問題が現実の人生においてとりわけ顕著に現れるのは家族においてである。どのような親の下に生まれるか、どのような子を持つかということは全て自身の業によって決まる。日蓮が「父母となり、その子となるも、必ず宿習なり」（「寂日房御書」一二六九頁）と述べているように、子となり親となるのも自身の業による。お互いに業の一部を共にしているからこそ親子や兄弟となり、一つの家族を形成するのである（仏教では業を共有することを「共業《ぐうごう》」と呼ぶ）。

時には親や子の故に（あるいは兄弟や配偶者の故に）苦しむということがある。この場合、苦悩をもたらしたと思われる者をどれほど非難してもそれだけでは根本的な解決にはならない。そのような家族を持たなければならないということは自分自身の宿業だからである。その自身の業を見つめ、その業をよりよきものに転換していかない限り不幸の原因を絶つことはできない。

仏教の基本は自己責任の思想である。しかし、その思想は、過酷な状況にある人の現在の倫理的責任を指弾するものではない。その責任はあくまでも自己自身に対する生命論的なものであり、他者に対する責任ではないからである。今日の苦難はその人の過去の悪業の結果であるとしても、その人が現世で悪を行ったというのではない。むしろ仏教は、苦しむ人々を差別し非難するのではなく、慈悲の精神に立ってそれらの人々をできる限り支援し、擁護すべきであるとする。むしろ救済が可能であるにもかかわらず苦しむ人を見捨てることは無慈悲な態度として非難に値する。それ故に、たとえば貧窮している人について、貧苦はその人の悪業や怠惰の故であるとして救済を拒むという態度は仏教の在り方ではない。仏教が説くのはあくまでも各人の生命論的な責任であり、各人が自己の宿業を直視してその業を克服していくことを目指すのである。

しかし、仏教の因果と業の思想は、本来の在り方から離れて、とくに日本ではハンセン病患者への対応に象徴的に示されるように、しばしば各種の差別を容認し助長する差別思想として用いられた。貧苦や病苦に遭《あ》っている原因はその人が過去に行った悪業の故であるから、それらの苦を受けるのは当然の報いであるとして、支援の手を差し伸べることを拒否した。生命論的責任と社会的責任を意図的に同一視し、苦境にある人々への差別を助長する思想として業思想を用いたのである。それは仏教思想の重大な悪用であり、誤謬であった。

4　業の克服

先に仏教の業論が決定論ではなく、自己の意志と行為によって未来によい運命を築いていく道を示したものであることを述べた。仏教は確かに業を克服していく方途を説いたが、自己が過去になした悪を克服するためには膨大な善行が必要となる。また善を行うことを決意しても、新たな悪を犯さず善だけをなすことは至難である。時には悪を打ち消そうとしながら新たな悪を犯す恐れもある。さらには善を行ってもその果報が今世に現れる保証はなく、今世で果報が出なければ来世以降に期待する以外にない。眼前の人生苦の原因が自身の業にあるとしても、実際にその苦を克服していくことは極めて困難であることが分かる。ここに従来の仏教における業論の限界が表れている。

従来の仏教のこの限界を突き破ったのが日蓮であった。日蓮は「佐渡御書」で次のように述べている。

「般泥洹経《はつないおんきょう》に云わく『善男子よ。過去に無量の諸罪、種々の悪業を作るに、この諸《もろもろ》の罪報《ざいほう》は、あるいは軽易《きょうい》せられ、あるいは形状醜陋《ぎょうじょうしゅうる》、衣服足らず、飲食麤疎《おんじきそそ》、財を求むるに利あらず、貧賤の家および邪見の家に生まれ、あるいは王難に遇《あ》う』等云々。（中略）高山に登る者は必ず下り、我、人を軽しめば還って我が身人《ひと》に軽易せられん。形状端厳《ぎょうじょうたんごん》をそしれば醜陋《しゅうる》の報いを得。人の衣服・飲食をうばえば必ず餓鬼となる。持戒・尊貴を笑えば貧賤の家に生ず。正法の家をそしれば邪見の家に生ず。善戒を笑えば国土の民となり、王難に値《あ》う。これは常の因果の定まれる法なり。日蓮はこの因果にはあらず。法華経の行者を過去に軽易《きょうい》せし故に、法華経は、月と月とを並べ、星と星とをつらね、華山《かざん》に華山をかさね、玉と玉とをつらねたるがごとくなる御経を、あるいは上げ、あるいは下して嘲弄《ちょうろう》せし故に、この八種の大難に値えるなり。この八種は尽未来際《じんみらいさい》が間一つずつこそ現ずべかりしを、日蓮つよく法華経の敵を責むるによって一時に聚《あつ》め起こせるなり。」（一二八九頁）

ここで日蓮は般泥洹経《はつないおんきょう》を引いて、他人を軽蔑すればその行為（業）の報いとして自分が軽んじられるなどの因果を示し、その因果を「常の因果」と呼ぶ。しかし、この一般の因果にとどまっている限りは、先に見たように、業の克服は実際には極めて困難である。そこで日蓮は一般の因果を超えた、より深い次元の因果を洞察していった。それは、正法誹謗（謗法）の悪と正法弘通の善を軸にした「成仏の因果」ともいうべき因果である。

すなわち日蓮は、さまざまな悪をもたらす根源に正法（南無妙法蓮華経）への違背があるとする。宇宙を貫く根源の法に意識的にも無意識的にも違背していることが一切の悪の根源であり、正法を行ずる実践によってこの根源的な悪を克服することができるとし、それが一切の悪業の報いを今世で解消する唯一の道であるとした。正法の実践を通して自己の内に仏の生命を現すことにより、無限の過去から蓄積されてきた悪業を克服することができるとするのである。

なぜそのようなことが可能になるのであろうか。それは、「常の因果」よりも根源的な次元で働くのが「成仏の因果」だからである。この点については後に九識論に触れるところで述べるが、一般の因果が形成されるのが第八識の阿頼耶識《あらやしき》であるのに対し、成仏の因果は生命の根底である第九識の阿摩羅識《あまらしき》において現れる。その根源的な力の顕現によって、途中にある因果を克服することが可能になるのである。

このことについて戸田城聖は次のように述べている。

「我々凡夫自身が、近因近果《ごんいんごんか》の理法をたたき破って、自然の仏身を開覚する法が、ただいまでは必要でありますが、この必要に応じられて、実際生活に、過去世からの運命をたたき破り、よき運命への展開の法をたてられたのは、日蓮大聖人様でいらせられる。すなわち、設計図によって飛行機を作ったとおなじように、釈迦の法華経にこたえて、実際生活のなかに、過去の因果を凡夫自身が破って、久遠の昔に立ち返る法を確立せられたのは、日蓮大聖人様でいらせられる。すなわち、帰依《きえ》して南無妙法蓮華経と唱えたてまつることが、よりよき運命への転換の方法であります。この方法によって、途中の因果がみな消えさって、久遠の凡夫が出現するのであります」(『戸田城聖全集』第三巻三九三頁)

日蓮は一般的な業論を前提としながらも、妙法の受持によって罪業も滅しうることを強調した。たとえば「光日房御書」では「大石《たいせき》も海にうかぶ。船の力なり。大火もき(消)ゆること、水の用《ゆう》にあらずや。小罪なれども懺悔《ざんげ》せざれば悪道をまぬかれず。大逆なれども懺悔すれば罪きえぬ」

（一一五三頁）と述べている。大石も船の力によって海に浮かび、大火も水の力によって消えるように、妙法の力用によって過去世の罪業も消滅させることができるとしたのである。この罪障消滅論は法華経の結経である観普賢菩薩行法経《かんふげんぼさつぎょうほうきょう》（普賢経）にも「もし懺悔《ざんげ》せんと欲せば端座《たんざ》して実相を思え。衆罪は霜露《そうろ》の如く、慧日《えにち》よく消除す」（法華経七二四頁）と説かれている。ここでは妙法の力を太陽の働きに譬え、太陽の力が霜や露を消していくように、妙法の力が衆罪をも消除しうるとしている。

5　願兼於業――業の主体的把握

過去における行為（業）が因となって現在ないし未来の結果をもたらすという善因善果・悪因悪果の宿業論はいわば客観的な因果法則に基づくものである。このような客観的な宿業論は普遍的法則に従ったものであるから、万人にとって了解可能なものである。ただし仏教にはこのような客観的な宿業論とは別に宿業を主体的に捉える立場がある。それが法華経法師品に説かれる「願兼於《がんけんお》業《ごう》」の法理である。

法華経法師品は、法華経を受持する人について次のように述べている。

「この人は自身の清浄《しょうじょう》な業報を捨てて、私（釈迦仏）の滅後に、衆生を哀れむが故に悪世に生まれて、広くこの経典を述べるのである」（法華経三五七頁、現代語訳）

すなわち、偉大な福徳の故に本来ならば清浄で幸福な境地を享受できる大菩薩が、人々を哀れむ故にその境地を捨ててあえて悪世に生まれ、人々と同じように宿業を背負った姿をもって法華経を弘めていくという。

この文について妙楽大師は『法華文句記《ほっけもんぐき》』で次のように釈している。

「次に薬王乃至《ないし》是の人は自ら清浄《しょうじょう》の業報を捨ててとは、悲願牽《ひ》く故になおこれ業生《ごうしょう》なり。未だ通応《つうおう》有らず。願《がん》、業を兼《か》ぬ」（大正蔵三四巻三〇六頁）

ここで「願」とは願生《がんしょう》（過去世の誓願によって今世に生まれること）、「業」とは業生《ごうしょう》（過去世の業によって今世に生まれること）を意味する。願が業を兼ねるとは、誓願が業と同じように今世の在り方を決定する力を持つというのである。一般的には過去の業の力が現在と未来の在り方を決定するが、その場合だけに限らず、過去世に立てた誓願も業と同様に現在と未来の在り方を決定する働きをするという意味である。法師品はまた「生まれようとする所に自在に生まれることができる」（法華経三六〇頁、現代語訳）と説くが、このように法華経には各自の自由意思によって未来の生までも決定できるという極めて主体的な人間観が表れている。

池田大作は『法華経の智慧』第二巻で、願兼於業の法理に触れて次のように述べている。

「戸田先生も、『初めから立派過ぎたのでは人々の中に入っていけないから、我々は仏法を弘めるためにわざわざ貧乏や病気の姿をとって生まれてきたんだよ』『人生は芝居に出ているようなものだよ』と、しばしば言われていた。また、『戸田は妻を失い、娘まで亡くした。事業も失敗した。そういう苦悩を知っているからこそ、創価学会の会長となったのだ』とも言われていた。苦労もない、悩みもないというのでは民衆の心がわかるわけがない。人生の辛酸をなめた人であってこそ人々を救うことができるのです。自分の苦しみを『業』ととらえるだけでは後ろ向きになる。それを、あえて『使命のために引き受けた悩みなのだ』『これを信心で克服することを自分が誓願したのだ』と、とらえるのです。願兼於業は、この『一念の転換』を教えている。宿命を使命に変えるのです。自分の立てた誓願ゆえの悩みであるならば、絶対に乗り越えられないはずがない」（同書二五七頁）

現在の苦しみが過去における悪業の結果というだけであるならば、自身の悪を責める自責とあきらめ、あるいは自己否定の感情が強まることになりかねない。しかし、現在の苦難を自身の意志によってあえて引き受けたものであると受け止めたならば、その苦難は単なる悪業の結果ではなく、むしろ意義あるものとすることができる。この苦難の宿業を乗り越えることによって、妙法の偉大さを人々に示していく使命がある――。宿業を自身の誓願によって自ら引き受けたものであると了解した人はまさに「宿命を使命に変える」ことが可能となるのである。

もちろん、その自覚は、信仰の積み重ねと自身の宿業を見つめる厳しい内省から生まれる。まさに願兼於業とは他者から教えられて了解できる客観的な知識ではなく、各人の宗教的な境地において了解する以外にない主体的な真理といえよう。

自身の使命を自覚するとは、自己の存在の意義を覚知するということでもある。「なぜ自分はこの世に存在するのか」「自分の人生は何のためにあるのか」という問いは、誰もが心の内奥に抱くものであろう。自己の存在意義に対する問いこそ精神的存在としての人間だけが持つことのできる問いである。自己の存在意義を求めるところに人間としての価値が現れるともいえる。「自分は、このことをなすためにこの世に生まれてきたのだ」というものをつかんだ人はまさしく自己の存在意義を了解したことになる。このように、法華経が示す願兼於業の法理は自己の存在意義の把握という実存的な課題に応えるものとなっている。

第二章　生命観

第一節　一念三千の法理

仏教の生命観については、一つの完成された体系として、天台大師智顗《ちぎ》（五三八〜五九七）が確立した一念三千の法理を挙げることができる。天台はそれまで中国にもたらされてきた仏教経典を研究し、各経典の位置づけを整理して「五時八教」と呼ばれる教判を提示した。その中で天台は法華経が一切の仏教経典のうちで最勝の経典であると宣言し、法華経の内容を一念三千の法理として体系化した。日蓮はその一念三千の法理を承認し、自身の仏教の基本前提として用いた。

ただし、日蓮は「一念三千の観法に二つあり。一には理《り》、二には事《じ》なり。天台・伝教等の御時《おんとき》には理なり。今は事なり。観念すでに勝る故に、大難また色まさる。彼は迹門の一念三千、これは本門の一念三千なり」（「治病大小権実違目《じびょうだいしょうごんじついもく》」一三三三頁）として、天台の一念三千を「理」、自身の一念三千を「事」と位置づけ、天台の思想を認めながらも自己の宗教が天台のそれを超越したものであることを明確にした。天台の一念三千が一つの理論にとどまるのに対し、日蓮は唱題行と本尊を示すことによって、その理論を現実に実現させる方途を明かしたからである。

日蓮は天台の一念三千を前提としながらも、天台・妙楽・伝教を超えた地平に到達していた。この点について日蓮は「常忍抄《じょうにんしょう》」で「日蓮が法門は第三の法門なり。世間にほぼ夢のごとく一・二をば申せども、第三をば申さず候。第三の法門は、天台・妙楽・伝教も、ほぼこれを示せども、いまだ事了《ことお》えず。詮ずるところ、末法の今に譲り与えしなり」（一三三六頁）と述べている。

一念三千の法理は、天台の講述を弟子の章安《しょうあん》大師（五六一〜六三二）がまとめた『摩訶止観《まかしかん》』で初めて明らかにされた。『摩訶止観』第五巻では次のように説かれる。

「それ一心に十法界を具す。一法界にまた十法界を具すれば百法界なり。一界に三十種の世間を具すれば百法界に即ち三千種の世間を具す。この三千、一念の心に在り。若《も》し心無くんばやみなん。介爾《けに》も心有れば即ち三千を具す」（大正蔵四六巻五四頁）

「一念」とは一瞬の生命ないしは一個の生命をいい、「三千」とは「十界」「十界互具」「十如是」「三世間」という次元の異なる法理の法数を乗じたもので、現象世界の全てを指す。すなわち一念三千とは、一個の生命（一念）に現象世界（三千）の全てが収まることをいう。その意味で一念三千とは、個物に全宇宙が含められるという宇宙即我の原理の別の表現である。また、角度の異なる法理である十界・十界互具・十如是・三世間を乗ずることが示唆するように、生命の在り方を総合的に解明した法理ともいえる。妙楽大師（七一一〜七八二）が『止観輔行伝弘決《しかんぶぎょうでんぐけつ》』で「止観の正しく観法を明かすに至って、並びに三千をもって指南となす。すなわちこれ終窮究竟《しゅうぐうくきょう》の極説なり」（大正蔵四六巻二九六頁）と述べている通り、一念三千の法理は天台宗で行う瞑想行を行ずるための理論的指標とされた。

次に一念三千を構成する個々の法理について概説する。

1　十界

十界とは、①地獄界、②餓鬼界、③畜生界、④修羅界、⑤人界、⑥天界、⑦声聞界、⑧縁覚界、⑨菩薩界、⑩仏界をいう。地獄界から天界までの六界（六道）は原始仏典や小乗経典にも説かれるが、後の四界（四聖《ししょう》）は華厳経などの大乗経典と『大智度論《だいちどろん》』などの大乗仏教の論釈に見られる（声聞・縁覚〈辟支仏《びゃくしぶつ》〉の上に菩薩・仏を置くところに大乗仏教の立場が表れている）。たとえば法華経法師功徳品には次のように説かれる。

「また次に常精進《じょうしょうじん》よ。若《も》し善男子《ぜんなんし》・善女人《ぜんにょにん》はこの経を受持し、若しは読み若しは誦し、若しは解説し、若しは書写せば、千二百の耳の功徳を得ん。この清浄《しょうじょう》の耳を以て、三千大千世界の下阿鼻地獄《あびじごく》に至り、上有頂《うちょう》に至る。その中の内外の種種の所有《あらゆ》る語言の音声《おんじょう》、象声《ぞうしょう》・馬声《めしょう》・牛声《ごしょう》・車声《しゃしょう》・啼哭《たいこく》声・愁歎《しゅたん》声・螺《ら》声・鼓《く》声・鐘《しゅ》声・鈴《りょう》声・笑声・語声・男声・女声・童子声・童女声・法声・非法声・苦声・楽声・凡夫声・聖人声・喜声・不喜声・天声・竜声・夜叉《やしゃ》声・乾闥婆《けんだつば》声・阿修羅《あしゅら》声・迦楼羅《かるら》声・緊那羅《きんなら》声・摩睺羅伽《まごらが》声・火声・水声・風声・地獄声・畜生声・餓鬼声・比丘声・比丘尼声・声聞声・辟支仏《びゃくしぶつ》声・菩薩声・仏声を聞かん」（法華経五二九頁、現行サンスクリット本もほぼ同趣旨である）

十界が初めて整足した形で説かれるのは天台教学においてである。天台は先の法華経法師功徳品の文に示される発想を自身の理論体系に取り入れた。天台は『法華文句』第三巻で「いわく六道《ろくどう》四《し》聖《しょう》、これを十法となすなり。法は無量といえども数は十を出でず」（大正蔵三四巻四三頁）と述べている。

それまでの経典においては、十界は文字通りそれぞれ別々の世界として理解された。たとえば、現世に悪業をなした者が死後に報いを受ける極苦の世界が地獄界、鳥獣が住するのが畜生界、人間が住するのが人界、天人がいるのが天界という類いである。それに対して天台はこのような十界の実体的理解を退け、十界を生命が感受する境地として捉えた。すなわち天台は「性具《しょうぐ》」の法理を説いて、十界全てが一個の生命に具することを明らかにした（各界を別個独立の世界として実体的に捉えたのでは十界相互の「互具《ごぐ》」は成り立たない）。日蓮は十界の生命論的理解をさらに徹底させ、「観心本尊抄《かんじんのほんぞんしょう》」で各界の境涯について次のように述べている。

「瞋《いか》るは地獄、貪《むさぼ》るは餓鬼、癡《おろ》かは畜生、諂曲《てんごく》なるは修羅、喜ぶは天。平らかなるは人《にん》なり。（中略）世間の無常は眼前《がんぜん》に有り。あに人界に二乗界無からんや。無顧《むこ》の悪人もなお妻子を慈愛す。菩薩界の一分なり」（一二七頁）

「尭《ぎょう》・舜《しゅん》等の聖人《せいじん》のごときは万民において偏頗《へんぱ》無し。人界の仏界の一分なり」（一二九頁）

この十界論は仏教固有のカテゴリーだが、その分析は生命と人間存在の在り方を把握する視点として、今日的にも示唆するところが多いと思われる。

次に十界のそれぞれについて触れることとする。

（1）地獄界

地獄とはサンスクリット語で「ナラカ」といい、もともとは地下にある牢獄を意味する言葉である。日蓮が「地獄おそるべし、炎《ほのお》をもって家とす」（「新池御書」二〇六三頁）と述べているように、

「生きるのがつらい」「世界全体が自分に苦しみを与える」と感ずる境涯である。何をしても苦しく、生きていること自体に苦しみを感ずる境地といえよう。日蓮が「瞋《いか》るは地獄」（一二七頁）という「瞋り」とは、どうすることもできない状況にあることの「うめき」であり「無念の声」である。また、苦しみをもたらしたと思われた他者や社会に対する「恨みの声」である。自分の無力さに対する怒り、無念さから他の破壊に走るのも地獄界の境涯といえる。その生命境涯は建設よりも破壊に向かう傾向を持つ。

何の役にも立たない罪深い存在であるとして自分を否定していく生命傾向も地獄界の特徴である。「生きる意味が見いだせない」という状態ともいえる。

地獄界の生命は、力が極めて微弱で、自らは何の建設的行動もとれない状態である。その状態にあると時間の経過が極めて遅く感じられる。経典において地獄の寿命が極めて長大な時間として説かれているのも、能動性をほとんど喪失した生命が感受する時間感覚を示すものといえよう（たとえば日蓮の「顕謗法抄《けんほうぼうしょう》」では、八大地獄の第六である焦熱《しょうねつ》地獄の寿命について、人間界の千六百年を化他天《けたてん》の一日とし、化他天の千六百年を焦熱地獄の一日として換算して焦熱地獄の寿命は千六百年であるとされる。単純に計算すると、焦熱地獄の寿命は人間界の五四五兆年ほどになる。ちなみにビックバンが起きたとされるのは一三八億年前に過ぎない。第八である無間《むけん》地獄の寿命はさらに長遠な一中劫とされる）。

経典では言葉を尽くして地獄のすさまじい苦の姿が説かれる（たとえば八大地獄の第四叫喚《きょうかん》地獄の衆生は、開けた口から高温の溶けた銅を大量に注がれ、内臓が全て焼けただれて銅が下にそのまま出てくるなどと説かれる）。聴く者をして戦慄《せんりつ》せしめる残酷を極める表現は、決して単に人々を脅迫するための絵空事ではない。たとえば戦争における大量虐殺の苦を想像しただけでも、限りなく深い苦があり得ることを了解することができよう。アウシュビッツや広島・長崎、東京大空襲などを想起するまでもなく、人類の歴史においては経典が地獄の様相として描くような酸鼻を極める状況がしばしば現出した。地獄界は単なる想像の表現ではなく、現実に実在する世界である。戦争それ自体が人間に具わる地獄界の生命の現れともいえる。

（2）餓鬼界

餓鬼とはサンスクリット語で「プレータ」といい、元来は死者または祖霊を意味する言葉である。餓鬼界とは、日蓮が「貪《むさぼ》るは餓鬼」と述べているように、欲望に支配され、欲望が満たされずに苦しむ境涯である。

盂蘭盆経《うらぼんきょう》には釈尊の十大弟子の一人である目連《もくれん》が死後に餓鬼道に堕ちた母を救おうとした説話が説かれている。死後において飢餓に苦しむ母の姿を神通力によって見た目連は、飯を母の口に入れようとしたが、飯はその瞬間に火に変わり、母は一口も飯を食することができなかったとされる。この説話が示すように、欲望を感じながらもそれが満たされない苦しみが餓鬼界の特徴である。

人間の欲望には睡眠欲や食欲、性欲などの本能的欲望、所有欲などの物質的欲望、権力欲、名誉欲、自己表現欲などの精神的欲望がある。それらの欲望が文化を向上・進歩させる原動力となることは事実であり、大乗仏教は欲望を否定するものではない（小乗仏教は欲望を煩悩と捉えて全面的に否定する立場をとったため、結局、自身の生存までも否定すること〈灰身滅已《けしんめっち》〉を理想とするに至った。しかし欲望は生命に本然的に備わるものであり、欲望を滅することができるとすること自体が幻想に過ぎない)。

欲望は善悪両面に働くが、餓鬼界の場合は欲望を価値創造の方向に用いることができない。欲望を満たした瞬間以外は飢餓感は消えず、かえって欲望に囚われて「渇き」を感じ、常に欲が満たされない不足感、飢餓感に苦しむ。際限ない所有欲に囚われた状態は餓鬼界の表れである。モノやサービスを消費すること以外に生きがいを感じられない消費主義的な生き方も餓鬼界の境涯に当たる。

ドイツの社会心理学者エーリッヒ・フロムは、利己主義は貪欲《とんよく》の表れであるとし、「すべての貪欲と同じく、それは一つの不充足感をもっており、その結果、そこには本当の満足は存在しない」、「この種の人間は、根本的には自分自身を好んでおらず、深い自己嫌悪をもっている」(『自由からの逃走』一三二頁)と述べている。他を一切顧みようとしない利己主義者は、自己の欲望に駆り立てられながら満足感を得ることができないので、仏法的には餓鬼界の境涯に相当しよう。ただし、餓鬼界の生命は何らかの欲望を感じている点で、外界に対し絶望して何の意欲も持てない地獄界の境涯よりも生命のエネルギーは増大しているといえる。

(3) 畜生界

「畜生」とは、鳥獣や虫・魚など、あらゆる動物を指す言葉である。仏教は決して動物を蔑《さげす》むものではないが、人間とは明確な差異があると見る。日蓮は畜生界の境涯について、「癡《おろ》かは畜生」(一二七頁)、「畜生の心は、弱きをおどし、強きをおそる」(一二八五頁)、「畜生は残害《ざんがい》とて互いに殺しあう」(二〇六三頁)と述べている。畜生界の生命は動物に限らず、人間にも当然、現れる境涯である。

畜生界の生命の特徴は、「癡か」と言われる通り、理性の力が働かないことである。弱肉強食の生存競争に終始し、自己保存本能のままに生きる在り方をいう。その特徴は「臆病」である。生き延びることだけが唯一の目的なので、危険回避と餌《えさ》を摂取する行動に終始する（破滅や死の恐怖に打ち勝って何事かを成し遂げようとする勇気を持てない）。

人間以外の動物は過去を顧みて反省したり、未来に備えて自己の行動を律することができない。もっともチンパンジーやボノボなど一部の類人猿は過去において他者を傷つけたことの罪悪感を持ったり、すぐ近い未来に餌が得られることが分かれば現在の行動を抑制するという態度が見られるという。人間に近い類人猿は微弱ながら過去と未来を考える力を具え始める段階に至っているようである。畜生界の生命は未来を考えないので、自分の死を考えることもない（自己の死を意識することは、おそらく人間以外の動物には見られない。チンパンジーやボノボも、明確な死の自覚は持たないと推定される）。

快と不快を感ずる自己意識は持つが（そのレベルの意識であればアメーバのような単細胞生物にも存在する。アメーバでも酸のような自己を害する物質に近づくことを回避する）、自己を対象として見つめる内省的自我を持たない。その故に自己の価値を自分自身で確信することができず、他者から自分がどのように見られているかという他者による評価に左右される。

目先の利害に衝き動かされる「愚かさ」の故に、かえって自己を滅ぼすことも希《まれ》ではない。日蓮が「佐渡御書」で「魚《うお》は命を惜しむ故に、池にす（住）むに池の浅きことを歎《なげ》いて池の底に穴をほりてすむ。しかれども、ゑ（餌）にば（化）かされて鈎《つり》をのむ。鳥は木にすむ。木のひき（低）きことをおじて木の上枝《ほつえ》にすむ。しかれどもゑ（餌）にば（化）かされて網にかかる」（一二八五頁）

と述べているのは、眼前の利益に従ってしまう本能的行動の限界を述べたものである。

人間であっても自身の安泰しか考えられない「保身」に凝り固まった生き方は、自己保存本能のままに生存自体が自己目的化し、善悪を判断して悪を回避しようとする意志を持たないので畜生界に当たる。生き延びていくためには権力者の意向に喜んで迎合し、追従的態度をとることも辞さない。ナチスの支配下にあって、命令に忠実に従いユダヤ人の大量虐殺を行ったアイヒマンは、命令を遵守することが自己保全に直結しており、それ以外の選択を考えなかったので、善悪を判断することもなかった。アイヒマン的人間像は現代社会に広く見ることができる。

人々が自己保存しか考えず他者と連帯できない社会は（後に見るように一念三千の理論は「衆生世間」として人間の集団・社会自体に十界の区別があると見る）、道徳が崩壊しており、自己保全のためには他者に被害を与えることもいとわない。他者を出し抜き、騙《だま》し合いに終始する弱肉強食の世界となる。畜生界の衆生にとって世界は生存競争の世界であるため、常に恐怖に怯《おび》え、安らぎを得ることができない。その故に望ましくない不幸の境涯であり、「悪道」と位置づけられる。

（4）修羅界

修羅とは阿修羅の略称である。阿修羅はサンスクリット語の「アスラ」の音写で、インドにおける闘争を好む鬼神をいう。仏教においては帝釈天《たいしゃくてん》（インドラ神）と戦う鬼神とされた。

日蓮は修羅界の生命について「諂曲《てんごく》なるは修羅」（一二七頁）とし、また天台の言葉を引いて次のように述べている。

「修羅道とは、止観の一に云わく『もしその心、念々に常に彼に勝《まさ》らんことを欲し、耐えざれば人を下し、他を軽しめ、己《おのれ》を珍ぶこと鵄《とび》の高く飛んで下し視《み》るがごとし。しかも外には仁・義・礼・智・信を揚《あ》げて下品《げぼん》の善心を起こし、阿修羅の道《どう》を行ずるなり』文」（「十法界明因果抄」四六四頁）

これらの文から修羅界の特徴を考えて見ると、一つには他者に勝ろうとする「勝他《しょうた》の念」が挙げられる。すなわち修羅の生命は、自分と他者を比較して常に他者よりも勝りたいと思い、自分の方が劣っている場合でもそれを認めようとしない。優れたものを素直に評価し、尊敬することができないねじ曲がった心理を特徴とする。「諂曲《てんごく》」の「諂」は「へつらうこと」、「曲」は「心が曲がっていること」を意味する。慢心の故に自身が最も優れた存在であると考え（あるいはそのように思いたいと希望する）、他者を侮蔑し、冷笑の対象とする（ただし内心では自身の卑小さを自覚している）。

偉そうに振る舞う傲慢さは自分に実力のないことの裏返しである。本当の力がないので傲慢が許される世界で偉ぶっているだけで、外との勝負ができない。真に実力のある存在と対峙《たいじ》すると卑小な自己の実態が暴露される。そのことを日蓮は「佐渡御書」で「おごれる者は、必ず強敵《ごうてき》に値っておそるる心出来《しゅったい》するなり。例せば、修羅のおごり、帝釈《たいしゃく》にせめられて、無熱池《むねっち》の蓮《はちす》の中に小身と成って隠れしがごとし」（一二八六頁）と述べている。すなわち修羅は尊大な姿を偽装してきたが、帝釈天と対峙《たいじ》した時にはその偽装を維持することができなくなり、本来の卑小な体に戻って逃げ隠れしてしまったというのである。

他者を支配することで自我を保とうとする権威主義的性格も修羅界的生命の表れと見られる。そのような人物は自分よりも劣位にあるものに対して支配的態度で臨むが、自分よりもさらに強力な存在に遭遇すると一転して卑屈になり、へつらう態度をとる。自分自身の卑小さを知っていて自分に自信を持てないので、他者に対し正々堂々と対峙できないのである。自己以外のものを全て軽蔑していく「冷笑主義」（シニシズム）や、自己陶酔して自分を常に過大評価していくナルシシズムも同様である。

修羅界の二つ目の特徴は、自分を立派に見せようとして虚飾を繕《つくろ》うことである。外面的にはいかにも仁・義・礼・智・信という徳を備えた人物、社会的に影響力を持つ大物であるかのように振舞い、自分を飾る。虚飾の鎧《よろい》で自我を守っているので、その鎧が壊されて卑小な自己がさらけ出されることに耐えられない。嘘《うそ》が自我そのものになっているからである。ありのままの自己を謙虚に見つめて自己を向上させようという心を起こせない。

三番目の特徴は「嫉妬」である。他者が自分より優れていることを対外的には認めないが、内心では認めざるを得ないので、その悔しさから優れている他者を妬み、引きずり下ろそうとする。その本質は劣等感である。修羅界の衆生は劣等感のために他者への嫉妬に走る。

畜生界が善悪の観念、すなわち倫理を持たないのに対し、修羅界の生命は仁・義・礼・智・信などが人々の尊敬に値する「徳」であることを認識している。その意味では、修羅界の生命は知識としては倫理を了解している。ただし修羅界はその倫理の知識をもって自己を「善」の方向に高めようとする態度をとれず、自己を飾るための道具にしてしまう。ありのままの自己を受け入れ、その自己と向き合い、自己を変革していこうとする力を持たない。

経済的価値を無上のものとする「拝金主義」、市場や時流に乗じて成功することを至上目的とする「成功主義」の生き方も、財力や社会的成功を自分を飾る手段とするので修羅界の表れと見られる。

結局、修羅界は虚飾に終始し、嘘を重ね、悔しさと嫉妬に苦しむ不幸な境涯なので、修羅界は先の地獄・餓鬼・畜生とともに「四悪趣」とされる。他方、修羅界は後の人界・天界とともに「三善道」の一つと位置づけられる場合もある。修羅界は自己顕示欲という形で自我が現れているので、三悪道の境涯に比べてより人間的な在り方といえる（チンパンジーには劣等感の感情がないと考えられている）。自我が現れていることから、自我を拡大し成長していく入口に立っているともいえるので、その面では善と位置づけられるのである。

「力への意志」が人間の本質であるとした心理学者アドラーが、「劣等感と優越欲というものは、常に人間生活における根本的事実の二つの側面であり、つまり不可分のものである」（『子どもの劣等感』七頁）等と述べているのは修羅界的な生命を基本的な人間像として思い描いていたからであろう（ちなみにフロイトが性的衝動を発現させる力〈リビドー〉を人間の基本におき、人間を「その発達の初めにも終わりにも快楽〈あるいは快感〉の獲得を目指している」〈『精神分析入門』〉と述べているのは畜生界的な人間像に当たると考えられる。また心理学者フランクルが人間は生きる意味を求める存在であるとして「意味への意志」を強調している〈『時代精神の病理学』〉のは声聞・縁覚的な人間像に相当しよう）。

自分だけが物事を的確に洞察しているという慢心を抱く一方、他者に対する攻撃性が極めて強く、他を批判・攻撃することによって自我を維持しているような「攻撃型」の人間がしばしば見られる（もちろん、このような人物が攻撃の対象にしている人を超える仕事を実際に成就する例はほとんどない。彼は優れた仕事を残すのではなく、ひたすら他人にケチを付けることしかしない）。自身の卑小さを認めざるを得ない悔しさ、無念さを他者への攻撃によって解消しようとするのである。

とくに自身よりも弱いものを攻撃し、いじめることで自我の安定を保とうとする。自分よりも無力なものを攻撃する「いじめ」や各種のハラスメントは修羅界の明確な特徴である。修羅界の生命は他の攻撃に終始する一方、自分が批判されると自己の全てを否定されたと受け止めて逆上する。自己への批判を受け入れるだけの度量や謙虚さを持ち合わせない。このような人間類型は修羅界の生命境涯を端的に体現している。

要約すると、修羅界の生命は自己と他者の比較の中で自己を維持していると考えられる。他者が優れていると見れば劣等感を抱く一方、優れている他者を嫉妬し、攻撃して貶《おとし》めようとする。逆に自分が優位に立っていると見れば傲慢になり、弱者をいじめ、差別して蔑視する。強者に対した時には卑屈になる。修羅界の生命にとって他者は全て競争や取引の相手であり、他者と心から融和することができない。自分に不都合なことがあれば、その原因は他者にあると考え、自己の不幸の原因になったと考える他者を憎悪し、怨念を抱く。不都合の原因が自分自身にあると内省し、責任を自ら引き受ける態度をとることができない。結局、自己中心性、エゴイズムに終始していることが修羅界の特徴である。

このような生命境涯は一種の病理現象であり、個人だけでなく集団にも見ることができる。このような生命の傾向性は、他の境涯も同じだが、単なる道徳を説いたところで改まるものではない。他を軽蔑し、攻撃せずにはおれない衝動が生命の奥底から衝き上げてくるからである。観念的な道徳論の限界を超えて三悪道・四悪趣の生命を変革していくところに日蓮仏教の卓越性があるといえよう。

（5）人界

日蓮が「平らかなるは人《にん》なり」（一二七頁）と述べている通り、人界とは平穏に人間らしさを保っている生命境涯である。その特質は「賢きを人と云い、はかなきを畜という」（一五九七頁）とあるように、理性が働いている「賢さ」にある。本能に支配されることなく、動物性を超越したところに人界の生命の特徴がある。善悪の基準を明確に持ち、その基準に従って自己の行動を制御できる境涯である。ありのままの自己を受け入れるので、修羅界のように虚飾を設けることがない。他者が自分よりも優れている場合にはそのことを素直に認める。嫉妬の念を起こすことなく、他者と比較せずに自分らしく生きようとする。人界とはそのような人間らしさが十分に現れている境涯である。

人界の生命は、畜生界や修羅界のような自己中心性を乗り越え、他者を信じ、他者と連帯していくことができる。人間が他の動物に比べて身体的能力に恵まれていないにもかかわらず他の動物を圧倒することができたのは、社会的組織を構成することによって個を超えた大きな力を発揮できたためだが、それは他者を信じて連帯・協力できる人界の生命境涯に由来する。霊長類に限らず哺乳類には弱者を保護し他者と連帯して集団生活を維持する能力はあるが、人間はその力が飛躍的に増大している（人間も霊長類の一種であり、ボノボやチンパンジーと連続したものである）。人間とボノボやチンパンジーとの相違は、時間的・空間的に想像できる範囲の大きさによる。

仏教において人間は「聖道《しょうどう》」（「立世阿毘曇論《りっせいあびどんろん》」）といわれ、仏道（聖道）修行を行うことができる存在（正器）と位置づけられている。倫理観をもって自己を制御できる人界の境涯に至って初めて仏道修行を開始できるからである。また人界が十界の中央に位置づけられているのは、人間が四悪趣にも菩薩界・仏界にも移行できる中間者的存在であることを示唆するものといえよう。

(6) 天界

天界の「天」はサンスクリット語では「デーバ」といい、本来は天人の意味で、インドのバラモン教で信仰されてきた神々を指す。天界とは本来、神々が住む世界を意味した。

十界論においては、「喜ぶは天」（一二七頁）といわれるように、欲望を充たして喜ぶ境涯をいう。欲望といっても食欲や性欲などの本能的欲望から、所有欲、名誉欲、権力欲、あるいは精神的欲望など多様である（天界が欲界《よっかい》・色界《しきかい》・無色界《むしきかい》の三界に及ぶとされるのは、欲望が多様であることを示している。ちなみに「欲界」とは欲望に囚われた衆生の住む世界、「色界」とは性欲・食欲を離れた衆生の住む世界、「無色界」とは物質的制約を離れた精神的な世界とされる。たとえば無色界の喜びには学術や芸術などにおける自己実現の喜びなどが相当する）。

いずれにしても天界における欲望は他者に寄与しようというものではなく、自己の願望を満たそうとするだけの自己中心的なものである（他者に貢献することで喜びを感ずる境地であれば、それは菩薩界の境涯となる）。利己的な欲望を満たした喜びは一時的なもので、永続するものではない。仏教において天人が五衰《ごすい》（天人が死ぬ時に現れる五種類の衰弱の様相）を受けるとされるのは天界の幸福感が一時的なものであることを示している。

欲望は一つの欲望が満たされても、また新たな欲望が生ずる。その繰り返しで際限がなく、欲望に駆り立てられる。欲が成就している間は喜びが続くが、やがて次の欲望が湧き上がってくる。また欲望が挫折すれば敗北感に陥り、餓鬼界の苦に転ずることとなる。その意味で天界は決して目標とすべき真実の幸福境涯にはならない。従って仏教は、欲望の充足と快楽を幸福と見る功利主義の立場には批判的である。自己の欲望に囚われた状態にあることでは動物と同一であり、快楽は飢餓の苦しみの裏返しに過ぎないからである。

むしろ欲望の充足と快楽をひたすら追求することはかえって生命の健全な状態を損ない、幸福と逆行することが多い。美食や飲酒の欲望に走り過ぎれば健康を犠牲にすることなどはその好例である。過剰な自己顕示欲や金銭欲に駆り立てられている人は、他者の感情を配慮することができないので人々から嫌悪され、孤立していかざるを得ない。

仏教は欲望を全面的に否定する禁欲主義を取るものではないが、際限のない過剰な欲望の追求もまた退けていく。仏教においては「強欲」は悪に通じている。「小欲知足《しょうよくちそく》」の言葉が示すように、仏教が示すのは欲望に支配されるのではなく、逆に主体的に欲望を制御し用いる「中道」の立場である。

日蓮は「元品《がんぽん》の法性《ほっしょう》は梵天《ぼんてん》・帝釈《たいしゃく》等と顕れ、元品の無明《むみょう》は第六天の魔王と顕れたり」（「治病大小権実違目」一三三一頁）と述べ、根源的な迷いである元品の無明は第六天の魔王として現れるとする。第六天とは欲界《よっかい》の六欲天（四王天《しおうてん》・忉利天《とうりてん》・夜摩天《やまてん》・兜率天《とそつてん》・化楽天《けらくてん》・他化自在天《たけじざいてん》）の最上位である他化自在天を指す。欲界とは種々の欲望に支配された、地獄界から天界までの衆生が住む世界のことであるから、要するに人間が住している現実世界を指す。

第六天の魔王は、「他化自在天」という名称が示すように、他者を自分の意思のままに自在に支配することで喜びを感ずる生命である。権力欲を充たす快感に浸る境涯といえる。他化自在天は他者を支配し、利用する。反対者を排除し、抑圧する。利用した後に無用となれば恩を受けた者でさえも平然と切り捨てる徹底したエゴイズムに貫かれている。権力欲を満たす目的のためには平然と嘘をつく。人を欺《あざむ》いてはならないという良心の歯止めがかからない状態といえる。他の欲望と異なって権力欲を満たした快楽、全能感に浸る状態は、「魔」という表現が示すように、自他の生命破壊に向かう危険を孕んでいる（仏教において「魔」は「奪命者《だつみょうしゃ》」として生命を奪う働きと理解されている）。「魔」という表現は極めて宗教的な表現だが、現代的に言えばエゴイズム衝動と言い換えることができよう。

日蓮は仏道修行を妨げる最大の障害である第六天の魔王についてしばしば言及し、仏法の実践はそれとの不断の闘争であるとした。

たとえば日蓮は「この世界は第六天の魔王の所領なり。一切衆生は無始已来《いらい》、彼《か》の魔王の眷属《けんぞく》なり。六道の中に二十五有《う》と申すろう（牢）をかまえて一切衆生を入るるのみならず、妻子と申すほだし（絆）をうち、父母・主君と申すあみ（網）をそら（空）には（張）り、貪《とん》・瞋《じん》・癡《ち》の酒をのませて仏性の本心をたぼらかす。ただあく（悪）のさかな（肴）のみをすすめて三悪道の大地に伏《ふく》臥《が》せしむ。たまたま善の心あれば障礙《しょうげ》をなす」（一四七二頁）と述べている。

現実世界が第六天の魔王の所領であり、一切衆生が第六天の魔王の眷属であるとは、他者を支配しようとするエゴイズム、自己中心性が全ての生命に本質的・本能的に存在していることを指摘したものである。権威主義的支配や腐敗があらゆる人間社会で後を絶たないという事実はそのことを示すものといえよう。

「第六天の魔王は三十二相を具足して仏身を現ず」（「題目弥陀名号勝劣事」八〇一頁）とあるように、第六天の魔王は時には仏の姿をとって現れて人を誑《たぶら》かし、信仰を破壊する。魔が仏の姿で現れる場合があることは、釈迦仏の説法を聞いた舎利弗《しゃりほつ》が法華経譬喩品第三で「これは、魔が仏の姿をとって私の心を悩乱させているのではないか」と疑ったとされるところにも表れている（法華経一五三頁）。要するに、魔は人々の尊敬を集めるような高位の宗教者の姿をもって現れる場合があるということであろう。

日蓮はまた「日蓮、智者にあらずといえども、第六天の魔王、我が身に入らんとするに、兼《か》ねての用心深ければ身によせつけず」（「最蓮房御返事」一七八〇頁）として日蓮自身もその魔の生命との闘争を持続してきたとする。仏法の実践は生命の根底に根差すエゴイズムとの闘いであるというのである。そこで日蓮が「月々日々につより給え。すこしもたゆむ心あらば、魔たよりをうべし」（「聖人御難事」一六二〇頁）と戒めているように、仏法の実践に入ったとしても油断があれば権力欲に代表される自己中心的な衝動に犯されることとなる。

天台の弟子である章安《しょうあん》大師が「身は軽く法は重し」と述べた通り、仏道修行の基本は本能的な自己中心性を克服して自己の利害よりも仏法を重んずる精神にある。ところが魔に食い破られた場合には仏法よりも自己の利害を優先し、仏法をも欲望追求の手段として利用していく事態となる。とくに権力を持つ立場にあると、しばしばその陥穽《かんせい》にはまる危険が生ずる。その意味で権力欲に基づく天界の生命は悪に傾きやすく、人界よりも四悪趣・三悪道に繋がる面を持っている。

以上、地獄界から天界までを「六道」という。六道の境涯の特徴は、いずれも外界の条件に左右されていることである。天界の喜びも人界の平穏も、たまたまそれが成立する条件がある場合にのみ成り立つものであり、その条件が失われたならば、たちまち地獄界や餓鬼界などの苦しみに転落してしまう。外界の条件に完全に従属しているので、真に主体的な境涯とはいえない。六道の境涯は、その幸福感を与えてくれる外界の状況——財産や利益、社会的地位、名声、平穏な環境など——を所有することに囚われ、執着する。それらが移ろい易い無常のものであるということが、人生態度の実感として理解できていないのである。

また、六道はいわば日常性に埋没している境涯とも考えられる。日常生活の中で、状況に応じて喜怒哀楽の感情を抱くが、それだけで終わってしまい、日常性を突き抜けて自己を見つめるということがない。それを行うのが次の声聞界・縁覚界の境涯である。

(7) 声聞界

声聞界と次の縁覚界の二つは「二乗《にじょう》」と呼ばれる。日蓮は二乗について「世間の無常は眼前に有り。あに人界に二乗界無からんや」（一二七頁）と述べている。要するに二乗界とは、世界が無常であることを自覚する境涯である。自己も含めて全ての存在は常に変化し、いつかは死滅する。今世の自分が必ず死を迎える有限の存在であることを自覚し、その自覚のもとに生きる境涯である。

この二乗界の働きが明確に現れるのが人間の特徴である。人間以外の他の動物は、自己がやがて死を迎える存在であるという有限性の自覚を持っていない。動物がいわば現在しか意識していないのに対して、人間の意識には過去・現在・未来という時間の流れがある。人間はその時間の流れの中で自己の生が限りあるものであることを自覚し、限りある人生を価値あるものにしようと努力していくことができる。人間は、現在の自己を客観的に見つめ、その上で現在の状態を超越して新たな自己を築こうと挑戦する。自己と対峙しつつ自己を超越していく人間固有の在り方をフランスの哲学者サルトルは「対自存在」と呼んだが、その在り方が二乗界の境涯に当たるといえよう。

もちろん他の生物にも潜在的には二乗界の働きは存在しているが、現実の上でそれが現れるのは人間だけと思われる。現生人類（ホモ・サピエンス）が出現したのは約三十万年から二十万年前のアフリカ内陸部と考えられているが（ネアンデルタール人と現生人類の相違の一つは言語能力の違いであるとされる。ネアンデルタール人と現生人類は咽喉《のど》の位置と構造において相違があり、ネアンデルタール人は複雑な音を発音できず、文法体系を持つ言語能力はなかったと考えられている〈『NHKスペシャル　地球大進化６』〉）、現生人類が出現した段階で進化の過程上に重大な飛躍が起きたのであろう。言語能力を得たことによって人間は時間と空間の制約を超えた世界と自己の認識を実現したのである。

二乗の生命は自己を厳しく凝視して、自己を高めようとする。しかし、その関心は自己自身の問題に限られていて、他者の存在は視野に入っていない。他者に寄与しようとする意欲も力もない。その意味では自己中心的であり、エゴイズムにとどまっている。また、自分が覚知した諸行無常という悟りに囚われて慢心を抱く傾向がある。

声聞とは、サンスクリット語の「シュラヴァーカ」の訳語で、元来、「仏の声を聞く人」との意味である。在家・出家を問わず仏弟子を意味する（後に小乗仏教では出家者だけを指す言葉となった）。小乗仏教は声聞の境地を得ることを目標としたが、大乗仏教からその自己中心的態度を厳しく批判されることとなった。

声聞界と縁覚界は、実際には人間にしか見られない境地であるにもかかわらず、十界論において人間が六道の中の人界に位置付けられるのは、人間が基本的には日常性に埋没した状態にあることが多いからであろう。日常性を超越して自己に対する実存的な凝視がなされるのは人間にとってもやはり例外的な時間である。

人間と他の動物の相違をどこに見いだすかということは哲学的にも大きな問題だが、繰り返し述べてきたように、一つには自己の死を自覚するかどうかという点にあるといえるだろう（遺体の周囲に花を手向《たむ》けるなど死者を悼《いた》む儀礼的行為はネアンデルタール人に既に見ることができる。ボノボやチンパンジーなど類人猿にそのような行為は見られない）。今世の人生が限りあるものであることを自覚し、自己の死と正面から向き合うところに善き人生とは何かを模索する営みが始まる。死と対峙することを回避して目先の利益や快楽に目を奪われた状態では人間としての本質を喪失することになる。

（8）縁覚界

世界が無常であることを覚知する境涯であることは声聞界と同じである。声聞界との違いは、縁覚が「独覚《どっかく》」とも呼ばれることが示すように、声聞が他者による教えに触れることを機縁にして無常の理を覚知するのに対し、縁覚は他者によらず、自己の力で無常の覚知を得るところにある。ただし声聞・縁覚が覚知したのは諸行無常の理で、真理の一分に過ぎない。

縁覚は、サンスクリット語では「プラティエーカブッダ」（辟支仏《びゃくしぶつ》）といい、仏の教えによらず自ら理を悟った聖者をいう。声聞界と同じく自己の悟りに囚われるエゴイズムにとどまり、また自己が得た一分の悟りに執着して慢心を抱く故に、大乗仏教から批判の対象とされた。

先に述べたように、地獄界から天界までの六道は周囲の条件に左右され、日常生活に埋没した境地だが、声聞・縁覚の二乗はその制約を脱し、自己と世界の無常性を認識するに至っている。しかし、他者に関わろうとする生命力を所有せず、自己中心性に囚われている。結局、自分の安穏しか考えないエゴイズムの域を出ない。その限界を超えたのが菩薩界の生命である。

（９）菩薩界

日蓮が「無顧《むこ》の悪人も、なお妻子を慈愛す。菩薩界の一分なり」（一二七頁）と述べているように、菩薩界とは他者を慈愛する境涯である。また日蓮は「菩薩界とは、六道の凡夫の中において、自身を軽んじ、他人を重んじ、悪をもって己《おのれ》に向け、善をもって他に与えんと念《おも》う者有り」（「十法界明因果抄」四六九頁）と述べている。すなわち菩薩界とは自身が労苦を引き受けてでも他者を思いやり、守ろうとする生命といえよう。

菩薩界の生命の特徴は、自己中心性に囚われることなく実際に利他の行動に踏み出すことのできる力を持つことである。二乗界の生命が観念的に思索しているだけで行動に出られないのに対し、菩薩は勇気を持って行動していく。菩薩界の生命は他に寄与することによって自身の人生の意義を確信し、その喜びの中で自身の生命を拡大していくことができる。他者と分かち合い、連帯していく生命境涯である。利他の行動は、そのまま自己の生命の歓喜と拡大をもたらす。

先に述べたように、仏教は宇宙のあらゆる存在が他を支え、寄与していく慈悲の当体であると見るが、菩薩界とは万物に具わる慈悲の働きの表現と見ることもできる。実際に他を思いやり、他に利益を与える行動は多くの動植物に広く見ることができる。霊長類の研究者ドゥ・ヴァールによればば、チンパンジーが血のつながらない仲間を助けることは一般的な行為であり、コミュニティーに配慮して、喧嘩《けんか》をしている仲間の仲裁に入ることも日常的に見られるという（『道徳性の起源』）。犬や猫でも飼い主が怪我や病気で苦しんでいる時には飼い主を思いやり、同情する行動をとる。このように他者を思いやり、他を利益しようとする菩薩界の生命はあらゆる生命に内在しているが、とりわけ社会集団の中でしか存在できない人間にとっては、より重要な意味を持つ。

菩薩は、六道の生命のように自己の外にある条件に依存して幸福感を得ようとする態度をとらない。持っているものに執着しない。菩薩は外にあるもの、所有するものに囚われず、自分に内在する力を信じ、自身において生きていく。

本来、菩薩はサンスクリット語で「ボディサットヴァ」と言い、仏の悟りを目指して修行する衆生を意味する。小乗仏教においては、菩薩は釈尊が成仏する以前の段階を指したが、大乗仏教に至って菩薩は釈尊一人に限られず、万人が菩薩になりうるものとなった（小乗仏教は、仏は釈迦仏一仏のみと考えたので、万人が菩薩となって仏を目指すべきであるとする思想を持たない）。大乗仏典には文殊師利《もんじゅしり》・普賢《ふげん》・弥勒《みろく》・観音《かんのん》・薬王《やくおう》・妙音《みょうおん》など多くの菩薩が登場するが、それらの菩薩は医業（薬王）・学術（普賢）・芸術（妙音）など、利他の働きの多様さを象徴するものと解せられる。

どのような活動であれ、自分が他者に貢献し、役に立っていると実感できる時、人は自己が存在する意義をつかむことができる。逆に他へ寄与することがなく、他に迷惑や害をなす行動だけであった場合、人は自己が存在する価値を感ずることはできない。それは人間としてもっとも強く回避しなければならない不幸である。その意味で、他に寄与しようとする菩薩界の働きは人間にとって（あるいは、あらゆる生命にとって）本然的な志向性と見ることができる。要するに、菩薩とは自己中心性を克服した境涯である。大乗仏教はこの菩薩の境地をもって人間が目指すべき理想像とした。

（10）仏界

仏界とは文字通り仏の境涯である。仏とは本来、釈尊や日蓮のように根源の法を覚知した覚者を指すが、日蓮仏教においては悟りを目指すことは必要とされない。「以信代慧《いしんだいえ》（信をもって慧に代える）」の法理により、妙法に対する深い信が悟りの智慧に代替されるからである。そこで日蓮は「末代の凡夫、出生して法華経を信ずるは、人界に仏界を具足する故なり」（一一二七頁）と、妙法への信が仏界の要諦であるとした。

日蓮仏教の教義を体系化した堅樹日寛《けんじゅにちかん》（一六六五〜一七二六、大石寺第二六世）も「法華経を信ずる心強きを名づけて仏界と為《な》す」（「六巻抄」二二頁）と述べている。自身が妙法の当体であることを強く確信し、唱題に励んでいる人こそが仏であるとするのである。日蓮が「久遠実成《くおんじつじょう》の釈尊と皆成仏道《かいじょうぶつどう》の法華経と我等衆生との三つ全く差別無し」（「生死一大事血脈抄」一七七四頁）と述べている通り、仏と衆生は平等一体であり、妙法への強盛な信に立つ時、誰人の上にも釈尊や日蓮と等しい仏の生命が現れるのである。

大乗経典には、体が金色で眉間《みけん》の白毫《びゃくごう》から光を発するなど、三十二相の徳相を具える色相荘厳《しきそうそうごん》の仏が説かれるが、それは神話的思考が人々の意識を覆っていた時代に人々を導くために説かれた方便であり、現実にそのような存在がありうるものではない。現実に存在する仏は妙法を受持した人間以外にはない。この点について日蓮は「諸法実相抄」で、「凡夫は体《たい》の三身にして本仏ぞかし、仏は用《ゆう》の三身にして迹仏《しゃくぶつ》なり」（一七八九頁）と述べている。すなわち、凡夫こそが実体を持つ現実の仏（体《たい》の三身、本仏）であり、経典に説かれるさまざまな仏は仏の生命の働きを象徴的に示した架空の存在（用《ゆう》の三身、迹仏）に過ぎないというのである。

釈尊も日蓮も、厳しい迫害や病苦など多くの苦悩と戦いながら法を説き続けた一人の人間であった。その姿は、仏の生命が妙法を受持し行ずる人間の中に現れることを示している。それでは、仏界の境涯とはどのようなものをいうのであろうか。

仏界の境涯の特質として、①強さ、②歓喜、③慈悲、の三点を挙げることができよう。

第一の「強さ」とは、いかなる苦難にも屈することのない生命の強靭さをいう。

たとえば日蓮は、当時としては老齢である五十歳の時、生きて帰ることは希《まれ》であるとされた佐渡の地に流罪された。国家権力に異を唱える反逆の徒として為政者だけでなく民衆からも悪人視され、敵対者から命まで狙われる状態にあった。しかし日蓮は、厳しい寒さや食料不足に直面しても絶望したり悲嘆にくれることは一切なかった。むしろ日蓮は、佐渡から多くの書簡を出して各地の門下を指導・激励しただけでなく、流罪中に「開目抄」「観心本尊抄《かんじんのほんぞんしょう》」「顕仏未来記」「諸法実相抄」など多くの著述を行い、未来の人類に向けて自身の思想を残したのである（二年四ヵ月余の佐渡流罪中に日蓮が残した著述・書簡や四十数編にのぼる）。

結局、佐渡流罪というもっとも過酷な状況も日蓮の境涯を侵すことはできなかった。やがて蒙古襲来の危機が高まるにつれて鎌倉幕府も日蓮を赦免して日蓮の力を借りなければならない状況となり、日蓮は悠然と鎌倉に戻って、再度、権力者への諫暁《かんぎょう》を行っている。結局、当時の強大な軍事独裁権力に対しても日蓮は見事に勝利したのである。このような日蓮の姿にうかがえるように、仏とはいかに過酷な苦難にも屈することなく前進していく強さを具えた境涯である。

仏は生命力に満ちているので、厳しい環境に置かれても不幸と感ずることがない。苦難に遭遇しても悲哀を感じたり落胆することなく、苦難を受け止めつつ全てを乗り越えていけるとの確信に満ちている。要するに「何があっても心配ない」という境地である。実際に日蓮仏教において、本尊を信受して唱題に励む時、人生の不安や憂い・悲哀を払拭《ふっしょく》し、未来に向けて前進する意欲と活力が湧きあがってくることを実感することができる。唱題こそが各自の生命に内在する仏界を湧現させていく実践であるからである。

第二の「歓喜」とは、天界の喜びのように何かの欲望を満たした時に感ずるものではなく、生きていること自体に感ずる喜びである。戸田城聖が仏界の境涯について「絶対的幸福境涯」と呼んだのは仏界のその側面を指したものと解せられる。天界や人界の幸福感が周囲の状況に依存する相対的なものであるのに対して、仏界の幸福感は外の状況に左右されない絶対的なものだからである。

それ故に、仏界の境涯は平凡な日常生活にも喜びを感ずる。何を見ても何を聞いても楽しいという境涯である。たとえば法華経の法師功徳品には妙法を弘通する法師が得る六根清浄《ろっこんしょうじょう》の功徳が説かれているが、その中の舌根《ぜっこん》の功徳を説くところでは、法華経の行者は何を食べても全て美味に感ずると説かれている。たとえ質素な食事であっても、その食事を楽しく享受できるというのである。

日蓮は「難来《きた》るをもって安楽と意得《こころう》べきなり」(「御義口伝」一〇四五頁)とし、佐渡流罪中にも「流人《るにん》なれども喜悦《きえつ》はかりなし」(「諸法実相抄」一二七九頁)、「我らは流人なれども身心共《とも》にうれしく候なり」(「最蓮房御返事」一七八三頁)と述べている。仏の境涯にとって苦難は厭《いと》うべき災厄ではない。仏は時にはあえて困難な道を選択する勇気を持つ。仏にとっては苦難もまた喜びなのである。

第三の「慈悲」は、菩薩界の特徴でもあるが、仏界の生命にはそれがさらに強く現れている。仏の慈悲は、自身を殺害しようとした敵対者に対しても注がれる絶対的なものである。たとえば法華経は、釈尊の殺害を何度も企てた、釈尊にとって最大の敵対者である提婆達多《だいばだった》にも未来成仏の授記《じゅき》を与えた。また日蓮も、自身を流罪した権力者の罪業を哀れんで「願わくは、我を損ずる国主等をば最初にこれを導かん」(「顕仏未来記」六一二頁)と述べている。

この仏の特質について戸田城聖は「慈悲論」で次のように言う。

「仏に慈悲のない仏があろうか。仏弟子に慈悲がなかったら仏弟子とはいわれまい。仏教のはたらきは、慈悲をもってもととしている。慈悲ほど強いものは世にないのである。絶対の慈悲のうえにたって、衆生を化導せらるる仏にたいしては、慈悲にあまえるというより、我々は慈悲の強さにおそれをなすのが、いつわりのない事実であり、真のすがたである」

「慈悲というものは、修行ではない。行動のなかに、心のはたらきのなかに、無意識の自然に発現すべきものであって、仏は生きていること自体が慈悲の状態に生きる以外に道を知らないものである」

「慈悲の修行をすることが、慈悲を行ずることであると考える人がよくあるが、そうではない。真に時に相応した仏法を修行すると、自然に慈悲の行業をなしうるのである」(『戸田城聖全集』第三巻四一頁)

戸田が言うように、慈悲は倫理、道徳の徳目として人に押しつけてもそれが可能になるものではない。生命の自然の行動として慈悲をなしていけるのが仏の境涯であり、日蓮仏教はその境涯を自身のものとしていく人間革命、生命変革の宗教である。

また他者に対する慈悲の生命は、他者に対して公平に接する誠実さとしても現れる。この点について日蓮は「堯《ぎょう》・舜《しゅん》等の聖人《せいじん》のごときは万民において偏頗《へんぱ》無し。人界の仏界の一分なり」(「観心本尊抄」一二九頁）と述べている。仏界の生命はエゴイズムを克服しているので、自身の利害を超えて公平な判断・行動が可能になるのである。

先に、経典に説かれた色相荘厳《しきそうごん》の仏は架空の仏（迹仏）であり、現実の仏（本仏）は妙法を受持した凡夫以外にないと述べたが、凡夫であるということは完成されたものではなく、未完成であることを意味する。体が金色《こんじき》であるなどという色相荘厳の仏は仏として完成した仏であるが、実際にそのようなものは存在せず、架空のものに過ぎない。現実に存在するのは未完成の凡夫だけである。要するに仏が現実に現れる形は完成した仏ではなく、未完成の菩薩である。成仏を目指して修行している菩薩が、実は既に仏なのである。

池田大作は『法華経の智慧』で、その仏の意義について「菩薩仏」という言葉で次のように述べている。

「じつは仏とは、現実には『菩薩仏』以外にないのです。釈尊もじつは『菩薩』であり、同時に『仏』であった。そもそも『菩薩』とは、釈尊の修行時代の姿がモデルになっていると言われる。しかし、修行時代だけが菩薩だったのではない。いわゆる成道後も、釈尊は、自らの悟った大法を弘めるために菩薩の行動を続けた。内にあふれてくる『永遠の生命』を自受法楽《じじゅほうらく》しつつ、人々にその法を弘めるために行動したのです。『菩薩仏』です」（同書第五巻一七〇頁）

「菩薩ということは、完成（仏果）ではなく、未完成（仏因）である。未完成でありながら、完成（仏果）の境涯を体に漲《みなぎ》らせている。いな完成（仏果）の境涯を法楽しながら、しかもさらに先へ、さらに高みへ、さらに多くの人々の救済へと行動している。未完成の完成です」（同書第三巻二五七頁）

釈尊も日蓮も、根源の妙法を覚知していた覚者であったが、その境地に安住していたのではない。内心において魔との戦いは不断に続けられていた。仏の境涯は悪を打ち破り続けているところに成立するのである。

外から見れば仏も菩薩の姿である（外から見てすぐに仏と分かるような色相荘厳の仏は実際には存在しない）。それでは仏と菩薩はどこが違うのであろうか。両者を区別するのは内面において宇宙の根源の法である妙法を所持しているか否かということである。仏法を知らなくても利他の行動を貫く人の境涯は菩薩である。しかし、それだけでは仏の境地にあるとはいえない。妙法を信受し、妙法とともに生きるところに初めて仏の境涯を自身の上に顕していくことができる。その妙法を南無妙法蓮華経の題目および本尊として具体的に明示したところに日蓮仏教の存在意義がある。

ただし仏とは凡夫であることを強調したとしても、一般的に仏という概念には伝統的な仏教が意味してきた、特別な悟りを得た超越的存在というニュアンスが根強く残存している。また「成仏（仏に成る）」という言葉には、それまで仏でなかった存在がある時点で仏と成ったという意味がつきまとう。しかし、一念三千論によるならば、一切の生命には本来、仏の性質（仏性）が内在しているのであり、仏と異質な存在がある時点で仏に変化するのではない。日蓮が「『成』は開く義なり」（「御義口伝」一〇四九頁）と述べているように、仏法実践の目的は潜在的な状態にとどまっている仏性を現実上に開き顕すこと（仏性の顕在化）である。とくに日本では、大変な誤解ではあるが、仏は死者を意味する言葉にもなっている。そこで、実践の目標を示す言葉として「成仏」という表現は今日においては必ずしも適切ではない面がある。成仏という言葉よりも「自己実現」などの表現の方が現代人には理解しやすく適切であると思われる。

人間は自らを成長させ、発展させて、自身の可能性を充分に発現したいという欲求を持っている。仏界の生命とは、このような各人の可能性を実現せしめる力と言い換えることもできる。この点について日蓮は、母鳥が卵を温めて孵《ふ》化《か》させることに譬えて、次のように述べている。

「譬えば、鳥の卵は始めは水なり。その水の中より誰かなすともなければ、觜《くちばし》よ目よと厳《かざ》り出で来て、虚空《こくう》にかけるがごとし。我らも無明《むみょう》の卵にしてあさましき身なれども、南無妙法蓮華経の唱えの母にあたためられまいらせて、三十二相の觜《くちばし》出でて八十種好の鎧《よろい》毛《げ》生《お》いそろいて、実相真如《じっそうしんにょ》の虚空《こくう》にかけるべし」（「新池御書」二〇六八頁）

鳥の卵には鳥となるものが含まれているが、そのまま放置されていたのでは孵《ふ》化《か》することはできない。母鳥に温められることにより、鳥となりうる潜在的な可能性が現実の上に顕れてくる。日蓮は、南無妙法蓮華経は人間生命の潜在的可能性を実際に実現させる力になると言うのである。

また仏の境涯を説明するのに仏教では「自体顕照《じたいけんしょう》」という表現を用いることもある。「自体顕照」とは、要するに本来の自分（自体）の可能性を妙法の力によって顕現させていくことを意味する。現代的に言えば個性の発揮、自己の可能性の実現と解することができよう。妙法の力によって、いわば各自が在りのままの姿で仏として現れるのである。自体顕照について日蓮は次のように述べている。

「森羅万法《しんらばんぽう》を自受用身《じじゅゆうしん》の自体顕照と談ずるが故に、迹門にして不変真如《ふへんしんにょ》の理円《りえん》を明かすところを改めずして、己《おの》が当体、無作三身《むささんじん》と沙汰《さた》するが本門事円《じえん》三千の意なり。これ即ち桜梅桃李《おうばいとうり》の己々《ここ》の当体を改めずして無作三身《むささんじん》と開見すれば、これ即ち『量《りょう》』の義なり。今、日蓮等の類い、南無妙法蓮華経と唱え奉る者は無作三身の本主なり」（「御義口伝」一〇九〇頁）

桜と梅、桃と李《すもも》がそれぞれの特質を実現させていくように、南無妙法蓮華経という根源の法を行ずる人は、無作三身如来として、各自の特質を改めることなく、それぞれの個性を発揮していけるとの趣旨である。

2　十界互具

十界互具とは十界のそれぞれが十界を具えていることをいう。たとえば、地獄界の生命にも十界が具わり、仏界の生命にも十界が具わる。ただし、これは百種の生命があるということではない。あらゆる生命にとって特定の時に現れる生命境涯は十界の一つだけである。ある一つの界（これを便宜的にA界と呼ぶことにする）に十界が具わるという時、A界とはその生命にとって基調となる境涯を意味する。

たとえば生きる力が極端に衰え、自分の周囲の世界が全て自分を苦しめるものと感じて絶望している人は、その生命の基調は地獄界といえる。そういう人でも時には歓喜したり、嫉妬したりすることもあるが、その人の傾向性として、すぐに苦しみ絶望して悲嘆にくれる地獄界の生命に戻ってしまう。譬えて言えば、その人にとっては地獄界が「自分が日常的に帰っていく家」であり、基調となる生命境涯になっている。そういう地獄界の衆生でも喜ぶ時は天界が現れた姿であり、嫉妬する時は修羅界が現れた姿である。この場合、地獄界に具わるところの天界（地獄界所具《しょぐ》の天界）、地獄界に具わるところの修羅界（地獄界所具の修羅界）と位置づけられる。このように地獄界の衆生も、時に応じて十界全ての境涯を現ずる可能性を持っている。

また、仏界の生命にも十界があるのであるから、仏であっても苦しみや悪の生命がありうることになる。たとえば釈尊や日蓮も晩年は病に苦しんだが、その場合、仏界に地獄界が具わる姿である（仏界所具の地獄界）。仏にも悪が具わることを強調したのが天台宗の「性悪《しょうあく》」思想である。潜在的には仏にも悪の性分があるが、仏は自己の努力により、悪の生命が現れることを抑止していると見るのである。

この十界互具の思想を経典として初めて表現したのが法華経である。この点について日蓮は「十界互具とは法華の淵底《えんてい》、この宗の沖微《ちゅうび》なり。四十余年の諸経の中にはこれを秘して伝えず」（「十法界事」三六五頁）と述べている。この十界互具の思想を法理として整理し論理化したのが天台大師であった。十界互具は生命の生成流動している動きをそのまま把握した法理であり、その意味では極めて革命的な哲理である。一切衆生の成仏という大乗仏教の理想も、理論的には九界全ての生命に仏界が具わるとする十界互具の法理が確立されることによって初めて実現したのである。

要するに、地獄界であれ餓鬼界であれ、どのような境涯の衆生にも仏界が具わっているのであるから、誰もが今いるところから仏の生命を現していけることになる。たとえば深刻な苦難の中で絶望感に囚われている人であっても、ひとたび曼荼羅本尊に向かって唱題に励むならば、その実践によって苦難に立ち向かおうとする勇気と力が自身の中から湧現してくることを実感できよう。

経典においては、仏は身体が金色であるなどの色相荘厳の姿をとって表現される。この仏は九界の苦や悪を離れた存在である。法華経以前の仏教において、仏は九界の煩悩や悪を断じ尽くした存在と考えられてきた（仏に煩悩や悪はないとされた）。仏界と九界は決定的に断絶しており、相容れない関係にあった。成仏するためには九界の衆生であることを止めなければならなかった。しかし、実際の人間が煩悩を断じ尽くして九界から離脱することは不可能である。そこで、経典に成仏が説かれても、それは言葉だけのことで、実際の人間が仏の境涯を得るなどということはありえなかった。

この点について、日蓮は次のように述べている。

「法華経以前の諸経は十界互具を明かしていないので、仏に成ろうと願う場合には必ず九界を厭《いと》う。九界が仏界の中に具なわっていないからである。それ故にそれらの諸経は、必ず悪を滅し煩悩を断じて仏に成ると言う。凡夫の身が仏に具わっているとは言わないからである。それ故に人や天、悪人の身を失って初めて仏に成ることができるとする。この仏を妙楽大師は『厭離断《えんりだん》九《く》の仏』と名づけた。爾前《にぜん》の経の人々は、仏が九界の姿を現じたことをただ仏の不思議な神通力による変化《へんげ》と思い、仏の身に九界が本よりあって現じたのであるとは言わなかった。それ故に、実際のところを考えてみると、法華経以前の経典においてはただ仮の仏が有るだけで、実際の凡夫が仏に成ったということはなかったのである」(「一代聖教大意」三四五頁、現代語訳)

整理して言えば、人間に生まれたならば生命の基調が必ず人界であるということではない。各人の生命の基調は地獄界から仏界まで、さまざまである。成仏とは各人の生命の基調を仏界に変えていくことを意味する。

万人に(さらにはあらゆる存在に)仏性があるという法華経ならびに日蓮仏教の人間観は、あらゆる人に本来、広大な能力が存在していること、その能力を発揮する環境、条件を整える重要性を説く思想である。それは「ケイパビリティ」ないしは「人間的発展」「人間開発」「エンパワーメント」などの今日的概念に通じている。

3　十如是

十如是《じゅうにょぜ》とは、①如是相《そう》、②如是性《しょう》、③如是体《たい》、④如是力《りき》、⑤如是作《さ》、⑥如是因、⑦如是縁、⑧如是果、⑨如是報、⑩如是本末究竟等《ほんまつくきょうとう》のことで、あらゆる存在の在り方を十の視点から捉えた法理である。これは法華経方便品に説かれる。同品には次のようにある。

「仏の成就したまえる所は、第一難解《なんげ》の法なり。ただ仏と仏とのみいまし能《よ》く諸法の実相を究尽《くじん》したまえり。いわゆる諸法の、如是相・如是性・如是体・如是力・如是作・如是因・如是縁・如是果・如是報・如是本末究竟等なり」（法華経一〇八頁）

十如是について堅樹日寛《けんじゅにちかん》は「三重秘伝抄」で次のように述べている。

「十如是とは、相・性・体・力・作・因・縁・果・報・等である。

如是相とは、譬えば臨終の時に黒色となるのは地獄の相であり、白色となるのは天上に生まれる相などということである。

如是性とは、十界の善悪の性がそれぞれの内なる生命に定まり、後世まで改まらないことを性という。

如是体とは、十界の身体、色質である。

如是力とは、十界各々が作用する功能である。

如是作とは、身口意の三業を運動させて善悪の行動をなすことをいう。

善悪の両面にわたって習因と習果がある。先に念じたことは習因〈習慣となって同類のものを連続して生ずる因となるもの〉であり、後に念ずることは習果である。つまり悪念は悪を起こし、善念は善を起こす。後に起こす善悪の念は前の善悪の念による。その故に前の念は習因すなわち如是因である。後の念は習果すなわち如是果である。

善悪の業の主体を形成する助縁は如是縁である。

習因・習果が業因に従って正しく善悪の報いを受けることが如是報である。

初めの相を本とし、後の報を末とし、この本末の体が究極のところ中道実相であることを本末究竟等というのである」(『六巻抄』一七頁、現代語訳)

『教学の基礎』(創価学会教学部編)は、十如是について次のように説明している(同書一七六頁)。

「相」とは、表面に現れた姿、形。

「性」とは、内にある性質・性分。

「体」とは、相・性をともに具えた主体または本体。

「力」とは、内在している力、潜在的能力。

「作」とは、内在している力が外界に現れた作用。

「因」とは、生命自身のなかにある変化の直接的原因。

「縁」とは、内・外にわたる変化の補助的原因。

「果」とは、因と縁が和合して生じた直接的な結果。

「報」とは、その結果が形に現れたもの。

「本末究竟等」とは、相から報までの九如是が、地獄界ならば地獄界の九如是として、仏界ならば仏界の九如是として、それぞれの生命において統一性を保っていることをいう。

周知のように、法華経のサンスクリット本の方便品には十如是は説かれておらず、本田義英《ほんだぎえい》著『仏典の内相と外相』によれば、鳩摩羅什《くまらじゅう》（三四四〜四一三）が漢訳「妙法蓮華経」を作製した時に『大智度論《だいちどろん》』などの内容を用いてサンスクリット原典を補い、十如是としたと考えられている（もっとも羅什が漢訳に用いたサンスクリット本は発見されていない）。

ちなみに、現存するサンスクリット本にあるのは、

①それらの法は何であるか、
②それらの法はいかにあるか、
③それらの法は何に似ているか、
④それらの法はどのような相をしているか、
⑤それらの法はどのような自性（性質）を持つものであるか、

の五つ（五法）である。

羅什は、諸法の真実の姿（実相）を説明する概念としてはサンスクリット本のままの「五法」では不十分であると判断し、『大智度論』の思想をこの箇所に移植して十如是としたと推定される。両者を比較してみると、五法が素朴であるのに対し、十如是は存在の在り方を分析するのにより精密な概念になっている（拙著『改訂版　新法華経論』七〇頁）。

天台大師は十如是を一念三千の法理の重要な要素とした。仏界から地獄界の衆生に至るまで全ての存在はこの十如是という普遍共通の法則に貫かれていることから、天台はここに法華経の平等の思想が現れていると見て、十如是を一念三千の法理を構成する出発点としたのである。

4　三世間

三世間とは、①五陰《ごおん》世間、②衆生世間、③国土世間の三つをいう。「世間」とは差異・差別の意で、個々の生命の差異がこの三つの次元において現れることを示した法理である。

（1）五陰世間

五陰《ごおん》世間の五陰とは、①色陰《しきおん》、②受陰《じゅおん》、③想陰《そうおん》、④行陰《ぎょうおん》、⑤識陰《しきおん》のことで、「陰」とは集まり、構成要素の意である。すなわち五陰とは衆生の生命を成り立たせている五つの要素をいう。

①色陰とは、身体など生命体を構成する物質的側面をいう。
②受陰とは、六根（眼根《げんこん》・耳根《にこん》・鼻根《びこん》・舌根《ぜっこん》・身根《しんこん》・意根《いこん》）を通して外界を受け入れる知覚の働き。
③想陰とは、受け入れた知覚を統合して、事物の像を心に想い浮かべる働き。
④行陰とは、思い浮かべた像をもとにして行為へと結びつける意志や欲求の働き。
⑤識陰とは、ものごとを認識し、識別する心の働き。

要するに生命を構成する物質と精神の働きを五つに分析したものが「五陰」である。五陰世間とは個々の生命の働きを五陰の角度から分析し、五陰の全てにおいて十界の差異があることを示した法理である。たとえば地獄界の衆生であれば五陰が全て地獄界のものとなり、仏であれば五陰が全て仏のものとなることをいう。

（2）衆生世間

衆生とは、サンスクリット語で「サットヴァ」といい、感情や意識を持つ生命（有情《うじょう》）を指す。衆生は五陰が仮《かり》に（一時的に）和合したものであるとされる。衆生世間とは、個々の有情の生命に地獄界から仏界までの差異があることをいう。先の五陰世間が生命の働きを分析的に捉えてそれぞれの働きに十界の相違があることを示したものであるのに対し、衆生世間は個々の生命を統一的、全体的に捉えた法理である。

堅樹日寛《けんじゅにちかん》は衆生世間について「三重秘伝抄」で「衆生世間とは十界通じて衆生と名づくるなり。五陰仮《かり》に和合するを名づけて衆生と曰うなり。仏界はこれ尊極の衆生なり。故に大論に曰わく『衆生の無上なるは仏これなり』と。あに凡下《ぼんげ》に同じからんや」（『六巻抄』一七頁）と述べている。

個々の生命に対し、たとえば地獄界の衆生、修羅界の衆生等として、それぞれの境涯を規定して見ていくのが衆生世間の法理である。

また衆生という言葉は個々の生命だけでなく、生命の集合体を指す場合もある。この場合、衆生世間は、家族や団体、企業、民族、国民など、集団ごとに生命傾向の相違があることを示す法理となる。

たとえば、アメリカ、イギリス、フランス、ドイツ、イタリア、スペイン、日本、中国など各国の国民の行動傾向にはそれぞれ独特の特徴が認められる。アメリカの生物学者ルネ・デュボスは『内なる神』で、社会批評家マックス・ラーナーのユーモアに満ちた次の言葉を紹介している。「イギリスでは、禁止されていないものはすべて許可されている。ドイツでは、許可されたもの以外はすべて禁止されている。フランスでは、たとえ禁止されていてもすべては許可される。そしてロシアでは、たとえ許可されていてもすべては禁止されている」（『内なる神』八一頁）。

その上で、デュボスは次のように自身の見解を表明している。

「現代史を学ぶと、歴史上の偶然で、ある場所にいっしょに住むことになった人びとの集団は、一群の共通の思想や価値や信仰を発達させる傾向があり、やがてそれは、彼らの理想となり、指導的倫理となることが確証されている。彼らが発展させる文化は、ひとつの全体を構成し、それは絶えず進展しつづける国家精神として、形づくられてゆく」（同書同頁）

（3）国土世間

国土世間とは、生命が存在する国土にも十界の相違があることを示す法理である。岩石や草木などから構成される国土は、それ自体、感覚神経を持たない存在（仏教用語では、これを「非情《ひじょう》」という）であるが、仏教は感覚神経を持つ人間を含めた動物（これを「有情《うじょう》」という）だけでなく、非情も生命の当体であるとし、有情・非情を含めた宇宙全体が生命であるとする。このように有情・非情を含めて捉えるのが一念三千論の特徴である。したがって国土にも十界の相違があることになる（たとえば地獄界の国土も仏界の国土もある）。

常識的な理解では鉱物などの無機物は生物の範疇には入れないが、岩石なども含めて一切の存在を生命とみなす仏教の生命観は従来の常識的な生命観を超越したものである。今日の学問の知見では生物と非生物の区別は明瞭に画することができないものとされてきている。たとえばタバコモザイクウイルスなどは、条件のよい環境では増殖して生物の特徴を示すが、条件の悪い環境では結晶となって非生物の特徴を示す。生物と非生物は明確に区別できるものではなく、連続している。

仏法の一念三千論においても生物と非生物の区別は取り払われ、全てが生命として扱われる。そこで、動植物を含めて全ての自然がそれ自体に内在的価値を持つということになる。いわば一つの石でもそこに価値が存在するのであり、それを否定し無意味に破壊することは悪になるという立場である。そのような仏教の生命観は動物にのみ内在的価値を認め、植物や岩石に価値を認めていない動物倫理学を超越している。

生物だけでなく、これまで非生物とされてきた物質にも自発性、すなわち意志があるとする見解は現代の学問でも承認されつつある。たとえば散逸構造理論を確立したベルギーの物理学者プリゴジンは次のように言う。

「物質はもはや機械論的世界観で述べられたような受動的な物体ではなく、物質には自発的な活性が伴っている、と考える新しい物質観が生じてきた」（『混沌からの秩序』四四頁）

「平衡《へいこう》状態では物質は盲目であるが、平衡から遠く離れた条件下では、物質は、（弱い重力場や、電場のような）外界の違いを感知し、それを考慮に入れて機能し始める」（同書五〇頁）

また哲学者の小林道憲氏は次のように述べている。

「生命体だけが生成の過程にあるのではなく、物質そのものがすでに生成の過程にあったのだと言わなければならない。だからこそ、原子は分子に成長し、分子は高分子に成長し、高度な有機物にまで成長するのである」（『生命と宇宙』一九頁）

「意識の起源もまた、物質そのものの中に見出していかねばならない」（同書一二五頁）

国土も一つの生命体として十界の相違を持つとする仏教の洞察は、それぞれの都市や場所が各自特有の雰囲気を持っていることからも了解できよう。たとえば東京という巨大都市は数十の区や市に分けられているが、隣の区や市同士の間においても住民の行動傾向や文化的雰囲気においては相違がある。それぞれの国土は固有の生命傾向を持っているのである。デュボスは「場所の精神」について、D・H・ローレンスの次の言葉を引用している。

「どの大陸もすべて固有の偉大な場所の精神をもっている。どの民族もすべて、ある独特の地方性——それは家庭であり、また生まれた国であるのだが——によって際だっている。（中略）しかし、場所の精神というものが存在するということは、偉大な現実なのである」（『内なる神』一〇一頁）

国土を一つの生命体と見ることは国土それ自体が固有の価値を有することを認め、道徳の対象となるとする立場でもある。仏教のこの国土観は今日の環境倫理の文脈でいえば、土壌や水、動植物を含めた「土地」も倫理の範疇にあるとした「土地倫理」（アルド・レオポルド）の思想に通ずるものがある。

第二節　一念三千に関連する法理

ここでは一念三千に関連して、日蓮仏教で用いられるいくつかの法理について触れることとする。

1　依正不二——主体と環境の一体性

依正不二《えしょうふに》とは、生命活動を営む主体（正報《しょうほう》）と主体が活動を営むよりどころとなる環境（依《え》報《ほう》）が一体不二であることをいう。妙楽大師が天台の一念三千論をもとに『法華玄義《ほっけげんぎ》』に説かれる「十妙」から構成した「十不二門《じっぷにもん》」（色心・内外・修性・因果・染浄・依正・自他・三業・権実・受潤《じゅにん》の不二）の一つである。

依報、正報の「報」とは「報《むく》い」の意味である。その背景には仏教が前提とする業《ごう》思想がある。すなわち生命が一定の主体として存在し、またその一定の環境のもとに存在するのは、その生命が過去に行ってきた行為（業）の報いの現れであるとするのである。万物が存在する在り方は過去の原因の結果である。万物は過去・現在・未来という時間の流れの中に存在し、過去から離れて現在だけ存在するものはない。一切の存在の中に時間性が含まれていることを仏教は「報い」として表現した。

日蓮は環境（依報）と生命主体（正報）の関係について次のように述べている。

「それ十方は依報なり、衆生は正報なり。依報は影のごとし、正報は体のごとし。身なくば影なし、正報なくば依報なし。また、正報をば依報をもってこれをつくる」（「瑞相御書」一五五〇頁）

生命主体は環境に応じて自己を形成するとともに、生命主体は環境に働きかけ、環境を形成する。また環境は単なる客体ではなく、主体となって生命に働きかけるものでもある。環境がなければ主体は存在せず、また生命のない単なる環境も存在しない。主体と環境は相互に働きかけるものであり、一体不二である。万物はそれ自体で存在できるものでなく、環境の網の目の力を受けて存続している。

また環境世界の在り方は、そこに存在している生命主体によって決定される。この点について日蓮は「『衆生の心けがるれば土《ど》もけがれ、心清《きよ》ければ土も清し』とて、浄土といい穢土《えど》というも、土に二つの隔《へだ》てなし。ただ我らが心の善悪によると見えたり」（「一生成仏抄」三一七頁）と述べている。一つの国土であってもそこに存在する生命が地獄界の境涯であれば、国土も地獄の国土となり、住する衆生が菩薩や仏の境地にあるならば、国土も菩薩界、仏界の国土となるということである。

依正不二、すなわち生命主体と環境世界の一体性ということについては、環境の側に焦点を当てた場合、①同一の環境世界がそこに存在している主体の影響を受けて時間的に変化していくという経時的な意味と、②一つの環境が同時に複数の主体に応じて複数の異なる世界を形成するという意味の二つがある。

①の例としては、たとえばある家がAが住んでいた時にはゴミだらけの不潔なものだったのが、住人がBに変わったら整頓されて清潔なものになる場合などが挙げられよう。同一の家でも住人によってまったく違う世界になる（もちろん、Aの意識と行動が変化すれば、家の状況も変化する）。巨視的に見れば、ある時代には平和で潤いのあった国土が、何百年後には戦乱が絶えない荒廃した国土になっているということもある（その逆の場合もありうる）。その国土に住する人間の意識と行動の相違によって国土の状況も変わってくるのである。

とくに自然環境に働きかける力の大きさという点で民族や国民などの人間集団が重要である。とくに近年は環境問題に対する意識の高まりとともに人間の活動が自然環境に大きな影響力を持つことが広く認識されている。人間の生命境涯と国土の在り方は一体不可分なので、国土の本質的な変革のためにはそこに存在している人間の生命境涯が変わらなければならない（この場合、個々の人間というよりも人間集団の在り方が問題であり、一念三千論の文脈でいえば衆生世間の問題となる）。

正法の弘通によって人々の生命を変革し、それによって平和と繁栄の国土を実現しようとしたのが日蓮の「立正安国」の思想であった。その意味で「依正不二」は国土・社会の変革にまで関わる法理である。

また、ほとんど同一の環境条件にある近接した複数の国土が、それぞれの国土に住んでいる人間集団の営みの相違によって全く異なった世界になることも珍しくない。その例としてルネ・デュボスは、近接するアメリカのシアトル市とカナダのビクトリア市が建設された時期や気候条件、天然資源がほぼ同一であるにもかかわらず、雰囲気が全く異なった都市になっていることを指摘している（『人間であるために』四七頁）。人間集団の文化的相違が国土の相違をもたらすのである。

②は、同一の環境が同時にそれぞれの生命主体に応じて異なる世界として感受されるということを意味する。このことは仏教では「沙羅《さら》の四見」として表現される。「沙羅」とは釈尊が入滅した場所にあったとされる沙羅樹（フタバガキ科の常緑高木）の林のことだが、経典では同じ沙羅樹の林が衆生の境涯によって異なる世界に見えたと説かれる。たとえば像法決疑経《ぞうほうけつぎきょう》では、凡夫は釈尊が入滅した場所を土砂や草木がある場所と見るが、声聞・縁覚は金銀や七宝が荘厳している場所と見、菩薩は三世の諸仏が行じている場所と見、仏はその場所が諸仏の世界であると見たという趣旨が説かれている。

それぞれの生命に応じて世界が異なることについて、日蓮は次のように述べている。

「この経の文字は皆ことごとく生身妙覚《しょうしんみょうかく》の御仏なり。しかれども、我らは肉眼《にくげん》なれば文字と見るなり。例せば、餓鬼は恒河《ごうが》を火と見る。人は水と見る。天人は甘露《かんろ》と見る。水は一なれども果報に随って別々なり。この経の文字は、盲眼の者はこれを見ず。肉眼の者は文字と見る。二乗は虚空《こくう》と見る。菩薩は無量の法門と見る。仏は一々の文字を金色《こんじき》の釈尊と御覧あるべきなり」（「曾谷入道殿御返事」一四一一頁）

実際に人は同一の風景に接しても、深刻な悩みに直面している時は重苦しい灰色の世界と感じられるが、生命が歓喜している時は輝いて見えるということを体験する。地獄界を基調とする人は何を見ても苦しみの世界と感じられるし、菩薩や仏の境地の人は平凡な風景も喜びの世界として受け止めることができる。生命の主体によって世界は異なるのである。

ドイツの生物学者ユクスキュルは、それぞれの生物が知覚器官と作用器官で捉える世界がその生物の環境世界であることを明らかにし、生命主体と環境世界が鍵と鍵穴のように対応していると主張した（『生物から見た世界』）。単細胞生物から人間に至るまで、全ての生物はそれぞれ自己固有の環境世界を持つ。生命は環境に適応し、環境に働きかけながら自己を改造し進化していく。生命主体から離れた客観的な環境は存在しない。

人類学者の今西錦司は、生物の種はそれぞれに社会を構成し、その種社会は地球上のある部分に偏って存在している（棲み分け）と主張し、それぞれの種は環境に適応しながら自己を作り変えていくとする（『私の進化論』）。無数の種社会が重なり合い、関連し合って全体社会を構成していると見る立場から、今西は、人間社会も採集生活をしていた単層社会から農業による余剰に基盤を持つ重層社会（文明の誕生）、さらには科学によって生活様式が共通になっていく現代社会へと推移しているとし、「国内だけでなくて、さらに世界をおおうような一つの共通文化というものに現在の主流は進んでいっている」（同書四〇頁）と述べている。その洞察は人類を一民族と見る戸田城聖の「地球民族主義」にも通ずるものがある。今西の見解は進化の主体を個体ではなく種に求めるもので、人間論としても極めて注目すべき見解といえよう。

2　色心不二――身体と精神の一体性

「色法《しきほう》」とはサンスクリット語で「ルーパダルマ」といい、一定の空間を占有する物質一般を指す言葉である。生物について言えば身体がそれに当たる。「心法《しんぽう》」とは心、精神の働きを言う。すなわち「色心不二」とは、生命において身体（物質）と精神（心）が一体不二であることを示した法理である。

日蓮は「色心不二なるを一極《いちごく》と云うなり」（「御義口伝」九八四頁）、「妙法とは色心不二なり」（同一〇四一頁）と述べている。生命について身体と精神に分けて考察することができるが、身体と精神という二つの存在があって相互に作用しあうのではない。両者を別個の実体であるかのように考えるデカルト流の発想とは異なる立場である。実際に存在するのは一つの生命であり、身体と精神は生命の二つの側面に過ぎない。

譬えて言えば、円筒を真上から投影すると円の形になるが、真横から投影すると長方形の形になるようなものである。円も長方形も円筒の一つの形としては間違いではないが、円筒という物体の一側面に過ぎない。それと同様に、生命を物質、身体という側面から、また精神という側面から捉えることはできるが、それは生命の一面に過ぎず、一方だけで生命の全体を把握することはできない。

身体と精神が生命を捉える二つの視点、あるいは側面であることは、素粒子や光が粒子と波動という二つの性質を持つことにも類比できよう。光は粒子であると同時に波動でもある。それと同様にあらゆる存在は物質と精神の両面を持つ。物質を持たない生命、精神を持たない生命は存在しない。

生物と非生物の境界にあるウイルスにも精神の働きは認められる。条件の良い時は自己増殖を試み、条件が悪い時には結晶となって時を待つ。新型コロナウイルスも感染力を増すために種々の変異株に変身していく。それらの変異の中に状況に対して巧妙に対応しようとするウイルスの意志をうかがうことができる。さらにはウイルス以前の物質も、素粒子から高分子へと発展し、生物を生み出していく。その発展の過程の中に、生命を創造しようとする物質の意志を見ることができる。鉱物の結晶も自己修復、自己増殖などの働きを持ち、自己を形成している。そこにも明確な意志が存在している。精神は物質とともにあり、物質はまた精神を伴う。色心はまさに一体不二なのである。

このような仏教の生命観は現代の学問の知見とも合致してきている。先に物質に自発的な活性を認めるプリゴジンの見解に触れたが、アメリカの物理学者デヴィッド・ボームも、あらゆる物質が流れの性格を持っているとし、「この流れにおいては、精神と物質は互いに分離した実体ではない。それらは、分断されぬ一つの全体をなす運動の異なる二側面である」(『全体性と内蔵秩序』四一頁)と述べている。

従来の科学は、デカルトに倣《なら》って精神と物質を峻別し、人間だけに精神を認めて人間以外の生物や物体には精神性を認めない態度を科学的としてきた。しかし、そのような態度はもはや過去のものとなりつつある。生命活動を全て物質的要素に還元していく方法では生命の全体を把握することはできない。精神と身体を分け、その相互作用を考える在り方も適切ではない。精神と身体(物質）は一個の生命の側面だからである。

物質的身体が人間の本質であると見るのが唯物論であり、精神が人間の本質であるとするのが唯心論だが、色心不二の生命観は、従来の唯物論と唯心論の対立を超克、止揚する「中道」の立場である。たとえば医学の分野においても、これまでは身体の物質的側面しか見ない傾向が強かったが、今日ではストレス学説など、心理的・精神的側面が身体に強い影響を及ぼすことが広く認識されるようになっている。有効な治療のためには精神と身体の両面から生命の全体を把握することが不可欠である。医療の現場でも、患者の側に医師に対する強い不信感、反発があれば、望ましい結果は期待できない。医師が権威的態度をもって患者を物体視することは厳に戒めなければならない。治療者の側に患者の心を酌み取っていく人間的度量が求められる所以である。

精神と身体の関係を考えるために、天台大師が説いた「空《くう》仮《け》中《ちゅう》の三諦《さんたい》」の法理（あるいは法身・応身・報身の三身論）が一つの手がかりになろう。「諦」とは真理の意で、「空諦《くうたい》」とは、全ての事象・事体は無常であり不変の実体は存在しないという真理をいう。「仮諦《けたい》」とは、万物が無常（空《くう》）でありながら、縁に因って一時的に（仮に）生起する（縁起）という真理を指す。「中諦《ちゅうたい》」とは、空と仮を統合しつつ単なる空でも仮でもないという真理をいう。三諦を仏身に配すれば、空諦が法身《ほっしん》如来、仮諦が応身《おうじん》如来、中諦が報身《ほうしん》如来となる。

三諦を生命の各側面に当てはめれば、精神は常に流動的で固定されていないので空諦に、身体は宇宙の元素が一時的に（仮に）結合して構成されているので仮諦に、精神と身体を統合して生命の同一性を保つ働き、生命の主体が中諦に当たる。

人間の肉体を構成する元素は新陳代謝によって数年も経ずに全く別のものとなる。たとえば一歳の時のAと七十歳の時のAではその肉体は全く別物である。また、精神の働きも一歳と七十歳では大きな相違がある。肉体と精神が異なっていてもAが別人にならないのは肉体と精神を統合する働き（中諦）があるからである。Aの精神は熟睡時や麻酔をかけられた状態では停止するが、覚醒すれば別人となることなくAとして活動を再開する。乳児が老人になっても生命の同一性が失われないのと同様に、臨終によって肉体と精神の働きは一時的に停止しても、次の生を迎える時は同じ生命が連続するものと考えることができる。三世にわたる輪廻において生命の同一性が持続することを仏教学者の木村泰賢博士は蚕《かいこ》の変化に譬えて次のように述べている。

「幼虫より蛹《さなぎ》になり、蛹より蛾《が》になるところ、外見的にいえば、全く違ったもののようであるけれども、所詮、同一虫の変化であって、しかも幼虫と蛾とを以って、同ともいえず、異ともいえず、ただ変化であるといい得るのみと同般である」（『原始仏教思想論』一七一頁）

3　自他不二——主体と客体の一体性

「自他不二」とは自分と他者が生命の根底においては一体であるということで、妙楽大師が示した「十不二門」の一つである。日蓮は「御義口伝《おんぎくでん》」で、不軽《ふきょう》菩薩《ぼさつ》の礼拝行を論じてこの法理に触れ、「地獄界乃至《ないし》仏界、各々界《さかい》を法《のっと》るあいだ、不軽菩薩は不軽菩薩の界に法り、上慢《じょうまん》の四衆は四衆の界に法るなり。よって、法界が法界を礼拝するなり。自他不二の礼拝なり。その故は、不軽菩薩の四衆を礼拝すれば、上慢の四衆の具うるところの仏性もまた不軽菩薩を礼拝するなり。鏡に向かって礼拝を成す時、浮かべる影、また我を礼拝するなり」（一〇七一頁）と述べている。

自他不二といっても、自己の個性が他者と解け合って融解しているのではない。万物は全て個として存在している。小石でも単細胞生物でも他と異なる個体性を持っており、同じものが別に存在することはない。大量生産によって同一の製品として生産されたものであっても完全に同一のものは存在しない（自動車でも万年筆でもそれぞれ微妙な差異がある）。万物は全て世界において唯一の存在なのである。同一の環境に置かれても、その環境に対応する行動の在り方は個々の生命によって全て異なり、無限の多様性を示す。

万物は他と異なる個体性を有しながら、また共通性、統一性も持つ。万物は宇宙に存在している元素で構成されており、自分だけが所有する特殊な元素などはない。生命は宇宙に存在している元素を集めて自己を形成し、滅した後は元素は結びつきを解かれて、また宇宙に帰っていく。素粒子から超銀河に至るまで、万物は宇宙から生じ、また宇宙へと帰っていく。あらゆる存在はその根底においては宇宙と繋がっており、また他者と繋がっている（宇宙もまた、滅した後は超宇宙に帰っていく）。

西欧近代の科学は、観察者は世界の外にいて世界を客体として客観的に観察するという主体・客体の分離を前提としたが、量子力学は観察者の存在そのものが観察対象に影響を与えることを明らかにし、世界の外にいる観察主体という観念が成り立たないことを明示した。万物は宇宙という全体世界の一部分として互いに映しあい、影響しあって生成流動していくのであり、他からの影響を一切受けないものは存在しない。そのことを説いたのが仏教の縁起説である。善悪を問わず他に対して何事かをなせば、その影響はまた自己自身に返ってくる。互いに響き合っているという意味で自他は別々ではなく一体である。

自他は一体であるから、他者に害悪をなせば、その行為は自身を傷つけることになる。他者に善をなせば、その善行の力（業力《ごうりき》）は自己の福徳をもたらす。そのことについて、日蓮は「人に物をほどこせば、我が身のたすけとなる。譬えば、人のために火をともせば、我がまえ（前）あきらかなるがごとし」（「食物三徳御書」二一五六頁）と述べている。自他を不二と見る生命観から、他者の不幸の上に自分の幸福を築くことは許されないという倫理観が生まれてくる。自他の関係の中で人間の生きるべき道を示すのが倫理思想であるから、自他不二の生命観は仏教的倫理思想の基盤となるものである。

第三節　九識論——生命の階層構造

1　六識までの働き

九識論は、元来、インド大乗仏教の唯識《ゆいしき》学派において形成された理論だが、中国天台宗にも継承され、日蓮も自らの教義に取り入れている。そのことは「妙法蓮華経は九識なり。十界は八識已下《いげ》なり」（「御義口伝」九九四頁）、「古徳《ことく》のことばにも『心地を九識にもち、修行をば六識にせよ』とおしえ給う」（「上野殿後家尼御返事」一八三五頁）、「この御本尊全く余所《よそ》に求むることなかれ。ただ我ら衆生の法華経を持《たも》って南無妙法蓮華経と唱うる胸中の肉団におわしますなり。これを九識心《しん》王真如《のうしんにょ》の都《みやこ》とは申すなり」（「日女御前御返事」二〇八八頁）などの言葉にうかがうことができる。

「九識」の「識」とは、原始仏教以来、生命を構成する要素とされてきた五陰《ごおん》（色・受・想・行・識）の一つを指し、外界を認識する生命の働きをいう。初めの「五識」は、眼識・耳識・鼻識・舌識・身識の五つを指す。要するに感覚器官の働きである。眼で光を感じ、耳で音を知り、鼻で臭いを感じ、舌で味を知り、身（皮膚）で寒暖や触感を感ずる。これら五識の働きを通して生命は外界の情報を内部に取り入れる。第六識は意識という。五識によって得られた個別の情報を統合し、一定の判断を下して自身の行動を決めていく働きである。

小乗仏教の代表的な論書である『倶舎論《くしゃろん》』は、第六識を生命活動の主体である「心王《しんのう》」とし、その他の五識をもって生命の具体的な働きである「心数《しんじゅ》」とした。しかし、その立場は一つの理論的困難に直面した。六識までの働きは、その都度《つど》、消滅していく性質のものであるため、生まれ変わり死に変わっていく輪廻の主体をそこに求めることができないという問題である（輪廻の主体である以上、生死を超えた恒常性が必要になる）。

もちろん、「諸法無我」を標榜する仏教においては霊魂のような実体を立てることはできない。この困難を解決して、意識の奥底に恒常的に存在する生命の主体を発見していったのが大乗仏教の唯識学派である。無著《むじゃく》（四～五世紀）や世親《せしん》（無着の弟）等によって形成された唯識学派は、第六識のさらなる深層に第七識の末那識《まなしき》と第八識の阿頼耶識《あらやしき》という生命の領域を見いだしていった。

2　末那識（第七識）

第七識である末那識《まなしき》の「末那」とはサンスクリット語では「マナス」といい、本来、「考える作用」（思量《しりょう》）という意味の言葉である。第六識も思考する作用であるが、第六識が日常性の中で断続的に働くのに対し、末那識の場合は、「恒審思量《ごうしんしりょう》」（『成唯識論《じょうゆいしきろん》』）と呼ばれるように、恒《つね》に途絶《とだ》えることなく、審《つまび》らかに深く強く思考していく働きである。

また第六識が外界の縁に従って働く思考であるのに対し、末那識は外界の状況にかかわらず自らの内から働く思考である。さらに第六識が概念を用いた自我意識であるのに対し、末那識は無意識下の自我意識であるという相違がある。天台大師が『金光明経玄義《こんこうみょうきょうげんぎ》』で「第七分別識は生死を訶《か》悪《あく》し、涅槃を欣羨《きんぜん》す。別してこれを分ければ、これ二乗識」（大正蔵三九巻四頁）と述べている通り、日常性を超越して世界を貫く真理を把握しようとする二乗（声聞・縁覚）の境涯の思考作用といえよう。

末那識の特徴は、この識が自我に対する強い執着を持っていることである。末那識の作用は、思考をなすかたわら自己を我として執着する働きであり、それ故に我癡《がち》、我見《がけん》、我慢《がまん》、我愛《があい》という四つの煩悩を持っているとされる（『成唯識論』）。この末那識の自我意識は日常的に起きる自我意識ではない。末那識の働きが間断ないものとされていることが示すように、間断がある表面心とは異なる潜在的な作用であり、たとえば事故で植物状態になった人でも呼吸して自己を保とうと努めるような、無意識的、深層的な自我意識である。

このように第七識から生命の深層領域に入っていくのであるが、末那識全体が潜在領域ではない。思考するという働きは第六識と同様に表面心の作用であり、つまり末那識は表層と潜在層（深層）の両者にまたがる過渡的な領域と考えられる。

この生命の潜在意識について、欧米においては深層心理学によって解明が進められてきた。たとえば、フロイトは個人的無意識の発想を提案して、抑圧された愛情欲求や攻撃衝動、性衝動等がヒステリーや神経症の原因になると主張した。他方、仏教では末那識に孕《はら》まれる煩悩として貪欲《とんよく》、瞋恚《しんに》、愚癡《ぐち》などを挙げ（『成唯識論』）、攻撃衝動、性衝動等の本能衝動というべき心理作用が末那識において見られることを指摘している。そこから、深層心理学にいう個人的無意識はほぼ第七識の領域に当たると考えられる。言い換えれば、心理学の洞察は概して第七識の領域にとどまり、各

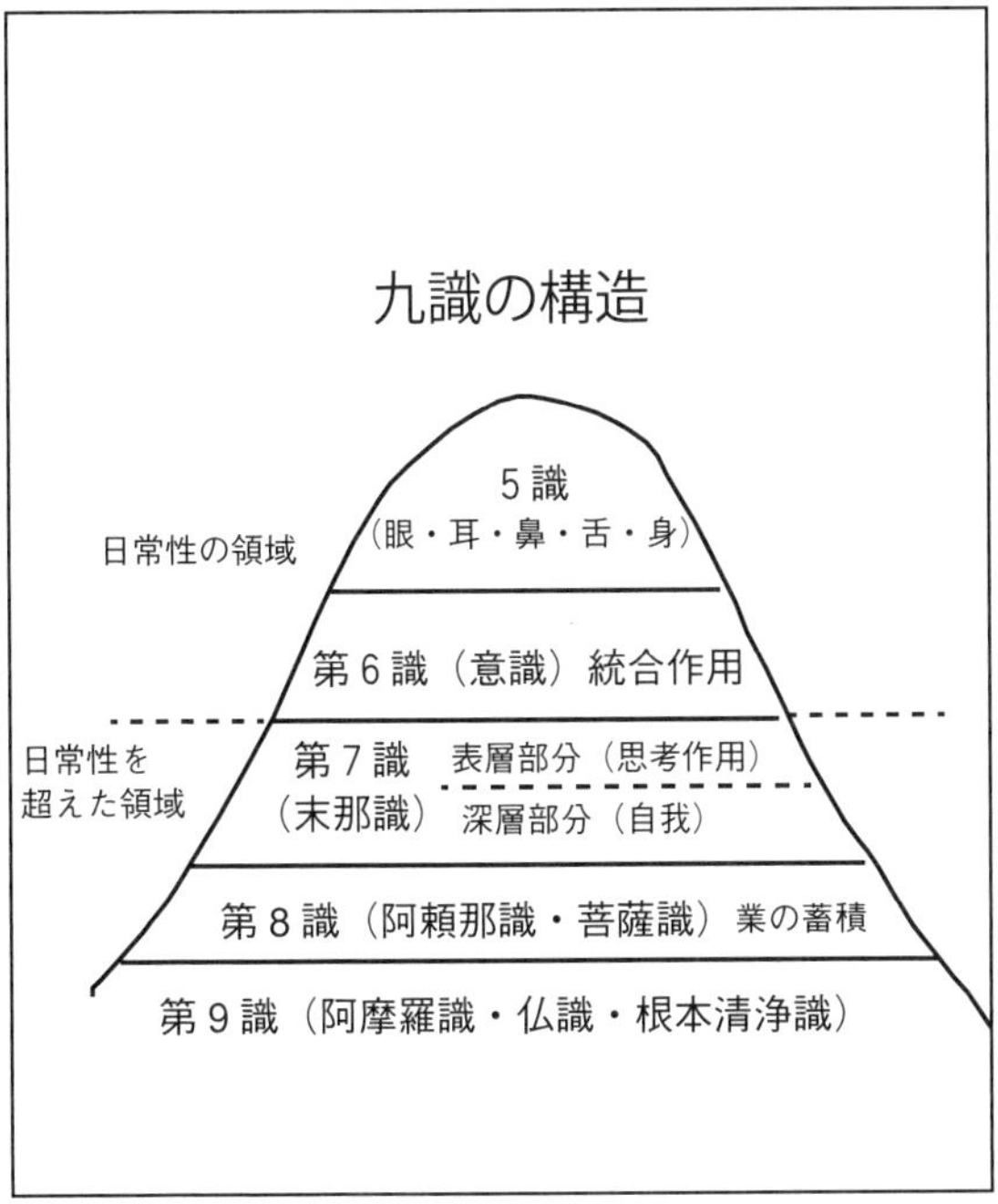

人の「運命」の問題にまで届いていない。たとえば不慮の事故や災害、戦争による死などの運命について、心理学は単に「偶然」の結果として処理するに終わっている。

日常性を超えた思考作用と潜在的な自我意識を合わせ持つ末那識は、十界論に当てはめれば二乗に相当するが、この段階ではまだ業相続《ごうそうぞく》の問題は現れてこない。そこで、業がいかに過去↓現在↓未来へと相続され、働いていくかという問題に答えるため、唯識学派が末那識のさらに深層に見いだしていったのが第八識の阿頼耶識《あらや》である。

3　阿頼耶識（第八識）

阿頼耶識の「阿頼耶」とはサンスクリット語の「アーラヤヴィジュニヤーナ」の前半の音写と後半の意訳の合成語である。永遠の過去以来の一切の行為（業）の潜在的影響力を「種子《しゅうじ》」として貯える故に阿頼耶識は「蔵識《ぞうしき》」「一切種子識」とも言われる。「種子」とは行為の潜在的影響力を植物になぞらえた唯識思想独自の概念である。

行為の影響力が行為の終了後にも消滅せずに生命の内に残ることは我々の日常の中からもうかがうことができる。たとえば、何かのスポーツや芸事の練習を一定期間積んで相当のレベルまで達した人は、数年間そのスポーツや芸事から離れたとしても、再び練習を始めればすぐにかつての勘が戻ってくる。そのスポーツや芸事を初めから行う人とは明らかな相違がある。この場合、スポーツや芸事の練習という行為（業）の影響力が種子としてその人の生命に刻まれているということができる。善悪を問わず一切の経験、行為の影響は種子として阿頼耶識に貯えられ、その種子が新たな行為に影響を与えていく。こうして阿頼耶識をめぐって深層の種子と表層の行為の間に無限の往還がなされていくのである。

善悪のさまざまな業が渦巻くこの領域には二乗の思考の力は及ばない。天台の『金光明経玄義』に「阿梨耶識《ありやしき》は即ちこれ第八無没識《むぼつしき》なり。なお随眠《ずいめん》煩悩有り、無明と合す。別してこれを分ければ、これ菩薩識」（大正蔵三九巻四頁）と記されるように、阿頼耶識（阿梨耶識）に相当する十界の境涯は利他の実践をもって自らの悪に立ち向かおうとする菩薩界の境涯である。つまりエゴイズムの壁を突き破って利他に生きる菩薩の境涯において初めて阿頼耶識の領域の変革を行うことができる。

また業が蓄積される阿頼耶識は一個体の生命を超えて他の生命と連なっていく面を持つ。業は各個人が単独で形成する場合だけでなく、他と共同し、関連しあって形成される。仏教では多くの生命が共通して感ずる業を「共業《ぐうごう》」という。たとえば、ある時代の小学生の同級生が、男子は成人して全員が徴兵されて戦場に駆り出され、大半が戦死したという場合、その同級生たちは戦場に駆り出されて死んでいかなければならないという同一の業を共有していたことになる。同じ宿業を共有していた人たちが同級生という一つの集団を形成していたのである。複数の人が共通して持つ歴史的体験は「共業」に当たるといえよう。

説一切有部の論書である『阿毘達磨大毘婆娑論《あびだるまだいびばしゃろん》』第九には「有情数《うじょうすう》は格別の業にして非有情数は共業の所生なり」（大正蔵二七巻四一頁）と説かれる。有情数（各個人）は各別の業から生まれるが、非有情数（山河・大地など）は共業の所生とされている。非有情数は、広く言えば環境世界を指すが、さらには自然環境だけでなく人間社会の文化なども含まれる。国土や文化の在り方はそこに住する人々の共通の業によって形成されるというのである。

したがって阿頼耶識には個人のみならず家族、民族、人類に共通する業が刻まれている。このような、広く他者と連なっている阿頼耶識は、深層心理学における家族的無意識（ソンディ）や集合的無意識（ユング）を含むものと考えることができる。個々の生命は阿頼耶識の次元において家族、民族、ひいては人類にも連なっている故に一人の生命変革が家族や社会の変革をもたらす可能性が開けてくる。

さらに阿頼耶識は「善悪無記」といわれるように、善悪どちらか一方のみの性質に規定されているのではない。善悪を問わず、どのような行為の結果も種子《しゅうじ》としてそのまま刻まれている。阿頼耶識は染浄《せんじょう》の二法をともに含んでおり、善（浄法《じょうほう》）と悪（染法《せんぽう》）の力がそこでしのぎを削り、拮抗《きっこう》している領域なのである。

そこで、阿頼耶識の領域のままで留まっていたのではいつまで経っても善と悪は止揚《しよう》されず、拮抗したままになる。利他の実践によって悪業の克服を目指した菩薩も、尽きることのない悪との闘いに取り組んだまま、仏の絶対的幸福境涯に達する展望を遂に与えられないことになる。第八識を「心王」と立てて生命の究極的根底とする唯識学派の立場にとどまっている限り、結局、成仏への道は開かれない。そこに天台宗において、第八識のさらに奥底に、宇宙と連なる生命の根源的領域である第九識・阿摩羅識《あまらしき》（菴摩羅識《あまら》）が見いだされなければならない所以《ゆえん》がある。

4　阿摩羅識（第九識）

「阿摩羅《あまら》」とは元来、「汚れがない」という意味であり、それ故に第九識の阿摩羅識は「根本《こんぽん》清浄識《しょうじょうしき》」「無垢識《むくしき》」とも呼ばれる。個々の生命の最奥の領域であり、宇宙の生命に連なっている領域である。個々の生命は個であると同時に宇宙の一部である。天台が『金光明経玄義』で「菴摩《あま》羅《ら》識はこれ第九不動識。若《も》しこれを分別せば、即ちこれ仏識《ぶっしき》」（大正蔵三九巻四頁）と述べているように、阿摩羅識（菴摩羅識）こそ仏の生命そのものであり、永遠の大我である。この清浄無垢の領域に立脚して初めてとどまることのない善悪の拮抗に終止符が打たれ、五識から八識までの作用も仏の清浄な力の一部として働くこととなる。

この点について池田大作は『法華経の智慧』第四巻で次のように述べている。

「八識をも包みゆく宇宙生命それ自体――第九識といわれる『根本浄識』を触発することによって、一気に、善悪の業エネルギーを『極善』のエネルギーに変えていく方法を教えたのが法華経なのです。寿量品の『久遠の仏』とは、この無始無終の根本浄識の人格的表現とも言えるでしょう。この根本浄識を触発することによって、個人の善悪の業エネルギーは、すべて価値創造へ向かう。さらには民族心（民族意識）、人類心（人類意識）をも、慈悲と智慧の生命流に浸していけるのです」（同書三五二頁）

天台はこの第九識に瞑想の修行によって到達しようとした。しかし、その修行はごく限られた最優秀の人のみがなしうる極めて困難な実践であった。日蓮はそのような天台流の修行を退け、第九識の仏の生命を南無妙法蓮華経と名付けてそれを曼荼羅本尊に表し、万人に仏の生命を現す道を開いた。

日蓮は次のように述べている。

「法界《ほうかい》とは十界なり。十界即諸法なり。この諸法の当体、本有《ほんぬ》の妙法蓮華経なり。この重《じゅう》に迷う衆生のために一仏《いちぶつ》現じて『分別説三《ふんべつせっさん》（分別して三を説きたもう）』するは、九識本法の都を立ち出ずるなり。さて、終《つい》に本の九識に引入する、それを法華経とは云うなり」（「御講聞書」一一五〇頁）「妙法蓮華経は九識なり」（「御義口伝」九九四頁）

万人の人生の上に仏の生命を現すという釈尊以来の仏教の理想は、仏の生命（第九識）を曼荼羅《まんだら》本尊に示した日蓮仏教の出現によって初めて完成を見たといえる。以上に示された生命の階層構造をあえて図式的に示せば一〇七頁の図のように表せるであろう。

第四節　死と生

死は人生最大の問題といってよい。それ以外のことは所詮、枝葉の問題である。「死とはどういうことか」「死後はどうなっていくのか」という根本問題に答えが得られなければ、人は本当の意味で心の底から安心することができない。その意味で死生観こそが人生観の根本であり、明確な死生観を持たない人生観は脆弱なものとならざるを得ない。

周囲の人間の死を通して自分も必ず死を迎える存在であることを知った時から、死をどのように捉えればよいのかという問題意識が生じてくる。この誰人にも生ずる死の問題に何らかの回答を与えたのが宗教であった。いかなる民族でも、たとえどのような素朴な形態でも宗教を持たない民族はない。また、人間以外の動物で宗教を持つものはない。その意味で宗教は人間にとって本質的事象に属するといえよう。

ただし、いわゆる世俗化の進行で、一神教や伝統仏教などの既成宗教の死の説明が説得力を失っていくに伴い、現代人は目前の政治的・経済的利益や趣味的嗜好を主要な関心とし、死を正面から見つめることを意識的に避けてきた。既成宗教を見限った現代人は、それに代わる回答を得られないことから、死の問題を回避する道を選んだともいえる。伝統的宗教に満足できず、他方では確たる死生観を持てないでいる現代人は、精神的な規範を喪失したアノミー状況にあるといっても過言ではない。

日蓮は、「かしこきも、はかなきも、老いたるも、若きも、定め無き習いなり。されば、まず臨終の事を習って後に他事を習うべし」（「妙法尼御前御返事」二一〇一頁）とあるように、出家する以前から死の問題を他の何よりも優先する最重要の問題と捉えてきた。日蓮が三十二歳で南無妙法蓮華経の弘通を決断したのも、自身の内面において死の問題が解決されたとの確信が形成されていたからであろう。自ら最重要の課題を解決せずに他者の救済に踏み出すことはできないからである。釈尊においても、人間に「生老病死」の四苦があるのを知って出家の決意を固めたという、いわゆる「四門遊観《しもんゆうかん》」の説話が示すように、死の問題は何よりも避けて通ることのできない根本問題であった。

1　死生観の類型

世界の宗教や哲学においてはさまざまな死生観が説かれる。その主な類型は次のようになろう（この問題を扱うには優に一冊の浩瀚な書物が必要である。ここで触れるのは極めて簡潔な概略に過ぎない）。

I　死後の状態を認めるもの

IA　輪廻転生（現世への再生）を認めるもの

未来永遠にわたって次々に生と死が繰り返されるとする。死者もやがて人間が認識できる現実世界（現世）に生まれてくるものと考える立場である（ただし、その生は人間に限定されない。人間以外の生物として生まれる場合もある)。

ⅠAa　輪廻転生の主体として霊魂があるとするもの

死後において肉体は滅するが、霊魂は存続し、再び現実世界に生まれてくるとする(霊魂説)。この見解はヒンズー教や世界各地の原始宗教だけでなく、ピタゴラスやエンペドクレスなどギリシャの哲学者の多くに見ることができる。

プラトンも『パイドン』で、死者の魂は生前になした善悪の行為が裁かれ、再び生へと送り出されるとする(ただし、罪が重大な者は二度と生を受けることはできないとする。このような観念はインドで説かれる業の果報の発想とも共通するものになっている。プラトンはピタゴラスなどを通して東洋的信仰を取り入れたとの見解もある)。

ヒンズー教およびその原型であるバラモン教は、煩悩を滅して涅槃(ニルヴァーナ)に至れば、輪廻転生のサイクルから脱して永遠の幸福が得られるとする。

ⅠAb　輪廻転生を認めつつ、霊魂の存在を否定するもの

仏教の立場である。仏教も現世への再生を認める輪廻転生説に立つが、輪廻の主体として霊魂の存在を認めないのが仏教の特色である。生命は死後には「空《くう》」の状態のまま同一性を維持し、やがて現世に再生すると説く。仏教にもニルヴァーナ説を説く面があるが、それはインド社会に適応するための方便説に過ぎず、仏教の本意は永遠の輪廻転生と考えられる(中村元博士は「ニルヴァーナの教えそれ自体が、仏教にとっては、当時の他の宗教からとり入れたものにほかならず、一種の方

便説にすぎなかった」〈『原始仏教の生活倫理』二三九頁〉と述べている）。

仏教は、当時のインド思想から業と輪廻思想を取り入れ、死後および来世の状態は生前の行為（業）の結果（報い）として現れるとした。

ＩＢ　輪廻転生を認めないもの

ＩＢａ　死後は「最後の審判」を経て、天国または地獄で不死の存在となるとするもの

一神教の死生観である。ユダヤ教・キリスト教・イスラム教は、死者は再び現世に生まれることはなく、死後、最後の審判の時を待つ中間状態にあるとする。最後の審判の時は来臨した神（キリスト教の場合はイエス・キリスト）によって全ての死者が裁かれ、生前に正しく信仰してきた者は天国（永遠の幸福）に、不信心者は地獄（永遠の苦しみ）に分けられると説く（最後の審判の観念はユダヤ教よりもさらに古いゾロアスター教に既に見られる）。

ＩＢｂ　子孫による一時的再生を説くもの

儒教の説く死後の観念である。子孫が死者の霊魂を祭る儀礼を行えば、その時だけ死者は再生し（招魂再生）、子孫と再会する。子孫が存在しない死者は永遠に死の状態に置かれるとする。儒教の家族重視の観念が死生観にも反映されている。ただし、死後の状態に関する言説は儒教にはほとんどない。

ＩＢｃ　天による死者の救済を説くもの

道教の死生観である。道教は基本的には死は罪の結果であると否定的に捉え、不老長寿の仙人を

理想とする。死者の罪の特赦を天に要請することによって、死者が救済されるとする。

ＩＢｄ　死後は霊魂となって永遠に存続していくとするもの

古代バビロニアやエジプト、またヴェーダ時代のインドの宗教、仏教伝来以前の日本などに見られる見解である。古代バビロニアでは善人も悪人も死者の魂は「アラル」と呼ばれる地下の世界に行き、暗闇と苦しみの中で永遠に過ごすものとされた。古代エジプトでは死者の魂はオシリス神の審判を受け、認められた者は「イアルの野」という来世の楽園で永遠に生き続けられると信じられた。ヴェーダ時代のインドでも、死者の霊魂は死後も存続して永遠の苦しみか楽しみに入ると考えられていた。

『古事記』『日本書紀』は、死者の霊魂が赴く「黄泉《よみ》の国」を穢《けが》れた場所とし、死を忌避の対象とした。ローマ神話も、限られた善良な死者の魂は「祝福された人の住む島」へ行くが、多くの者の魂は冥界の神であるプルート（ギリシャ神話のハーデース）が支配する地獄に赴くと説く。

Ⅱ　死後の状態を認めないもの（断滅説）

生命は死によって全て消滅すると捉え、死後の状態があることを一切認めない見解である。「断滅説」と呼ぶことができよう。この見解も古代からインドを含めて世界各地で見いだすことができる。仏教ではこの死後否定説（断滅説）は「断見《だんけん》」と呼ばれる。

現代におけるこの見解の代表的存在の一人である英国の哲学者バートランド・ラッセルは、死後の存在を否定する理由として死とともに記憶ないしは精神が消滅することを挙げているが（「死後も生存するか」『宗教は必要か』所収）、この見解は生命の存続と記憶（精神）の存続を混同している。記憶（精神）の働きが消滅・停止しても生命は存続すると考えることもできるので、ラッセルが挙げていることは死後が存在しないことの根拠になっていない。

死後の存在を否定する者は、しばしば死後の存在を認める生死観を「迷信」として非難するが、しかし死によって全てが消滅するという見解もそれを明確に裏づける合理的な根拠は一切ない。死によって身体が消滅し、記憶を含む精神の働きも解消するので、身体と精神を基盤としている生命全体も消滅するだろうと臆断しているだけのことである。その意味ではこの死後否定説も「迷信」「臆断」「ドクサ」に過ぎず、死後存続説とともにいわば「どっちもどっち」である。

誰人も自己の死を経験することはできない。死の状態から一人として戻ることはできない（死から戻ったならば、それは死ではない）。死および死後は人間の思惟力によって判断することができない神秘の領域である。学問は、哲学であれ生理学であれ、死後について語ることはできず、全くの無力である（カントでもヘーゲルでもハイデガーでも、あらゆる哲学者は死後について何も語ることができない）。そこで学問は死後の問題は扱わず、もっぱら宗教に委ねた。死に関する全ての観念は確かな根拠を持たない「仮説」にとどまる。ただ、どのような仮説が他説に比較してより「真実らしい」か、ということが言えるだけである。どのような死生観を持つか、あるいは「不可知なもの」として死を考えること自体を拒否するか（そこまで明確に自覚できず、ともかく「わからない」からなるべく死を考えないようにするか）は各人に委ねられている。しかし、生は死と表裏であるから、死をどのように捉えるかということは生をどのように考えるか、いかに生きるべきかという

「生き方」の問題に直結してくる。そこで死生観と倫理の関係については、改めて第五章で考察することにする。

日蓮仏教は、仏教の正統を継承する立場から、業論および因果論と結合した輪廻転生説を明確に主張する。

2 三世の生命

釈尊は、生命は死とともに消滅するという「断見《だんけん》」も、生命は霊魂となって、たとえば人であれば人として、犬であれば犬として、永遠に変わることなく存続していくとする「常見《じょうけん》」もともに退けた。

「断見」は六師外道の一人である唯物論者のアジタが主張したものである。生命は結局、物質に還元されるとする唯物的生命観は今日も有力であり、その立場からすれば、死によって身体が崩壊・消滅する時には生命そのものも消滅するという見解に行きつく。その意味では「断見」は現代においてもなお根強く存続している。

生命における精神作用も物質に基盤を持っていることは事実であり、遺体を火葬した後には精神作用は働かない。しかし、たとえば人間の身体にしても、宇宙から必要な元素を集めてその生命の身体を形成させた何らかの力が働いていたからこそ身体が形成されたのである。生命を物質に還元する唯物論的立場では身体がなぜそのような形で形成されたのか、説明することができない（身体の形成の在り方は各生物の遺伝子の指示によるが、ではどうしてそのような遺伝子ができたのか、説明できない）。特定の生命をその生命として形成せしめた力こそ生命の根源である。唯物的な断見ではその根源を把握できない。

実際に人間の生命をとってみても、誕生の瞬間において、特質や才能、生まれた環境、境遇は千差万別である。同じ人間でありながら、生まれたその時になぜ、これほど大きな差異があるのか。断見の立場では、単なる偶然であるとか、神の意思によって決められたとか言うしかないであろうが、「偶然」や「神の意思」を持ち出す見解は実は説明の放棄であり、差異がなぜ生じたかという問題の答えになっていない。

因果律と時間の不可逆性に照らすならば、誕生の瞬間に（より厳密に言えば受精の瞬間に）差異という結果がある以上、それよりも過去の時点において、その結果をもたらした原因が当該の生命の中になければならない。そのように考えた時、現世の前に過去世が存在したことを認めなければならないであろう。

一方、仏教の成立当時、「常見《じょうけん》」を主張した代表的存在と見られるのは六師外道の一人パクダである。常見の前提になっている霊魂説についても仏教は当初から厳しく退けている。霊魂という実体があるとしたならば、それはどこか特定の場所に存在することになる。それはすでに一つの生命であり、生命が死後に形を変えて存続しているというに過ぎない。その観念は、単に生命が延長しているということであり、死を無視しているに等しい。当然、霊魂の存在は客観的に実証することも理論的に推論することもできない。霊魂の観念は、死を忌み恐れ、生の延長を願う素朴な心情の表れにとどまる。霊魂説は時代と地域によってさまざまな態様があり、今日のほとんどの宗教にも見られる観念であるが、理性的な批判に耐えるものではなく、現代人の知的欲求を満足させるものではない。

　パクダの常見説によれば、生命の境涯は永遠に規定されていて変化することがないとされるので（人間は永遠に人間として生まれ、犬は常に犬として生まれる）、現世で善悪を区別する意味も努力する必要もなくなり、道徳的退廃に繋がってしまう。善因善果、悪因悪果という因果律も成り立たないので、仏教はそれを厳しく排除したのである。

　霊魂の存在を否定しつつ、同時に生命を過去・現在・未来と永遠につづく無始無終の存在と見ることが仏教の基本である。日蓮も「自身法性《ほっしょう》の大地を生死生死と転《めぐ》り行くなり」（「御義口伝」一〇一〇頁）と述べているように、三世永遠の生命観を教義の骨格とした。日蓮仏教において生死はどのように捉えられるか。日蓮は次のように述べている。

　「生死を見て厭離《えんり》するを迷いと云い、始覚《しかく》と云うなり。さて本有《ほんぬ》の生死と知見するを悟りと云い、本覚《ほんがく》と云うなり。今、日蓮等の類い、南無妙法蓮華経と唱え奉る時、本有《ほんぬ》の生死、本有の退出《たいしゅつ》と開覚するなり。また云わく、『無』も『有』も、『生』も『死』も、『若退《にゃくたい》』も『若出《にゃくしゅつ》』も、『在世』も『滅後』も、ことごとく皆、本有常住の振る舞いなり」（同一〇五〇頁）

　要するに、死を拒否し厭《いと》うのは迷いの境涯であり、生も死も生命に本来そなわる（本有）姿であると見るのが悟りであるとする。生命は、ある時は生の状態となり、またある時は死の状態となる。生死を永遠に繰り返していくのが生命の真実の姿である。その見地に立てば、生も死も生命の本然の在り方であり、決して厭うべきものではない。

3　死

先に見たように、天体も含めて万物が生命の当体であり、生死を繰り返していくものである。日蓮は「天地・陰陽・日月・五星、地獄乃至《ないし》仏果、生死の二法にあらずということなし」（「生死一大事血脈抄」一七七四頁）と述べている。

それでは、死はどのような現象として捉えられるであろうか。

先に「五陰世間《ごおんせけん》」の項で述べたように、仏教は生命を色陰・受陰・想陰・行陰・識陰という五つの要素が集合して構成されていると見る。「五陰仮和合《ごおんけわごう》」と説かれるように、その五陰が一時的に（仮に）和合しているのが生の状態である。実際に生命は物質的には宇宙に存在しているさまざまな元素で構成されている。外界から必要なものを摂取しては排出するが、生命は一定の状態に保たれている。生とは、この多様な元素を繋ぎ止めている力が働いている状態（動的平衡）といえる。ところが、生命が死の状態に入ると、その時から身体を構成している元素を繋ぎ止めている力が停止するので、それぞれの元素は結合を解かれて再び宇宙に帰っていく。一時的に和合していた五陰がばらばらになっていくのである。実際に身体は死を迎えたその時から腐敗が始まり、土中に埋めれば土に帰っていく。

生から死への移行は瞬間になされるのではなく、次第に進行していくと考えられるが、途中までは再び生へと戻ることが可能であっても、ある段階を超えると誰人も二度と生へと立ち帰ることができない時点がある。それを過ぎたならば決して戻ることのできないポイントを超えた時、身体の解体が始まるのである。仏典に説かれる「三途《さんず》の川」に限らず、この世とあの世の境界に川があるという観念が世界各地に見られるが（たとえばギリシャ神話では死者と生者の世界を隔てるステュクス川が地下に流れていると説かれる）、その川は誰人も戻ることができない段階を象徴的に表現したものと解せられる。

生命は生きている限り能動性を持ち、外界の縁に応じて変化し活性化しているが、身体のない死後の状態では縁に応じて運動することができず、生から死に向かう臨終時の境涯のままに固定されると考えられる。

このことに関して池田大作は、『法華経の智慧』第四巻で次のように述べている。

「『生』の特徴は能動性にあるが、『死』の生命は基本的には受動的です。自分で自分の生命実感を変えることはできない。たとえば、『生』のときであれば、生命の『基底部』が地獄界の人であっても、さまざまな縁に触れて、天界になったり、人界になることもあるでしょう。しかし、『死』の生命は、『基底部』の生命感以外にはなくなってしまう。地獄界の基底部を持つ生命は、死とともに、宇宙の地獄界と一体となって、苦悩一色に染められていってしまう。餓鬼界の基底部を持つ生命は、飢餓感が一層つのり、生命をさいなんでいく。天界や人界の基底部を持つ生命は、『死苦』を乗り越えた後は、生命の『我』は平穏さを取り戻し、充実した満足感が、ひたひたと包んでいくことでしょう」（同書三六一頁）

満足感と喜びをもって臨終を迎えた人は、その歓喜の実感が死後においても続いていく。逆に悔恨と苦しみを持ってなくなる人は、その苦しみが死後も継続していく。死後の生命の境涯をある程度推定させるのが生から死へと移行していく臨終時の姿である。その故に仏教では臨終時の相を重視してきた。たとえば、天台大師は『摩《ま》訶《か》止《し》観《かん》』で「黒色は地獄の陰に譬《たと》う。青色は鬼に譬う。赤は畜に譬う。黄は脩羅《しゅら》に譬う。白は人に譬う」（大正蔵四六巻五二一頁）と述べている。

日蓮は臨終の姿について次のように言う。

「人は臨終の時、地獄に堕つる者は黒色となる上、その身重きこと千引《ちび》きの石《いわ》のごとし。善人は、たとい七尺八尺の女人なれども、色黒き者なれども、臨終に色変じて白色となる。また軽きこと鵞毛《がもう》のごとし。軟らかなること兜羅綿《とろめん》のごとし」（「千日尼御前御返事」一七四五頁）

『法華経の智慧』第四巻では、ターミナルケア（終末医療）の専門家の話として、次のような話が紹介されている（同書三四一頁）。

――満足感を持って安心して亡くなる場合、血管が開いた状態なので、血液の凝固と筋肉の硬直が遅くなる。そのために顔色が白く、体が柔らかい。一方、後悔を抱いて苦しみながら亡くなる場合は拳《こぶし》を握りしめたようになるので、血管が収縮した状態になり、血液の凝固と筋肉の硬直が早く始まる。その結果、色が黒くなり、体が硬くなる――。

臨終はその人の人生の総決算であり、その姿にはその人の生き方が凝縮して現れる。多くの人の死に接してきた医療関係者は、しばしば臨終の姿にその人の生き方が反映されていることを指摘する。

要約して言えば、比較的に良い形で死を迎えた人にはほぼ共通している生き方があるという。①人のために尽くす生き方をしてきた、②怠けることなく一生懸命、真剣に努力してきた――このような生き方をしてきた人は良い死に方をすることが多い。それは、死に臨んで自分の人生が有意義であったことを確信できるので、満足感と喜びを持てるからであろう。

逆にあまり好ましくない形の死を遂げた人の生き方にも共通している特徴がある。①自分のことしか考えない利己的な生き方をして人に迷惑や損害を与えてきた、②確たる信念がなく、状況に振り回され、怠惰でふわふわした生き方をしてきた――このような人は概して良い死に方ができない。それは、自分の人生に意義があったと感ずることができず、「自分は一体何をしてきたのか」という悔恨と無念の思いが臨終の時に衝き上げてくるからであろう。最期の瞬間には偽ることのできない奥底の感情が抑えようもなく噴出してくるのではなかろうか。

法華経普賢品は法華経を受持した人の臨終について次のように説いている。

「若《も》し人有って受持・読誦し、その義趣を解せば、この人は命終《みようじゆう》して、千仏の手《みて》を授け、恐怖《くふ》せず、悪趣に堕ちざらしめたまうことをう」（法華経六七二頁）

千もの仏が手を差し伸べて恐れないようにしてくれるとは、正法の信仰に生き抜いた人は何の恐れもない安心立命《あんしんりつめい》の境地で臨終を迎えることができるとの意であろう。千仏が来迎するとは、阿弥陀仏一仏の来迎《らいごう》を説く浄土経典に対抗する趣旨と解することもできる。

この普賢品の経文を受けて、日蓮は次のように言う。

「詮ずるところ、臨終只今《ただいま》にありと解《さと》って信心を致して南無妙法蓮華経と唱うる人を『この人は命終して、千仏の手《みて》を授け、恐怖せず、悪趣《あくしゆ》に堕ちざらしめたもうことを為《う》』と説かれて候。悦ばしいかな、一仏二仏にあらず、百仏二百仏にあらず、千仏まで来迎し、手を取り給わんこと、歓喜の感涙押さえ難し。（中略）今、日蓮が弟子檀那等、南無妙法蓮華経と唱えんほどの者は、千仏の手を授け給わんこと、譬えば瓜《うり》・夕顔《ゆうがお》の手を出《い》だすがごとくと思《おぼ》しめせ」（「生死一大事血脈抄」一七七五頁）

日蓮は、妙法を行じた功徳として、安心と歓喜の境地で臨終を迎えることができることを強調した。たとえば老齢の信徒である松野六郎左衛門入道に対して次のように述べている。

「世の中が辛いと思われる時は『今世の苦しみさえ耐えがたいのだから、死後の苦しみはそれ以上だろう』と思って南無妙法蓮華経と唱え、喜ばしい時も『今生の喜びは夢の中の夢のようなものであり、霊山浄土《りょうぜんじょうど》での喜びこそ真実の喜びである』と思って、また南無妙法蓮華経と唱える。このように信心を退転することなく修行して最後の臨終の時を待ってごらんなさい。妙覚の山に走り登って四方を明らかに見るならば、なんと楽しいことに世界は仏の国土であり、瑠璃《るり》を地面とし、金の縄で八つの道を区切っている。天からが四種類の花が降り、空には音楽が聞こえて、諸仏・菩薩は常楽我浄《じょうらくがじょう》の風に動いて楽しんでおられる」（「松野殿御返事」一九九四頁、現代語訳）

また日蓮は、夫が重病であった妙心尼《みょうしんあま》への書簡で次のように記している。

「すぐに霊山浄土に行かれたならば、太陽が出て十方を見るように嬉しくなり、『早く死んでよかった』と喜ばれることでしょう。来世までの中有《ちゅうう》の道でどのようなことがあったとしても『私は日蓮の弟子である』と名乗《なの》られなさい。小さな日本国であっても執権《しっけん》である相模守《さがみのかみ》の家の者であると言う人にはあれこれ言わず恐れ入るようなものです。日蓮は日本第一の不撓不屈《ふとうふくつ》の法師であり、さらには法華経を信じていることについては世界第一の聖人《しょうにん》です。その名は十方の浄土に聞こえています。間違いなく天も地も御存じでしょう。『日蓮の弟子である』と名乗ったならば、どのような悪鬼であってもまさか知らないとは言わないだろうとお思いになりなさい」
（「妙心尼御前御返事」一九六三頁、現代語訳）

妙法を受持した人は臨終の時の境地があまりにも素晴らしいので「早く死んでよかった」と思うほどであると述べている。日蓮は妙法を受持した人が臨終の際に必ず守られていくことを強調して、重病の夫を抱えた女性門下を励ましているのである。

4　死後の生命

それでは、死後の生命はどのようになっていると考えるべきであろうか。

先に述べたように、実体のある霊魂として存続するとの説は成り立たない。しかし、生命は死によって消滅せず、次の生を迎える。次の生までの中間の状態はどこかの場所にある霊魂のような単なる有ではなく、また完全な無でもない。再び有となる可能性を潜在的に持っている状態である。有と無をともに否定するとともに有と無をともに包含する在り方である。この在り方を仏教は「空《くう》」と呼ぶ。

戸田城聖は論文「生命論」の結論部分で、死後の生命について次のように述べている。

「死んだ生命は、ちょうど悲しみと悲しみとの間に何もなかったように、喜びと喜びの間に、喜びがどこにもなかったように、眠っている間、その心がどこにもないように、死後の生命は宇宙の大生命に溶けこんで、どこをさがしてもないのである。霊魂というものがあって、フワフワ飛んでいるものではない。大自然のなかに溶けこんだとしても、けっして安息しているとは限らないのである。あたかも、眠りが安息であるといいきれないと同じである。眠っている間、安息している人もあれば、苦しい夢にうなされている人もあれば、浅い眠りに悩んでいる人もあると同じである。この死後の大生命に溶け込んだすがたは、経文に目をさらし、仏法の極意を胸に蔵するならば、自然に会得《えとく》するであろう。この死後の生命が、なにかの縁にふれて、我々の目にうつる生活活動となってあらわれてくる。ちょうど目をさましたときに、きのうの心の活動の状態を、いまもまた、そのあとを追って活動するように、新しい生命は、過去の生命の業因をそのまま受けて、この世の果報として生きつづけなければならない」（「戸田城聖全集」第三巻二一一頁）

死後の生命は、どこか一定の場所にあるという実体ではないので宇宙に溶け込んでいると表現されている。実体を持たずに存続しているのである。その状態を戸田は電波に譬えた。――ある会場に世界各国の放送局の電波が届いているが、それらはぶつかることなく互いに邪魔にならない。電波は目に見えないから無いかと言えば、ラジオを置いて周波数を合わせればそれぞれの音として聞くことができ、その働きを五感をもって確認することができる。

この電波の譬喩について、池田大作は『法華経の智慧』第四巻で次のように言う。

「ただこれは、あくまで譬えであって、電波の存在する状態が、そのまま『空《くう》』であるという意味ではありません。この大宇宙において、十界のそれぞれの界は重なっているのでもなければ、並んでいるのでもない。どこか特定の場所に固まっているのでもない。全宇宙にとけこんでいて、縁に応じて顕現してくるのです。これは、個人の十界についても同様です」（同書二七一頁）

戸田は死の状態を睡眠に譬えている。十界の区別は生の状態だけにあるのではなく、死後の生命にもあるのであるから、睡眠中でも安らかに過ごせる場合もあれば、悪夢を見て苦しむ場合があるのと同様に、死後の生命も歓喜と安穏の境地にある生命もあれば、苦しみ続ける生命もある。生前における業の果報として、死後の生命も十界それぞれの境地を感じているのである。

たとえば、生前に仏の境涯を感受していた人は、死後においてもその境涯を享受することができる。その人は生きている時も死後も仏なのである。このことを日蓮は「いきておわしき時は生《しょう》の仏、今は死の仏、生死ともに仏なり。即身成仏と申す大事の法門これなり」（「上野殿後家尼御返事」一八三二頁）と述べている。

ただし、先に述べたように、死後の生命には縁に応じて変化する能動性はなく、十界いずれかの境涯に固定されていると考えられる。死後の生命には他に働きかける能動性はないので、死者が生きている者に介入して幸福や不幸をもたらすことは認められない（「祟《たた》り」などというものはない）。多くの宗教には死者が生者に害を及ぼすという観念が広く見られるが、仏教はこのような観念を厳しく排除する。死後の生命は生者にとっていかなる意味でも恐怖の対象となるものではない。

仏教において死者は恐怖の対象ではなく、追善と救済の対象である。死後の生命は自ら他者に働きかける能動性を持たないが、十界いずれかの実感を持っており、生者による功徳の回向《えこう》を受け取ることはできるとされるからである。この点について日蓮は「今、日蓮等の類い、聖霊《しょうりょう》を訪《とぶら》う時、法華経を読誦し南無妙法蓮華経と唱え奉る時、題目の光無間《むけん》に至って即身成仏せしむ。回向の文、これより事起こるなり」（「御義口伝」九九一頁）と述べている。唱題の功徳は無間地獄の苦を受けている死者にも届いて死者の苦を救うことができるとするのである。

5　再びの生

宇宙に溶け込んでいた死後の生命は、条件が整った時には、それを機縁として再び生へと転ずる。来世に生を受ける時の境遇や身体・性格などはそれ以前に生命に蓄積されてきた業の力によって決定される。すなわち来世に生を受ける在り方は、それぞれの生命の境涯による。仏教においては人間として生まれることは希《まれ》であると説かれる。人間として死んだとしても次の生も人間として生まれるとは限らない。人間に生まれるにはその生命境涯が人界でなければならないからである。たとえば、その生命が畜生界の強い傾向を持っていたならば、次の生は動物として生まれることになろう。この点について池田大作は『生命を語る』で次のように述べている。

「いま、人間という身体を構成しているからといって、次の世にも人間として生まれてくるかといえば、かならずしもそうではない。畜生界が支配的である生命体は、その境涯をあらわすのにもっとも適切な姿をとるであろう。私たちが、現在、地球上でよく知っている生命形態からすれば、畜生界はやはり、本能に動かされて生を営んでいる各種の動物などに結びつきやすいのではなかろうか」（『池田大作全集』第九巻五〇九頁）

戸田城聖が「生命論」で述べている通り、睡眠から目覚めた時、眠る時の意識の延長で一日の生活を開始していくように、次の生も臨終時の境涯の延長で生を始めなければならない。菩薩や仏の境涯をもって死を迎えた場合には、次の生も菩薩や仏の活動を展開するのにふさわしい形で開始されるであろう。生前に積んだ福徳によって才能にも境遇にも恵まれた生を選ぶこともできれば、衆生を救済するためにあえて苦難の生を選ぶことも可能である。この場合、身口意《しんくい》の三業のうちの意《い》業《ごう》が来世を決定するのである。

法華経法師品は、妙法を受持しぬいた人はその功徳によって、次の生の在り方を自己の意志で自在に選択することができるとして、次のように説く。

「諸の能《よ》く妙法華経を受持すること有らば、清浄《しょうじょう》の土を捨てて、衆を愍《あわ》れむが故にここに生ず。当《まさ》に知るべし、かくの如き人は生ぜんと欲する所に自在なれば、能《よ》くこの悪世に於いて広く無

上の法を説く」（法華経三六〇頁）

睡眠によって疲れを癒し、力を回復して目覚めてから活動を再開していくように、生命は死んで宇宙に溶け込み、宇宙生命からエネルギーを得て、次の生を開始していく。個々の生命が宇宙との往還していくことは、波が海から生じてはまた海に帰っていくことを繰り返していく様子にも譬えられる。たとえば、池田大作は『法華経の智慧』第四巻で次のように述べている。

「私たちの生命も、大宇宙という大海から生まれた『波頭』のようなものです。波が起これば『生』、また大海と一つになれば『死』です。永遠に、これを繰り返していくのです」（同書三三二頁）

生命は生と死を繰り返しながら継続していくのであるが、九識論が示した生命の階層構造から見ると死はどのように捉えられるだろうか。

生きている時は九識までが当然全て備わっているが、臨終の際には身体が解体されて失われるので、五識の感覚作用や六識の日常的意識は当然停止する。また七識の思考作用も働くことはできない。しかし、死後にも生命は十界の苦楽の境涯を感受しているので、七識に含まれる潜在的な自我意識は死後も残ると考えられる。また、業《ごう》は死後も継続して次の生の在り方を決定する力を及ぼすので、業を蓄積している阿頼耶識《あらやしき》（第八識）は死の衝撃にも耐えて存続していると見なければならない。阿摩羅識《あまらしき》（第九識）は宇宙生命と一体の領域なので、個々の生命の死によって影響されることはない。

臨終の時から身体が解体される過程に入ることは既に述べた。死の巨大な衝撃によって末那識《まなしき》（第七識）の表面心以上の表層部分は全て吹き飛んでいき、末那識の自我意識から深層の阿頼耶識および阿摩羅識だけが残っていると考えられる。その様相は、譬えて言えば、大津波によって家が

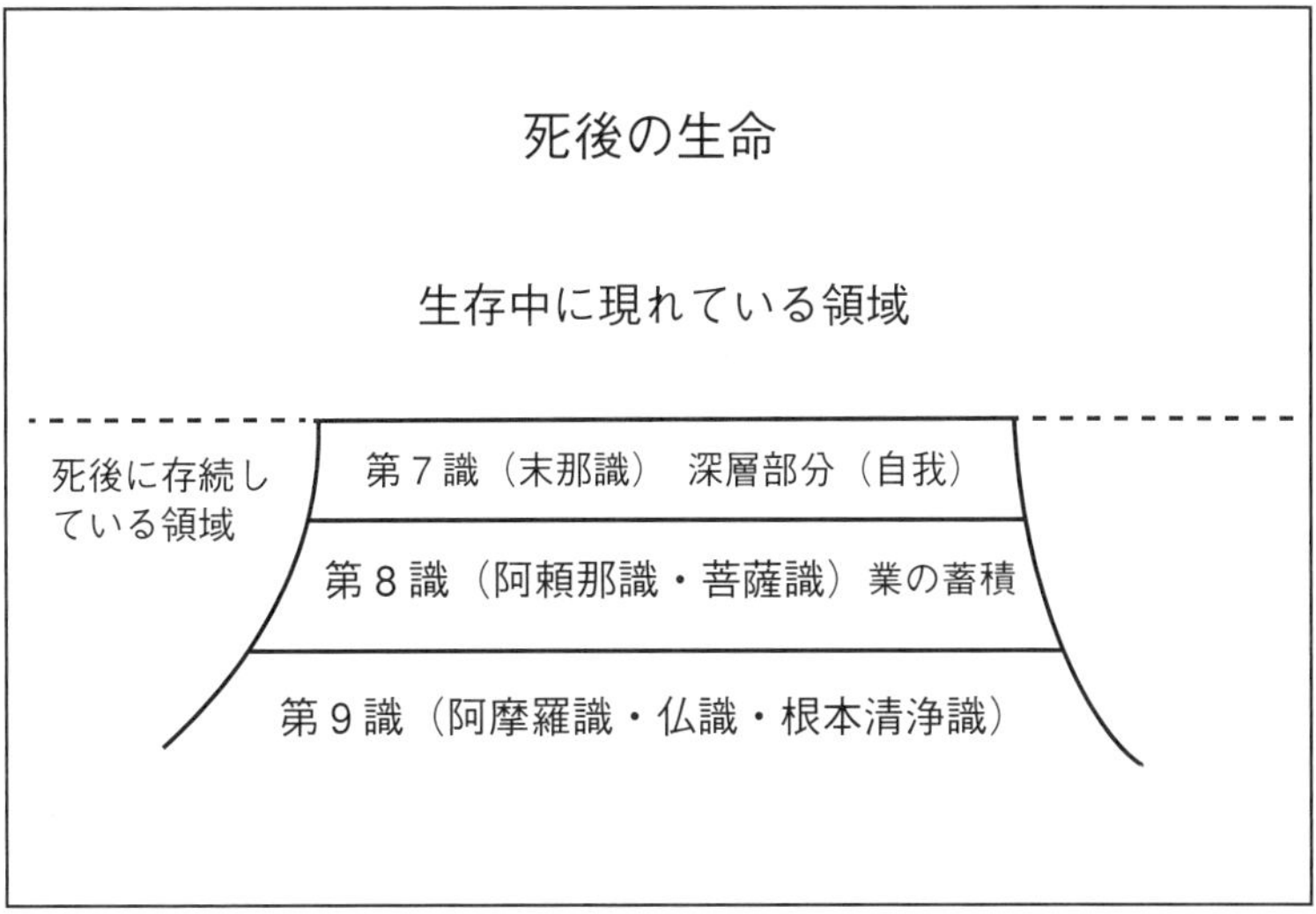

土台だけ残して上部部分が全て押し流されていく姿にも類比できよう。先に挙げた図をもとに図示すれば上のようになろう。

再び生を受ける時は、また宇宙から物質を集めて五識以下の身体が形成される。その形成の在り方は阿頼耶識に蓄積された業の力によって決まるのである。

以上、仏教の教理によって生死の概要を述べてきたが、日蓮が指摘するように生と死は生命の本来の在り方であり、死は決して恐れ厭うべきものではない。死は次の生に向けて新たな力を得ていくための休息であり、新たな出発なのである。

仏教の示すところによれば、生命は生死を繰り返していく永遠の存在である。今世の生だけをとれば、宇宙的時間の尺度では一瞬のものに過ぎない。したがって自己を今世だけの存在と見る見方（断見）によるならば、人生の存在意義を見いだせず、ニヒリズムに陥ることになりかねない。一瞬に過ぎない人生ならば、たとえ悪をなそうとも、それが露見しない限り、できるだけの快楽を追求すべきとの快楽主義にも傾くであろう（もちろん一度だけの短い人生であるからこそ、最高に価値ある人生にしていくべきであるとの建設的な態度も可能である）。現代世界の特徴の一つと見られる拝金主義も、その背景に「人生は今世限り」との生命観があるといえるのではなかろうか。

しかし、自己の生命が今世以後も持続するとの生命観に立ち、しかも善悪の行為（業）が因になってしかるべき報いを招来するとの因果律を受け入れるならば、今世の生はたとえ短くとも、その間の行為が長遠の未来に影響を与える重みを持つことが了解できる。まして、個々の生命が無数の他者と関連しあい、さらには環境世界と一体の存在であることを自覚する時、一個の人間が持つ広大な可能性を確信することができよう。

たとえ、どのような権勢・栄華を誇ろうとも、宇宙から見れば各人の人生は塵のような一惑星に生じた泡のようなものに過ぎない。しかし、各人にとっては限りある今世の人生こそが全てである。宇宙を貫く法則に則《のっと》って善き人生を生きることが未来の幸福な生に繋がっている――。仏教の生命観は、このような積極的な人生態度をもたらす力として働くのである。

西欧における生死に対する態度は、大雑把にいって、生か死かの二者択一の問題として扱われてきたと思われる。この点を指摘して仏教学者の佐々木現順《ささきげんじゅん》博士は「然《しか》るに、東洋思想によれば生死は生か死かでなくして生と死である。生と死は und（及び）で結び合わされる。（中略）真の人生は生も死もともに生きていくという自覚にある」（『人間――その宗教と民族性』六八頁）と述べている。東西の生命観の特徴を述べた言葉として味わうべきものがあろう。

6　老い

仏教においては老いも生老病死という四苦の一つとされる。老いが苦とされるのは、老いが死への恐怖に直結しているからであろう。加齢とともに身体が次第に衰弱していくことは、生命が確実に死に近づいていることを示すものである。しかし、死が恐怖の対象にならないのであれば、老いもまた厭《いと》うべき現象ではなくなる。老いを悲しみ嘆く必要もない。老いていくことも生命の自然の在り方だからである。

生命は身体（色法）と精神（心法）の二面から捉えられることは先に述べたが、その観点から言えば、人間の身体は有限であるが、精神は無限である。人間の身体能力は極めて限られたものであり、成長が止まった後はその機能は衰退の一途をたどる。運動や節制によって衰退を遅らせることはできても衰退への方向を逆転させることはできない。今日、人間の寿命の限界は百二十歳前後とされている。多少、老化を遅らせたとしても、いわば五十歩百歩で、寿命が尽きることは所詮、時間の問題である。

しかし、精神の働きには限界はない。精神は何歳になっても、年齢とともに深まり、拡がっていくことが可能である。青年時代では見えなかったものが人生経験を積み重ねることで見えてくることが多い。実際に学者や芸術家などでは、その人の最高傑作は最晩年のものであることが少なくない。そのような人の場合、若い時代の作品も立派なものであったが、晩年の作品は若い時代の作品には見られない精神の深みと円熟を感じさせる。精神の無限の成長ということは学問や芸術の分野に限られたことではない。万人について言えることである。

身体の老化を自然の道理として受け止めながら、精神においては未来を目指して常に前進を続けていくこと、十界論の表現で言えば、菩薩界・仏界へと生命の境涯を高めていくことは可能である。仏教の死生観によるならば死および死後の状態は生前の生き方によって決定される。よき生こそがよき死後をもたらすのであるから、死が視野に入ってくる老年期こそ善根を積み、人格の成長を心がけなければならない。精神と身体は一体不二であるから、前進を続ける精神はその若々しさの故に身体にも老化を遅らせる影響をもたらすだろう。

もちろん高齢者の社会や家庭における役割は青年期や壮年期とは異なってくる。しかし、老齢になっても自身の置かれた立場で他者に貢献し、精神的に成長を続けることはできる。たとえ死の直前であろうとも、人は他者と関わり、善を行っていくこともできる。自己と他者に対する価値創造の可能性という点においては若年者も高齢者も相違はなく、年齢は関係ない。むしろ老年者は自身が先人の恩恵を受けてきたことを自覚し、その恩に報いるためにも、今度は自身がこの世を去った後に現れる人々に寄与していくことを考えるべきだろう。

この点について米国の倫理学者ダニエル・キャラハンは次のように述べている。

「老人は若い者を成功させるために、積極的なやり方で道を譲るべきだ。若い者が希望を持つことのできる、残す値打ちのある世界をあとに残すために、最後までできるかぎりのことをするのだ。(略)こういう老年には目的があるため、意味が与えられ、他人の生活のなかできわめて重要な役割をはたすことが自己のアイデンティティと結びつく」(『老いの医療』五五頁)。

仏教の三世の生命観に立てば、自身の死後に現れる人々の中に未来の自分も存在する。未来の人間のために寄与することは自己自身に対する寄与でもあるのである。

もちろん、加齢による身体的・精神的能力の衰退により、他者の介護が必要になる場合も当然でてくる。人間に限らず万物が他者の恩恵を受けて存在しているのであるから、必要な場合には他者の助けを受けるのは当然であり、何ら忌避すべきことではない。他人の世話になることを拒絶する孤立的態度ではなく、他者と相互に助け合っていく共同的な関係を築いていくことが望まれる。

健康な青年もやがては（かなりの割合で）介護される高齢者になるのであるから、いわば「お互いさま」である。このことについて日蓮は「昨日《きのう》は人の上、今日《きょう》は我が身の上なり。花さ（咲）けばこ（木）のみ（実）なり、よめ（嫁）のしゅうとめ（姑）になること候ぞ」（「寂日房御書」一二七〇頁）と述べている。老いてあらゆる身体的・精神的能力を失った人であっても、人は生きているだけで他者にとって意味ある存在でありうる。互いに助け合い、支え合うことができるのが哺乳類の特徴であり、とりわけその傾向を強く持つのが人間の特質であることを直視するならば、米国の倫理学者アラスデア・マッキンタイアが指摘するように、人間の相互依存性を無視して自律・独立の面だけを過度に強調するのは適切な在り方ではないだろう（マッキンタイア『依存的な理性的動物』）。

仏教においては未来を志向する在り方を「本因妙《ほんいんみょう》」という。未来の果を得るために、現在においてその因を作ることを念頭に置いて生きる生き方である。死によって自分が完全に消滅すると思ったならば、多くの場合、今、努力する意味を見いだすことは困難となろう。死後も生命が存続するとする仏教の死生観は、死後を含めた未来への希望を与え、老年期の努力を支える力となる。

法華経薬王品は「この経は、すなわちこれ閻浮提《えんぶだい》の人の病の良薬なり。若《も》し人、病有《あ》らんに、この経を聞くことを得ば、病は即ち消滅して、不老不死ならん」（法華経六〇二頁）と説き、日蓮はそれを受けて「法華経の功力を思いやり候えば、不老不死目前《もくぜん》にあり」（「経王殿御返事」一六三三頁）と述べている。「不老不死」とは、もちろん老いや死がなくなるということではない。老いや死を恐れず、それに脅かされない境地を得るということである。妙法の実践は不老不死の境地を約束するのである。

7 長寿

仏教は死も老いも恐れないが、いたずらに死を礼賛し、現世を否定するものではない。むしろ生を保つことの絶大な価値を説き、長寿であることを功徳とする。たとえば法華経分別功徳品第十七は次のように説く。

「無量劫の間、仏道を行じている諸の菩薩がいて、私（釈迦仏）が寿命を説くのを聞いて信受したならば、この人々はこの経典を頂いて願うだろう。『今日の世尊《せそん》が釈迦族の王として道場で師子吼《ししく》し、恐れることなく法を説かれたように、私たちも未来において、長い寿命を得て衆生を救い、あらゆる人々から尊敬されたいものだ。道場に座って仏の寿命を説く時には釈迦仏のようにありたいものだ』と」（法華経五〇五頁、現代語訳）

日蓮は生きていることの尊さを説いて、ある女性信徒に「一日の命は三千界の財《たから》にもすぎて候なり。（中略）法華経の第七の巻に『三千大千世界の財《たから》を供養するよりも、手の一指を焼いて仏・法華経に供養せよ』ととかれて候はこれなり。命は三千にもすぎて候。しかも齢《よわい》もいまだた（長）けさせ給わず。しかも法華経にあわせ給いぬ。一日もいきておわせば功徳つもるべし。あら、お（惜）しの命や、おしの命や」（「可延定業書」一三〇九頁）と述べている。生きているからこそ、それだけ多くの人に貢献し、より大きな善根を積むことができるからである。

一日の命の価値は三千大千世界（宇宙）全体の財宝に勝るとする日蓮仏教の生命観は、他の事物とは次元を異にする絶対的価値を生命に認めるものである。その見解はいわゆる「延命問題」を考察する際に重要な視点を提供するものになっている。

また法華経如来寿量品は妙法を行ずる功徳として寿命を延ばすことができると説き（「更賜寿命《きょうしじゅみょう》」）、日蓮も「日蓮、悲母《はは》をいのりて候いしかば、現身に病をいやすのみならず、四箇年の寿命をのべたり」（「可延定業書」一三〇八頁）と、自身の祈りによって母の寿命を延ばすことができたと記した。各人の寿命は各自の宿業で決まるのであるから、宿業を動かす妙法の力によってその寿命をも延ばすことが可能となるとするのである。

8　病

仏教において、病《やまい》が老いとともに四苦の一つとされているのは、老いと同様に病が死につながっているからであろう。もちろん病自体に苦痛が伴うことが多いためでもある。しかし今日では、いわゆるペインクリニックの進歩により、病自体の苦痛はかなりの程度取り除くことが可能になっている。身体と精神の両面にわたる「全人的な痛み」を除去する治療（緩和ケア）は今後さらに進化・推進されるだろう。死が恐怖の対象にならないのであれば、老いと同様に、病もまた恐れるものとはならない（もちろん、病に伴う深刻な痛みは取り除くべきである）。

老化の進行によって免疫力が低下してくれば、種々の病を得ることもまた自然の姿である。したがって病気になることは決して敗北でも不名誉でもない。病気になってもその状況下で人々に善をなし、社会に貢献していくことは可能である。たとえば難治性疾患であるALS（筋委縮性側索硬化症）の患者でも、人工呼吸器などを用いながら積極的に社会活動をしている人は少なくない。難病や障害があっても制度や技術の進歩により、活動できる余地が次第に拡大している。

仏教には「健病不二《けんびょうふに》」という思想がある。健康者と病者が分けられるものではなく、両者は一体不二であるとの意味である。良好な健康状態にある人であってもいつでも病や障害を得る場合がありうる。WHO（世界保健機関）は世界保健機関憲章の冒頭で健康を定義して「健康とは、完全な肉体的、精神的及び社会的福祉の状態」にあることとしたが、永続的に「完全な状態」などは実際にあり得ない。誰もが加齢に伴って機能は低下し、認知症やさまざまな慢性疾患あるいは難病を得るのが実態である（幼少期や青年期において心身の病を得ることも珍しくない）。

「完全な状態」が健康であるとしたならば、治癒が見込めない病人に対する医療は無意味となりかねない。誰にも病者となり障害者となる可能性があるのであるから、健康者と病者・障害者を分けるのは適切ではなく、一体的なものと見るべきである。完治が見込めない病態にあったり、深刻な障害を持っていたとしても他者と交流しながら活動を持続していくことは可能であり、医療はそのような人々の苦痛を和らげ、支援するものでなければならない。

釈尊も日蓮も、病と闘いながら死去する時まで教化の活動を続けた。日蓮は「病あれば死ぬべしということ不定《ふじょう》なり。また、このやまいは仏の御はからいか。そのゆえは、浄名経《じょうみょうきょう》・涅槃経《ねはんぎょう》には、病ある人、仏になるべきよし（由）と（説）かれて候。病によりて道心《どうしん》はおこり候なり」（「妙心尼御前御返事」一九六三頁）と述べている。日蓮によれば、病イコール不幸ではない。病はむしろ人生観を深め、自身を変革していく契機となりうるとするのである。

病と闘い、それに打ち勝っていく力は、結局のところ、各人の生命の力である。病と闘う意志力を含めて生命力が強ければ治療の効果が効率的に現れ、病に勝つことも可能となる。逆に生命力が微弱であれば、高度な医療も役に立たないことが多い。

生命力の強化という意味では、日蓮仏教が教える唱題は極めて有効な方法である。唱題によって第九識の宇宙に連なる生命の力が自身の中に汲み上げられ、病と立ち向かう意志力が強められるからである。法華経が自らを「閻浮提《えんぶだい》の人の病の良薬」（薬王品）と断言しているのも、法華経に示された妙法の実践が病に打ち勝つ力を与える故である。唱題の実践によって病を乗り越えた多くの体験は唱題の有効性を示すものだが、唱題が何故に生命の変革を可能にするのかという問題については次章で述べることとしたい。

9　不安

「不安」の問題も「生死」をどのように捉えるかで大きく様相が異なってくる。不安の根は多くの場合、死に対する恐怖にあるからである。不安の問題を体系的に考察したプロテスタントの神学者パウル・ティリッヒは、著書『生きる勇気』の中で、不安について、①「運命と死の不安」、②

「空虚と無意味の不安」、③「罪責と断罪の不安」という三つの類型に分類している(『ティリッヒ著作集』第九巻)。

まず「運命と死の不安」について、ティリッヒは「運命と死とは我々の存在的(ontic)な自己肯定が、無によって脅かされるところの様式である」(同書五二頁)という。この言葉に明らかなように、ティリッヒの議論の前提には有(存在)と無(非存在)の二項対立思考があって、無を死、運命、空虚、無意味と位置づけ、人間を脅かすものとする発想があることが分かる。

しかし、先に述べてきた仏教の生命観から見れば、このような生(有)と死(無)を対抗するものと位置づけること自体が一つの迷妄である。有と無の二項対立思考は世界を停止したものとして捉える立場だが、実際は全ては流動しており、このような静的な思考で世界と生命を捉えられるものではない。生(有)といっても死(無)に向かって動いており、そこに無が含まれている。死(無)も実際には完全な無ではなく、やがて有へと転じていく状態である。その意味で、存在と非存在(無)という固定的な対立概念を立てることは生産的でなく、生から死へ、死から生へと生成流動し続けているのが万物の真実の姿であるとの観点に立つ時、死の状態は次の生へと力を充電している有意義な休息であり、空虚でも無意味でもない。

死について人間を脅かす空虚、無意味と捉えるのは、死を恐るべきもの、忌むべきものとする死生観に由来する。死を恐怖の対象とする態度はキリスト教など一神教に限らず、日本の神道など多くの宗教や神話に見られる。たとえば『古事記』の神話は死を腐敗していく死体のイメージで捉え、キリスト教の死生観を端的に示すデューラーの版画「騎士と死と悪魔」は悪魔と死を結び付けて描いている。神道において死は最大の穢《けが》れとして徹底的に忌み嫌われる。

　またティリッヒは、運命が偶然性、予測不可能性、不合理性を持つ故に不安の問題になるとする。そして運命の背後に死が立っているから人間は脅かされるという。しかし、死が脅威でない以上、運命も本来的に不安の原因にはならない。人生の途上において予測不可能で不合理な困難が生ずるのもむしろ当然であり、それに対して不安を抱く必要もない。「何が起きるか分からない」という不安に怯《おび》えることは不安神経症的な病理現象に繋がりかねない。

　ティリッヒが運命を不安と結び付けるのは、神の定めた運命に人間は服従するしかないという一神教独特の否定的な人間観が働いているからであろう。実際にはどのような事態に直面しようとも、人はその運命に立ち向かう以外にない。運命に打ちひしがれず、それを乗り越えていく力が万人に具わっていると説くのが仏教の思想である。一切衆生に仏性があるとする仏教は、一神教とは対極的に肯定的な人間観を提示する。人間は不条理な困難に遭遇してもまさに「生きる勇気」をもって立ち向かっていけるとするのである。

　ティリッヒが「罪責と断罪の不安」を取り上げることも、人格神など自己の外にある他者から裁かれるという観念が前提になっている。そもそも自己に対立して立つ審判者など初めから認めなければ他者から断罪されるという不安が生ずる余地もない。仏教の立場からすれば人間を断罪する人格神などそもそも存在せず、一つの妄想に過ぎない。人間は誰かの他者に裁かれるのではない。宇宙を貫く法則に反すれば不利益を受け、法則に合致すれば利益を受けるだけのことである。もちろん悪をなした場合の罪責という倫理的問題はあるが、それも不安を生ずるものにはならない。悪の行為（罪業）がもたらす報いを自己が引き受けることを承認するならば、それで十分である。悪業の報いを受け止めるところから出発して、誰もが次の新たな人生を開拓していけるからである。

日蓮仏教の生命観からは「出口なし」という絶望は生じない。むしろ、どこにでも、いつでも突破口は存在する。どれほど絶望的に見える状況であっても事態を打開する力が万人の生命に具わっているとする。日蓮は困難な状況下にある門下に対しても「あなたたちは何を嘆いているのか」(「大悪大善御書」二一四五頁、現代語訳)と繰り返し励まし続けた。また「日蓮が弟子等は臆病にては叶《かな》うべからず」(「教行証御書」一六七五頁)と、勇気を持って苦難に立ち向かう生き方を説いた。「嘆く必要など一切ない」と断じた日蓮の態度の根底には、万人が本来、偉大な仏であり、誰もがあらゆる苦難を乗り越える力を有するという生命観がある。

第三章　実践論

第一節　題目

日蓮仏教の実践の肝要は南無妙法蓮華経《なんみょうほうれんげきょう》の題目を唱えること（唱題）にある。唱題行は、日蓮が出家、修行した寺である清澄寺《せいちょうじ》（千葉県鴨川市）において三十二歳で立宗宣言した時、人々に説き始めた行であった。日本において日蓮以前にも南無妙法蓮華経を唱える唱題行はあったが、それは瞑想など他の修行と並行して行われるものであった。それに対して日蓮は、唱題行のみを行うべきであるとし（補助の行として法華経の方便品・寿量品の読誦は認めた）、他の行との兼修は認めなかった。

日蓮は唱題行を説くことによって、仏の悟りを初めて万人に開放した。それまでの仏教における修行は、天台宗の修行に代表されるように、基本は長期間に及ぶ厳しい瞑想行であった。その修行は高い能力と多大な努力を必要とする、出家者であっても極めて困難なものであり、天台大師や伝教大師に何千人の弟子がいても、何らかの悟りに到達できたものはほんの一握りであった。その修行の成果があまりに乏しいので、天台は自身が示した行の在り方が果たしてこれでよいのかという疑問を抱くほどであったという（田村芳朗・新田雅章『智顗』）。

悟りを得る能力（機根）が後の時代に比べて高かったとされる天台・伝教の時代（像法《ぞうほう》時代とい

われる）であっても天台宗の瞑想はそれほど困難な修行であったので、在家者である一般民衆が行えるものではなかった。そこで日蓮は、天台宗が行っているような瞑想行を退け、自身が悟った根源の法（妙法）を「南無妙法蓮華経」と命名し、妙法を直接行ずる実践方法を唱題行として示したのである（日蓮はその命名について「当体義抄」で「至理《しり》は名無し。聖人《しょうにん》理を観じて万物に名を付くる時、因果倶時《いんがぐじ》・不思議の一法これ有り。これを名づけて妙法蓮華となす」〈六一八頁〉と述べている）。その唱題行は教理の高度な理解を要求するものでなく、また日常の職業生活を営みながら行える点で在家の民衆を含めて万人が実践可能なものであった。

元来、古代インドの文章語であるサンスクリット語で記された法華経（サンスクリット語では「サダルマ・プンダリーカ・スートラ」という）を鳩摩羅什《くまらじゅう》（三四四〜四一三）が漢訳した漢訳本の題名が「妙法蓮華経」である。そこで日蓮以前において、南無妙法蓮華経という言葉は、妙法蓮華経（法華経）という経典に南無（帰命）するという意味の言葉として理解されていた。しかし、日蓮における南無妙法蓮華経の意義は従来のものとは大きく異なっている。

日蓮が「所詮、妙法蓮華経の五字をば当時の人々は名とばかり思えり。さにては候わず、体《たい》なり。体とは心にて候」（「曾谷入道殿御返事」一四三八頁）と述べているように、日蓮仏教における「妙法蓮華経」とは単なる経典の題名ではない。法華経が指し示している根源の法（妙法）の名であり、その法を体得している仏の名に他ならない（「妙法蓮華経」と「南無妙法蓮華経」は「五字七字の妙法」と言われるように、ともに妙法を指す言葉で同義である。ただし修行として唱えるのは「南無妙法蓮華経」でなければならない）。

南無妙法蓮華経（妙法蓮華経）が根源の法（妙法）であるということはどのような意味か。それは、南無妙法蓮華経（妙法）こそがあらゆる存在と現象をそのように成り立たしめている働き・力・法則であるということである。宇宙から素粒子に至るまで、あらゆる存在はそれ自体で存在できるものではない。その存在をそこに存在せしめている働き、力が働いているから存在しているのである。第一章で触れた通り「法」のサンスクリット語の原語「dharma」は多義的な言葉だが、その中に「保持するもの、維持するもの」という意味がある。この原義が示すように、あらゆる存在をそのようなものしてあらしめているものが妙法である。日蓮は「日月天《にちがってん》の四天下をめぐり給うは仏法の力なり」（「四条金吾釈迦仏供養事」一五五七頁）として宇宙の運行も妙法の働きによるものとしている。

仏の悟りの当体である根源の法は「言語道断《ごんごどうだん》・心行所滅《しんぎょうしょめつ》」で、本来、言語によって説明できるものではない。しかし何らかの命名をし、言語によって示さなければ、仏のみが法を悟っているだけで、他の人々はそれを行じ各自の生命の上に現すことができない。それ故に日蓮は、根源の法が妙法蓮華と名づけられることを示し、その名を唱えることによって人々の生命の上に妙法を現す方途《ほうと》を示したのである。

したがって日蓮が説く南無妙法蓮華経の題目は〝法華経に帰依する〟ことを意味する言葉ではない。つまり一定の意味内容を他者に伝達し理解させるための言葉ではなく、また、他の言語に「翻訳」できるものでもない。南無妙法蓮華経は根源の法そのものであり、それを唱えることによって人々の生命の上に根源の法を現していく普遍的なキーワードである。その意味で南無妙法蓮華経は、日本という制約を超越した人類普遍の「世界語」といえよう。

日蓮以前にも南無妙法蓮華経を唱える唱題行はあったが、それは天台宗において秘密に伝えられた教え（相伝）で、修行者自身のために行う「自行《じぎょう》」であり、他者にそれを勧め、弘めるものではなかった（しかも南無妙法蓮華経が法華経〈妙法蓮華経〉という経典に帰命〈南無〉するという意味の言葉に過ぎなかった。日蓮以前の唱題と日蓮の唱題では意義が根本的に相違している）。それに対して日蓮は、「三大秘法抄」に「末法に入って、今、日蓮が唱うる所の題目は、前代に異なり、自行・化他に亘《わた》って南無妙法蓮華経なり」（一三八七頁）とある通り、南無妙法蓮華経を根源の法として示し、唱題行を他者に向かって広く弘通したのである。

後に日蓮は、唱題行を弘通した意義について「撰時抄《せんじしょう》」で次のように述べている。

「欽明《きんめい》（仏教が日本に伝来した当時の天皇――引用者）より当帝にいたるまで七百余年、いまだきかず、いまだ見ず、南無妙法蓮華経と唱えよと他人をすすめ、我と唱えたる智人《ちじん》なし。日出《い》でぬれば星か（隠）くる。賢王来《きた》れば愚王ほろぶ。実経《じっきょう》流布せば権経のと（止）どまり、智人、南無妙法蓮華経と唱えば愚人のこれに随わんこと、影と身と、声と響きとのごとくならん。日蓮は日本第一の法華経の行者なること、あえて疑いなし。これをもってすい（推）せよ。漢土《かんど》・月支《がっし》にも一閻浮提《いちえんぶだい》の内にも肩をならぶる者は有るべからず」（一九九頁）

日蓮の本意は、あくまでも南無妙法蓮華経の弘通であって、経典としての法華経を弘めることではなかった。日蓮は自身を「法華経の行者」と位置づけ、法華経が一切経の中で最勝の経典であることを強調したが、法華経に帰依したのではない。法華経をいわば手段として用いることによって南無妙法蓮華経を弘めたのである。法華経が最勝の経典であることは既に天台や伝教らが論証したことであり、日蓮は彼らが行ったことを繰り返したのではない。日蓮は天台・伝教もなしえなかった実践に踏み出したのである。当時の人々は日蓮が示した唱題の意義を直ちには理解することはできなかった。当時の人々は、日蓮の示した唱題についておそらく従来行われてきた唱題の延長としてしか理解できなかったであろう。しかし清澄寺において宣言された唱題行の提唱は、それまでの仏教とは異なる新しい仏教の誕生を意味していた。

日蓮は唱題の意義を、銅鏡を磨くことに譬えて次のように述べている。

「譬えば、闇鏡《あんきょう》も磨きぬれば玉と見ゆるがごとし。只今《ただいま》も一念無明《いちねんむみょう》の迷心は磨かざる鏡なり。これを磨かば必ず法性真如《ほっしょうしんにょ》の明鏡《みょうきょう》と成るべし。深く信心を発《おこ》して日夜朝暮《ちょうぼ》にまた懈《おこた》らず磨くべし。いかようにしてか磨くべき。ただ南無妙法蓮華経と唱えたてまつるをこれをみがくとはいうなり」（「一生成仏抄」三一七頁）

日蓮の時代の鏡は今日のガラス鏡とは違って銅鏡であった。銅鏡を使う時は鏡面の曇《くも》りを布などで拭《ぬぐ》い取って使用した。同じ鏡でも曇っている場合もあれば、曇りが拭われて物をよく映す場合もある。日蓮はそのことを譬喩として用いて、曇っている鏡（闇鏡）を無明の迷いに覆《おお》われている生命に、物をよく映す鏡（明鏡）を悟り（法性真如）の生命に譬えている。

曇っている鏡でもその曇りを拭えば物をよく映す鏡となるように、迷いに覆われている衆生であっても迷いを拭い去るならば仏の悟りの生命が自身の内に現れてくる。闇鏡と明鏡という二つの鏡が別々に存在するものではないのと同様に、衆生と仏が別々に存在するのではない。同一の存在が、迷う状態にあるか悟りの生命が現れているかで相違しているだけである。日蓮は、迷いを拭い取って仏の生命を湧現させていく手だては南無妙法蓮華経の唱題以外にないとした。

1　信と学

ただし唱題も形式的に行うのみでは実践としての意味をなさない。日蓮が「仏法の根本は信をもって源《みなもと》とす」（「日女御前御返事」二〇八八頁）と述べているように、仏法に対する「信」が前提になければならない。内心において仏法を疑い、否定する状態で形だけ唱題しても唱題の力を自身の生命のうえに顕すことはできない。心が生命の在り方を左右するからである。

日蓮以前の仏教においては、修行を成就するためには仏教教理を深く理解できる能力が必要であったが、日蓮仏教の場合、そのような能力は必要ない。仏法に対する信が智慧に代替されるからである。このことを伝統的な用語では「以信代慧《いしんだいえ》」という。日蓮はこの点について「有解無信《うげむしん》とて、法門をば解《さと》って信心なき者はさらに成仏すべからず。有信無解《うしんむげ》とて、解はなくとも信心あるものは成仏すべし」（「新池御書」二〇六八頁）と述べている。

もちろん実際には唱題していても疑う心を払拭《ふっしょく》できず、未来の結果について確信を持てない場合もありえよう。そこで日蓮は「あいかまえて御信心を出《い》だし、この御本尊に祈念せしめ給え。何事か成就せざるべき」（「経王殿御返事」一六三三頁）として、疑いの心を自ら打ち破って仏法への信を奮い起こしていくよう門下を指導している。

しかし、日蓮仏教の信は理性の批判を拒否する盲信ではない。日蓮が「行学た（絶）えなば仏法はあるべからず」（「諸法実相抄」一七九三頁）と述べているように、日蓮仏教の基本は「行学の二道」であり、行だけではなく理性による探求である「学」が求められる。仏法の教理を学ぶことによって初めて仏教の哲理が自身の血肉となり、自身の生き方と一致していく。そうでない場合には、仏教が自身の人生と解離した単なる建前となり、目先の利益を得るための盲目的な呪術になりかねない（利益がないと見れば、簡単に信仰を放棄する態度となる）。苦難に遭遇した時には疑いが生じ、信そのものが動揺する。教理を深く学べば学ぶほど、信を深め、揺るぎないものにしていくことができる。

根源の法は言語や思惟によって把握し尽くせるものではないが、理性の及ぶ範囲においては理性に反するものではない。日蓮が「日蓮、仏法をこころみるに、道理と証文とにはすぎず」（「三三蔵祈雨事」一九四二頁）として「理証」を重視したことが示す通り、日蓮仏教は知性の働きを重んじ、道理に反する非合理を排除するのである。

「仏法と申すは道理なり」（「四条金吾殿御返事」一五九〇頁）とする日蓮仏教は、空中浮遊や水上歩行などの類いの、道理に反する「奇跡」を認めない。多くの宗教は、仏教経典も含めて、信徒を得るために種々の奇跡物語を説いてきたが、日蓮仏教は宗教の優劣はあくまでも教義の論理性、合理性によって判断されるべきであるとする。この点について、日蓮は「法門をもって邪正《じゃしょう》をたて（糾）だすべし。利根《りこん》と通力《つうりき》とにはよ（依）るべからず」（「唱法華題目抄」二三頁）と述べている。

日蓮は「智者に我が義やぶられずば用いじとなり」（「開目抄」一一四頁）として、自身の教義が理論的に破折されない限り、いかなる迫害にも屈することはないと宣言している。日蓮は理性が届く範囲においては自身の教義が理論的に破綻することはないとの確信に立っていた。このように日蓮は信を強調しながらも知性による批判に対して開かれた態度をとっており、自身に対する批判を全て拒否する独善的・権威的な態度を退けている。

日蓮仏教は信を重視するが、その信も各人の恣意《しい》的なものであってはならず、どのような教義を信ずるのかという信の内容が問題になる。この点について日蓮は「種々御振舞御書」で「日蓮を用いぬるとも、あしくうやまわば国亡ぶべし」（一二三九頁）と述べ、日蓮を尊崇したとしても信仰する教義が誤っていたならば亡国の因になるとしている。要するに日蓮を尊崇さえすればそれでよいとするのではなく、日蓮が教示した通りの正しい信仰でなければ無意味であるだけでなく、むしろ有害な結果を招くとするのである。

また日蓮は「生死一大事血脈抄」で「信心の血脈なくんば法華経を持《たも》つとも無益《むやく》なり」（一七七七頁）と述べている。「血脈」とは、師匠から弟子へと教義が受け伝えられていくことを親から子へ血が繋がっていることに譬えた言葉である。信仰の内容である教義が日蓮から正しく継承されたものでなければ、たとえ本尊（晩年の日蓮は自身が図顕した曼荼羅本尊を法華経と称した）が真正なものであっても無意味になるとの趣旨である。

2　南無妙法蓮華経

南無妙法蓮華経は生命の音であり、その故に「なんみょうほうれんげきょう（nam-myoho-renge-kyo)」という音律に意義があると考えられる（その発音は「なんみょうほうれんげきょう」であり、「なむ（namu）みょうほうれんげきょう」であってはならない。後者の発音の場合は、根源の法として一つであるべき南無妙法蓮華経が「南無」と「妙法蓮華経」の二つに分かれてしまい、妙法蓮華経という経典に南無するという従来の意味の言葉になってしまうからである）。

日蓮が「この娑婆《しゃば》世界は耳根得道《にこんとくどう》の国なり」（「一念三千法門」三六三頁）と述べているように、

耳から入る音こそが生命を動かす力となる。音律に力があるのであるから、南無妙法蓮華経という漢字が同じであっても中国語による発音など他の発音では妙法を顕現する音にならない。ただし聴覚障害者が仏法の力を享受できないということではない。音は空気の振動であり、それは骨伝導や皮膚を通しても感受できるからである。

この唱題の音律について、『法華経の智慧』ではバイオリニストのユージン・メニューインの次のような発言を紹介している。

「『南無妙法蓮華経』の『NAM（南無）』という音に、強い印象を受けます。『M』とは命の源というか、『マザー（MOTHER）』の音、子どもが一番、最初に覚える『マー（お母さん）』、『マー』という音に通じる。この『M』の音が重要な位置を占めている。そのうえ、意味深い『R』の音（蓮）が中央にある」（同書第一巻一〇五頁）

また、南無妙法蓮華経の音律について、脳科学者の中野信子氏は次のように述べている。

「『妙』を音韻からみると、マ行の音は『閉じていた口を開く』ときの音で、人間が生まれて一番初めに発する音とされています。『ママ』や『マンマ（ごはん）』などが好例です。世界の言語でも、母親の呼び名は『ma』といったマ行の音から始まるものが多いのです。（中略）マ行の音には、とても大きな存在、自分が生まれてきた場所などを思い出させる効果があるとされます。そのマ行の音が題目の中心に来ているところが、まず興味深い点です。

次に『h』から始まる『法』ですが、これは日本語で『母』に通じます。『ha』と発音するときには喉《のど》も締《し》まらず、唇も触れず、濁らない。それは『清音《せいおん》』と呼ばれ、母なる生命の清らかな面をイメージさせる音と言えます。

『妙法』という流れを見てみると、『m』の音の後に同じように『母』を表す動きがある音がつづくわけで、大変興味深いところです。

つづいて『蓮』。『r』の音は『流音《りゅうおん》』と言われ、『転じる』という意味を表す語に多用されます。たとえば、英語の『return』などがそうです。『妙法』のあとに『蓮』の音が続く。これは、『母なるものと自分が同じである』と感じて、人生を転じていくというイメージを想起させます。音韻的には、『宿命転換をしていこう』という力強さを感じられる部分です。

さらに、末尾の『経』の『k』という音は、勢いよく足音を刻む、区切るという音韻イメージを持つことが知られています。『南無妙法蓮華経』の題目を立てた日蓮は、『足は経なり』との言葉を遺《のこ》していますが、まさしくそのとおりです。この部分は男性的な音でもあり、『切り開いて伸びていく』『行動で開いていく』というイメージを想起させる音と言えます。

このように『南無妙法蓮華経』の題目には、その響《ひび》き自体に、深遠な意味合いや力強さを含んだイメージがあります」（中野信子『脳科学からみた「祈り」』三七頁）

逆に「南無阿弥陀仏」の念仏の音律は、現世を穢土《えど》として死後の往生を説く浄土教の教理と相まって、現世を否定し諦《あきら》めさせる方向に働く。日蓮が「念仏の哀音《あいおん》」（「念仏者追放宣旨事」九三一頁）とする所以《ゆえん》である。適切な音楽を酵母菌に聞かせるとよりよい酒ができるなどの事実が示すように、音が生物に対し深い影響を及ぼすことは今日の学問でも次第に証明されつつある。「南無妙法蓮華経」の音の力についても、今後、さまざまな学問の成果によって解明されていくことになろう。

題目の意義を考えるために重要なもう一つの視点は、南無妙法蓮華経が根源の法（妙法）の名前であると同時に根源の仏の名前でもあるということである。この点について日蓮は「御義口伝」で「無作《むさ》の三身とは末法の法華経の行者なり。無作の三身の宝号《ほうごう》を『南無妙法蓮華経』と云うなり」(一〇四八頁)と述べている。各自の生命に内在する無作三身如来は久遠元初自受用報身如来《くおんがんじょじじゅゆうほうしん》であり、また南無妙法蓮華経如来ともいう。この点については「御義口伝」の寿量品の題名に「南無妙法蓮華経如来寿量品」とあることにもうかがうことができる。このことは「御義口伝」が論ずる寿量品は文上法華経の寿量品ではなく、南無妙法蓮華経如来の説く文底の寿量品であるとの意がこの題名に示されている。

このように南無妙法蓮華経は各自の生命に内在している根源仏の名前であるから、唱題はその仏に呼びかける行為という意味も持つ。呼ぶのも自分であり、呼びかけられるのも自分である。また唱題は自身の内なる仏を呼び覚ますだけでなく、それに呼応して環境世界の仏性を顕していく行為でもある。この点について日蓮は次のように述べている。

「我が己心《こしん》の妙法蓮華経を本尊とあがめ奉って、我が心中《しんちゅう》の仏性、南無妙法蓮華経とよびよばれて顕れ給うところを仏とは云うなり。譬えば、籠《かご》の中の鳥なけば、空とぶ鳥のよばれて集まるがごとし。空とぶ鳥の集まれば、籠の中の鳥も出でんとするがごとし。口に妙法をよび奉れば、我が身の仏性もよばれて必ず顕れ給う。梵王《ぼんのう》・帝釈《たいしゃく》の仏性は、よばれて我等を守り給う。仏菩薩の仏性は、よばれて悦び給う」(「法華初心成仏抄」七〇四頁)

名前を呼ぶという行為は、その名のついている生命を動かす力がある。たとえば街を歩いている時でも、自分の名前を大声で呼ばれれば誰もが反応せざるを得ない。何万人の群衆の中にいても、自分の名前をフルネームではっきりとアナウンスされたならば、それを無視することはないだろう。

何万人の中にいる自分を動かす唯一のキーワードは自分の名前である。南無妙法蓮華経は自身に内在する仏の名前であるから、その名を呼ぶことはその仏を動かし、顕していく実践となるのである。

なお、日蓮は日常の実践としては唱題を中心としつつ、それと合わせて法華経の方便品と寿量品を読誦することを教えている。たとえば法華経各品を読誦していた門下の大学三郎の妻に対して「二十八品の中に勝れてめでたきは方便品と寿量品にて侍《はべ》り。余品は皆枝葉《しよう》にて候なり」（「月水御書」一六四六頁）と述べ、「寿量品・方便品をよみ候えば、自然《じねん》に余品はよみ候わねども備わり候なり」（同頁）と教示している。この場合、方便品・寿量品は南無妙法蓮華経の功徳を讃嘆する意味で読誦するのである。日蓮仏教においては南無妙法蓮華経の唱題が中心の行（正行《しょうぎょう》）であり、方便品・寿量品の読誦は補助的な行（助行《じょぎょう》）とされる（この点については堅樹日寛の「当流行事抄」に詳しい記述がある）。方便品・寿量品の読誦は日蓮仏教と法華経の連続性の象徴であり、日蓮仏教が仏教の正統性を継承していることを示すものとなっている。

唱題は各自の生命に内在する根源仏（南無妙法蓮華経如来、無作三身如来、久遠元初自受用報身如来）を呼び覚ます行為であるから、その実践によってその仏の力が各自の上に現れることとなる。先に仏界を説明した箇所で、仏界の生命の特徴として、①強さ、②歓喜、③慈悲の三点を挙げたが、唱題の実践によって人生のさまざまな苦難に屈しない強さと、生きること自体に感ずる喜び、さらに他者と共感し他者を思いやる慈愛の生命が現れてくることを実感することができよう。

実際に、たとえば夫婦・親子・兄弟等の家庭内の不和に悩んでいた人が唱題の実践を通して家族を思いやる心が現れることにより、家庭の円満を実現した例が数多く見いだされるが、そのような例は唱題がもたらす生命変革の端的な裏づけと見ることできる。唱題の効果として、不安や恐れが払拭《ふっしょく》され、精神の安定がもたらされる点も挙げられる。法華経の観世音菩薩品《かんぜおんぼさつほん》第二十五では観世音菩薩の功徳として衆生に「恐れない心」を与えると説かれている。その故に観世音菩薩は「施無畏者《せむいしゃ》」と名づけられる。観世音菩薩とは、もちろん妙法の力用を象徴したものであるから、この経文は唱題の功徳を示したものと解せられる。

3　祈り

ネアンデルタール人が死者の周囲に花を供えて埋葬した事実などからネアンデルタール人に既に宗教的行為が見られるので、現生人類は当初から宗教を持っていたと考えられるが、太陽や月、海や山などの自然物を神々として崇拝する自然崇拝やアニミズムなどの素朴な段階において既に自分や家族の無事安穏や豊作・豊猟などを祈ることは行われていたであろう。生命保存の欲求は人間に限らず生命一般における根源的な欲求であり、自分や家族の安穏を願うことは人間にとっていつの時代でも自然の感情であるからである。さらに言えば、単に生命を維持するだけでなく、よりよい人生を願望することも当然の在り方であろう。

宗教学者の中には、たとえば英国の社会人類学者ジェームズ・フレイザーのように、祈りを「呪術」と規定し、呪術は霊的存在をある目的のために統御し利用しようとするものであるのに対し、宗教は霊的存在に対する懇願的態度からなるものと位置づけて祈りと宗教を区別する立場もある（東大出版会『宗教学辞典』三六八頁）。そのような見解は神聖な神と卑小な被造物である人間の対比を強調するキリスト教的宗教観に基づくものと見られるが、実際には祈りの要素がない宗教はなく、祈りと宗教を峻別することは不可能である。

　また現世利益を蔑視し、現世利益を説くことは宗教本来の在り方ではないとする意見もあるが、それは宗教の教義的・倫理的側面しか見ていない一面的な見解であろう。仏教においても大乗仏教では多くの経典で現世利益が説かれる。たとえば法華経では法師功徳品第十九において、法華経を弘通する人は六根（眼根・耳根・鼻根・舌根・身根・意根）の働きが現世で清浄になっていく（六根清浄）として生命変革の功徳を説き、また観世音菩薩品第二十五では観世音菩薩の名を称《とな》える人は大水で流された時でも浅い場所を得る、呪詛《じゅそ》や毒薬で害されそうになってもその害の結果はかえって害そうとした本人に及ぶ（「還著於本人《げんちゃくおほんにん》」）などのさまざまな現世利益が強調されている。

　日蓮も唱題による祈りが成就していくことを繰り返し説いた。たとえば「祈禱抄《きとうしょう》」では「大地はささばはず（外）るるとも、虚空《おおぞら》をつなぐ者はありとも、潮のみちひぬことはありとも、日は西より出ずるとも、法華経の行者の祈りのかなわぬことはあるべからず」（五九二頁）と断言する。

　日蓮の法華経講義の記録として伝えられる「御講聞書《おこうききがき》」では「題目を唱え奉る音は十方世界にと（届）ずかずという処《ところ》なし。我等が小音《しょうおん》なれども題目の大音《だいおん》に入れて唱え奉るあいだ、一大三千界にいたらざる処なし。譬えば、小音なれども貝《ばい》に入れて吹く時、遠く響くがごとく、手の音はわずかなれども鼓《つづみ》を打つに遠く響くがごとし。一念三千の大事の法門これなり」（一一二一頁）と説いている。南無妙法蓮華経の題目の祈りは全宇宙に届くとするのである。日蓮がそのように説く所以《ゆえん》は、南無妙法蓮華経が宇宙を貫く根源の法であるとするからであろう。

　仏教においては自己の生命と宇宙は別々のものではなく、自己と宇宙は連続しているものとする。妙楽大師はその宇宙即我の視点から『止観輔行伝弘決《しかんぶぎょうでんぐけつ》』で「当に知るべし、身土一念の三千なり。

故に成道の時、この本理に称《かな》いて、一身一念法界《ほうかい》に遍《あまね》し」（大正蔵四六巻二九五頁）と述べている。「法界」の「法」とは宇宙の全ての現象のことであるから「法界」とは現代の言葉で言えば宇宙そのものに当たる。また「本理」とは宇宙を貫く根本の真理の意であるから、日蓮仏教の立場から言えば南無妙法蓮華経を指すと解せられる。日蓮はこの妙楽の言葉を繰り返し引用している。要するに南無妙法蓮華経という根本の法に立脚した時、自身の心（一念）の力を全宇宙に及ぼすことができるという趣旨である。先に挙げた「御講聞書」の文と同じ内容になっている。

日蓮は、祈りが成就するのはその祈りが正法に則《のっと》っている場合であって、正法に背いている場合の祈りは成就せず、むしろ害悪を招くとした。その実例として、日本天台宗が密教化して法華経を軽視する謗法《ほうぼう》を犯していることに触れ、「座主《ざす》等の高僧、名を天台宗にかりて、一向《いっこう》真言宗によって法華宗をさ（下）ぐるゆえに、叡山《えいざん》皆謗法になりて御いのりにしるしなきか」（「法門申さるべき様の事」一六六〇頁）と述べている。また承久《じょうきゅう》の乱の際、真言密教の祈禱を大規模に行った後鳥羽《ごとば》上皇《じょうこう》（隠岐法皇《おきのほうおう》）側が鎌倉幕府側に惨敗した事実を挙げ、「弘法《こうぼう》大師の悪義まことにて国の御いのりとなるべくば、隠岐法皇こそいくさにかち給わめ」（「種々御振舞御書」一二四三頁）と記している。日蓮は、蒙古襲来が切迫していた文永十一（一二七四）年四月、執権北条時宗《ほうじょうときむね》の意を受けて日蓮と会見した侍所《さむらいどころ》所司《しょし》（次官）の平左衛門尉頼綱《へいのさえもんのじょうよりつな》に対し、蒙古調伏の祈禱を真言僧に命じたならばかえって日本が敗北すると強く警告した（「種々御振舞御書」一二四一頁）。真言密教は法華経の正法を否定している謗法の悪法である故に、それによる祈禱はむしろ災いの原因となるとしたのである。

祈りは自己の安穏・幸福を願う自然の感情に基づくものであるとしても、単に自己の欲望を盲目的に追求するだけの自己中心的なものであったならば、ともすれば憎悪する存在を呪詛《じゅそ》する類いの反倫理的なものになりかねない。妙楽が「本理に称《かな》いて」と述べているように、真理に基づいてこそ祈りも成就する。「正しさ」が伴わない祈りは善悪・正邪の区別がつかない盲目的な「呪術」に陥る。日蓮が「彼《か》の真言等の流れ、ひとえに現在をもって旨《むね》とす。いわゆる畜類《ちくるい》を本尊として男女の愛法を祈り、荘園《しょうえん》等の望みをいのる」(「星名五郎太郎殿御返事」二〇八〇頁)と述べているのは、善悪・正邪を区別しない真言密教の危うさを洞察していたからである。

あらゆる生物にとって生命を保持しようとすることは本能であり、根源的な意志である。先に述べたように、人間においてその生命保存の意志は端的に言えば危難を逃れて安全に食物を獲得したいという類いの「祈り」に表れた。いかに素朴な文化においても祈りのない民族は存在しない。その意味で祈りは人間にとって本質的なものである。生命を永らえたいという願望は祈りとなって現れ、その祈りから宗教も生まれたのである。

題目を唱えて種々の願いを祈るのは自然の行為である。日蓮は「かつ(飢)えて食をねがい、渇して水をした(慕)うがごとく、恋いて人を見たきがごとく、病にくすりをたのむがごとく、みめかたち(見目形)よき人、べに(紅)・しろい(白)ものをつくるがごとく、法華経には信心をいたさせ給え」(「上野殿御返事」一八九二頁)と教えている。ひもじい時には食物が欲しくなる、喉《のど》の渇いた時には水が飲みたくなるのと同じように、自分の素直な願望をそのまま本尊に祈っていくべきであるというのである。

人の不幸や反社会的なことでなければ、何を祈ってもよい。体裁などを考慮せず、「このような人生を生きたい」「こうなって欲しい」と願う心のままに、率直に祈っていくことを日蓮は強調している。

今日、アメリカでは、医療分野を中心に「祈り」が病の治癒に有効性を持つことが盛んに研究されている。祈りの力とは、「自分はこのようになりたい」とする人間の心の力である。第二章で触れた通り、生命は本来「色心不二」の当体であるから、心の在り方が生命に決定的な影響力を持つことは当然の道理である。目標の達成をイメージして強く心に念じ、具体的努力を続けていくことは、医療分野に限らず人生全般にわたってその人の人生を変える力となる。心が大きな力を持つことは今日、社会的にも広く認識されつつある。いわゆる「成功哲学」が示すように、特定の宗教を持たなくても心で念じ続けることは人生を変える大きな力を持つ。その上で、根本の法である南無妙法蓮華経の題目を唱えて祈ることは、その心の力を限りなく増幅していく意義がある。日蓮が示した、手を打つ音は小さくても鼓《つづみ》を打てばその音が遠くまで届くという譬喩は、その道理を示したものといえよう。

それでは、祈りはどのようにすべきであろうか。

一つには、願いを明確に、具体的にして祈ることが必要であろう。漫然とした心でどれほど唱題しても祈りにならない。「自分の願い、課題はこれとこれだ」と、心の中で願いを箇条書きにするようなつもりで祈ることを明確にしていくことが重要である。

二つ目には、「必ず叶う」と決めて祈ることである。逆にいえば、疑いながらの唱題では祈りにならない。「どうかな」という疑い、不安が起きた時には自らそれを打ち消して、「必ず良い方向に向かわないはずはない」という信を奮い起こしていくことが求められる。日蓮は「あいかまえて御信心を出《い》だし、この御本尊に祈念せしめ給え。何事か成就せざるべき」(「経王殿御返事」一六三三頁）と述べている。また、堅樹日寛《けんじゅにちかん》は「暫《しばら》くもこの本尊を信じて南無妙法蓮華経と唱うれば、則《すなわ》ち祈りとして叶わざるなく、罪として滅せざるなく、福として来《きた》らざるなく、理として顕れざるなきなり」（『日寛上人文段集』四四三頁）と本尊を受持した唱題の力を強調している。

人生は自らの心が決めた通りに展開するのであるから、肝心の心が揺れ動いていたのでは人生の行方も定まらないことになってしまう。「必ず叶う」「祈りとして叶わざるなし」と決めた信の力が祈りを成就させるのである。

三つ目には、なるべく多くの唱題に励むことである。一遍の唱題にももちろん力はあるが、一般論としてより多くの唱題がさらに強い力を持つことは当然であろう。日寛は「信力《しんりき》・行力《ぎょうりき》を励む則《とき》は仏力《ぶつりき》・法力《ほうりき》により、即ち観行《かんぎょう》成就す」（『日寛上人文段集』四五五頁）として、本尊の仏力・法力を現す要諦は衆生の側の信力・行力であるとの道理を説いている。信力と並んで行力が必要であるから、唱題の「行」に励むことが重要となる（ただし単に長時間唱題すればよいというものでもない。唱題の時間の長さは各人が主体的に決めることであり、生活や身体の状況に照らして常識的であることが必要である。生活や身体に不都合をもたらすような、過度に長時間の唱題は慎むべきであろう）。

四つ目には、祈りを持続していくことである。祈ってもすぐに結果が現れないことは多い。しかし、そこですぐに諦めないで、祈りを持続していくことが肝要である。池田大作はこの点について次のように述べている。

「妙法の功徳には、祈りがただちに利益《りやく》となってあらわれる『顕益《けんやく》』と、最初ははっきりと目には見えないがしだいに福運を積み、大利益となってあらわれる『冥益《みょうやく》』がある。たとえ祈りがただちにかなわないように思える場合があっても、必ず、『冥益』によって、願いはかなって

いくのである」（『輝きの人間世紀へ』四七頁）

唱題を続けていくことによって事態は次第に動いていく。日蓮は「譬えば、頭《こうべ》をふればかみ（髪）ゆるぐ。心はたらけば身うごく。大風吹けば草木しずかならず。大地うごけば大海さわがし。教主釈尊をうごかし奉れば、ゆるがぬ草木やあるべき、さわがぬ水やあるべき」（「日眼女釈迦仏供養事」一六一〇頁）として、根源の法である妙法の祈りは一切を動かしていくとする（ここでいう「教主釈尊」とは根本の仏の意であるから経典上に説かれた釈迦仏ではなく、南無妙法蓮華経如来〈久遠元初自受用報身如来〉を指す）。ただし、その結果が目に見えるようになるまでには一定の時間を要する。結果を焦らず、粘り強く祈り続けていくことが祈りを成就させるための要諦とされるのである。

4　弘教

日蓮仏教の唱題は、自分のために行ずる（自行）だけでなく、他者を導くこと（化他）も含むのであるから、日蓮仏教の実践者は積極的に南無妙法蓮華経を他者に弘める実践に励むことが望まれる。法の功徳を自分だけ享受して他者を顧みない利己主義は大乗仏教においては厳しく批判される。大乗仏教が部派仏教（小乗仏教）を非難した点の一つもこのエゴイズムにあった。その意味で弘教を重視する日蓮仏教は大乗仏教の伝統精神を継承している。

法華経法師品は「もしも善男子《ぜんなんし》・善女人《ぜんにょにん》が、私（釈迦仏）の滅後に、ひそかに一人のためにでも法華経の一句を説くならば、この人は如来の使いであり、如来が遣わされて如来の事業を行う人というべきである」（法華経三五七頁、現代語訳）と説き、法華経の一句でも人に説く者は仏の使いであると弘教者を称賛している。

日蓮は門下に「かかる者の弟子檀那とならん人々は、宿縁ふかしと思って日蓮と同じく法華経を弘むべきなり」（「寂日房御書」一二七〇頁）と説き、「我もいたし、人をも教化《きょうけ》候え。行学は信心よりおこるべく候。力あらば一文一句なりともかたらせ給うべし」（「諸法実相抄」一七九三頁）と弘教の実践を促している。その根底には、南無妙法蓮華経以外に人々に根本的な幸福をもたらす道はないとの絶対的確信があったからである。日蓮はその確信の故に「終《つい》には一閻浮提《いちえんぶだい》に広宣流布せんこと一定《いちじょう》なるべし」（「御講聞書」一一三五頁）と、南無妙法蓮華経が全世界に広まるとした。

「今、日蓮は去《い》ぬる建長《けんちょう》五年癸《みずのと》丑四月二十八日より今弘安《こうあん》三年太歳《たいさい》庚辰《かのえたつ》十二月にいたるまで、二十八年が間、また他事なし。ただ妙法蓮華経の七字五字を日本国の一切衆生の口に入れんとはげむばかりなり。これ即ち、母の赤子《あかご》の口に乳を入れんとはげむ慈悲なり」（「諫暁八幡抄」七四二頁）とあるように、日蓮の実践を貫くものは万人に妙法の功徳を浴させたいとする慈悲の一念であった。したがって日蓮仏教の実践を心掛ける場合は、この日蓮の精神を体して南無妙法蓮華経の流布に努めなければならない。「日蓮と同意ならば地涌《じゆ》の菩薩たらんか」（「諸法実相抄」一七九一頁）とあるように、日蓮と「同意」であってこそ「信心の血脈」が流れ通うからである。しかし日蓮滅後まもなく、日蓮系各教団は日蓮が示した「広宣流布の信心」を喪失し、権力の圧迫に迎合して自己保身に走っていった。その歴史も明確に認識しておくべきであろう。

第二節　本尊

日蓮仏教の実践において唱題と並んで重要なのが本尊（礼拝の対象）である。つまり、何を帰依の対象として唱題を行ずるかという問題である。この本尊問題は、日蓮滅後、日蓮の直弟子六人の間で、日興《にっこう》（一二四六〜一三三三）と五老僧と呼ばれるその他の老僧の大きな相違点になった。すなわち日興は文字曼荼羅《まんだら》のみを本尊としたのに対し、五老僧は釈迦仏像をはじめ、雑多なものを礼拝の対象とした。この態度は、五老僧の流れをくむ今日の日蓮宗諸教団にも受け継がれており、複数のものを礼拝の対象にしている寺院も少なくない（寺院の中には鬼子母神《きしもじん》や加藤清正《かとうきよまさ》〈戦国時代の武将、一五六二〜一六一一〉、狐〈稲荷《いなり》〉や蛇〈龍神〉までも礼拝する寺院がある）。要するに五老僧の門流では本尊が統一されておらず、極端に言えば唱題さえ行うならば礼拝の対象は何でもよいとする態度をとっている。

しかし本尊は宗教の根本であり、何を礼拝してもよいという態度は日蓮仏教においては本来、許容されない。なぜならば日蓮自身が本尊を明確に規定しているからである。

日蓮が規定した本尊とは、結論して言えば「南無妙法蓮華経　日蓮」の首題を中央に置いて、その周囲に十界の衆生を配した文字曼荼羅《もじまんだら》である。この点は真筆が現存する「観心本尊抄《かんじんのほんぞんしょう》」に、「その本尊の為体《ていたらく》」として「本師の娑婆の上に宝塔、空に居し、塔中《とうちゅう》の妙法蓮華経の左右に釈迦牟尼仏・多宝仏、釈尊の脇士《きょうじ》たる上行《じょうぎょう》等の四菩薩、文殊《もんじゅ》・弥勒《みろく》等は四菩薩の眷属《けんぞく》として末座に居し、迹化《しゃっけ》・他方《たほう》の大小の諸菩薩は万民の大地に処して雲閣《うんかく》・月卿《げっけい》を見るがごとく、十方の諸仏は大地の上に処し給う」（一三六頁）と文字曼荼羅の相貌を述べていることに明らかである。

また真筆は現存しないが、真書として扱われる「日女御前御返事」には、「ここに日蓮、いかなる不思議にてや候らん、竜樹・天親等、天台・妙楽等だにも顕し給わざる大曼荼羅を、末法二百余年の比《ころ》、はじめて法華弘通のはたじるしとして顕し奉るなり。これ全く日蓮が自作にあらず。多宝塔中の大牟尼世尊、分身の諸仏、すりかたぎ（摺形木）たる本尊なり」（二〇八六頁）と文字曼荼羅が「本尊」であることを明確に表明している。実際、日蓮は本尊として多数の文字曼荼羅を顕して門下に授与している（百二十数幅が現存する）。

それに対し、日蓮が釈迦仏の仏像を積極的に建立して本尊とするよう門下に勧めたことは皆無である。門下の富木常忍や四条金吾（頼基《よりもと》）夫妻が釈迦仏像を建立した場合にはそれを容認しているが、その行為は常忍や金吾夫妻を化導するための配慮であり、日蓮の本意が釈迦仏像の造立ではないことは明らかである。そこで日蓮の思想を継承した日興は仏像を本尊とせず、日蓮にならって文字曼荼羅のみを本尊とした。

「南無妙法蓮華経　日蓮」を中央の首題とする文字曼荼羅は南無妙法蓮華経という妙法を具体の形に顕した「法本尊」である（「人本尊」は南無妙法蓮華経を弘通した日蓮自身である）。文字であるからこそ、そこに法を表示することが可能なのであり、仏像では法を表すことができない。文字曼荼羅は普遍的な法を表したものなので、いわゆる偶像崇拝にはならない。

唱題も、日蓮が規定したように、文字曼荼羅を本尊として信受し、その本尊に対して行うのでなければ唱題の意義を持たない（もちろん、日常の実践においては曼荼羅本尊のないところで唱題することも希ではない。しかし、その場合にも文字曼荼羅を本尊として信受する信仰が前提になっている）。

本尊を度外視した唱題では唱題の意味をなさない。仏像や鬼子母神《きしもじん》など文字曼荼羅以外のものに対して行う唱題は、本尊という教義の根本を誤った行為となるから仏界を湧現する働きを持たず、むしろ生命を歪《ゆが》める害をもたらすことになる。

文字曼荼羅である本尊は妙法（南無妙法蓮華経）の具現化であり、仏界の生命そのものである。「日蓮がたましいをすみ（墨）にそ（染）めながしてかきて候ぞ、信じさせ給え」（「経王殿御返事」一六三三頁）とあるように、曼荼羅本尊は妙法を体得した日蓮の生命と一体不二である。曼荼羅の中央に記された「南無妙法蓮華経　日蓮」の左右に釈迦牟尼仏・多宝如来から提婆達多までの十界の衆生が記されていることは仏界に十界が具わる十界互具の姿を表している。

「日女御前御返事」に「これらの仏菩薩・大聖等、総じて序品列坐の二界八番の雑衆等、一人ももれずこの御本尊の中に住し給い、妙法五字の光明にてらされて本有《ほんぬ》の尊形《そんぎょう》となる。これを本尊とは申すなり」（二〇八七頁）とあるように、本尊にしたためられた十界の衆生は妙法と一体である仏の働きの一部をなすものとなる。したがって本尊を信受し、本尊に向かって唱題に励むとき、同抄に「日蓮が弟子檀那等、『正直に方便を捨つ』『余経の一偈をも受けず』と無二に信ずる故によって、この御本尊の宝塔の中へ入《い》るべきなり」（二〇八八頁）とある通り、曼荼羅本尊を礼拝する各人が妙法に照らされた存在として、仏の働きをなしていくことができるとされる。

曼荼羅本尊は仏の生命そのものであり、十界互具の法理に照らして、万人の生命に仏の生命である本尊が内在している。この点について日蓮は「日女御前御返事」に「この御本尊全く余所《よそ》に求むることなかれ。ただ我ら衆生の法華経を持《たも》って南無妙法蓮華経と唱うる胸中の肉団におわしますなり。これを九識心王真如《くしきしんのうしんにょ》の都《みやこ》とは申すなり」（同頁）と述べている。すなわち日蓮は、本尊は自身の外にあるのではなく、自己の中にあるとし、その自己に内在する本尊である仏の生命を「九識心王真如の都」と規定した。

この内在する仏の生命を自身の上に現し、いかなる苦難にも屈しない絶対的幸福を実現していくことが仏教実践の意義である。各人が幸福な人生を実現していくことが日蓮の実践活動の目的であり、仏教もそのための手段といってよい。日蓮仏教はあくまでも「人間のための宗教」であり、宗教が自己目的化して人間を手段としていく在り方を拒否するからである。

また本尊の意義を別の角度から見れば、生命を変革する「縁」として捉えることができる。仏教の生命観の基本は「縁起」であり、万物は自己だけで存在するのではなく、他者との触発、関係の中で変化していくと見る。実際に、人間にとって人格形成の過程でどのような存在と接触しているかということは重大な要因となる

生命の在り方は、人間に限られたことではないが、自己が接するものによって左右される（もちろん環境が全てを決定するのではなく、主体的な要因も大きい）。悪人に接すれば悪の生命が助長されるのと同様に、仏の生命に接すれば自身に内在する仏の生命が触発される。文字曼荼羅本尊はそれ自体が揺れ動くことのない仏界の生命の当体であるから、その本尊を前にして唱題に励むとき、仏の生命に触発されて、どれほど悲哀の底に沈んでいた人であっても自身に内在している仏の生命を現していくことができる。

なお、日蓮は文字曼荼羅の書き方について日興に伝授したので、日蓮滅後において正しい文字曼荼羅は日興門流に伝えられた（今日、創価学会および創価学会インタナショナル〈ＳＧＩ〉が会員に

授与している本尊は日興門流の堅樹日寛が記した文字曼荼羅である）。

日興門流は日蓮を人本尊、教主として帰依の対象とするが、日蓮を超人的な存在とするものではない。日蓮が「生死一大事血脈抄」で「久遠実成《くおんじつじょう》の釈尊と皆成仏道《かいじょうぶつどう》の法華経と我ら衆生との三つ、全く差別無しと解《さと》って妙法蓮華経と唱え奉るところを生死一大事の血脈とはいうなり」（一七七四頁）と述べているように、本来、仏も衆生も平等一体であり、日蓮も我々も生命としては同じ人間であることはいうまでもない。万人に仏性が具わっているので、妙法を信受して実践に励めば誰もが日蓮と同様に根源仏である無作三身如来、久遠元初自受用報身《じじゅゆうほうしん》如来と現れることになる。

それ故に日蓮は「今、日蓮等の類いの意は、総じては『如来』とは一切衆生なり、別しては日蓮の弟子檀那なり。されば無作の三身とは末法の法華経の行者なり」（「御義口伝」一〇四八頁）と述べている。また日寛も「自受用身の当体、全くこれ我ら衆生なり」（『日寛上人文段集』四八八頁）とする。ただ、日蓮が南無妙法蓮華経を初めて万人に教示した存在である故に日蓮を根本の師（教主）とし、他の人々を弟子と位置づけるのである（日蓮と門下の相違は、役割、立場の相違と位置づけられる）。

第三節　戒壇

各人が曼荼羅本尊を安置して唱題を行ずる場所が戒壇である。日蓮が「ただこの経を信ずるが即ち持戒《じかい》なり」（「十法界明因果抄」四七七頁）と述べているように、日蓮仏教においては本尊の受持が唯一の戒となるからである。信仰の対象が本尊であり、信仰の実践が題目である。そして、その実践を行う具体的な場所が戒壇である。したがって、本尊・題目・戒壇の三つ（この三つを伝統的に「三大秘法」と呼ぶ）によって日蓮仏教の信仰世界が完結する。

　戒壇とは、仏教の伝統では僧侶が出家に当たって戒律を受持することを誓う儀式の場所を意味したが、僧俗平等である日蓮仏教においてはそのような儀式は不要であり、僧俗を問わず誰人であれ、どこであっても本尊を安置して唱題を行ずる場所が戒壇となる。日蓮仏教においては「聖地信仰」は存在せず、空間的な差別は一切ない。どのような場所であろうと真剣な信仰実践に励むならば、自身のいる場所を仏国土へと転換していくことができるとされる。

　日蓮は南無妙法蓮華経の唱題行を示しただけでなく、南無妙法蓮華経を具体的に表示した曼荼羅本尊を図顕して門下に授与した。本尊を安置して自行化他にわたる唱題を行ずる場所が戒壇であるから、日蓮自身によって本尊・題目・戒壇という三大秘法の全てが明示され、日蓮仏教の内容は余すところなく完全に確立されたといえる。その後は、日蓮が確立した三大秘法の仏教を実際に現実社会の中で弘める課題が後世の弟子門下に残されたこととなる。要するに、日蓮仏教を確立し社会的に実現する役割は日蓮と弟子の両者に配当されている。

　この点について日蓮は「観心本尊抄《かんじんのほんぞんしょう》」で、釈迦仏から法華経神力品《じんりきほん》で付嘱を受けた地涌《じゆ》の菩薩が末法の初めに出現することを示した箇所で次のように述べている。

　「当に知るべし、この四菩薩、折伏《しゃくぶく》を現ずる時は賢王と成って愚王を誡責《かいしゃく》し、摂受《しょうじゅ》を行ずる時は僧と成って正法を弘持《ぐじ》す」（一四五頁）

四菩薩とは、法華経涌出品で登場する地涌の菩薩の上首である上行菩薩らの四人の菩薩を指す。この文で日蓮は、地涌の菩薩の働きとして折伏＝賢王（在家）と摂受＝僧（出家）の二つの在り方があるとする（ちなみに「折伏」とは相手の誤りを指摘し打ち破って正法に帰伏させる化導法、「摂受」とは相手を否定せず相手との違いを認めながら次第に誘引して正法に入らせる化導法をいう）。

この文を受けて日寛は「観心本尊抄文段」で、「折伏を現ずる時は賢王と成って愚王を誡責し」という在家の働きを示す箇所を「化儀《けぎ》の折伏」、「摂受を行ずる時は僧と成って正法を弘持す」という僧の働きを示す箇所を「法体《ほったい》の折伏」と立て分け、さらにこの「法体の折伏」を「蓮祖《れんそ》の修行これなり」として日蓮自身の実践が法体の折伏に当たると解している（『日寛上人文段集』五四六頁）。

日蓮の実践によって弘通すべき仏教の実体が完全に確立されたこと自体が折伏に当たる（法体の折伏）。それに対して「化儀の折伏」の「化儀」とは法の現実化の意味であるから、日蓮によって確立された仏教を実際に弘通することが「化儀の折伏」であり、賢王すなわち在家の働きに当たる。要するに日蓮仏教は、教義を確立した日蓮自身の実践と、その教義を現実社会の中で弘通する在家の実践に尽きることとなる。

以上を整理すれば次のようになる。

折伏《しゃくぶく》を現ずる時は賢王と成って愚王を誡責《かいしゃく》
　＝化儀の折伏（仏法の弘通）＝在家

摂受《しょうじゅ》を行ずる時は僧と成って正法を弘持《ぐじ》
　＝法体の折伏（教義の確立）＝日蓮

なお、日蓮仏教の戒壇にはもう一つ別の意味の戒壇、すなわち広宣流布の目標としての戒壇がある。それが「三大秘法抄」で示された戒壇である。すなわち日蓮は「三大秘法抄」で次のように述べている。

「戒壇とは、王法仏法に冥《みよう》じ、仏法王法に合して、王臣一同に本門の三秘密の法を持って、有徳《うとく》王《おう》・覚徳比丘《かくとくびく》のその乃往《むかし》を末法濁悪の未来に移さん時、勅宣《ちょくせん》並びに御教書《みぎょうしょ》を申し下して、霊山《りょうぜん》浄土《じょうど》に似たらん最勝の地を尋《たず》ねて戒壇を建立すべきものか。時を待つべきのみ。事《じ》の戒法と申すはこれなり。三国ならびに一閻浮提《いちえんぶだい》の人の懺悔滅罪《ざんげめつざい》の戒法のみならず、大梵天王《だいぼんてんのう》・帝釈《たいしゃく》等も来下《らいげ》して踏み給うべき戒壇なり」（一三八七頁）

ここで言う戒壇は、本尊を安置して唱題を行う所に成立する一般的意味の戒壇とは別の意義であり、広宣流布の理想を示す目標として示されたものである。

ただし、広布実現の目標としての戒壇は決して国家権力によって建立されるものではない。あくまでも信仰を持った民衆による「民衆立」の戒壇である。本抄に「勅宣並びに御教書を申し下して」とあることから、この戒壇を日本国が建立する「国立戒壇」とする解釈が、日蓮宗各派の中で、国家主義が台頭した明治期以降に行われたことがあったが、それは日蓮の本意を誤解したものである。日蓮は天皇の皇祖神とされる天照大神をも「わずかなる日本国の小神《しょうじん》たる天照太神」（「八幡宮造営事」一五〇八頁）と断じ、日本国も「大海の中の小島」（「中興《なかおき》入道消息」一七六六頁）の一つに過ぎないと相対化して、国家主義をはるかに超越する人類普遍の立場に立っていた。それ故に日蓮仏教を日本という一国家に限定して解釈するのは完全な誤りである。

国立戒壇論は日蓮正宗や戸田城聖にも取り入れられ、戸田は国立戒壇論を思想的前提にして創価学会の政界進出を決断した。しかし、国家が一宗派の戒壇建立に関与することは政教分離という今日の憲法原則に照らして容認されない。そこで日蓮正宗と創価学会は、一九七〇年に、国立戒壇の言葉を今後用いないことを表明した。

日蓮には国家権力に依存して布教しようという発想は全くなかった（この点は、佐渡流罪赦免後、幕府が蒙古調伏の祈禱を依頼して寺院の寄進を申し出たのを拒絶した日蓮の態度にもうかがうことができる。日蓮が「立正安国論」によって最高権力者である北条時頼《ほうじょうときより》に諫暁した内容も、時頼個人に対して念仏への帰依を止め、法華経に帰依することであって、時頼の権力を利用して仏法を弘めようとしたのではない）。日蓮が為政者や他宗の指導者に求めたものは公開の場における公平な法論であった。日蓮はあくまでも言論によって自身の教義の卓越性を明らかにし、それによって自らの宗教を弘めようと意図したのである。

第四節　日蓮教団の問題

1　日興門流と他門流

これまで題目・本尊・戒壇という日蓮仏教の中心教義である三大秘法について概説してきたが、その理解については日蓮没後に成立した日蓮系諸教団において大きな相違がある。もっとも大きな違いは、日蓮の本弟子六人（日昭・日朗・日興・日向《にこう》・日頂・日持）のうち日興とそれ以外の五人（五老僧）との相違である。その違いは、端的に言えば、日蓮という存在の意義をどのように捉えるかという相違である（この問題については拙著『日興門流と創価学会』で詳述した）。

五老僧の流れをくむ教団は、日蓮を法華経神力品で釈迦仏から仏滅後の弘通を付嘱（委嘱）された上行菩薩の再誕として位置づける。例えば身延派日蓮宗は、日蓮について「遠流《おんる》と刀杖《とうじょう》等の諸難の連続を体験された聖人は、法華経に予言された地涌上行の自覚を確立された」（『宗義大綱読本』八頁）とし、「日蓮宗宗義大綱」で「宗祖は、みずから本外上行の自覚に立ち、仏使として釈尊と法華経への信仰を指示された宗徒の師表であり、直道を導く大導師である」と規定する。日蓮はあくまでも菩薩であって、仏の指示を受けた「仏の使い」に過ぎず、根本は釈迦仏となる（釈迦本仏）。そこで、この流派では本尊として釈迦の仏像などを用いている。

それに対して日興門流では、日蓮は南無妙法蓮華経という根源の法と一体の根源仏であるとした（日蓮本仏）。日蓮が日興に与えた相伝書とされる「本因妙抄」と「百六箇抄」はその根源仏を久遠元初自受用身とする。久遠元初とは法華経寿量品に説かれる釈迦仏成道の五百塵点劫を超越する次元を指す言葉だが、五百塵点劫から更に遡る一時点を指す概念ではなく「根源」の意である（「本因妙抄」と「百六箇抄」が日興への相伝書であることを文献学的に裏づけることはできないが、両書が日興存命中に存在していた教義書であることは認められる）。

日興門流は「本因妙抄」「百六箇抄」などの相伝書や「御義口伝」を教義の基盤としてきた。それ故にそれらを無視して教義を議論することは、日興門流の基本から離れて、「本因妙抄」や「御義口伝」などを偽書として否定してきた身延派等の態度に実質的に従うものになる。

日興自身は日蓮本仏義を文書で明言していないが、日興の高弟である三位日順《さんみにちじゅん》（重須談所第二代学頭、一二九四〜一三五六）は「本因妙抄」を注釈した「本因妙口決」で「久遠元初自受用身とは本行菩薩道の本因妙の日蓮大聖人を久遠元初の自受用身と取り定め申すべきなり」（『富士宗学要集』第二巻八三頁）と日蓮本仏義を明確に示している。日順以外の多くの日興の高弟も日順と同様に釈迦迹仏・日蓮本仏の立場を明言しており、日蓮本仏義が日興門流当初からの根本教義であることは明らかである。日興門流では日蓮を本仏とし、釈迦を迹仏《しゃくぶつ》（派生的な仮の仏）とするので釈迦の仏像を本尊とせず、文字曼荼羅のみを本尊とする。

日興は自身が教団の長の立場にあるため日興門流の秘奥の教義である日蓮本仏義を著作の形で対外的に公にすることは抑制していたと思われるが、日興が日蓮を根源仏とする立場に立っていたことは日興による曼荼羅本尊の書き方を見れば明確である。日興は曼荼羅本尊を書く時、中央には必ず「南無妙法蓮華経　日蓮　在御判」と大書し、その左右に釈迦牟尼仏・多宝如来と記した。日蓮自身も曼荼羅本尊の図顕に際しては中央に「南無妙法蓮華経　日蓮〈花押〉」と記し、釈迦・多宝はその左右に小さい文字で記している（佐渡に向かう前日に図顕された最初の文字曼荼羅である楊枝《ようじ》本尊をはじめ、釈迦・多宝が略されている真筆曼荼羅本尊も多数存在する）。中央に「南無妙法蓮華経　日蓮　在御判」と記す日興の方式は日蓮による曼荼羅図顕の方式をそのまま踏襲していることが分かる。その曼荼羅本尊の相貌は日蓮が南無妙法蓮華経と一体の根源仏であり（人法一箇）、釈迦如来・多宝如来はその脇士《きょうじ》として従属的立場にあることを示している。それに対して五老僧の場合、自分が曼荼羅を書く際に例えば「南無妙法蓮華経　日朗〈花押〉」などと南無妙法蓮華経の下に自分自身の名前を記した。五老僧は日蓮が南無妙法蓮華経の下に自分の名前を記した姿を見て、南無妙法蓮華経の下には曼荼羅を書いた当人の名前を書くものと理解したのであろう。この在り方は五老僧が日蓮を末法の本仏と理解できず、自身と同列の存在と見ていたことを示している。

日興と五老僧の相違が明確になったのは一二八九年の日興による身延離山である。一二八二年に日蓮が入滅すると遺骨は草庵があった身延に移され、身延の墓所は日興が中心になって運営された。

一二八三年一月に身延で日蓮の百カ日忌法要が身延で行われた際、本弟子六人が月ごとの輪番で墓所を守る誓約が日蓮の遺言によってなされたが、実際にはその後、日興以外の五人が身延に来ることはなく、墓所輪番は行われなかった。

一二八五年に日向が身延に登ってきたので日興はそれを歓迎し、日向を学頭職に輔任した。すると身延の地頭・波木井実長《はきいさねなが》は次第に日向に影響され、日興が固く制止してきた神社参詣、釈迦仏像の造立などを行うようになった。波木井が日興の教導に従わないことが明らかになったので、日興はこのまま身延に留まっていたのでは日蓮の正統教義を守ることができないと判断し、一二八九年に門下とともに身延を離山した。日興は有縁の門下・南条時光が地頭職を務める駿河国富士郡上野郷（現在の静岡県富士宮市）に移り、そこで大石寺を創建した。それ以降、日興門流は基本的に大石寺を中心に展開された。

日興門流の教義を体系化したのは堅樹日寛《けんじゅにちかん》（大石寺第二十六世、一六六五〜一七二六）である。日寛は御書および「本因妙抄」「百六箇抄」等の相伝書、「御義口伝」をもとに、日興自身や三位日順ら日興の高弟、大石寺第九世日有《にちう》（一四〇二〜一四八二）など、それまで日興門流に伝わってきた思想を整理し、主要御書を注釈した「文段」や「六巻抄」を執筆した。ただし日寛は大石寺の学頭や貫首《かんず》（法主）であったため、他門流と対抗して大石寺教団を守らなければならないという教団人としての制約があった。大石寺に伝わるいわゆる本門戒壇の本尊を日寛が教義体系の根本に置いたことはその制約を端的に示すものである。

戒壇の本尊は日蓮が弘安二年（一二七九年）に造立したと伝えられるが、近年の研究によれば、日蓮が日興の弟子である日禅《にちぜん》に授与した真筆本尊を十四世紀後半から十五世紀初頭の時代に模刻して建立されたものであることがほぼ明らかになっている。日蓮の御書や相伝書には特定の本尊を根本とする教義は一切存在しない。日蓮が戒壇本尊を自ら造立したという教義は日有の時代にも見られず、戒壇本尊が初めて文献に現れるのは一五六一年である。日蓮が自ら戒壇本尊を造立したという教義は大石寺門流が他門流に対抗して自らの優越性を主張するために後世に形成したものだが、日寛は教団維持のためにそれをそのまま継承したのである。それ故に日寛教学の中でも戒壇本尊を根本とする部分は今日では用いることはできない。

また大石寺門流では教団の求心力を強めるため、その時の貫首（法主）は日蓮の生まれ代わりであり本尊であるとする、法主信仰というべき教義も生じている。これは日有の弟子である左京日《さきょうにっ》教《きょう》（一四二八〜？）が初めて唱えたもので、日蓮・日興には存在しない教義だが、その後の大石寺門流では法主の権威を主張するためにしばしば用いられた（日寛は歴代法主を尊重すべきとはしているが、法主を本尊や日蓮と同等とする法主絶対論は説いていない）。

江戸時代になって徳川幕府が寺請《てらうけ》制度を導入し、自由な布教を禁止したことで日本仏教全体が活力を失い、葬式仏教化していったが、日興門流もその流れの中で葬儀などの儀式（化儀）を重視し、在家者に対して僧侶が権威的になる僧俗差別の傾向が強まった（日蓮・日興の時代は信徒の葬儀に僧侶は関与しなかったが、江戸時代には僧侶の関与が一般化した）。また教団上層部が私欲のために教団財産を私物化する腐敗現象もそれ以前から頻繁に見られた（日有が布教のため地方に出向いていた際、留守居の高僧が大石寺そのものを二十貫文で売却し、戻った日有が買い戻した事件などはその典型である〈「有師物語聴聞抄佳跡上」『富士宗学要集』第一巻一八七頁〉）。

江戸時代になると大石寺は徳川家康の養女・敬台院《きょうだいいん》や第六代将軍徳川家宣《いえのぶ》の正室・天英院《てんねいいん》の保護

を受けるなど、幕府権力との結びつきを強めていった。権力に迎合する傾向は明治期以降さらに強まり、大石寺は明治政府による対外戦争にも積極的に協力している（例えば第五十六世日応《にちおう》は日露戦争に際して「皇威宣揚征露戦勝大祈禱会」を開催し、その時に集まった供養金を軍資金として政府に献納した）。昭和期においても第六十二世日恭《にっきょう》は太平洋戦争の勃発に際し「本日、米国及び英国に対し、畏れおおくも宣戦の大詔渙発《かんぱつ》あらせられ、洵《まこと》に恐懼《きょうく》感激に堪えず」との「訓諭」を宗内に発して戦意高揚を図っただけでなく、大石寺の建物や梵鐘などを積極的に軍部に提供し、戦争遂行に加担し続けた（大石寺門流は一九一二年〈明治四十五年〉に「日蓮正宗」と公称を改めた）。

権力に迎合した大石寺門流は内部で派閥抗争に終始し、葬式仏教化して布教する意欲も失われていった結果、他門流に比べても宗勢は全く振るわず、一九〇四年（明治三十七年）の内務省調査によれば、寺院数八十七、信徒数三万弱の弱小教団にとどまっていた。

このように大石寺門流では法主絶対論など日蓮・日興の時代には存在しない逸脱した教義が形成され、僧俗差別や深刻な腐敗が生じていたことは事実である。しかし、日蓮を南無妙法蓮華経と一体の根源仏と位置づけ、末法の教主・本仏とする根本教義に変動はなかった。多くの逸脱や腐敗があったが、日蓮仏教の正統教義は維持されていたということができる。

一九二八年（昭和三年）に牧口常三郎初代会長と戸田城聖第二代会長は日蓮正宗の信徒となって日蓮仏教に帰依し、一九三〇年（昭和五年）に創価教育学会（現在の創価学会）を創立したが、牧口が日蓮正宗に入信することを決断したのも、当時、日蓮正宗に日蓮仏教の正統教義が存在しているとの判断があったからに他ならない。創価学会は日蓮正宗の教義は尊重したが、僧侶主導の在り方には同調せず、会員の指導は僧侶に依存することなく会独自に行ってきた。その後、創価学会と日蓮正宗は多くの軋轢《あつれき》はあったが、基本的には僧俗和合路線をとり、協調して進んできた。創価学会は日蓮正宗の教義を遵守し、多数の寺院を寄進するなど宗門の外護に努める一方、日蓮正宗も創価学会の弘教の努力と実績を尊重する態度を貫いてきたのである。

一九九一年（平成三年）に至って日蓮正宗が創価学会を破門し、学会は日蓮正宗から独立した教団となったが、その破門は法主を本尊と並ぶ絶対の信仰対象であるとする法主絶対論、法主信仰によるものであった。宗門が強調した法主絶対論は、先に述べたように日蓮・日興による本来の教義から逸脱したものであり、その処分自体、何の正当性を持つものでなかった。創価学会に仏法上の誤りがあることを何ら指摘できなかった日蓮正宗は、ひたすら法主の絶対的権威という虚構を振りかざすことによって処分を強行した。また、それまで日蓮仏教を日本と世界に弘通してきた創価学会を破門することは日蓮の最大の遺命である広宣流布の使命を放棄するものであり、宗祖日蓮に対する違背に他ならない。この処分によって日蓮正宗はそれまで辛うじて保持してきた仏法上の正統性を喪失したのである。いわば大石寺門流は、歴史的に見れば日蓮仏教を創価学会に伝達する「つなぎ」の役割を担ってきたが、自ら学会と離れることによって自身の歴史的役割に終止符を打ったともいえよう。

2　日蓮の位置づけ

日興を日蓮仏教の正統後継者とするならば「日蓮本仏」となるのは当然だが、一方で日蓮が上行菩薩の再誕で釈迦仏の「使い」であるとするだけでは日蓮が末法の本仏として仏法を弘通しているのも釈迦から委嘱を受けて行っているに過ぎないこととなり、身延派などと同様に釈迦が真実の根本仏ということになりかねない。

実際には日蓮が「本尊問答抄」で「釈迦・大日、総じて十方の諸仏は、法華経より出生し給えり。故に今、能生《のうしょう》をもって本尊とするなり」（三〇四頁）と明言した通り、釈迦仏は根源の法である南無妙法蓮華経によって生み出された「所生《しょしょう》」の存在であり、南無妙法蓮華経が一切の仏を生み出した「能生」の法体である。それ故に日蓮は釈迦仏像を本尊とせず、南無妙法蓮華経を顕した文字曼荼羅を本尊としたのである。日蓮こそが南無妙法蓮華経を初めて弘通した教主であるから、日蓮を本仏とするのであれば釈迦仏の使いや被委嘱者としての本仏ではなく、南無妙法蓮華経と一体の根源仏と位置づけなければならない。日蓮を釈迦の使いや被委嘱者としたままの日蓮本仏論はいわば疑似日蓮本仏論と言うべきであろう。日蓮を根源仏（久遠元初自受用身）とする日蓮本仏論こそが日興門流の根本教義であり、曼荼羅本尊の相貌はその根本教義を裏づけるものとなっている。

もちろん日蓮は門下に宛てた御書の随所で釈迦仏を「教主釈尊」として宣揚している。また自身について「教主釈尊の御使い」等とする場合も少なくない。しかしそれは、浄土教や密教が広まっていた当時、阿弥陀如来や大日如来に傾斜しがちな人々の心を釈迦仏に引き戻し、南無妙法蓮華経を弘通していくための方便と解すべきである。日蓮が「今、末法に入りぬれば、余教も法華経もせん（詮）なし、ただ南無妙法蓮華経なるべし」（「上野殿御返事」一八七四頁）、「今、末法に入りぬ。人ごとに重病有り。阿弥陀・大日・釈迦等の軽薬にては治し難し」（「妙密上人御消息」一七〇八頁）と述べている通り、末法においては法華経も他の諸経も救済力はなく、南無妙法蓮華経でなければ衆生を救うことはできない。釈迦は末法の衆生を救うことができない小法を説くにとどまる仏なのである。南無妙法蓮華経を弘通したのは日蓮であり、釈迦仏は南無妙法蓮華経を説いていないのであるから末法の教主とはなりえない。また日蓮は自身を指して「教主釈尊よりも大事なる行者」（「下山御消息」二九九頁）と述べている。日蓮が釈迦仏の単なる「使い」であるならば、「釈尊よりも大事」となる道理はない。日蓮を釈迦仏の使いと位置づけることは化導のための方便としての言明を日蓮の本意とすり替えた議論である。

法華経は如来神力品で法華経の肝要の法（南無妙法蓮華経）を上行菩薩に付嘱した。これは釈迦仏に代わる新しい教主が未来に出現することを予言し、その教主の化導を助ける趣旨である。しかも法華経を委細に読めば分かるように、上行菩薩は単なる使いや被委嘱者ではない。従地涌出品の示唆するところによれば釈迦仏をも超える威容を具えた久遠の仏である（涌出品は、釈迦仏が地涌の菩薩を指して自分の弟子であると述べたことに対し、「二十五歳の青年が百歳の老人を指して自分の子供であると言ったようなものである」と説いている）。地涌の菩薩は経典上に現れた姿としては釈迦仏から化導されてきた菩薩として出現するが、その本質（本地）は天台大師が『法華文句』で「皆是れ古仏なり」と述べているように久遠の仏と見なければならない。すなわち神力品の付嘱はそれまでの仏から未来の仏へと教主が交代することを示す儀式であり、末法の衆生に対してその時に出現する教主の化導を受け入れることを促す役割を持つ。要するに日蓮を上行菩薩の再誕と位置づけるのはあくまでも経典レベルの話であることを認識しなければならない。

根源の法に対する日蓮の悟りは清澄寺において出家してまもない十六歳の頃と考えられる。「清澄寺大衆中」で日蓮は次のように述べている。「生身の虚空蔵《こくうぞう》菩薩より大智慧を給わりしことあり き。『日本第一の智者となし給へ』と申せしことを不便《ふびん》とや思《おぼ》しめしけん、明星のごとくなる大宝珠を給わって右の袖にうけとり候いし故に、一切経を見候いしかば、八宗並びに一切経の勝劣ほぼこれを知りぬ」（一二〇六頁）。同様の文は「善無畏三蔵抄」にもある。八宗と一切経の勝劣を知るとは、その判断の基準である根底の真理を覚知したことを意味しているから、この時に日蓮は根源の法すなわち妙法を覚知したと考えるべきであろう。

この点について戸田城聖も「われらが御本仏日蓮大聖人は、御年十六歳にして人類救済の大願に目覚められ、かつまた宇宙の哲理をお悟りあそばされて」（『戸田城聖全集』第三巻二九二頁）として、日蓮は十六歳の時に「宇宙の哲理」を悟ったとの認識を述べている。創価学会としても日蓮は十六歳の時に妙法を覚知したとの立場に立ってきた（創価学会教学部編『教学の基礎』二〇〇二年、同『教学入門』二〇一五年）。

日蓮は自身について「寂日房御書」で「日蓮となの（名乗）ること、自解仏乗《じげぶつじょう》とも云いつべし」（一二六九頁）と述べている。「自解仏乗」とは他者からの教えを受けることなく自身の力によって仏の悟りを得るということであるから、日蓮の悟りは自身によって得たものであり、経典や他者に依存するものではない。

その後、日蓮は自身の悟りを検証するため、京都・奈良などへの遊学を重ね、三十二歳の時に南無妙法蓮華経の弘通に踏み出すことになる（立宗宣言）。遊学によって一切経を閲読し、諸宗派の教義を検討した日蓮は、一切経の中で法華経が最勝の経典であることを確認した。また、その過程で妙法を覚知した自身こそが法華経が末法の教主としてその出現を予言した上行菩薩に当たるとの自覚を得たものと思われる。諸仏を成道させた根源の法である南無妙法蓮華経を弘通するという、天台・伝教さえも行わなかった前代未聞の行動に踏み切ることは、自分自身にそれを行う資格があるという確信がなければなしうるものではないからである。

法華経神力品における上行菩薩への付嘱は日蓮が立宗宣言をするための助縁に過ぎず、立宗宣言は法華経神力品に依存するものではない。法華経はあくまでも日蓮の妙法弘通を助ける補助的なものでしかない。この点を池田大作は旧版の創価学会版法華経の序文で「二十八品は、三大秘法の仏法の序分として流通分として用いるのである」と述べている。あくまでも根本は三大秘法の南無妙法蓮華経であり、文上の法華経は人々を南無妙法蓮華経に導くため、また南無妙法蓮華経を弘めるための手段として「用いる」存在に過ぎないということが重要である。

もちろん日蓮は自身を「法華経の行者」と述べている。「法華経の行者」というと、ともすれば法華経が根本で、日蓮は法華経に説かれたことを行じた従属的な存在であると受け止めがちだが（これが身延派など五老僧の流れをくむ宗派の理解である）、しかし、この言葉も法華経を妙法弘通の手段として用いるという意味から理解しなければならない。日蓮は法華経が予言した通りの厳しい法難を身をもって受け、法華経の文を「身読」したが、その身読は自身の教えの正当性を法華経によって証明し、人々が日蓮の教説を受け入れやすくするための実践であった。日蓮が法華経に説かれた通りに多くの法難を受けたことは誰人も認めざるを得ない客観的事実であるから、その事実に接した人々に「日蓮という人はただ者ではない。少なくともその主張には真剣に耳を傾けなければならないものがある」という心が生じてくる。日蓮は法華経の身読を通して人々が南無妙法蓮華経を受け入れる機根を整えたのである。いわば日蓮は南無妙法蓮華経の弘通の手段として法華経を「用いた」といえよう。要するに日蓮は文上の法華経に規定された存在ではない。法華経をも超越した根源仏（南無妙法蓮華経如来、久遠元初自受用身如来）と受け止めることが日蓮仏教の肝要となるのである。

日蓮の位置づけに関する議論を整理すれば、

①万人平等の成仏という仏教の人間主義を継承した上で従来の仏教の限界を超えて新たな仏教を創造したという歴史的な位相、

②釈迦仏から末法の仏法弘通を付嘱された上行菩薩に当たるという経典上の位相、

③曼荼羅本尊の中央に「南無妙法蓮華経　日蓮」と大書し、釈迦・多宝や上行などを左右の脇士とした日蓮自身における内奥本地の位相、

という三つの位相を立て分けて理解する必要がある。

日蓮が釈迦――天台――伝教――日蓮という「三国四師」を仏教正統の系譜としたのは（「顕仏未来記」）①の位相に当たる。もちろん日蓮は釈迦・天台・伝教の思想を継承しただけでなく、それらを踏まえた上で彼らが成しえなかった南無妙法蓮華経の弘通を行い、新たな仏教を創始した。それも歴史的次元に属するものだが、日興門流以外の門流ではそれすらも十分に認識できず、日蓮仏教と天台宗との区別も明確にできない面があった。

日蓮が法華経における地涌の菩薩への付嘱を強調し、自身について「仏の使い」と述べたのは②の位相である。日蓮は自身と門下が地涌の菩薩に当たるとして自身の弘通が法華経に裏づけられた正当なものであることを明らかにした。これは法華経を自身の弘通を助ける手段として用いたものと解せられる。

また日蓮は釈迦を南無妙法蓮華経から生み出された「所生」の存在とし（「本尊問答抄」）、「迹

仏」であるとした（「諸法実相抄」）。また自身を「教主釈尊よりも大事なる行者」とし（「下山御消息」）、「法主聖人」と規定した（「竜泉寺大衆陳状」）。これは③の位相の表明である。

日蓮による自身の位置づけは何よりも曼荼羅本尊の相貌に明らかである。門下の化導のために記された諸御書においては日蓮は自身の本地を明かさず、「教主釈尊の御使い」「地涌の菩薩のさきがけ」等と経典上の位置づけを述べるのを常とした。しかし、これらは当然、門下の機根を配慮した故の一往の表現である（日蓮は釈迦仏像の造立を報告した富木常忍・四条金吾夫妻などに対してもその行為を咎めずに容認したが、それも門下の機根を配慮したための振る舞いであった）。しかし本尊は教義の根本であるから、曼荼羅本尊の図顕に当たっては個々の衆生の機根によることなく日蓮自身が覚知した奥底真実の法門をそこに顕すことになる。

その位相においては「日女御前御返事」に「釈迦・多宝・本化の四菩薩肩を並べ（中略）一人ももれずこの御本尊の中に住し給い、妙法五字の光明にてらされて本有《ほんぬ》の尊形《そんぎょう》となる」（二〇八六頁）とあるように、釈迦・多宝も上行等の本化の四菩薩も南無妙法蓮華経に照らされて本有の尊形となる存在にすぎない。ここでは、日蓮はもはや上行菩薩の使命を自覚した存在などではない。釈迦や上行をも脇士とする根源の仏なのである。先の三つの位相を混同して「末法の本仏」が同時に「釈迦仏の使い」であるなどとすると、日興門流でも身延派でもない奇怪な教義になってしまう。当然のことながら、日蓮仏教を正しく受け止めるためには、やはり日蓮の内奥を継承した僧宝である日興を基準としなければならない。

第四章　宗教論

第一節　宗教批判の意味

日蓮は同時代の仏教諸宗派を厳しく批判し、そのために激しい迫害を受けてきた。およそ日本の仏教者の中で日蓮ほど他宗を厳しく批判した存在はない。日蓮は宗教に勝劣・正邪の相違があることを判別し、劣ったものを捨てて優れた宗教を選択しなければならないとした。このような態度は、全ての宗教は目指す理想、目標は同一で目標に到達するための方法が異なるに過ぎないから、どのような宗教を選択しても差し支えないとする、いわゆる「万教帰一説」を明確に退けるものである。

日蓮のこのような宗教観は、「余経の一偈《いちげ》をも受けざれ」（法華経譬喩品）として法華経以外の経典を信受してはならないとした法華経の「選択主義」を継承したものである。法華経がこのように説く前提には法華経のみが仏の真意を明かした経典であり、他経には仏の真意は示されていないとする法華経制作者の確信がある。

日蓮の他宗批判について、筆者は拙著『新版　日蓮の思想と生涯』（同書三四頁）で次のように述べた。少し長くなるが、重要な問題なので再び掲げることとしたい。

――日蓮が諸宗を謗法として批判したことに対してしばしば「排他的」との批判がなされることがある。しかし、その批判は正当なものとはいえない。日蓮が諸宗を批判したのは、あくまでも真理の探究に真剣であったからである。

譬えて言えば、学問に生きる研究者が自身の学説の正しさを確信し、自説と相違する他の学説を厳しく批判するのと同様である。彼は真理の探究に真剣であるからこそ、自説を強く主張し、誤っていると考える他説を批判するのである。それは研究者として当然の行為であり、それを「排他的」などと非難する方が不適切である。他説への批判が許されないということになれば、学問の進歩はない。学説など各人の好みに随って選択すればよく、どれであろうと何でもよいなどという態度をとることは、学問を冒瀆する態度といわなければならない（もちろん「学問の自由」が尊重されるべきことは当然の前提である）。それと同様に、宗教の選択など問題とすべきでなく、宗教は何でもよいとする態度は宗教全体の蔑視となろう（「信教の自由」とは別の問題である）。宗教は何でもよいという態度は「宗教は必ずしも必要ではない」という現世主義にもつながっていく。他説への批判は他者の人格を攻撃することではなく、学問を前進させる原動力である。それと同様に他宗教の不十分さを批判することは他者の人格の批判ではなく、宗教の公平な競争を促すものといえよう。

この点に関連して、キリスト教神学の分野から近年、どのような宗教も真理を表しているとする「宗教多元主義」の主張が出されている。しかし、「宗教多元主義」は、結局、「宗教は何でもよい」というもので、自身の宗教の優越性を信ずるという宗教の本質を見失った議論である。宗教多元主義の議論は、「信教の自由」「宗教の平和的共存」「政教分離」という社会的次元の問題と「各宗教の教義は真理を含んでいるかどうか」という宗教的次元の問題を混同している面がある。宗教の平和的共存のためには、現実的には「信教の自由」を確保・強調すれば十分であり、「どの宗教も真理である」などという必要はない。

宗教も、他の団体や企業などと同様に、あくまでも「自由競争」によって、その運命が決定されるものである。宗教においては、あらゆる意味の強制も決して行われてはならない。どの宗教が現代人に対して説得力ある思想と運動を提示できるか、この競争によって各宗教の消長が決まる。宗教者が自身の宗教の優越性を主張することは（他宗教の不十分さを批判することも含めて）、「信教の自由」「表現の自由」の一部として、当然、尊重されなければならない。その主張と運動が説得力をもたなければ、価値のないものと見なされ、その宗教が衰退していくだけのことである。

日蓮は、自身の宗教が最も勝れたものであるとの確信を訴えたが、他者からの批判を一切拒絶するという閉鎖的・独善的態度をとってはいない。このことは後の佐渡流罪中に書かれた「開目抄」に、「智者に我が義やぶられずば用いじとなり」と述べられていることにうかがうことができる。

つまり、自分以上の智者が現れて自分の教義が打ち破られる事態にならない限りは、どのような誘惑や迫害にも屈することはないというのである。この言葉は、万一自分の宗教よりも勝れた宗教が現れた場合にはその教えに従うという開かれた姿勢を日蓮がとっていることを示している。日蓮は、自身を絶対無謬《むびゅう》の存在として一切の批判を拒絶する在り方を採用しなかった。日蓮の宗教は絶対的権威によって人間を束縛する宗教ではない。理性と事実を尊重し、それを裏づけとする宗教である。

各人が自己の宗教を信奉する心情は、当然、最大に尊重されなければならない。他宗教に対する批判がなされる場合にもその点に配慮し、けっして悪意の攻撃になってはならない。まして、宗教の相違が紛争や対立の要因となる事態はあるべきことではない。無用な対立を回避するという意味で、それぞれの宗教が自己の主体性を保持しつつ宗教間の対話がなされることは、日蓮仏教の立場からも推奨されるべきこととなろう――。

もちろん世界の各宗教がそれぞれの歴史と伝統において豊かな文化を生み出す土壌になってきたことは言うまでもない。しかし、それぞれの宗教が果たしてきた業績を尊重することは当然だが、文化的・社会的次元での評価と、どのような宗教を選択すべきかという問題はおのずと別である。

およそどのような信仰でも、自身が奉ずる宗教がもっとも優れたものであるとの確信がなければ成立しない。どの宗教でもよいとか、自分の宗教よりも他の宗教の方が優れているとしたのでは自分の信仰を続ける根拠が失われてしまう。自己の宗教が最勝であると確信することは、即ち他の宗教は不十分であると判断することであるから、他宗教に対する思想的批判がなされることは当然である。歴史的にも釈尊は当時支配的だったバラモン教や六師外道の教義を厳しく批判し、イエスも既存のユダヤ教の在り方を激しく非難した。ルターやカルヴァンはカトリックを批判することによって宗教改革の扉を開いた。したがって仮にも日蓮仏教を奉ずるならば、なぜ日蓮仏教を選択するのか、日蓮仏教の卓越性を主張する根拠を論理的に提示しなければならない。

それ故に日蓮仏教の弘通のために他宗教の批判を行っていくことは不可欠の作業である。逆に言えば、他宗教への批判を回避する在り方は自らの宗教的確信の希薄化を招くことになる。もちろん他に対する批判は、自己をも批判の対象にするということが含まれる。宗教においても謙虚に自己を反省し、自己批判の視点を持つことは不可欠の在り方である。個人においても団体においても、自己を無謬の存在として他からの批判は許さないという傲慢な独善的・閉鎖的態度は日蓮仏教においても厳しく戒めなければならない。「智者に我が義やぶられずば用いじとなり」(「開目抄」一一四頁)という日蓮の言葉は、他からの批判にも十分に耳を傾け、聴くべきものは聴こうとする開かれた態度を示している。

学問や宗教に限らず、政治・経済を含めた人間のあらゆる営みにおいて、自由な批判がなければ前進・改善をすることはできない。宗教についても「何でもよい」とするのではなく、批判と検証を通して選択がなされることが重要である。エーリッヒ・フロムが「人間はさまざまの宗教や哲学の形態の中から、より良いものかより悪しきものか、より高いものかより低いものか、満足すべきものか有害なものか、を選択する」(『精神分析と宗教』三九頁)と述べているのは宗教批判の必要性を示したものである。

今日において、キリスト教におけるエキュメニカル運動(教会一致促進運動)が象徴するように、宗教が紛争の要因となる事態を避ける意味から、宗教間の協調がしばしば主張される。いうまでもなく「信教の自由」は基本的人権の中核であり、宗教の平和的共存は現代における当然の前提である。もちろん教団の運動論として他宗教との協調を求められる局面もありえよう。しかし一般論として、教団運営の運動論と教義の独自性を維持していくことは自ずと別次元の問題であり、運動論の都合に合わせて教義を安易に改変することは運動論と教義を混同する誤りを犯す恐れがある。

宗教の相違を紛争の要因としないためにも宗教間の対話は意義を持つ。宗教間対話は他の宗教をより深く理解し、他から学ぶことによって自身の宗教をより豊かなものにしていく契機となるからである。宗教間対話の作業は、自身の宗教の最勝性を確信することは当然としても、他から学ぶ必要など一切ないとする、とかく宗教教団が陥りがちな独善性・閉鎖性を緩和するのに有益であるだろう。

しかし、対話と協調の必要性は何も宗教者間に限られることではない。宗教者であると否とに関わらず、誰人に対しても人類に共通する課題について対話し協調していくことは当然であり、宗教教団という枠組みにこだわる必要もない。たとえば深刻な飢饉や疫病、また戦争の危機や環境問題などに対してはあらゆる団体や個人が協調してそれぞれができる限りの対応をしていくことが必要であり、そこに特定の宗教教団に属しているかどうかということは問題にならない。宗教は重要ではあるが、人間生活においてはあくまでも一つの要素に過ぎず、特定の宗教教団に属しているか否かに格別の意味はない。世俗化の進行とともに特定の宗教を持たない人がますます増加している今日、世界全体において宗教に限らず文化や価値観の相違を超越して人間存在としての共通性を見いだしていく態度が必要であり、ことさらに宗教教団に限定して対話・協調を唱えることに大きな意味はない（人類的問題については誰人とも協調・協力していかなければならない）。

日蓮は、自身の宗教の卓越性を確信していたが、他の宗教を全面的に否定し排除したのではない。日蓮は、仏教を知らなくても民衆の幸福に尽くす善政を行った人物は仏教の智慧を実質的に知っていた存在であるとして次のように述べている。

「殷《いん》の代の濁って民のわづらいしを、太公望《たいこうぼう》出世して殷《いん》の紂《ちゅう》が頸《くび》を切って民のなげきをやめ、二世王《にせいおう》が民の口ににがかりし、張良《ちょうりょう》出でて代をおさめ、民の口をあまくせし。これらは仏法已前《いぜん》なれども、教主釈尊の御使いとして民をたすけしなり。外経の人々はしらざりしかども、彼らの人々の智慧は内心には仏法の智慧をさしはさみたりしなり」（「減劫御書」一九六八頁）

また日蓮は「堯《ぎょう》・舜《しゅん》等の聖人《せいじん》のごときは万民において偏頗《へんぱ》無し。人界の仏界の一分なり」（「観心本尊抄」一二九頁）として、仏教以前の存在であっても万民に対して公平な善政を行った堯・舜などの聖人を人界に仏界が具わっていることを示す例証としている。

日蓮は、たとえ仏教を知らなくても仏教の精神に合致した人物は実質的に仏教を実践したことになるとの立場をとる。このような包摂的な態度は、教義的には法華経の「絶待妙《ぜったいみょう》」の法理に基づくものである。絶待妙とは天台大師が法華経の思想を論理化する中で示したもので、要するに一切の思想を妙法の一部をなすものとして位置づけ、活用していく在り方を指す。絶待妙の法理に立てば、妙法と他の思想は包摂するものとされるものという優劣の区別はあるが、一切の存在を切り捨てることなく何らかの役割を担うものとして生かしていくことになる（妙法に敵対した存在ですらも妙法の証明をなしたものとしての存在意義があり、最終的には救済されることになる）。敵対者をも最終的には救済するという法華経の思想は、神に背く存在を徹底的に排斥して救済することなく永遠の滅びへと突き放す一神教の神観念とは対極的なものである。

第二節　宗教批判の基準

1　三証

日蓮の宗教批判は極めて論理的・客観的な基準によってなされた。その在り方を示すのが「文証」「理証」「現証」という三証の法理である。日蓮は「三三蔵祈雨事《さんさんぞうきうのこと》」で「日蓮、仏法をこころみるに、道理と証文とにはすぎず。また道理・証文よりも現証にはすぎず」（一九四一頁）と述べている。この「証」とは客観的な証拠（エビデンス）、裏づけの意味である。

まず「文証」とは文献的な証拠、根拠をいう。日蓮は「経文に明らかならんを用いよ。文証無からんをば捨てよとなり」（「聖愚問答抄」五五五頁）と天台の釈の意を述べ、仏教であるならば経典の根拠のない教義を用いてはならないとした。文献の根拠のない教義は、所詮、恣意的な主張に過ぎないからである。

日蓮の諸宗破折では文証による糾明が重視される。日蓮が法華経を最勝とするのも、法華経自体に一切経の中で法華経が最勝の経典であると宣言する文が多数あることが根拠となっている。それらの文には「我が説く所の経典は無量千万億にして、已《すで》に説き、今説き、当《まさ》に説くべし。しかもその中に於いて、この法華経は最もこれ難信難解なり」（法華経三六二頁）、「この法華経は、これ諸の如来の第一の説、諸説の中に於いて最もこれ深《じん》なり」（同四四三頁）等がある。

それに対して法華経以外の経典に「諸経の王」等の文があっても、日蓮が「法華取要抄」で指摘しているように、それらは限られた範囲の経典に対する優越性を示す文に過ぎず、法華経を含めた一切経における優越性を示すものではない。日蓮は諸宗が拠り所としている経典を詳細に検討し、経典の文言を法華最勝の教義の根拠とした。

また、日蓮は「仏説に依憑《えひょう》して、口伝を信ずることなかれ」（「聖愚問答抄」五五五頁）との伝教大師の言葉を繰り返し引用し、経典に基づかない口伝、相伝を用いてはならないとする。日蓮は文献至上主義に立たず、一面では口伝を用いる場合もあるが、あくまでも基準とすべきは経典であり、経文と矛盾する口伝を退ける立場に立つ。

次の「理証」とは理論上の証拠のことで、その宗教の教義や主張が普遍的な道理に適っているかどうかということである。端的に言えば、合理性の視点から教義を検証することである。日蓮は「仏法と申すは道理なり」（「四条金吾殿御返事」一五九〇頁）として、仏教はどこまでも道理に適ったものでなければならないとした。この場合の「道理」とは「正しい論理」（『日本国語大辞典』）の意と解せられよう。この言葉には、存在の客観的法則の意味と、行うべき当為の意味の両面が含まれている。道理を重んずる日蓮の立場に立てば、教義が道理に反していたならばその宗教を選択することは誤りとなる。

日蓮は宗教選択の基準として奇跡や超能力の類いを一切認めなかった。「唱法華題目抄《しょうほっけだいもくしょう》」で日蓮は「法門をもて邪正《じゃしょう》をただすべし。利根《りこん》と通力《つうりき》とにはよるべからず」（一二三頁）と断じ、あくまでも教義の理論の正邪によって宗教を判定すべきであり、奇跡などを基準にしてはならないとした。いわゆる「夢のお告げ」や「神がかり」も日蓮は厳しく退けた。道理を重視する日蓮の立場からすれば、あらゆる奇跡、迷信、超能力、タブー、夢判断、占いなどは当然排除される。

日蓮が法華経を最勝の経典と位置づける理由も、法華経に説かれた思想（法門）が理性に照らして、他の経典の思想に比べて優れていると見なせるからである。「法華取要抄」では「今、法華経と諸経とを相対するに、一代に超過すること二十種これ有り。その中、最要二つ有り。いわゆる三・五の二法なり」（一五〇頁）と述べ、諸経に優越する法華経の法門が二十あるとし、その中でも化城喩品《けじょうゆほん》に説かれる三千塵点劫と寿量品《じゅりょうほん》に説かれる五百塵点劫の法門は特に諸経から卓絶したものであるとしている。諸経に優越する法華経の二十の法門とは妙楽大師がまとめた迹門・本門の二十妙を指すと解されるが、その中でも日蓮は三千塵点劫と五百塵点劫を重視した。思想の論理的説得力を宗教判断の基準とする日蓮の態度は極めて主知的であり、日蓮仏教は理性と相反しない。その信仰は合理的信仰である。その信仰観は合理性・論理性を重んずる現代人の意識にも合致している。

「現証」とは、現実の上に現れる証拠のことである。その宗教を実践した結果が、生活や社会にどのように現れるかということである。日蓮は「一切は現証にはしかず」（「教行証御書」一六七二頁）、「日蓮、仏法をこころみるに、道理と証文とにはすぎず。また道理・証文よりも現証にはすぎず」（「三三蔵祈雨事」一九四一頁）として、三証の中でも現証を最も重視した。

いかに文献上の根拠があり、理論的に優れた教義を持っていても、実践した結果が何も現れず、かえって有害な状況を招くのであっては、そのような宗教を選ぶことはできない。宗教は単なる観念論であってはならず、生活や社会の上に価値をもたらさず有害に働くような宗教を用いてはならないとするのが日蓮の立場である。現実を無視した宗教は一種の狂信であり、それに囚われた場合には人生の破綻を招きかねないからである。

たとえば日蓮は、臨終時の悪相や、祈雨ないしは敵調伏の祈禱の失敗などの事実を挙げて、浄土教や真言密教を批判している。一方で日蓮は、正法を行じた場合には国土にも個人の生活にも幸福と安穏が実現することを「汝、早く信仰の寸心を改めて速やかに実乗の一善に帰せよ。しかれば則ち三界は皆仏国なり。仏国それ衰《すい》えんや。十方はことごとく宝土《ほうど》なり。宝土何ぞ壊《やぶ》れんや。国に衰微《び》無く、土《ど》に破壊《はえ》無くんば、身はこれ安全、心はこれ禅定ならん」（「立正安国論」四五頁）等の文をもって繰り返し説いている。

宗教は人間にとって行動規範の基盤である故に、宗教は個人の生き方にも、また社会の在り方にも重大な影響を及ぼす。日蓮は、人生や社会に現れた結果をもって宗教を選択すべきであるとした。したがって当然のことながら、犯罪や暴力等の反社会的行為を行う宗教は選択の対象にならない。

宗教に限らず日蓮は客観的事実を重視した。それは、人間が住する現実世界（娑婆世界）こそが真実の仏国土であるとした法華経の現実重視の姿勢を継承したものである。人間には自分が好まない現実を受け入れようとしないこともしばしば見られるが、現実を否定する態度は結局、現実から厳しい報復を受けることにならざるをえない。

このように日蓮は、文献・理論・結果としての事実という三つの視点から客観的に宗教を検証すべきことを説いた。米国の哲学者ウイリアム・ジェイムズは、自然科学や工業技術上の意見が論理と実験によって吟味されるのと同様に「宗教的意見の場合も、そうなくてはならないはずである」（『宗教的経験の諸相』上巻三五頁）と述べているが、日蓮の宗教に対する態度はジェイムズのそれと通ずるものがある。「三証」の主張に見られるように日蓮は宗教の選択について客観的な証拠を不可欠のものとした。証拠のない主張はいわば妄説であり、妄説に基づく宗教は狂信的なカルトに陥る恐れが大きいからである。

宗教の選択は、実際の問題として各人の人生にとって重大な問題である。宗教の中には、日本のオウム真理教のように多くの犯罪を行い、信者の人生を破壊した宗教も少なくない。反社会的行為に走った狂信的な宗教としては、オウム真理教以外にも信者の集団自殺をもたらした人民寺院事件（一九七八年）など、世界的には多くの事例を挙げることができる。宗教の選択を誤ると人生全体の破滅を招くこともありうる。学歴もあり常識的な判断力を備えた人々がどうしてその類いの宗教に搦め取られて悲劇的な事態に至るのか――。これは慎重に考察しなければならない問題だが、一つの答えとしては、それらの人たちが客観的証拠に基づいて宗教を選択する態度を持っていなかったためと言えるのではなかろうか。

オウム真理教に入信して教祖の命ずるままに犯罪に関わった青年の一人がオウム真理教に心を惹《ひ》かれたきっかけは、教祖が空中に浮遊している写真を見たことであるという（もちろん実際に浮遊しているのではなく、座った姿勢のまま跳躍して見せただけだが、オウム真理教はその写真を空中浮遊の超能力の証拠として喧伝した）。人間が道具や機械も使わずに空中浮遊できるとする、道理に反した宣伝を無批判に受け入れてしまったところにこの青年の悲劇の発端があった。

宗教を検証し、選択するための判断基準は、単なる知識ではなく、宗教はいかにあるべきかという価値観から生まれる。日蓮が示した「三証」の視点は日蓮の宗教観に基づく判断基準だが、客観性を重視するその見解は現代においても有効性を持つと思われる。

2　五重の相対

日蓮は「三証」の視点から宗教を検証し、自身の宗教の最勝性を主張したが、その具体的な検証作業はいわゆる「五重の相対」において見ることができる。五重の相対とは、日蓮の主著の一つである「開目抄」を中心に述べられたもので、仏教を含む全ての宗教について順を追って段階的に検証し、根源の法である南無妙法蓮華経を説く日蓮仏教が最高の宗教であることを主張したものである。

具体的には次の五つをいう。

（1）内外相対　仏教と仏教以外の宗教との比較（「開目抄」で取り上げられているのは中国の儒教・老荘思想、インドの古代思想との比較）
（2）大小相対　大乗仏教と小乗仏教（部派仏教）との比較
（3）権実相対　法華経と法華経以外の大乗経典との比較
（4）本迹相対　法華経前半（迹門）と後半（本門）との比較
（5）種脱相対　文上の法華経と法華経が文底に指示した妙法（南無妙法蓮華経）との比較

（1）内外相対

内外相対とは仏教と仏教以外の宗教を比較し、仏教がそれ以外の宗教よりも優れているとするものである。「一生成仏抄」に「もし己心《こしん》の外《ほか》に法ありと思わば、全く妙法にあらず、麤法《そほう》なり」（三二六頁）とあるように、自身の生命の内に幸福・不幸の法則を見いだしていくのが仏教であり、逆に神や霊魂など自己の生命の外にあるものによって幸福・不幸が決定されると考えるのが外道すなわち仏教以外の宗教に他ならない。内道（仏教）と外道という言葉の意味もそこに存する。

日蓮は「開目抄」で「習学すべき物三つあり。いわゆる儒《じゅ》・外《げ》・内《ない》これなり」（五〇頁）として、仏教と儒教等の中国古代思想、およびバラモン教哲学のインド古代思想との比較を行っている。日本・中国・インドは当時の日本人が認識していた全世界であり、日蓮が日本において当時知られていた限りの全宗教を検討していることが分かる

日蓮が比較の視点とするのは三世の生命観と因果である。儒教や老荘思想などに対して日蓮は

「いまだ過去・未来を一分もしらず」（五一頁）と断じ、これらの思想が扱っているのは現世だけで、過去世・未来世については全く考察できていないことを指摘する。生死の問題について中国古代思想が何の明確な答えを持っていないとして、仏教に対して遥かに劣るとする。

次に日蓮は、原始仏教以後、紀元前後に成立したバラモン教哲学（六派哲学＝ミーマーンサー学派、ヴェーダーンタ学派、数論派《すろんは》〈サーンキヤ学派〉、勝論派《かつろんは》〈ヴァイシェーシカ学派〉、正理派〈ニヤーヤ学派〉の六つを指す）の説を取り上げ、その思想が三世の生命観を説いているものの、因果の把握が不十分であると批判し、次のように述べている。

「その見の深きこと、巧みなるさま、儒家《じゅか》にはに（似）るべくもなし。あるいは過去二生・三生乃至《ないし》七生、八万劫を照見し、また兼ねて未来八万劫をしる。その説くところの法門の極理は、あるいは『因の中に果有り』、あるいは『因の中に果無し』、あるいは『因の中に、また果有りまた果無し』等云々。これ外道の極理なり」（五二頁）

ここで示されている外道（六派哲学）の教説については『摩訶止観』巻十に基づいている。

「因の中に果有り」とは、原因の中に結果が内在するとする説で、鶏卵の中に将来、生ずる鶏が存在しているように、因があれば自然に特定の果となるという説（迦毘羅《かびら》外道が開祖とされる数論派〈サーンキヤ学派〉やヨーガ学派の説）をいう。これは、因の状態が変化すれば特定の果になるとする考え方で、一種の運命決定論である。

「因の中に果無し」とは、材木という因があるからといって机や箱になる果が生ずるとは限らないように、多くの原因が重なって一つの結果が生ずるとし、原因と結果は別個なものであるとする説（漚楼僧伽《うるそうぎゃ》外道が開祖とされる勝論派《かつろんは》〈ヴァイシェーシカ学派〉や正理派の説）で、一種の偶然論である。

「因の中に、また果有りまた果無し」とは因の中に果がある場合もない場合もあるとする説（勒婆《ろくしゃ》婆《ば》外道〈別名リシャバ。ジャイナ教では開祖マハーヴィーラ以前に現れた最初の救済者とされる〉の説）である。

それらの説はいずれも因果を固定的・実体的に捉え、単数または複数の因から直接的に果が生ずるという思考に傾いている。それに対して仏教は、因から直接的に果がもたらされるものではなく、因と外在的間接因である「縁」が合わさることによって果が生ずるとして、決定論的な思考を乗り越えている。仏教は因果の理法を客観的に受け止めながら、主体的に因果を形成していく道を説いた。日蓮がインドの外道（六派哲学）について「因果を弁《わきま》えざること嬰児《えいじ》のごとし」（「開目抄」五三頁）と破折しているのは、外道の因果論が仏教のそれに比べて単純・稚拙だからである。

そこで、次に仏教以外の主な宗教について述べることとする。

①儒教

日蓮が「開目抄」で仏教と対比するものとして、まず取り上げたのは中国古代思想を代表する儒教だった。

儒教は、中国の周王朝の後半期、魯《ろ》国（現在の中国山東省南部）に生まれた孔子《こうし》（前五五二〜前四七九）を始祖とする宗教である。『史記』によれば孔子は貧しい軍人の次男だったとされるが、確証はなく、呪い師や占い師など、さらに下層の出身だった可能性もある（浅野裕一『儒教——怨念と復讐の宗教』一五頁)。孔子は独学で国家や民間儀礼の学問（礼学）を修め、長じてから礼学の専門家として弟子を集めて学団を組織したが、短期間、魯国の閣僚になったものの、結局、孔子を登用する国はなく、無位無官の浪人で終わった。

孔子が儀礼の専門家と称して門下を教育したので儒教は礼を中心とした道徳思想として受け止められるが、儒教はそれにとどまらずに宗教としての側面を持っている。

もともと「儒」の文字を形成する「需」は「雨乞いする下級の巫祝《ふしゅく》、而《じ》はまげを結ばない髡頭《こんとう》の巫祝の形」（白川静『字通』）を意味している。巫祝とは神がかりするシャーマンのことである。儒教は霊魂信仰を前提にして、死者の魂を招魂儀礼によって形代《かたしろ》に憑《よ》りつかせ、現世に再生させるとする。形代とは死者の姓名を記した木の板（神主《しんしゅ》・木主《ぼくしゅ》という。これが仏教に取り入れられて位牌《いはい》となった）である。

儒者とは、元来、このような死者の霊魂を現世に再生させるとする儀礼を行うシャーマンであり（加地伸行『儒教とは何か』一九頁)、儒教のルーツは葬祭の儀礼を取り仕切る葬送業者だったと見られている（黄文雄『儒教の本質と呪縛』九二頁)。さらに儒教は招魂再生儀礼を中国古来の祖先崇拝と結びつけた。死者は子孫が行う祭祀によって現世に再生できると説き、自ら祖先の祭祀を行い、子孫をつくることを「孝」としたのである。

この儒教の教義は霊魂思想を前提にしているために仏教の立場からは既に受け入れられないが、その上で問題点を挙げるならば、子孫のない死者は再生されないのか、霊魂が憑りついたとする木の札が廃棄されたらどうなるのか、木の札に再生した魂はその後どうなるのか等の点について何の合理的な説明もない。儒教の説く「再生」は魂が木の札に憑りつくことで、生きた肉体を伴うものでないから、観念的とならざるをえない（加地・前掲書一八二頁）。

要するに儒教は、多くの民族に認められる招魂再生儀礼と中国固有の先祖崇拝を結合させただけのもので、明確な死生観を持っていない。孔子自身が「いまだ生を知らず。いずくんぞ死を知らんや」（『論語』先進篇）と述べている通り、儒教が考察の対象としたのは現世だけであり、死の問題に何の答えも示すことができない。日蓮が儒教に対して「開目抄」で「過去・未来をしらざれば、父母・主君・師匠の後世《ごせ》をもたすけず、不知恩の者なり。まことの賢聖にあらず」（五一頁）と破折しているのは儒教の限界を指摘したものである。

また孔子は上帝《じょうてい》（上天）に対する信仰を基本とした。古代中国において上帝は宇宙の最高神とされ、人間の行為を監視し、その善悪に応じて福禍をもたらす人格神と考えられてきた。太一神・天皇大帝・元始天尊といっても同一である。孔子は「子曰《いわ》く、天は徳を予に生ぜり」（『論語』述而篇）として、自分が上帝から特殊な礼学的知識と魯《ろ》国に新王朝を創立する使命を授けられたと信じた（浅野裕一・前掲書五〇頁）。自らを特別なカリスマ的存在と信じた孔子の教祖的信仰は、もとより何の裏づけもない誇大妄想に過ぎないが、その妄想的信仰が宗教としての儒教の出発点であった。

仏教から見るならば、宇宙の最高神として上帝を信仰すること自体が誤りだが、その上で上帝から自分が特別な使命を受けたとの妄想を主張することはさらに甚だしい問題外の謬説である。実際に孔子の教説は彼の存命中の中国社会では怪しげなものと扱われて全く信用されず、どの国の君主からも用いられることがなかった。

さらに儒教が説いた仁《じん》（慈しみ、思いやりを持つこと）・義（利害を捨てて公共のために尽くすこと）・礼（社会規範を守ること）・智（善悪を区別する心を持つこと）・信（欺かないこと、誠実であること）などの道徳にしても、それらは全て「あるべき」理想を挙げたものであり、それらを体得しようと努力しても実際には実現できるものではない。これらの道徳をいかに説いたとしても、実際には現実から乖離《かいり》した「建前」「綺麗《きれい》ごと」に過ぎず、結局、世間を欺く偽善者をつくるだけに終わる。儒家の説く道徳について荘子が世間的名声を得るためのものと評したのも、その偽善性を指摘したものといえる。倫理が力を持つためにはその裏づけとなる死生観を含めた宗教がなければならない。ところが儒教の場合、その宗教性が霊魂信仰と祖先崇拝を結合させただけという浅薄なものにとどまっているため、道徳の教説も綺麗ごとを並べただけの観念論を出るものではなかった。

孔子の死後、儒教教団は孔子の聖人化《せいじん》に力を注ぎ、聖人である孔子こそ王朝を開く資格を有する王者であったと主張する一方（『中庸』）、孟子《もうし》（前三七二～前二八九）に見られるように、本来は天子が作成すべき歴史書『春秋《しゅんじゅう》』を孔子自身が著述したという虚構を構えて『春秋』を儒教の経典としていった。その上で『春秋』の解釈を通して独自の「儒教神学」を構築することを目指した（春秋学）。また、孝の徳目について孔子が語ったとされる『孝経』も、成立は戦国時代で、孔子が作成したものではなく、偽書とされている。

こうして儒者たちは偽書を作成しながら孔子の聖人化・神秘化を図る一方、国家儀礼の知識が国家統治に有用・不可欠であると主張して国家中枢へ接近を図り、秦《しん》の始皇帝による弾圧を潜りぬけて漢の皇帝権力に用いられることに成功する。

儒教が中国の国家的教学になったのは前漢の武帝《ぶてい》（在位前一四一～前八七）の時代だったが、それ以降、儒教は各時代の王朝を通して権力と癒着することで自己の繁栄を図り、支配を正当化する思想的道具の役割を果たし続けた。しかし、その影響力は権力側に立っている官僚の世界に限られ（権力の保護がなければ存続もできなかった）、民衆次元では仏教や道教の力には遠く及ばなかった。

また、儒教は三皇五帝などの神話時代や周王らの古代を理想と考え、古い時代ほど尊いとする尚《しょう》古《こ》主義的態度をとるため、社会の変化に適応しようとする姿勢を持たず、現代社会とかけ離れた時代錯誤の遺物と化している。儒教の宗教・思想それ自体が浅薄かつ観念的なので、世界に伝播する普遍性がなく、他の宗教と対抗できる競争力を持たなかった。その結果、儒教が影響力を持ったのは中国の他、朝鮮・ベトナム・日本という東アジアの一部にとどまった（ベトナムや日本における儒教の影響も支配階層を中心にしたもので限定的だった。日本において儒教は宗教として受け入れられず、政治思想として用いられた）。

ただし日蓮は「開目抄」で、妙楽大師の「礼学前《れいがくさ》きに馳《は》せて真道後《のち》に啓《ひら》く」（『止観輔行伝弘決』大正蔵四六巻三四三頁）の文を引いて（「真道」とは仏教を指す）儒教を「仏法の初門」と位置づけ、儒教が中国における仏教受容を助ける上で一定の役割を果たしたとしている（「開目抄」五一頁）。

②老荘思想と道教

儒教と並ぶ中国の伝統宗教に道教がある。道教は春秋戦国時代の思想家とされる老子・荘子（荘周）の思想（道家）とともに、不老不死である仙人の存在を信ずる神仙説、長生のための呼吸法や歩行法・瞑想法・錬金術などの方術《ほうじゅつ》（神仙の術）、鬼神信仰、陰陽五行説による易《えき》、符《ふだ》を用いた呪術、卜占《ぼくせん》、巫祝《ふしゅく》（シャーマン）への信仰などを取り入れた宗教である。

老子と荘子の思想は道教の基礎をなしているが、その人物像は不明なところが多い。とくに老子については架空の人物とする説も含めて多数の説があり、人物としての老子の具体像は不明である。ただし書物としての『老子』は近年の考古学的発見の成果も踏まえて「春秋から戦国初頭にかけて楚《そ》の北辺で成立した」（浅野裕一『古代中国の文明観』一四五頁）と考えられている。

儒教が「上帝」を最高神としたのに対し、老子は「道《どう》」を上帝にも先立って存在した万物の根源であり、万物の創造主・主宰者とする（『老子』第四章）。ただし、上帝が人間を模した人格神であるのに対し、「道」はその中に物（実体）があるとされるので（同第二一章）、一種の実体を有する物神である。さらに「道」は女性と暗黒のイメージをもって語られる（同第一章・第五二章）。また、上帝が是非・善悪の基準をもって人間を裁断する神であるのに対して「道」は是非・善悪を区別せず、全ての存在を許容すると説く（同第二章）。「道」は恒常不変であり（同第一章）、天地を含めた万物を生成する根源であり（同第二五章）、言語を超えた存在（無名）であるとされる（同第二五章）。

「道」は実体のある物神なので、諸法無我の立場に立つ仏教からは当然認められない。「道」は人間社会の推移には積極的に関与せず、成るがままに全ての推移を放置するとされるので、万物を創造しただけでその後には関わらないとする西欧の理神論の神に類似したものとなる。人間社会に一切関与しないのであれば、理神論の神と同様、人間にとってそのような神は不要であり、存在する意味のないものとなる。要するに暗黒の地母神《じぼしん》である「道」は、万物を生み出す根源的実体があるはずであるという、世界各地に見られる素朴な宇宙生成神話の一つに過ぎない。

荘子の伝記も確実ではないが、の恵王《けいおう》に仕えた詭弁《きべん》学派の論理学者である恵施《けいし》（前三七〇頃〜前三一〇頃）と交流があったことは確かな事実と見られ、そこから儒家の孟子《もうし》と同時代の紀元前四世紀後半に生きた人物と考えられている。

老子の「道」は是非・善悪の区別を越えた存在とされていたが、荘子は是非・善悪・正邪などの人間の価値判断は相対的な分別知であるとして否定し、根源の「道」から見れば万物は全て斉同《せいどう》であるという「万物斉同説」を主張した（善悪や正邪の区別などはないとするので一種の道徳否定論である）。また荘子は社会に背を向けて自己に与えられた運命に随従することを説いた。「無為自然《むいしぜん》」を標榜したその思想は、結局、現実を全てそのまま受け入れ、道徳や人情など一切の人為や努力を否定する生き方につながる。その人生態度は「何がどうなってもそれが運命だ」「成り行きに任せればよい」という極めて消極的で自己中心的なものとなり、他者のために尽くそうとする利他の精神は皆無となる。その態度は、『荘子』盗跖《とうせき》篇が示すように、その時々の感情や欲望のままに（自然のままに）生きればよいというエゴイスティックな本能主義に行きつく。

荘子において運命は偶然に過ぎず、仏教の業論のようにその運命をもたらした原因を考えることがない。その意味では因果を否定する立場である。荘子は、宇宙の悠久に比べれば人類が生存する時間など一瞬に過ぎず、そのわずかな時間に何がどうなろうと何の意味も持たないとするが（『荘子』秋水篇）、それは一種のニヒリズムの思想と評せられる。

荘子は生と死を昼夜や四季と同様の循環であるとし、ひたすら運命のままに生き、どのような生死も安んじて受け入れるべきであると説く（『荘子』養生主篇）。しかし、死および死後の状態について何らの説明も行わず、どのような生にも死にも満足せよというだけなので宗教性もない。日蓮が指摘したように、老子・荘子の思想は生死の問題について何の答えも示すことがない（生死について考える必要もないとして、万事なるがままにまかせればよいとする）。

荘子は一切の差別と限定を超えた無（大同）の境地を説くが、人間の世界はどこまでも限定と差別・対立の世界であり、実際には限定を超えた境地など現実の人間世界には存在しない。荘子は世事を捨てることを勧めるが、現実の人間は世事を離れて生きていくことはできない。結局、荘子の説くところは現実を無視した観念論にとどまっている。

荘子は自己の説についても自ら「でたらめ」といい、「いい加減に聞き流しておればよい」という（『荘子』斉物論篇）。荘子にとって自分の言葉も含めていかなる言葉も「でたらめ」であり、真剣に受け止めるべきものではない。荘子の立場に立てば客観性や理性の普遍性が否定されるので、議論による説得が成り立たない（正邪の区別もない。何がどうなってもよい）。人間の言説を押しなべて蔑視していく態度は臨済禅と同一である。

日蓮は、儒教や老荘に代表される中国古代思想を総括して「開目抄」で次のように述べている。

「尹寿《いんじゅ》は尭王《ぎょうおう》の師、務成《むせい》は舜王《しゅんのう》の師、大公望《たいこうぼう》は文王の師、老子は孔子の師なり。これらを四聖《しせい》とごう（号）す。天尊、頭《こうべ》をかたぶけ、万民、掌《たなごころ》をあわす。これらの聖人《せいじん》に三墳《さんぷん》・五典・三史等の三千余巻の書あり。その所詮は三玄をいでず。三玄とは一には有《う》の玄、周公《しゅうこう》等これを立つ。二には無の玄、老子等。三には亦有亦無《やくうやくむ》等、荘子が玄これなり。玄とは黒なり、父母未生《みしょう》已前をたずぬれば、あるいは元気よりして生じ、あるいは貴賤・苦楽・是非・得失等は皆自然なり等云々」（五〇頁）

「一には有の玄、周公等これを立つ」とは儒家の立場を述べたもので、儒教が宇宙生成論を持たず、宇宙の存在を当初からの前提としていることを指したものと解せられる。「二には無の玄、老子等」とは、老子が虚無の状態から宇宙の主宰者である物神「道」によって万物が成立したとの宇宙生成論を説く故であろう。「三には亦有亦無等、荘子が玄これなり」とは、荘子が有無の区別を否定する万物斉同説に立ちながら、現実面では有の場合も無の場合もあることを認めていることを指していると考えられる。

　老子・荘子の思想に神仙説や陰陽五行説などが結びついて形成された道教は、大乗仏教の影響を受けて大量の道教経典を作成した。太平道《たいへいどう》や五斗米道《ごとべいどう》など初期の教団が成立したのは後漢時代だが、教団と儀礼および教義が整えられたのは隋《ずい》から五代に至る時期と考えられている。

　道教は現世だけにこだわって三世を説かず、永遠に現世に存続していく不老不死の仙人となることを理想とした。また常住不滅の最高神とされる元始天尊（上帝）の他、航海の守り神である媽祖《まそ》、福禄寿《ふくろくじゅ》（七福神の一つ）、三国志時代の英雄関羽《かんう》（関帝）など、種々雑多な神々を崇拝の対象とする。さらに道教は、死者の霊魂や人に害悪を及ぼす妖怪の類いを鬼神として信仰し、神々の世界と鬼の世界に挟まれて人間世界があると考えた（神塚淑子「有神と無神」『岩波講座東洋思想第13巻　中国宗教思想1』一七四頁）。

　最高神とする元始天尊やその他の神、また各種の鬼神の存在自体、一切の超越的実体を認めない仏教の立場からは全て無意味な妄想であり、否定される。また道教は、人が肉体をもったまま不死の仙人となることを理想とするが、永遠に現世に在り続ける仙人などありうるはずもなく、神仙説は理論的にも実証的にも成り立つものではない。

　要するに道教は中国古代から存在してきた各種の土着信仰を寄せ集めた宗教であり、普遍的な理論を持たない迷信の集積に過ぎない。道教の教説は道理にも実証にも合わないので、それに盲従した場合、深刻な弊害を生ずることも希ではない。たとえば、服すれば不老不死となるとされた金丹《きんたん》（道教で調製された薬）を服用した結果、武宗《ぶそう》・宣宗《せんそう》など唐朝末期の何人もの皇帝が中毒死したのはその一例である（横手裕『中国道教の展開』四九頁）。道教は中国の土着宗教であるため、世界的な普遍性を持たず、影響を与えたのはベトナム・朝鮮・日本など、周辺の地域に限定された。

③神道

日本に限って行われている民族宗教である神道の源流には、大地や海・山、太陽や月、気象、動植物、人間などの自然物を崇拝する自然崇拝、また、それらのものに霊魂が宿っているとするアニミズムがあったと見られる。たとえば奈良県桜井市にある大神《おおみわ》神社が三輪山《みわやま》そのものを神体とし、福岡県宗像《むなかた》市《し》の宗像大社が沖ノ島を神体としていることなどは太古の信仰形態を示すものである。

いわゆる「復古神道」を代表する本居宣長《もとおりのりなが》（一七三〇〜一八〇一）が『古事記伝』で日本のカミ（神）を定義して、「全てカミ（神）とは、古《いにしえ》の文書に説かれる天地の諸の神たちをはじめ、それを祭っている社《やしろ》におられる御霊《ごりょう》をいい、また人はいうまでもなく鳥獣木草の類いや海山など、そのほか何でも世の常ではない抜きんでた力を持ち、畏怖すべき物をカミ（神）というのである」（現代語訳）と述べている文は神道の神観念を説明したものとしてしばしば引用される。要するに神道においては、是非・善悪を問わず、人間に畏怖の念を抱かせるものは何でも神になりうる。神を正しく祭れば安寧《あんねい》が保たれるが、祭りを怠って神の怒りを招けば疫病や災害などの「祟《たた》り」が生ずると信じられた（伊藤聡『神道とは何か』一二一頁）。

もっともその神祇信仰は当初は常設の神殿を持つ神社でなされるものではなく、野外で太陽や大木、岩などを礼拝するような形であったと考えられている。常設の神殿を持つ神社は、律令国家を確立した天武《てんむ》天皇（在位六七三～六八六）が六八一年に畿内《きない》および諸国に対して神々を祭る神社の造営を命令したことに始まる（「神社」という呼称も律令制度以前にはなかった。「日本」および「天皇」という呼称を用いたのも天武天皇が最初である）。

七世紀後半に日本が律令国家の形成を始めた契機は、中国大陸において隋《ずい》・唐《とう》という中央集権国家が成立し、それに対抗できる国家体制の確立が迫られたことであった。日本は唐という世界帝国に対抗しうる小規模な独立帝国を構築するため、中国に学んで律令の制定を急いだ。「天皇」の称号も中国の「皇帝」に対抗する意味があった。ただし、中国の皇帝が最高神である上帝《じょうてい》（上天）の命を受けて統治するものとされたのに対し、日本の天皇は神の子孫であり、自身そのものが神として（現人神《あらひとがみ》）宗教的権威を体現する存在と位置づけられた。天武天皇が神社という日本独自の宗教施設の建設を諸国に命じたのも中国の先進文明に対抗するためと考えられている（井上寛司『「神道」の虚像と実像』二六頁）。要するに神道は、自然崇拝などの原始宗教を基盤として利用しつつ、中国に対抗する政治目的のために人為的に作られた極めて政治的な宗教である。

律令国家は天皇を「天孫《てんそん》」「現人神」とすることで中国との差別化を図り、天皇の統治を宗教的に正統化するため、従来の多様な神話を整理・統合して日本独自の「天皇神話」を創出することとした（ただし『古事記』に見える天地開闢《かいびゃく》神話の大半は中国前漢の武帝期に編纂された『淮南子《えなんじ》』の借用である）。そこで、天武天皇の命令を受けて編纂されたのが日本最初の正史『日本書紀』である（完成は天武天皇の没後。『古事記』は『日本書紀』編纂の準備の一つとして生まれた副次テキストと見られる）。

『古事記』『日本書紀』が述べる天皇神話では皇祖神としての天照大神《てんしょうだいじん》をはじめとして天神地祇《てんじんちぎ》（天の神と地の神）といわれる種々多数の神々が登場する。律令国家は神社を造営してそれらの神々を祭ることを諸国に命令したが、『延喜式《えんぎしき》』神名帳によれば、実際には天皇神話で説かれる天神地祇を祭る神社は一部に限られ、多くは従来の自然崇拝の対象である神霊を祭っていた。

天皇神話の神々、あるいは自然信仰の神霊といっても何の内実があるものではなく、全て古代人の観念が作り上げたものであることはいうまでもない。王が神であるという観念は世界各地に見られる一般的な信仰で、珍しいものではない。天皇を神ないしは神の子孫とする神道の教義も王を神とする世界共通観念の一例といえる。

天皇神話に説かれる神々にしても個々の神々の属性が明らかでなく、神々の間に何らの統制もなく、神の世界、神の社会が組織化されていない（津田左右吉『古事記及び日本書紀の研究』二五八頁）。畏怖を感ずる自然物（人間を含む）ならば何でも神とされており、何の教義も論理も存在しない。

神道の神祇信仰には何の教義もないので思想的に外来の仏教に対抗することができず、日本に仏教が定着していく奈良時代になると神道はもっぱら仏教の概念や世界観によって説明されるようになり、仏教と神道の習合が進行していった（「神道」の呼称が生まれたのも仏教と儒教が日本に伝来してからのことである）。

仏教によって、神道の神々は仏法を守護する存在（諸天善神）とされただけでなく、仏教で説く「六道」の内の天界の衆生と位置づけられ、神々が天界の煩悩から逃れるために神宮寺《じんぐうじ》の建立や神前読経が必要とされるようになった。天界の衆生である神も仏法に帰依すれば菩薩と成ることができるとの観念から八幡神《はちまんしん》も八幡大菩薩と呼ばれることになる（ちなみに福永光司氏は、八幡神のルーツは道教の最高神「玉帝」であるとしている〈『岩波講座　東洋思想第13巻』四四頁〉。

神仏習合が進んでいった結果、平安時代以降、神は本地である仏や菩薩が衆生を救うために仮に現れた垂迹《すいじゃく》（権現《ごんげん》）であるとする「本地垂迹説」が定着し、主要な神社の祭神にはそれぞれの本地仏が定められた。たとえば、天照大神は観世音菩薩ないしは大日如来の垂迹、大国主神《おおくにぬしのかみ》は大黒天、八幡神は阿弥陀如来、天神（菅原道真《すがわらのみちざね》）は観世音菩薩ないしは薬師如来の垂迹とされた。本来、目に見えないものとされた神についても仏像に倣《なら》って神像が制作されるようになった。

このような神仏習合は仏教と神道が相互に利用し合った現象と見られる。仏教は在来の神祇信仰を全面的に排除せずに神々を仏教の世界観の中に包摂し、神も仏法への帰依によって救済されるとすることで神祇信仰を持つ人々を仏教の圏内に取り込むことに成功した（仏教による神道の利用）。実際にも中世の神社の大半は仏教僧侶が主導権を握る形で運営された。神道側も本地垂迹説を受け入れ、末法辺土に住む人間が救われるためには仏菩薩がこの世に垂迹して現れた神を祭る神社への参詣が必要であると説くことができた（神道による仏教の利用）。

仏と神は本地と垂迹の関係をもちながら一体となっていた。延暦寺《えんりゃくじ》・興福寺《こうふくじ》・春日大社《かすがたいしゃ》などをはじめとする有力寺社は自身の荘園を所有してその領地を「仏土」「神領」と位置づけ、年貢の徴収に抵抗する者に対して神仏の罰が当たると宗教的に脅迫する存在と化していた。

仏教が日本に伝来した際、仏が「蕃神《ばんしん》（外国の神）」として見られたことはよく知られているが、「神仏」という言葉が示すように、中世に至った後も仏と神はともに「祟《たた》り」をなし賞罰を行う

「霊威《れいい》」として一体視される傾向が顕著だった（佐藤弘夫『アマテラスの変貌』）。

神仏習合の流れの中で仏教の論理をもって神祇信仰を理論化する試みがなされ、天台宗による「山王《さんのう》神道」、真言宗による「両部《りょうぶ》神道」などが成立している。なお中世においては仏教だけでなく陰陽道や老荘思想、道教・儒教・易などの知識が神道の理論づけに利用された。この時期の神道の特徴として、天台本覚思想と同様、秘伝・秘儀を重視し、さらに経典や神話までもほしいままに捏造する態度が広く見られたことが挙げられる。中世の神道は多くの流派に分かれたが、教義を何ら持たない神道の無原則性が文献の捏造や恣意的な解釈が行われる前提となった。

典型的な例は室町時代後期に唯一《ゆいいつ》神道（吉田神道）を開いた吉田兼倶《かねとも》（一四三五～一五一一）で、神道を仏教と対抗する宗教教団とすることを目指したが、兼倶の教説は実際には密教や陰陽道、易経などを牽強付会《けんきょうふかい》に取り入れたもので、兼倶が論拠とした天元神変神妙経《てんげんしんぺんしんみょうきょう》などの経典や説話、天皇の綸旨《りんじ》（天皇の雑事を担当する役所〈蔵人所《くろうどどころ》〉の職員が天皇の命令を受けて書いた文書）すらも完全な捏造だった。兼倶は欺瞞的《ぎまんてき》手法をもって特異な教義を構築する一方、日野富子《ひのとみこ》（室町幕府第八代将軍足利義政《あしかがよしまさ》の夫人、一四四〇～一四九六）らの権力者に接近して神祇界の主導権を握ろうとした。このような中世神道について、歴史家の家永三郎が「思想的にも、日本の民衆の生きた信仰から遊離した、現実的意義のとぼしい、一部社家またはそれにつらなる公家貴族の机上の観念論であった」（『日本古典文学大系　日本書紀上』解説五六頁）と批判しているのは中世神道の実態を衝いたものといえよう。

織田・豊臣政権に寺社勢力が屈服し（織田信長による比叡山延暦寺の焼き討ちは象徴的な事件である）、江戸幕府による幕藩体制が確立すると、仏教の権威は失われ、寺社は完全に武家政権のもとに従属するものとなった。死後の救済よりも現世の利益を優先する価値観の転換がなされたのが近世の特徴だが、その時流の中で武家政権の統治を正当化するイデオロギーとして朱子学などの儒教が台頭した（たとえば禅僧だった林羅山《はやしらざん》〈一五八三〜一六五七〉は還俗して朱子学の徒となり、徳川家康から四代に及ぶ将軍に仕えて幕府を支える御用学者としての活動に終始した）。

神道も近世に入ると朱子学などの儒学によって説明されるようになったが（「儒家神道」）、支配を正当化する思想的道具である儒教の本質を反映して、儒家神道も神祇信仰を「君臣忠義」などの儒教道徳を受け入れさせる手段とするものに過ぎず、中世神道と同様、民衆の宗教生活に結び付くものではなかった。

江戸時代中期になると、仏教や儒教など外来思想の影響を排除して『古事記』『万葉集』などの古典を文献学的・実証的に研究する「国学《こくがく》」が誕生し、その立場から神道を解釈する「復古神道」が台頭した。その代表的存在が本居宣長《もとおりのりなが》（一七三〇〜一八〇一）だが、宣長は一切の論理を「ことあげ」「さかしら」として排除し、『古事記』に示された多神教を無批判に信じた（宣長は『古事記』『日本書紀』が律令国家の政治目的のために作成された文書であることを認識できず、近代以前の段階にとどまっていた）。また宣長は、天照大神の子孫である天皇自身が神であるから天皇に絶対的に服従するのがまことの道であるとした。

宣長は「全てこの世の中のことは、春秋の移り変わり、雨が降り風が吹く類いから、国の上、人の上のあらゆる吉凶に至るまで、皆残らず神の仕業《しわざ》である」（『直毘霊《なおびのみたま》』現代語訳）という立場に立っていたので、政治形態を含めて与えられた現実を全て受け入れる態度となり、現実を変革しようとする力を何ら生まなかった（この点では道教や浄土教、密教、禅宗などと同列である）。しかも宣長の判断基準が「もののあわれ」等の情緒的なものに終わり、何らの論理性も持っていなかったため、宣長の説いた復古神道は結果的に日本のみを讃嘆する偏狭な自国中心主義に流れるものとなった。

復古神道は本居宣長の後、平田篤胤《ひらたあつたね》（一七七六～一八四三）に継承され、宣長以上に自国中心主義、天皇崇拝に傾斜し、幕末の尊王攘夷運動の思想的原動力となった。ただし、宣長が『古事記』などの文献的研究を基盤としたのに対し、篤胤は神道にキリスト教の教義を取り入れて特異な一神教的宗教を唱えた。

篤胤は三十歳の時にその後の著作の基盤となる『本教外編《ほんきょうがいへん》』を著したが、同書は「明末の中国におけるキリスト教書の翻案」（石田一良《いしだいちろう》『神道思想集』解説二三頁）であった。篤胤は同書において、天之御中主神《あめのみなかぬしのかみ》が天地万物の創造主であるとし、人は現世では天皇の支配のもとにあるが、死後の霊魂は幽冥界の支配者である大国主命《おおくにぬしのみこと》（大神《だいじん》）の審判を経て、天界もしくは冥界において永遠の幸福や禍を受けるとした。また、この世は人の本当の世ではなく、死後こそが本来の世であると主張した。大国主命を死後の世界（幽冥界）の支配者・審判者としていることに見られるように、篤胤の教説の実体はキリスト教の盗用であり、神道の枠組みを外れたものであった。そこで、「彼の神道思想が完全にキリスト教思想の影響下にあることを物語っている」（石田一良・前掲書三〇一頁）と評されている。

篤胤は死後の世界の実在を信じ、死後の世界に行って戻ってきたと称する者の話をもとに死後の世界の絵図まで作成している。死後の救済を説いたその神道説は、幕末・明治維新期に成立した黒住教・金光教・天理教などの神道系創唱宗教に強い影響を与えた。篤胤は西欧やインド・中国に及ぶ知識を用いて自身の思想を構築したが、概してその教説は客観的・論理的・現実的根拠に乏しく、主観的で恣意的であり、荒唐無稽《こうとうむけい》ともいうべきものであった。

平田派神道は明治初年まで強い影響力をもったが、キリスト教や仏教を敵視して空想的な神道国教化を目指したため、近代国家建設を企図した政府指導層から最終的に排除され、急速に力を失っていった（一八八〇年〈明治一三年〉、神道事務局の神宮遥拝所の祭神を巡る論争で大国主命を幽冥界の主宰者とする出雲大社派や平田派の主張が排除されたのは象徴的事件である）。

一八六七（慶応三）年十二月の王政復古のクーデターで政権を獲得した明治維新政府は、欧米による植民地化の脅威に対抗し、それまで各藩によって細分統治されてきた日本を急速に近代的統一国家に再編するため、神道を国家統治の基本的イデオロギーとし、神道が培ってきた天皇の宗教的権威を徹底的に利用する戦略をとった。そこで、第二次大戦の敗北まで、約八十年にわたって神道は事実上の日本の国教とされた。その時期の神道は国家によって運営されたので「国家神道」と呼ばれる。

国家神道について一般には次のように説明される。「明治維新後、神道国教化政策により、神社神道を皇室神道の下に再編成してつくられた国家宗教。軍国主義・国家主義と結びついて推進され、天皇を現人神《あらひとがみ》とし、天皇制支配の思想的支柱となった」（『広辞苑』第六版）。要するに国家神道は、明治政府によって、政治目的のために神社神道を基盤として人工的に作り出された宗教であった。

国家神道体制のもと、『古事記』『日本書紀』に説かれた天皇神話に基づいて天皇は天照大神の子孫（天孫）である故に「現人神《あらひとがみ》（現御神）」とされ、日本は永久に天皇が統治する「神国」であり（天壌無窮《てんじょうむきゅう》の神勅）、日本が他国に進出するのは世界を救済するための「聖戦」と意味づけられた。

「大日本帝国ハ万世一系ノ天皇之ヲ統治ス」「天皇ハ神聖ニシテ侵スヘカラス」と規定した大日本帝国憲法（一八八九年）と天皇への滅私奉公を説いた教育勅語（一八九〇年）が国家神道の事実上の教典となり、天皇・皇后の「御真影」が礼拝対象（神像）となった（村上重良『国家神道』）。また「神道は宗教ではない」という建前から、神社参詣は宗教的行為ではなく臣民としての義務であるとされ、全国民に強制された。

記紀の神話と異なる創世神話（世界の起源を説く神話）を持つ金光教・天理教・大本教などは明治・大正期から弾圧されたが、一九四〇（昭和一五）年、文部大臣に宗教団体の禁止、設立認可取り消しの権限を与えた宗教団体法が制定されると宗教統制はさらに一段と強化され、国家神道から逸脱していると見られたホーリネス教団・無教会派などのキリスト教諸団体や創価教育学会（後の創価学会。当時は日蓮正宗の在家信徒団体）などが幹部検挙等の迫害を受けた。

国家神道体制において多くの創建神社が新たに造られたが、中でも靖国《やすくに》神社は特別な意味をもった。靖国神社は、鳥羽伏見《とばふしみ》の戦いに始まる戊辰《ぼしん》戦争の明治政府側の戦死者を祭った招魂社《しょうこんしゃ》（一八六九年創建）を起源とする。招魂社は一八七九（明治一二）年に靖国神社と改称され、天皇が繰り返し参拝するという他の神社にはない破格の処遇を与えられた。戦没者（軍人・軍属およびそれに準ずる者に限る）は、個人の生前の信仰を無視して一方的に「英霊」として同神社の祭神とされ、信仰・礼拝の対象とされた。江戸時代まで日本においても戦死者は敵味方を問わずに追悼するのが一般的であったが（桜井徳太郎『霊魂観の系譜』）、靖国神社の場合、慰霊の対象となるのはあくまでも天皇の兵士として戦死した者に限られ、敵の戦没者は一切顧みないという極めて政治的な態度に貫かれている（靖国神社が強い政治性を帯びていることは、合祀の対象を軍人に限定するという原則にもかかわらず広田弘毅《ひろたこうき》〈二・二六事件後の首相〉や平沼騏一郎《ひらぬまきいちろう》〈ノモンハン事件当時の首相〉ら軍人ではない東京裁判A級戦犯者を一九七八年に合祀したところに示されている。何を祭神にするかということは同神社の「信教の自由」に属するが、A級戦犯者の合祀は図らずも靖国神社の志向性がA級戦犯者のそれと同一であることを示している)。

一方的に徴兵されて戦地に駆り出され、戦死した兵士は国策による戦争の犠牲者であり、その意味では原爆や空襲を含めて戦争で命を落とした一般国民と何ら相違はない。それにもかかわらず軍事活動を担った兵士だけを宣揚するところに、明治以来、日本帝国が遂行してきた戦争全体を正当化しようとする靖国神社の本質がある。

アメリカのアーリントン墓地などのように、戦没した将兵を英雄として宣揚し追悼することは多くの国で見られるが、戦没軍人を「祭神」として信仰・礼拝の対象にすることは極めて特異な在り方であり、そこに何でも神にできる神道の特異性が表れている(ちなみにアーリントン墓地に埋葬されている死者は戦死者だけではなく、また軍人に限定されていない。無宗教を含めて、あらゆる宗教が認められている)。

天皇の名のもとに行われた戦争で戦死した将兵は英霊として天皇自身から拝礼され国家的に宣揚されるとすることで、靖国神社は国民を喜んで戦地に赴かせ安んじて死に至らしめるために設置された、宗教を利用した軍事施設、戦争遂行施設であった(いわば国家が効率的に国民から生命を収奪する装置であった)。靖国神社が軍事施設の面を持つことは、一般神社の所轄が内務省であったのに対し、同神社の所轄が陸軍省・海軍省であったことにうかがうことができる。

靖国神社の特異性はその祭神にも表れている。他の創建神社の祭神は、天皇・皇族を祭神とする神社（橿原《かしはら》神宮〈神武天皇〉・明治神宮〈明治天皇〉など）、忠臣を祭神とする神社（湊川《みなとがわ》神社〈楠木《くすのき》正成《まさしげ》〉・藤島神社〈新田義貞《にったよしさだ》〉など）等の個人を祭る神社であったのに対し、靖国神社の祭神は軍人戦死者なので、祭神が限りなく拡大する構造になっている。

一九四五（昭和二〇）年八月、日本は連合国に対して無条件降伏し、同年十二月、日本を占領した連合国軍最高司令官総司令部から出されたいわゆる「神道指令」により、国家神道は廃止された（神道指令の第二項は宗教と政治の分離を明確に指示した）。さらに一九四六（昭和二一）年の年頭には昭和天皇がいわゆる「人間宣言」と呼ばれる詔書を発し、天皇が現人神《あらひとがみ》（現御神）であるという国家神道の根本教義を自ら公に否定した。このように国家神道は解体され、神社神道は他の宗教と並ぶ一宗教となり、公的な保護から切り離された私的な信仰として存続していくこととなった。

神道は畏怖を感じさせるあらゆる自然物、あるいは『古事記』『日本書紀』などに記された神話に登場する神々を信奉とするので、その祭神は多種雑多である。そこには何らの統一性も秩序もない。この神でなければならないという限定もなく、複数の神（神社）を礼拝しようとキリスト教など他宗教を同時に礼拝しようと差し支えない。明治以前まで祭神が不明だった神社、途中で祭神が変わった神社も少なくない（神社の祭神が途中で変わった例として、祇園社《ぎおんしゃ》の祭神が祇園天神→牛頭《ごず》天王《てんのう》→素戔嗚尊《すさのおのみこと》となった例などがある）。このような無原則性が神道の特徴である。

神社の祭神で多いのは八幡神《はちまんしん》（八幡大菩薩。八幡神は記紀に登場せず、その由来は不明。道教の神が起源とする説も有力。奈良時代以降、応神《おうじん》天皇と習合した）、天照大神《てんしょうだいじん》（伊勢神宮系。天皇家の祖先神とされる）、天神（菅原道真《すがわらのみちざね》）、稲荷神《いなりしん》（穀物・農業の神）、諏訪明神《すわみょうじん》（記紀によれば大国主命《おおくにぬしのみこと》と越《えつ》の国の沼河姫《ぬなかわひめ》との間に生まれた建御名方命《たけみなかたのみこと》。大蛇となった甲賀三郎が起源との伝説もある）、熊野神《くまのしん》

（熊野三山の祭神。元来は川や滝・岩を崇拝する自然神）、牛頭《ごず》天王（祇園神社・八坂神社系。インドの祇園精舎の守護神とされるが仏典に根拠はなく、由来は不明。頭上に牛の頭を載せる姿で表される）などである。

中でも天神は、左遷されて九州太宰府《だざいふ》で死去した右大臣菅原道真（八四五〜九〇三）の「怨霊《おんりょう》」が天満神という雷神になったという御霊《ごりょう》信仰に基づく。死者の霊（または生き霊）が怨霊となって「祟《たた》り」をなすという信仰は平安時代には一般化し、政争に敗れて死んだ者の怨霊を「御霊《ごりょう》」として神格化する例が生じた。

人を神とするのは怨霊に限らず、藤原鎌足《ふじわらのかまたり》や柿本人麻呂《かきのもとのひとまろ》など、家系や職業の開祖とされる人物を祭神として祭ることも見られるようになった。豊臣秀吉（豊国大明神《ほうこくだいみょうじん》）や徳川家康（東照大権現《とうしょうだいごんげん》）らの権力者に限らず、明治以降は神武天皇・桓武天皇ら天皇・皇族、楠木正成ら南朝の忠臣、吉田松陰・坂本竜馬ら幕末の志士、東郷平八郎・乃木希典《のぎまれすけ》ら国家に功績があったと認められる軍人などが次々と神として祭られていった。中には故人に限らず、生前から崇敬を受けて神に祭られた例さえ見られる（たとえば駒木根八兵衛《こまきねはちべえ》明神《みょうじん》など。加藤玄智『本邦生祠の研究』）。その他、蔵王権現《ざおうごんげん》（修験道の本尊。密教の明王と類似している）、荒神《こうじん》（竈《かまど》の神または屋敷神）、媽祖《まそ》（中国福建省に発生した女神）、宇賀神《うがじん》（蛇身人頭の神。とぐろを巻いた形で表される）、弁才天《べんざいてん》（インド発祥の女神。七福神の一つ）、吉祥天《きちじょうてん》（ヒンズー教のヴィシュヌ神の后）など、新たに創られた由来不明の神も多い。最高の国家神とされる天照大神にしても、古代では「祟《たた》り」をなす神とされただけでなく、『古事記』『日本書紀』では女神と説かれながら後世には男神や童子とされる例もあるなど、神観念が一定していない（佐藤弘夫『アマテラスの変貌』）。

このように神道の神観念は極めてあいまいであり、何の実体も原則もないといってよい。神にしようと思えば、岩でも樹木でも人間でも何でも神にできるような、無内容なものを礼拝することは信仰として意味を持たない。神道の本質は、天皇支配を正当化するための道具である面を除けば、あらゆる自然物に神霊が宿ると信じる原始的なアニミズムと見られる。

アニミズムはあらゆる存在を生命と見る点で仏教的生命観に通ずる面もあるが、仏教の立場からすれば神霊は本来存在せず、神霊の働きによって人間に禍福が生ずるなどという観念も妄想として否定される。元来、実体としての神霊の存在を認めない仏教は、インドでも日本でも、在来の神々については仏法を守護する働き（諸天善神）にとどめ、神々そのものを礼拝の対象とすることはなかった（諸天善神といっても神を実体視するのではなく、仏法を守護する宇宙の働きと位置づける）。インド仏教において在来の神々を礼拝する態度は、密教が登場してからのことである（それ故に密教を仏教と見なすことはできない）。

日蓮も仏教本来の諸天善神思想と神祇不拝の姿勢を堅持した。すなわち日蓮は、金光明経《こんこうみょうきょう》や仁王経《にんのうきょう》などに基づき、正法誹謗の国土において善神は守護する国土を捨てて天界に去り、その代わりに悪鬼が入っているとの「神天上法門《かみてんじょうほうもん》」を主張した。日蓮は「立正安国論」で次のように述べている。「世皆正《しょう》に背き、人ことごとく悪に帰す。故に、善神は国を捨てて相去り、聖人《しょうにん》は所を辞して還りたまわず。ここをもって魔来《きた》り、鬼来り、災《さい》起こり、難《なん》起こる」（二五頁）。

日蓮はその立場から、神の礼拝は重大な謗法《ほうぼう》行為に当たるとして神社参詣を厳しく禁じた。日蓮は日本の神の代表として天照大神と八幡大菩薩を曼荼羅本尊の中にしたためて包摂し、妙法守護の善神として位置づけ、天照大神そのものを礼拝の対象とする在り方を退けている。

日蓮が定めた本弟子六人のうち、日興を除く五人（五老僧）は神祇不拝を異端視する当時の時流に抗しきれず神社参詣を容認したが、日興だけは日蓮の遺訓を守って神祇不拝の態度を貫いた（五老僧の流れを汲む門流では、後に世間に迎合して日ごとに異なる神を礼拝する三十番神が生じたが、それは日蓮本来の教義とは完全に違背している）。日興が逝去の年に末弟に与えた「日興遺誡置文《にっこうゆいかいおきぶみ》」では「檀那の社参・物詣《ものもう》でを禁ずべし。いかにいわんや、その器にして、一見と称して謗法《ほうぼう》を致せる悪鬼乱入の寺社に詣《もう》ずべけんや。返す返すも口惜《くちお》しき次第なり。これ全く己義《こぎ》にあらず。経文・御抄等に任す」（二一九五頁）と、神社は悪鬼が乱入している謗法の存在であると断じ、神祇不拝の原則を強調している。

神祇不拝は日興門流の基本教義であり、その伝統は日蓮正宗の信徒団体だった創価学会（当時は創価教育学会。一九三〇年創立）にも受け継がれた。創立者である牧口常三郎初代会長（一八七一～一九四四）と戸田城聖第二代会長（一九〇〇～一九五八）は神社参拝を謗法とし、会員に対して伊勢神宮の神札の受け取りを拒否するよう指導したため、一九四三（昭和一八）年七月、治安維持法違反と刑法の不敬罪の容疑で逮捕され、牧口は翌年十一月、獄中で逝去した。国家神道に対して極めて批判的であった牧口は、神道について次のように述べている。

「いかに古来の伝統でも、出所の曖昧《あいまい》なる、実証の伴わざる観念論に従って、貴重なる自他全体の生活を犠牲にすることは、絶対に誡《いまし》めなければならぬ。これについては一番まず神社問題が再検討されなければならない」（『牧口常三郎全集』第一〇巻二六頁）

「伊勢の皇大神宮《こうたいじんぐう》に対しましても、同様の意味で天照皇太神《てんしょうこうたいしん》は天に上って後は空虚で悪鬼が入れ代っているから、そんな処へ参拝する必要なしと云うのであります」（同二〇六頁）

神道には儀式等の形式はあっても体系的な教義はなく、とくに死後の問題について何ら説くところがない。唯一存在するのは「穢《けが》れ」があるかどうかという極めて感覚的・情緒的な基準だけである（死についても単に「穢れ」と見て忌避するにとどまる）。形式だけでなく生死観を含む教義（思想）を有することが宗教一般の条件と見なされることから考えれば、神道は宗教として極めて不完全な宗教と評せられる。教義がないので、神道は外形的な儀式にとどまり、人生観の根本として個人の内面に定着することがなかった。しかも確たる教義を持たないところから、それぞれの時代に応じて、仏教や儒教・陰陽道・キリスト教、天皇中心主義やナショナリズムまで、どのような思想とも安易に結合してきた。その時に都合のよいものであれば何にでも結合する無内容性、無原則性が神道の本質であり、そこに神道の潜在的危険性がある。

たとえば明治期において神話上の架空の存在に過ぎない神武《じんむ》天皇の即位日を「紀元節《きげんせつ》」とし、戦後においても「建国記念の日」として復活させているのが現代日本の実情であるから、神道が再び天皇崇拝、国家主義正当化のイデオロギーとして登場してくる危険性は決して看過されてはならない（ただし建国記念日の具体的日付けは法律で定められておらず、政令で規定されているにとどまる）。日蓮が神祇不拝の態度を厳しく貫いたのは仏教本来の精神に忠実であったためだが、一面では神道の持つ政治的危険性、虚構性を鋭く見抜いていた故とも考えられる。

正月には多くの国民が全国の神社仏閣に初詣でに出向き（警察庁発表によれば、二〇〇九年には九九〇〇万人を越える。同年の日本の人口は一億二七五一万人）、盆や春秋の彼岸には墓参りが一つの習慣となっていることを見れば、日本人がそれなりの宗教心を持っていることは明らかだが、一方で二〇一八年にＮＨＫ放送文化研究所が国際比較調査グループ（ＩＳＳＰ）の一員として行った調査によれば、「ふだん信仰している宗教がありますか」との質問には六二％の人が「信仰している宗教はない」と答えている。日本人全体において特定の宗教を持っていると自覚している人は少数派で、大多数は「無宗教」のスタンスをとっていることが分かる。この問題について、どのように考えるべきであろうか。

教義（思想）と儀式や礼拝行為などの形式の両方を含むのが宗教一般だが、先に見たように神道は祭神も種々雑多でまとまった教義を持っておらず、形式だけしかない極めて特異な宗教となっている。西行《さいぎょう》法師の「なにごとのおはしますかは知らねども　かたじけなさに涙こぼるる」の歌が示すように、神社に参詣する人もその神社の祭神が何であるか知らないことが多い。明確な根拠や理由がなくても、何となく「ありがたそうだ」という情感を持ち、「ご利益《りやく》があるかもしれない」と期待することが神社で手を合わせる動機であろう。そこには世界や人間を説明する何の論理もないので、神社に参詣する人も自分が明確な宗教を持っているという自覚を得ることができない。

一方、日本人の習慣に定着している仏教も、江戸時代以降、葬送儀礼を軸に存続してきた「葬式仏教」となったため、宗派の教義を自己の人生観の基盤とする態度はほとんど見られなくなってしまった。各宗派の教義が完全に時代遅れのものになっているため、現代人の心に訴える力が失われているのである。

日本人は宗派の教義などには見向きもせず、僧侶派遣サービスが象徴しているように、ただ葬送儀礼の執行を僧侶に依頼するだけというのが実情である。近年は葬送の形式も多様化し、葬儀に僧侶を呼ばない傾向も強まっている。宗教を全て排除した「無宗教葬」も少なくない。過疎化・都市化の進行とともに従来の檀家システムが崩壊しつつある今日、日本の伝統仏教は葬送儀礼サービスを提供するだけの一種の葬祭業者と化しており、宗教としての内実をほとんど喪失している（唯一の売り物である葬送儀礼サービスすらも拒否されつつある）。中世以来、日本人の宗教生活を担ってきた神道と仏教がともに形式だけの存在となって宗教としての実体を失っているため、日本人の多くが特定の宗教を持っているという自覚が得られず、無宗教を標榜するのはむしろ当然であろう。

神道はまとまった教義を持っていないという意味では宗教としては未発達だが、祭神への礼拝、厄除《やくよ》け・家内安全等を祈る各種の祈禱、死者慰霊の各種祭祀を行っていることを考えれば宗教であることは紛れもない。それにもかかわらず、敗戦までの日本政府が国家神道を国民に強制するために「神道は宗教ではない」と強弁し続けて神社を国家的儀礼・祭祀のための施設としたことは神道の宗教としての実態を無視したものであった。神道に限らず多かれ少なかれ宗教には社会的習俗と結合している面があるが、その面のみを強調して宗教としての実態を無視したならば、戦前の神道非宗教論と同様、神道を事実上援助する事態となる恐れがある。その危惧を感じさせるものとして、津市地鎮祭《じちんさい》違憲訴訟事件など一連の政教分離裁判にみられる司法の動向がある。

津市地鎮祭訴訟とは、一九六五（昭和四〇）年一月、三重県津市が体育館の建設に当たり、神職（神主）の主宰のもとで神道式の儀式による起工式を行い、それに公金を支出したことについて憲法違反になるか否かが争われた裁判である。第二審の名古屋高等裁判所は、津市の行為は憲法違反に当たるとの判決を下したが、一九七七（昭和五二）年の最高裁判決では多数意見として、津市が行った地鎮祭の「目的は建築着工に際し土地の平安堅固、工事の無事安全を願い、社会の一般的慣習に従った儀礼を行うという専ら世俗的なものと認められ、その効果は神道を援助、助長、促進し又は他の宗教に圧迫、干渉を加えるものとは認められない」と判断し、合憲判決を下した。それに対して五人の裁判官は多数意見を批判し、本件起工式は「極めて宗教的色彩の濃いもの」であり、「神社神道を優遇しこれを援助する結果となる」から憲法二〇条に違反すると結論づけている。憲法学界においては「五裁判官意見を支持する意見が有力である」(芦部信喜『憲法学Ⅲ 人権各論(1)』一八一頁)とされる。

神職の主宰による神道式儀礼による起工式は、特定の祭神に祈禱・祈願するのであるから、それ自体が明確な宗教行為である。それに対して自治体が公金を支出することは、多数の宗教の中でもとりわけ神社神道だけを選んで支出したのであるから、少数意見が指摘する通り、神社神道を優遇し援助する行為に他ならない。その実態を意図的に無視して神道による起工式を「専ら世俗的なもの」と強引に結論づけた最高裁の態度は、神道は国家の祭祀であって宗教ではないから神社参拝は国民の義務であるとした国家神道の論理に近づくものと言わなければならない。最高裁判決の論理を敷衍すれば、目的が世俗的なものでありさえすれば全ての神道的儀式が「専ら世俗的なもの」として公的機関によって実施される事態を招きかねない(本来、天皇家の私的行為であり皇室神道の儀式である大嘗祭《だいじょうさい》において天皇家の私的費用を賄う内廷費ではなく公費〈宮廷費〉を支出したこと、国家公務員である宮内庁職員が関与していることなども憲法の政教分離原則に照らして問題がある)。さらに言えば、神道に限らずどのような宗教であれ、その行為の目的が世俗的なものと見なしたならば全て公権力によって宗教行事を営むことが可能になり、ナチス・ドイツや戦前の日本のような宗教と国家が一体となった「宗教国家」を生み出す恐れすらある。

もっとも近年の実情としては、地方自治体が神職の主宰による神道式起工式などを自治体主催の行事として行い、そこに公金を支出するという事態は回避されているようである(施工業者の主催として行われることが多い）。それは、高等裁判所レベルとはいえ明確な違憲判決が下されたことが大きな要因になっていると考えられる。

神道は体系的な教義がないために宗教としての枠組みが不明確で、どんなものでも祭神にしてしまう性質がある。そのような宗教としての無内容性、無原則性をむしろ「強み」にして神道が政治的イデオロギーに変身する危険が潜在的に存在することは先に述べたが、また神道はもともと共同体の宗教なので、個人の独立を阻害する面がある（かつて共同体の成員は共同体の神を崇《あが》めることが要求された）。そこに神道が国家主義や民族主義に結びつきやすい体質を持つ根源がある。

神社の祭礼は習俗の面もあるが、祭神への礼拝を伴う宗教行為なので、神社の信仰を共有する氏《うじ》子《こ》集団によって営まれるのが本来の在り方だが、実際には地域住民の任意団体である町内会（自治会）の活動として行われることが多い。この場合、神社への寄付金や祭礼の費用に町内会の資金が充てられることなど、信教の自由との関連から問題となる面が指摘されている（神社の費用を町会費と一緒に徴収することは信教の自由の侵害に当たるとの判決が地方裁判所レベルで出ている）。

④一神教

一神教の誕生（ユダヤ教）

キリスト教などの一神教は鎌倉時代の日本人の認識の外にあったため、それについての日蓮の言及はない。それでも現代の世界にもっとも大きな影響力を持っている宗教が一神教であることを考えれば、一神教をどう考えるかという議論を避けて通ることはできない（『ブリタニカ国際年鑑』二〇一七年版によれば、キリスト教の人口は世界総人口の約三三％、イスラム教は約二三％、ヒンズー教は約一四％、仏教は約七％などとなっている）。ただし、唯一《ゆいいつ》の神が世界を創造し、現実世界に介入すると説く「唯一神教《ゆいいっしんきょう》」が現れたのは人類の歴史の上ではそれほど古い出来事ではない。

宗教の起源については多くの議論があるが、概して太陽や月・星、天空や海・山、雷などの気象、動物、水、火、岩石、樹木などの自然物を崇拝する自然崇拝や、あらゆるものに霊魂（精霊）が宿っていて霊魂がそれぞれのものを動かしていると考えるアニミズム（精霊信仰）が世界各地の民族に見られる（ネアンデルタール人が動物信仰を持っていた可能性もある）。やがて、さまざまな自然物などを神として崇拝する多神教が古代メソポタミア・エジプト・ギリシャなどに生まれた。インドのヒンズー教や中国の道教、日本の神道などは現存する多神教である。

唯一神教の源流は、唯一神ヤハウェによる世界創造と支配を信ずるユダヤ教にある。キリスト教とイスラム教で信仰される神もユダヤ教の神と同一の神である 山我哲雄氏の『一神教の起源』など近年の研究によれば、イスラエル民族が一団となって外部からカナンの地（西アジアの地中海南西岸地方。パレスチナ）に移住してきたという旧約聖書に説かれる伝承の歴史性は今日では疑問視されており、イスラエル民族はさまざまな集団（部族）がカナンの地内部で次第に結合し、民族的同一性を獲得することによって成立したという見方が有力である。

イスラエル前史の早い段階ではヤハウェという神はイスラエルではまだ知られておらず、ヤハウェはパレスチナから見て南方の遊牧民・牧畜民に嵐の神として崇められていた地方神であった。ヤハウェは王国成立時代前後（紀元前千年前後）にイスラエルに知られるようになると、それまでのイスラエルの主神であった「エル」と同一視され、戦いの神として受け入れられていった。イスラエル民族が建てたイスラエル王国（紀元前一〇二一年〜前七二二年）とユダ王国（紀元前九三〇年頃〜前五八六年）においてヤハウェは国家神として崇拝され、ヤハウェ宗教と王権が密接に結び合った。王はヤハウェの養子とされることで神的権威を持つと主張できた。

ちなみにイスラエルを諸部族の「誓約同志共同態」と洞察した社会学者マックス・ヴェーバー（一八六四〜一九二〇）は、イスラエルについて「連合（ブント）の戦争神であるヤハウェとの間に結ばれた、そしてヤハウェの指導下におこなわれた、一つの軍事連合だった」（『古代ユダヤ教』岩波文庫版上巻二二二頁）と述べている。またヴェーバーは「戦争の軍指揮者、ならびに戦争の目的は、まったくカリスマ的に、また予言的に、連合の戦争の主人であるヤハウェの神託と鼓舞によって定められた。一つの連合戦争の真の軍総大将はヤハウェじしんであると考えられた」（同二三二頁）としている。

ただし、イスラエル民族はヤハウェを自らの神として崇拝したが、他の民族が崇拝する他の神々が存在することは認めており、多くの神々が存在する中でヤハウェだけを選んで崇拝するという「拝《はい》一神教」の立場をとっていた。それが大きく転換した契機は、ユダ王国が新バビロニアによって滅ぼされ、ユダ王国のユダヤ人がバビロニア地方に強制移住させられた「バビロン捕囚《ほしゅう》」だった（第一次は紀元前五九七年、第二次は前五八六または五八七年）。エルサレムにあったヤハウェの神殿は破壊され、紀元前五三七年にアケメネス朝ペルシャのキュロス王によって帰還が許されるまで、約六十年にわたってユダヤ人は捕囚民として多神教を奉ずるバビロニア文化のただ中に留め置かれた。

このバビロン捕囚はユダヤ人にとって大きな試練となった。ユダ王国の滅亡と神殿の破壊はユダヤ人が崇拝していたヤハウェがバビロニアの神々に敗北したという意味にも受け取られるので、ユダヤ人の中にはヤハウェ信仰を捨ててバビロニアの神々を崇拝する者が続出した。ヤハウェ信仰を守り抜こうとする立場からはこの苦難を宗教的に意味づけ、ヤハウェ信仰を維持していく論理を打ち立てる必要に迫られることとなった。その役割を担ったのが捕囚を経験した「預言者《よげんしゃ》」と呼ばれる知識人たちである。彼らはこの破局について、イスラエル民族がヤハウェに背いてきたためにヤハウェがイスラエルに与えた「罰」であると解釈し、捕囚の事態を招いた責任はもっぱらイスラエルの側にあるとした。

バビロニアの神々になびいていく人々をヤハウェ信仰に引き戻すためには、神々の中でもヤハウェがもっとも卓越しているからヤハウェだけを崇拝するという従来の「拝《はい》一神教」を突き抜けた、より強力な論理を必要とした。そこで、おそらく捕囚民の一人であったと推定される第二イザヤ（「イザヤ書」四〇章〜五五章を作ったとされる預言者）は、ヤハウェ以外の神の存在を否定し、ヤハウェのみが唯一の神であるという「唯《ゆい》一神教」の論理を作り上げた。後にキリスト教、イスラム教という普遍的な世界宗教が成立する基盤が、第二イザヤが創出した、「神はヤハウェのみであり、ヤハウェ以外の神は存在しない」という神観念によって作られたのである。

旧約聖書は千年以上の歳月にわたって多くの部族の伝承を集め、加筆・編集されて形成されたものだが、バビロン捕囚の経験は旧約聖書の内容に決定的な影響を及ぼしたと考えられている。たとえば、旧約聖書の「創世記」に説かれる天地創造物語は、全体が祭司資料（「創世記」などモーセ五書のもとになった資料の一つ。バビロン捕囚およびそれに続く時期に成立）に由来する物語とされている（加藤隆『旧約聖書の誕生』一一七頁）。

旧約聖書に説かれる神ヤハウェによる天地創造などの物語は世界各地に見られる多くの世界創世神話の一つであり、神マルドゥクが天地を創造したとするバビロニア神話の影響を受け、またそれに対抗するため、バビロン捕囚後、第二イザヤや祭司らが創作したものと考えられている。この点について英国の神話学者S・H・フックは「祭司資料における六日間の創造も、バビロニアの創造の順序とよく類似している」「祭司資料が依存している本来の創造物語は、明らかにバビロニアに起源を持っていた」（フック『オリエント神話と聖書』一七八頁）と述べている。

旧約聖書の最初に置かれ、その核となっているモーセ五書（「創世記」「出エジプト記」「レビ記」「民数記《みんすうき》」「申命記《しんめいき》」）が成立したのもバビロン捕囚後の前五世紀・四世紀とされており（加藤隆・前掲書四七頁）、第二イザヤが打ち立てた唯一神教の教義にしたがって、それ以前に存在した多くの資料をもとに作られたものと考えられている。

古代イスラエル民族が形成してきた旧約聖書では、神ヤハウェは次のように説かれる。

初めに神は六日の間に昼と夜、大空と大地と海を創造し、さらに太陽と月と星、一切の草木と動物を造り、あらゆる生物を治めるものとして神の姿に似せて男の人間を造りあげた。また男のあばら骨から女を造り、夫婦とした。神は人間をエデンの園において知識の木の実を食べてはいけないと言ったが、女は蛇に騙されて禁じられた知識の木の実を食べ、男に与えたので人間は善悪を知ることになった。そこで神は人間をエデンの園から追放し、女は苦しんで出産し、男は苦しんで食べ物を得ることになるとした（原罪の思想）。

神はイスラエル人の祖先アブラハムにカナン（パレスチナ）の地を与えると約束したが、イスラエル人はエジプトに移住して迫害に遇う。神はイスラエル人を指導してエジプトを脱出した預言者モーセに十戒と律法を与え、モーセを通して神に従うならば選別された民族として祝福するという契約をする。一方、ヤハウェ以外の神を信ずる人々は打ち殺さなければならないという。ヤハウェは妬みの神、畏怖すべき怒りの神であり、ヤハウェに逆らう者は滅ぼされると説いている（「出エジプト記」「申命記」）。もう一面ではヤハウェはイスラエル民族に幸いをもたらす恵みの神でもある。この両義性の故にヤハウェ神は人間と交わりを持つ存在として信じられた（「創世記」）。

この段階ではヤハウェはあくまでもイスラエル人だけの民族神だった。イスラエル人は、敵と戦う戦争神ヤハウェへの信仰を求心力にして、民族としての統一性を保とうとしたのである。バビロン捕囚の後、エルサレムにヤハウェ神殿の再建が許され（紀元前五一六年）、神殿は律法と祭儀を中心に営まれる民族宗教ユダヤ教の総本山的存在となった。

バビロン捕囚後に確立されたユダヤ教の教義の中で特徴的なものの一つは、世界の終わりの時に神の審判が行われ、救世主（メシア）が現れるという終末思想である。終末思想は旧約聖書の多くの箇所で見ることができる。当初、メシアは現実の王が考えられていたが、相次ぐ民族的苦難を経て、神から主権と光栄と国を与えられ、諸国民を従える精神的救済者がイメージされるようになる。終わりの時には全ての死者は復活し、神に従った者には永遠の命が与えられ、背いた者は永遠のそしりを受けると説かれている（「ダニエル書」）。

イスラエル民族が育んできた唯一神の観念と終末思想は紀元一世紀に成立したキリスト教に受け継がれた。バビロン捕囚の後、パレスチナの地はアケメネス朝ペルシャ、セレウコス朝シリアの支配を経て、紀元前一世紀にはローマ帝国の属州となった。当時のユダヤ教の特色は律法を厳格に順守することを求める律法主義と排他的選民主義、またメシアの到来を待望する終末思想だった。律法は膨大・煩瑣なものとなり、その運用にあたって専門的知識を有する律法学者が社会的にも有力になっていった。

このような状況下にイエス（前四頃〜三〇頃）が生まれた。ただしイエスの生涯を記した新約聖書の福音書は、最古のものと見られる「マルコ福音書」にしてもイエスの死後四十年頃に成立したものであり、各福音書の作者（それも不明）の信仰を述べたものなので、実際のイエスの事績として確実なものは何一つない（間違いなくイエスが発した言葉であると言い切れるものもない）。

一般の資料では、ローマ帝国の歴史家タキトゥス（五五頃〜一二〇頃）は『年代記』（一一七年成立）で、第二代皇帝ティベリウス（在位一四〜三七）の時代に総督ピラトが「クリストゥス」という者を処刑したと述べている。また歴史家スエトニウス（七〇頃〜一四〇頃）は第四代皇帝クラウディウス（在位四一〜五四）の伝記中にキリスト教徒をローマから追放したと記しているので、イエスが実在したことは確実視される。

イエスの正確な実像を知ることはできないが、相互に矛盾した内容も多いとはいえ、四つの福音書を通して紀元一世紀頃の原始キリスト教団が理解していたイエス像をうかがうことはできる。

福音書によれば、イエスはガリラヤ湖に近いナザレの村に大工の息子として生まれた。幼い頃からユダヤ教の教育を受け、神の国の到来が近いことを説いていた預言者ヨハネから洗礼を受けたことで宗教的な覚醒を得た。イエスは終末思想の上から神の国の到来と悔い改めを説き、医療行為にも従事して弟子集団を作った。福音書はこの伝道活動中にイエスがいくつかの奇跡を示し、また形式的な律法主義に傾いていた律法学者を批判していったことを伝えている。

イエスはエルサレムに入ってユダヤ人社会の特権階級に対する批判を強めたが、その活動はイエスを危険人物視して逮捕しようとする動きを生んだ。結局、イエスはユダヤ人らによって逮捕され、国事犯としてローマ帝国の総督に引き渡された。イエスは総督の命令により、エルサレム郊外の丘で十字架刑に処せられた。

イエスの死は弟子たちに大きな衝撃を与えた。その死をどのように意味づけるかという課題に直面したからである。彼らはイエスこそが旧約聖書で予言されたところの、神から遣わされた救世主（キリスト、メシア）であり、その死は万人の罪を贖《あがな》うためであったとの信仰に到達した。弟子たちの一部はイエスの幻影を見て、イエスが生きているとの確信を得た。福音書において、イエスの遺体が墓の中からなくなっていたという「復活」が説かれているのは弟子たちの信仰を物語っている。彼らはまた、天に昇ったイエスが遠からず再びこの世に来臨するという終末思想を信じ、エルサレムで活動を持続した。原始教団の信仰はエルサレム以外の地方にも広がり、ユダヤ人以外からも信徒となる人々が生まれるようになった。

キリスト教が世界的宗教へと発展していく原動力となったのが伝道者パウロ（現在のトルコ南部の出身。?〜六四頃）の存在である。ローマの市民権を持つ家庭に生まれ、ギリシャ語も習得していたパウロは、ユダヤ教徒としての教育を受け、初めはキリスト教徒に対する迫害者として登場した。しかし、迫害の旅の途上でパウロは突然、イエスの幻影を見てその声を聞く体験をし、一転してキリスト教の信仰に入った。パウロはユダヤ教の説く律法や割礼《かつれい》は不要であるとし、イエスをキリスト（救世主）とする教義はユダヤ人だけでなく万人に開かれたものであるとした。パウロは万人が罪の奴隷状態にあるとし、イエスは自らの十字架上に死によって万人の罪を贖《あがな》い、奴隷状態から解放したのであると説いた。このようにパウロは原始教団に残っていたユダヤ教の残滓を払拭してキリスト教を民族を超えた普遍的な世界宗教と位置づけ、小アジア（現在のトルコ）やギリシャ、ローマにまで伝道の歩みを運んだ。

ローマ帝国の領土内に広がったキリスト教はローマ帝国の厳しい迫害に直面したが、それを耐え忍びながら拡大を続け、三一三年の公認を経て、三九二年にテオドシウス帝が国教と定めて他の宗教を禁止したことでローマ帝国における地位を確立した。ローマ帝国という器を得たことでキリスト教は急激に発展し、教団は強大な力を持つようになった。ローマ帝国が東西に分裂統治された後はキリスト教も東西で独自に発展し、東方教会は東ローマ帝国と結びつき、西方教会は西ローマ帝国の滅亡（四七六年）後、ゲルマン国家であるフランク王国と結びついた（一〇五四年に東方教会と西方教会は正式に分裂）。東方教会はギリシャ・ロシア・ルーマニアなどの諸教会に分かれ、西方教会は西欧地域で発展した。

特にカトリック教会のローマ教皇は七五六年以降、独自の領土（教皇領）を獲得し、自ら世俗的権力の主体にもなっていった（まもなく教皇の下の司教も領主化した）。その中で武力を用いて教皇の座を得たり、教皇座を私物化して実子を教皇にする例も頻繁に見られるようになっていく。教皇が王権によって追放される例も少なくなく、司祭や修道院長の地位も売買の対象となった。カトリック教会は絶対視され、中世になると同じキリスト教徒であっても教会の教義に異を唱えるカタリ派などを「異端」として摘発し、虐殺していく動きも顕著となった（異端審問は宗教改革以後まで続いている）。

十三世紀にはローマ教皇の権力は絶頂期に達した。教皇インノケンティウス三世（在位一一九八〜一二一六）は、神聖ローマ皇帝オットー四世を破門して退位に追い込んだだけでなく、フランス国王フィリップ二世、イギリス王ジョンを破門し、屈服させた。ヨーロッパ各国の王位が教皇によって左右される状況となったのである。また、インノケンティウス三世は第四回十字軍を起こしたが、この十字軍は本来の目的地であるエルサレムではなく東ローマ帝国の首都コンスタンティノープルを攻略して暴虐の限りを尽くしたため、東西教会の対立が決定的なものになった。

その後、教皇の権威は各国の政争に巻き込まれて次第に下降線をたどる。一四世紀には教皇庁が分裂して二人の教皇が並立する状態が長期間続くなど混乱した。教皇は免罪符を乱発して財を求め、王侯同様の贅沢を続ける事態となり、イギリスのウィクリフ（一三二〇頃〜一三八四）、チェコのフス（一三七〇頃〜一四一五）らが非難の声を上げるようになった。

一五一七年から始まる、ルター（一四八三〜一五四六）らによる宗教改革運動はウィクリフやフスの活動の延長にあるものだった。ルターは免罪符の販売を批判し、救済は教会ではなく聖書を通した神への信仰によるとの主張を展開した。その背景にはカトリック教会が一神教を標榜しながらマリア信仰や聖人・聖遺物礼拝、巡礼の横行を許して実質的に多神教化していることへの懐疑と反発があった。

ルターの思想はドイツをはじめ東欧・北欧に急速に広まり、ツヴィングリ（一四八四〜一五三一）やカルヴァン（一五〇九〜一五六四）など、ルターよりさらに急進的な運動が起きていく。カトリック教会と対決して宗教改革を目指した彼らはプロテスタントと呼ばれたが、プロテスタントの中でも見解は多様に分かれ、相互対立を続けた。

カトリック教会は教皇専制を強化して宗教改革に対する反撃を開始し、カトリックとプロテスタントとの宗教戦争や多くの大量虐殺事件が起きた。中でも一六一八年から一六四八年にかけて現在のドイツを中心に全ヨーロッパを舞台に続けられた三十年戦争は、ドイツ国土の深刻な荒廃をもたらした最大の宗教戦争として知られる（人口の三分の一が失われたとの説もある）。信仰の自由が認められる以前は、カトリック対プロテスタントだけでなく、プロテスタント同士においても多くの迫害、虐殺が行われた。

キリスト教が隣人愛を説きながら異教徒・異端者への迫害、虐殺を繰り返す「倒錯」に陥った根底には人間を救われる「義人」と滅びる「罪人」の両者に峻別して差別する二元論的人間観がある。その後、キリスト教は西欧諸国の植民地獲得競争と一体化する形で、南北アメリカ、アジア、アフリカに拡大していった。

イスラム教

第三の一神教であるイスラム教はアラビア半島のメッカの商人であるムハンマド（マホメット、五七〇頃〜六三二）が六一〇年、唯一神アラーから啓示を受けたとして、その啓示の教えを説き始めたことを出発点とする。アラーはユダヤ教・キリスト教の神ヤハウェと同一の神で、万物を創造し、最後の日においては全人類を復活させて審判を行うとされるのもヤハウェと同一である。ムハンマドはモーセ、イザヤ、イエスらと同様の預言者と位置づけられているが、神と一体化した存在とはされていない。イスラム教においては、イエスは神の子ではなく預言者の一人であり、殺害されずに生きたまま天に上げられ、現在も生きているとされる（イエスの復活の否定）。イエスは終末の間近に来臨するという（松山洋平『イスラーム神学』五〇四頁）。

イスラム教の最大宗派スンニー派によれば、アラーは人間と似た姿形をもたず、怒りや喜びのような感情も持たないが、「聞く者であり見る者である」（コーラン）という属性は持つと理解されている。またアラーは、イスラム教徒について不信仰以外の罪であれば悔悟する者の祈りを受け入れ、その罪を許す神であるとされる（松山・前掲書三一頁）。

ムハンマドが語った啓示は信者によって記憶または文字に記録され、コーラン（クルアーン）という書物にまとめられた。コーランの言葉は神そのものの言葉と信じられている。イスラム教は旧約聖書のモーセ五書と詩編、また新約聖書の福音書については神が啓示した啓典と認めるが、現在の聖書は本来の啓示が変更されていて不完全なものであるとする。イスラム教はユダヤ教、キリスト教から深い影響を受け、一神教を徹底化した面がある。

イスラム教は聖職者を認めず、万人が平等に直接神と接するものとする（ウラマーと呼ばれる説教者、礼拝の指導者はイスラムに関する学識者であり、特権を持っていないが、実質的には聖職者同様の存在になっている）。また、イスラムにおいては宗教と社会が一体化しており、宗教が社会生活の細部まで詳細な指示を与える政教一致、神権政治を特徴としている（イスラム法による支配）。

ムハンマドはムスリム共同体を作って政治家・軍指導者として活動し、生前にアラビア半島全体にイスラム国家を拡大した。ムハンマドの死後も軍事行動は続き、七世紀中にシリア、エジプト、ペルシャまでイスラム勢力が広がった。イスラム世界は、最盛期には東はインドネシア、マレー半島、インド、中央アジア、西は北アフリカからイベリア半島まで拡大したが、近代西欧の台頭によってインドやイベリア半島から後退を余儀なくされた。

イスラム法によれば、イスラム教からの改宗（棄教）は死刑の対象とされるなど、信教の自由をはじめとする基本的人権は否定される。男女も平等ではなく、奴隷制度も容認される。教義的には異教徒に対するジハード（聖戦）はイスラム教徒の義務とされ、ジハードによる殉教者は最後の審判を待つことなく直ちに天国に行けると説かれる。

イスラム教の教義は古代中東の観念をそのまま反映したものなので、そのままでは現代社会に適合しない。そこで国民の過半数がイスラム教徒である国でもイスラム法が厳格に適用されている国はむしろ少数にとどまっている。近年、厳格なイスラム教国家として知られるサウジアラビアが女性の自動車運転を容認したり、女性にも大学教育やスポーツの門戸を開くようになったという事例が示すように、イスラム教社会にも現代社会に適応しようとする動きが見られ、イスラム教が世界の変動に応じて変化していくことが注目される。

一神教の問題点

ユダヤ教に始まった一神教は古代人の観念を反映したものであり、現代において伝統的な教義をそのままの形で維持していくことには多くの困難が伴う。そこで一神教の内部でも教義を時代の変化に対応させるべく多くの議論がなされてきた。ただし、もっとも多彩多様な議論が蓄積されて現代社会に大きな影響力を持ったのはキリスト教に関するものであった。そこで、ここではキリスト教を中心に一神教の問題を取り上げることとする。

キリスト教の歴史において教皇の権威を否定する宗教改革とその後の宗教戦争はもちろん重大な転機だったが、宗教改革を起こしたルターやカルヴァンの思想はパウロやアウグスティヌス（三五四～四三〇）の思想を継承したもので、基本的には中世的な枠組みを出るものではなかった。しかしキリスト教は、十八世紀頃から、学問の自由が認められていたプロテスタント諸国を中心に、人間理性の判断力を重視する啓蒙主義の挑戦を受け始めた。

そこではまず、イエスが水の上を歩いたという類いの、聖書に記された「奇跡」が理性に反するものとして否定された。さらに聖書も他の書物と同様に理性の吟味に晒されていく。理性的検証により、旧約聖書は千年以上の長期間にわたって多くの人々の手で記されたものであり、新約聖書の福音書もそれぞれの作者の宗教的立場から作成されたものであることが明らかにされていった。

要するに聖書は神の言葉を記したものではなく、それぞれの時代の人間の観念を反映したものであることが明らかにされたのである。その作業の中から神が六日間で世界を創造したというような伝統教義も否定されるようになっていった。

啓蒙主義は理性万能の立場をとった単純な合理主義であったため、世界と人間は理性で全て把握しきれるものではないという理性の限界を強調する立場からの批判を受けたが、理性を重視することは避けがたい時代の趨勢であったため、キリスト教は教義をできるかぎり理性と乖離しないように再解釈し、近代の世界観に適合した宗教として生き残ろうとした。その運動がシュライエルマッハー（一七六八〜一八三四）、ハルナック（一八五一〜一九三〇）やティリッヒ（一八八六〜一九六五）らに代表される自由主義プロテスタント神学である。神話的思考によって記されている新約聖書を非神話化し、実存主義的な見地から再解釈したブルトマン（一八八四〜一九七六）の業績もその文脈の上から意義づけられる。

それに対して、神の啓示という伝統的な立場に回帰し、自由主義神学を人間中心的として批判したのがバルト（一八八六〜一九六八）に代表される新正統主義の神学だった。それは神と人間の相違、神の他者性を強調するところに特徴がある。新正統主義は自由主義神学がキリスト教を人間学に解消させてしまうとの危惧を抱き、キリスト教の絶対性を主張しようとした。しかし、そこにはキリスト教信仰の伝統に立て籠って他からの批判を許容しない独善性と頑なさがある。新正統主義神学はキリスト教世界内部にしか通用しない自己満足的な言説にとどまり、第二次大戦後までの一時期に大きな影響力をもったが、今日ではもはや過去の存在となっている。

（i）神による創造

一神教の教義においてまず問題となるのは創造神の観念である。一神教は、神以外の全ての存在は神が創造したものであるとするが、それでは神は誰によって造られたのかという疑問がただちに生ずる。神は特別な存在で、他によって造られたものではないと答えるならば、なぜ神だけが特別な存在なのか、その根拠、理由が求められるが、一神教側からは合理的な説明はない。特別だから特別なのだということでは答えになっておらず、何の説得力もない。要するに神だけを特別扱いする理由はどこにもない。神が他によって造られたものでないならば、神以外の存在も他者によって造られたものではなく、それ自体として自ら生成したものと考えることができる（それが仏教の立場である）。よって、唯一神による世界創造説は理性による根拠づけができず、信ずる以外にないものとならざるをえない。

人間の理性が神に代わる権威を得た近代以降、神を合理的に説明する試みが続けられた。今日では「神は人間理性の相関者とされ、形而上学的体系の保証（デカルト）、道徳哲学の保証（カント）、歴史哲学の保証（ヘーゲル）などにすぎなくなり、今日では心理学化さえされている（ユング）」（宮本久雄『岩波　思想・哲学事典』二五九頁）と評される。しかしフランスの哲学者レヴィナスは、これらの哲学的有神論もその実態は形を変えた無神論であると見なしている（同書）。

第一章で述べた通り、宇宙が創造主という他者によって造られたものではなく、自ら生じ、生成発展するものであることは現代宇宙論が認めるところである（創造主としての神を認める理神論も否定される）。ホーキング博士は結論的に「ビッグバン以前には時間がない」「創造主が存在していたはずの時間がないのだから、創造主が存在する可能性はない」（『ビッグ・クエスチョン』五三頁）と断言する。ビレンケン博士によれば、宇宙は時間も空間も物質もエネルギーもない「無」の状態から「トンネル効果」によって瞬間的に生まれてきたと考えられる（佐藤勝彦『宇宙は我々の宇宙だけではなかった』五〇頁）。宇宙が誕生できたのもトンネル効果が成り立つという「法則」による。宇宙が自身を形成できたのもそれを可能ならしめる根源的な「法」があるからである。

アウグスティヌスは時間も神によって創造されたとしたが（『告白』）、時間のない「無」においては何者も存在できない（創造という行為がある以上、行為の始まりと終わりがあるので、そこには既に時間が存在している）。時間のない条件のもとでどのようにして神が存在するのか、アウグスティヌスは何も説明しない。ただあるのは「神は存在するから存在するのだ」というドグマ的な強弁だけである。そのことはアウグスティヌスの神が宗教的信条のもとに作り出された空想上の観念に過ぎないことを示している。

仮に神が存在するとすれば、そのこと自体が一つの果であり、果がある以上、その因がなければならない。神には因がない、因果律を超越しているというのであれば、神は因果律という普遍の「法則」と相反しているので、その存在は認められない。唯一の人格神が固有の意思をもって能動的に現実世界に介入するということも因果律と相反する。人間の理性には限界があり、理性が及ばない領域があるのは事実だが、論理を含めた普遍的な「法則」に反するものは容認されない。

神は、せいぜい「法」の擬人的表現に過ぎない。神という概念を法則と同義語の概念として残そうとしたスピノザなどの「汎神論《はんしんろん》」も結局のところ「潤色された無神論」（ドーキンス『神は妄想である』三四頁）であり、神観念を否定しきれていない不徹底さの故に容認されない。不徹底という点でいえば、世界の創造主としての神は認めるが、創造された後の世界に神は干渉しないとする「理神論」も同列であり、「薄めた有神論」（ドーキンス）にとどまるので認められない。神の存在・不存在はいずれも論証できないという「不可知論」も不十分である。

(ii) 悲惨に対する神の責任(神義論)

一神教において世界を創造した唯一の神は人格神と考えられてきた。実際、旧約聖書の神ヤハウエは怒り、妬み、愛するという人格性をもった存在として説かれている。神が人格を持つ存在であるからこそ人間が神に呼びかけ、祈り、対話するという関係が成立する。一方で神は全能の存在であるとされる(三二五年のニカイア信条では「我は全能の父なる神を信ず」と定められている)。そこで神が万能であるならば、世界の深刻な悲惨や悪が絶えないのはなぜかという問題が生ずる。これは神学的には「神義論」といわれる議論だが、それを通して神観念の意味を考えることができる。

神が全能ならば世界に悲惨や悪があることについて神に責任があるということにもなる。旧約聖書の中でこの問題を扱っていることでよく知られているのが「ヨブ記」である。「ヨブ記」はモーセの執筆とされてきたが、実際にはバビロン捕囚後の紀元前五世紀から前四世紀頃に成立した文書と見られている(加藤隆『旧約聖書の誕生』四〇四頁)。

神に対する信仰が厚く、財産も多くの子供も持っていたヨブは、サタンによって突然、財産と子供を失い、重い皮膚病にもかかって、妻からも神を呪《のろ》って死んでしまえと罵《ののし》られる。ヨブは何にも神に背いていないのに悲惨な状態に置かれたと言って嘆く。すると神が嵐の中からヨブに答える。神は、ヨブが世界創造に関与していない卑小なものに過ぎないのに神を非難し責めたことを叱る。ヨブは悟ってもいないことを述べた自分を退け、自身の言動を悔い改める。

要するに「ヨブ記」の作者は、人間がどのような悲惨に直面したとしてもそれは全て神の計画であり、被造物に過ぎない人間が神の責任を問うこと自体が根本的な誤りだとするのである。「ヨブ記」には「神から懲《こ》らしめを受ける人は幸いである」という言葉もある。どのような悲惨も神からの懲らしめの「諭《さと》し」として甘受しなければならないとする。「人は蛆《うじ》、人の子は虫けらに過ぎない」とも説かれる。神から見れば人間は蛆虫のようなものなのだから、また神は深刻な悲惨もあるものとして世界を創造したのだから、そこに存在する人間はたとえ踏みつぶされようと焼き殺されようと黙って神に従えという教義である（神は悲惨の責任を負うが、神は自分が望む時に望むことができるので、人間から神を責めることはできない）。「ヨブ記」において神は人間から呼び掛けることも許されない、隔絶した絶対的支配者であり、神義論などという議論そのものが成り立たない。

国家滅亡と強制移住という惨事を体験したイスラエル人は、神への絶対的服従という信仰をもって民族を維持しようとしたのである。イスラム教も、悲惨な災害さえも神から与えられたものであり、被造物である人間は神の意志を知ることができないという教義なので、神の責任を問うなどという議論は初めから成り立たない。

ユダヤ教の段階とは違ってキリスト教になると神義論が出てくるが、代表的なものとしてアウグスチヌスによる神義論がある。それは原罪の教義と結びついている。アウグスチヌスによれば神は全能かつ完全であり、神が世界を創造した時には悪は存在しなかったが、その後、人間が禁断の実を食べて堕落し原罪を背負う存在となったためにその罪によって人間の自由意思は弱められ、悪に傾くことになった。人間がその罪と悪への傾向を自身の力で克服することは不可能であり、だからこそ神の恩恵による以外に人間が救済されることは不可能であるとする。要するに世界に悲惨や悪が存在するのは人間の責任であり、神に責任はないとするのである。

それでは悲惨の中に置かれている人間はどうすればよいのか。神の恩恵を求めれば切迫した貧困や病苦、政治的迫害、家庭不和などの苦難は無くなるのか。答えは否である。実際には何も変わらない。悲惨のままであり続ける。たとえ悪による被害を受けてもそれを「天の配剤《はいざい》」として受け入れなければならない。アウグスチヌスがいう神の恩恵とは、自分が最後の審判の時には救われる可能性があるという期待を心の中で持ちうることを意味する。これはアウグスチヌスに限らず一神教一般に言えることだが、救済といってもに要するに観念的なものにとどまり、現実には何の救いも与えられない。この場合、宗教は、マルクスが指摘したように、実際の苦痛を精神的に緩和するための精神的麻薬として働いているだけである。

またアウグスティヌスの神義論はいわゆる予定説と結びついている。アウグスティヌスによれば、恩恵を与えるのも与えないのも神の自由であり、神に選ばれた者だけが最後の審判の時に救われ、そうでないものは永遠の地獄の中に突き落とされる。人間の運命は神の意思によって予定されているのであり、個々の人間の性質や行為に左右されない（この予定説は後にカルヴァンによって継承された）。つまり、悲惨の中にある人間は最後の審判の際に救われる可能性があることを慰めとして（ただし救われるかどうかは神の意思によるから救われる確証はない）、各自の運命のままに生きていく以外にないというのである。結局、悲惨や悪は神の意思によるのだからそれを甘受するしかないという、極めて救いのない、苦しむ人間をさらに突き放した結論になっている。このために予定説はキリスト教の中でも支持するのは少数派にとどまっている（カトリック教会やギリシャ正教会は支持していない）。

また神義論の中には悲惨や悪は人間の成長のために積極的な意味を持つとする説がある。それ故に悲惨があることは神の責任ではないというものである。しかし、アウシュビッツや広島・長崎で殺されていった子供たちに対し、その悲惨は彼らにとって有意義だったと言ったり、まして神による罰であるとか天の配剤であるとすることは適切ではない。悲惨はどこまでも悲惨であり、決して正当化できるものではないからである。

筋金入りのキリスト教徒として出発し、聖書学の権威であるバート・D・アーマンは、「人はなぜ苦しむのか」というこの問題を考察して明確な答えを得ることができず、結局、キリスト教信仰を放棄している（『破綻した神キリスト』）。戦後世界に大きな影響を与えたドイツの神学者ボンヘッファー（一九〇六～一九四五）は、伝統的キリスト教はいわば成人していない人間の宗教で、現代の「成人した世界」には通用せず、現代人は「神なしで生きる」以外にないと論じている。

ボンヘッファーは次のように言う。

「人間は、あらゆる重要な問題において、『神という作業仮説』の助けを借りることなしに、自分自身を処理することを学んだ。このことは、科学と芸術と倫理の問題において、もはや何人もそれをゆるがすことのできない明々白々たる現実となった。約百年来、そのことは宗教的な問題にも加速度的にあてはまるようになった。一切は、『神』なしに、相変わらずうまく進んでいるように思われる。ちょうど科学の領域におけると同じように、普通一般の人間の領域においても、ますます広範囲にわたって『神』は絶えずその活動範囲を抑制され、地盤を失っている」

（『抵抗と信従』二一七頁）

啓蒙主義が生んだ理神論は、神は世界を創造しただけであって創造された後の世界には関与しないとした。この立場では世界に悲惨や悪が存在する以上、悪がある世界を造った神の責任は免れず、そのような神はそもそも存在する必要もないという無神論に繋がっていく。また理神論によれば、神は現実世界に関与しないのであるから、実際の悲惨や悪に対しては全く無力なものとなる。

悪に対する神の無力性ということは近年の神学でも次第に広く認められるようになった。たとえば哲学者ホワイトヘッド（一八六一〜一九四七）のプロセス哲学をもとにしたプロセス神学は、自然災害などの悲惨が起きることを神は制止できないとして神の無力を主張する。またボンヘッファーも現世において神が無力であることを率直に承認している（『抵抗と信従』）。近年では悲惨に対して神自身が苦しむ存在であるという考え方が出てきたが（モルトマン、北森嘉蔵など。このような神は全能であるとされる伝統的な神とは異なるものになっている）、神が悲惨について人間と同じように苦しんでくれるとすることは信者にとって精神的な慰めにはなっても現実の悲惨に対して神が無力であることに違いはない。これもまた神の無力性を別角度から表明しているものといえる。

神が無力であることを知るにつれて、伝統的な一神教の神観念が揺らいでくる事態となる。たとえばホワイトヘッドは、彼自身は神学者ではないが、神を秩序と同一視する。ホワイトヘッドは「神は世界における機能であり」「世界における結合の要素である」（『宗教の形成』一四二頁）という。この主張は伝統的な神観念を超えたものである。ただしホワイトヘッドは、神は世界のうちに内在するとしながら、同時に世界は神のうちに内在するといい、「神と世界は対象的な対立者である」（『過程と実在』）とする。神を世界と対立する他者としているところに有神論の残滓があるといえよう。

プロテスタントの神学者ティリッヒは『組織神学』『生きる勇気』などの著書において神を「存在それ自体」「存在の力」「存在の根柢」などの言葉に言い換えている。神を世界を秩序あらしめる根源的な力、一切の存在を存在させている力と捉えたならば、その神は仏教のいう「法」とほとんど同義となり、法の擬人的表現に過ぎず、法の概念の中に解消されていると言っても過言でない。

プロセス神学やティリッヒの言う神は伝統的な有神論の枠組みから逸脱しており、彼らの意図としてはキリスト教を擁護するところにあるが、その主張自体、伝統的有神論がもはや維持できないことを示している。ティリッヒは有神論的な神観念を越えた「神を越える神」という概念を打ち出したが、神という概念を遺している限り人間と異なる他者性を払拭できていない。万物を存在させる力、仏教でいう「法」は自身と世界をともに貫いているのであり、自身の外にある他者ではない。「神を越える神」などと無理な表現を用いるよりも神という観念をもはや無用のものとして潔く廃棄すべきなのである。

一神教は、神の存在や神による創造などの根本教義について全て「神秘」として理性的な説明を拒否している。そのような反理性的教義は古代・中世の教義であり、もはや「成人化した世界」（ボンヘッファー）である現代には受け入れられない。

ニーチェのいう「神の死」とは、多神教であれ一神教であれ、人類はもはや神などという観念を不要とする段階に達しているという認識を示している。神観念を廃棄すれば一神教そのものを放棄しなければならない。そこまで到達したのがニーチェやフォイエルバッハ、マルクス、フロイト、ドーキンスということとなる。たとえばフォイエルバッハは「神は単に思惟の対象に過ぎない」「神は人間の内面があらわになったものであり、人間の自己が言い表されたものである」（『キリスト教の本質』）という。要するに、神といっても人間が作り出した一つの観念であるというのである。またフロイトは、フォイエルバッハと同様に、神という観念は人間の「幻想」に過ぎないとする（『幻想の未来』）。彼らの極めて明快な主張に対して神学者たちは誰一人として正面から反駁することができない。実際に太刀打ちできないからである。

（iii）イエス＝キリストの教義

神観念だけでなく、一神教にはそれ以外にも多くの問題点がある。

唯一神による世界の創造と並んで、イエスが十字架上で死を遂げたことで万人の罪を贖《あがな》い、救世主（キリスト、メシア）となって復活したということ（イエスにおける神の受肉、神の啓示・現臨）がキリスト教の根本教義だが、この教義はイエスの弟子たちがイエスの死を意義づけようとして旧約聖書のメシア思想を下敷きにして作り上げたもので、客観的な根拠は何一つない。そもそもイエスの死がどうして万人の罪を贖うものになるのか、合理的な説明は一切ない（アダムとイブの誤り以後、万人が罪を引き継いでいるという教義も問題である）。「途方もない神話的主張」（マック『キリスト教という神話』）であり、ともかく信ずる以外にないという教義になっている。

イエスの確実な実像は学問的には不明だが、少なくともイエス自身が自分を「メシア」とか「キリスト」と呼んだ確証はない。イエス自身はユダヤ教徒であり、キリスト教という新宗教を開く意思があったとは考えられていない。しかし、原始キリスト教団においては、イエスは人間であると同時に神と一体・同一の存在とされた。この教義は初期のキリスト教徒の共同体を支えるものと見られるが、ともかくこの教義がカトリック・プロテスタント・正教会を含めたキリスト教主流派の共通教義となった。もっとも福音書が作成された一、二世紀にはキリスト教内部にも多数の集団があり、各福音書はそれを作成した集団の神話を記述したものなので相互に矛盾している点も多い。

しかし、イエスが神と一体であるというキリスト教の空想的教義は、イエスが人間でありながら同時に神と同一となったのであれば他の人間も同様に神と一体化できる可能性があるのではないかという主張を生み出す（啓蒙主義はこの立場に立つと理解される）。この立場に立てば誰もが神と一体となりうるので、イエスの存在は救済にとって必要不可欠ではないことになってしまう。万人がイエスと同列であるということではキリスト教自体が成立しなくなるので「イエスだけが特別なのだ」とするのだが、では「なぜイエスだけが特別なのか」という疑問が出てくる。これに対してキリスト教は「神の意思」「秘儀」とするだけで正面から回答しようとしない（仏教においては万人に仏の生命が具わり、人間こそが現実の仏であるとするのでこのような問題は生じない）。

要するにイエスがキリストであるというキリスト教の根本教義は何の根拠もない独断であり、原始キリスト教団における共同幻想に他ならない。神とイエスと聖霊が一体であるといういわゆる「三位一体」の教義も同様である。

(iv) 否定的な人間観

また一神教の問題点として人間を無力で罪悪深いものと見る否定的な人間観がある。人間の罪を強調する点は、アダムとイブの楽園追放の神話に見られるように旧約聖書全体に一貫しているが、キリスト教においても同様である。

たとえばパウロは、アダムが罪を犯したために全人類が罪の宿命を負う存在となり、死が罪に対する刑罰として課せられることになったと説く（「ローマの信徒への手紙」）。彼は「私はなんと惨めな人間なのか。死に定められたこの体から誰が私を救ってくれるだろうか」と悲嘆の言葉を述べている。また先に述べたように、人間の原罪をことさらに強調したのはアウグスティヌスだった。アウグスティヌスは、パウロと同様に、人間は全て罪を負っており、無力な存在とする。ルターやカルヴァンも人間が本来的に邪悪であることを強調し、人間の意思や努力は無意味であるとした。

一方で一神教には旧約聖書以来、一貫して「地獄」の観念がある。教派によってニュアンスの相違はあるが、概して言えば、最後の審判の際には全ての人間は神によって裁かれ、神に背いた悪人は「永遠の地獄」に突き落とされて未来永劫に救われることはないと説かれる。

たとえば「マタイ福音書」は「呪われた者ども、私から離れ去り、悪魔とその使いたちに用意してある永遠の火に入れ」と説く。この言葉が象徴するように、人間は無力で罪深いものであるとする人間観に加えて、死後における地獄の観念をもってそのままでは地獄の業火に焼き尽くされることになると脅迫し、それから逃れたければ神の恩恵にすがる以外にないと説いてきたのが一神教の基本思想である（カトリックおよびプロテスタント主流派において「永遠の地獄」の教義は今日でも維持されている）。

多くの宗教において「脅《おど》し」を布教の手段とする態度は広く存在するが、その側面が一神教にはとくに強く見られる。もっとも近年では、地獄の教義は不人気のために積極的に語られることは少なくなり、逆に神の愛が強調される傾向にある。しかし、一神教の根底に原罪と地獄の観念を媒介にした「脅迫」が存在していることは忘れられてはならない。

否定的な人間観と原罪思想による脅迫を基調とする一神教に対して、大乗仏教は万人が成仏できるという思想のもとに人間生命の尊厳さ、偉大さを強調する点で大きな対比を成している。仏教においても地獄の思想はあるが、地獄の苦しみもその苦を受けることによって罪の報いが終われば地獄から脱することができるとされ、「永遠の地獄」という観念は存在しない。

（v）終末思想

一神教の問題として、いわゆる終末思想がある。旧約聖書の「ダニエル書」では世界は終末に向かって進んでおり、終末の時には天から雲に乗って「人の子」（メシア）がやって来て神の審判が下り、イスラエル民族に救済がもたらされると説かれる。キリスト教においては終末の時には全ての死者が復活してイエス・キリストが天から再臨し、最後の審判がなされるとされる。神を信ずる者は死も悲しみもない状態となるが、不信仰者や偶像崇拝者などは火と硫黄《いおう》が燃える池に投げ込まれるという（「ヨハネ黙示録」など）。

ユダヤ教、キリスト教の影響を強く受けたイスラム教も終末思想を強調する。すなわち終末の日には天が割れて大地が平らになり、地中のものが全て投げ出される。全ての人は神の前に引き出されて秤《はかり》にかけられ、善行を行ってその重みで秤が下がった者は天国に行くが、秤が上がった者は永遠に地獄にとどまるとされる（「コーラン」第二〇章・二三章など）。また「コーラン」では天国の快楽と地獄の極苦が詳しく描かれている。

神による審判と世界の終わりをセットにした終末思想は一神教だけに見られる独特のもので、人類の歴史観としては特異なものといえる（さらにその源流には古代ペルシャの宗教であるゾロアスター教の教義があったと考えられる)。中国・日本・インド・メソポタミア・エジプト・ギリシャ・ローマ・北欧・ケルト・アイルランドなどの神話にはこのタイプの終末論はない。

このような終末思想が生まれた背景には苦難の連続だったイスラエル民族の歴史があったと思われる。旧約聖書の中で鮮明に終末思想を説示する「ダニエル書」が成立したのはセレウコス朝シリアにイスラエル民族が支配され、厳しい迫害を受けた紀元前一六八年から一六五年頃とされる(米倉充『キリスト教概説』二〇一頁)。それ以前から他国の脅威にさらされてきたイスラエル民族には苦難を救ってくれる理想的な王(メシア)の出現を待望するメシア思想があった。ユダヤ教の終末論は、そのメシア思想が世界の終わりを説く終末思想と結びついたものと考えられる。要するにユダヤ教は、どのような苦難が続いたとしても神を信じぬいた者は苦難の中で死を迎えてもやがて到来する終末時には復活して最終的に勝利し、逆にイスラエル民族を迫害した者は神の裁きを受けて滅亡すると断言することでイスラエル民族に希望を与えようとしたのである。

このような終末論は、既にプロテスタントの神学者ヴァイス(一八六八〜一九一四)が明らかにしたように、ユダヤ教が生み出した古代思想の一つである(終末論の前提には、宇宙には神の住む層と人間の住む層と死者たちがいる層の三つがあるという古代的な三層宇宙論がある)。

一神教の終末論は古代イスラエル民族が作り上げた神話であり、そのままでは現代に通用するものではないところから、それを現代に生き延びさせる解釈の試みが神学者によってなされてきた。たとえばバルトは、終末は未来に起こることではなく、信仰による覚醒であるとする(『ローマ書講解』)。またブルトマンは、終末とはキリスト教信仰によって生き方の転換がなされることであるとする(『歴史と終末論』)。さらにティリッヒは、終末とは永遠へと移行することであるとし、神の国の成就とは永遠の生命を意味するという（『組織神学』）。

要するに現代の神学者は共通して黙示録に示される世界の終末を古代の神話として退け、終末論を個人の信仰次元の内面的問題として扱っていることが分かる。未来のある時点で世界が破滅し消滅するという古代的観念は現代ではもはや到底通用しないことを表明しているのである。

終末論は、神による世界創造説と相まって、世界には始まりと終わりがあるという限定直線的な世界観に基づいている。しかしそれは、先に述べたように、極めて特異な世界観である。仏教は、「成住壊空《じょうじゅうえくう》」の言葉が示すように、宇宙を含めて万物は生成と消滅の循環を永遠に繰り返すものと見る（ただし、その消滅は完全な無ではなく「空《くう》」であり、再び生成する力を潜在的に孕《はら》んだ状態である）。時間の流れは不可逆だが、円環的であり、始まりも終わりもない（無始無終）。万物は他者によって造られたものではなく、自ら生起し、また空に帰していくものとする。

この円環的な時間の観念は仏教だけが主張するものではなく、インドにおいてはバラモン教の学派時代には既に一般的な見解となっており（木村泰賢『印度哲学宗教史』三八七頁）、ギリシャなど世界的に広く見られる思想である。たとえばギリシャ人の時間観念についてドイツの哲学史家レーヴィット（一八九七～一九七三）は次のように言う。「自然がそれ自体の中から一切の生きた存在を生み出し現われしめては、ふたたび元へもどし消えうせしめるということは、単にギリシャ人の数ある見解のうちの一つというのではなく、ギリシャ人の一つの真の認識である」（『世界と世界史』一五三頁）。

地球も人類も存続しているのはごく限られた時間に過ぎないが、それらが滅したとしても、宇宙には似たような天体や生物が常に発生している。宇宙もまた同様で、人間が住んでいる宇宙も長遠の未来にはやがて無に帰するが、宇宙もまた無数に生じているのであり、一つの宇宙の生滅など何の問題にもならない。世界を創造した神などは存在せず、世界の終わりも存在しない。人間の歴史も人間のあらゆる営みの集積であり（歴史を形成する主体は神などではなく、人間以外にはない）、歴史に一定の目的があるとか完成があるなどという終末論的観念は無意味な妄想として完全に否定される。

(vi) 衰退するキリスト教

一神教の中でもキリスト教は、これまで欧米の歴史において決定的ともいえる影響を刻んできたが、百年単位ほどの尺度で見てみると人々の心を捉える力は急速に衰えている。

ヨーロッパにおけるキリスト教の衰退は一九六〇年代から顕著になり、その傾向は各種の統計にも表れている。たとえばフランスの多数派宗教はカトリックだが、フランス国立人口統計学研究所によれば、二〇一〇年のフランス人の教会出席率は四・五％で、一九五二年（二七％）と比べて五分の一以下に減っている。しかも出席者の多くは高齢者で、若年層については二％程度と見られている。カトリック教会統計によれば、世界的にもカトリックの修道士・修道女の数は激減している。全世界の修道士・修道女の数は一九七〇年にはそれぞれ約八万人と百万人だったが、二〇〇七年には五万五千人と七五万人となっている。

ヨーロッパでは、プロテスタントも含めて若年層を中心にキリスト教離れが顕著である。ガーディアン紙によれば、「欧州社会調査　二〇一四―二〇一六」をもとにしたロンドンのセント・メアリー大学の研究者がまとめた報告書では、十六歳から二十九歳の若者の宗教意識は次のようになっている。

もっとも信仰心が薄いのはチェコで、九一％が宗教を持たないと回答。エストニアは八〇％、スウェーデンは七五％、オランダは七二％だった。フランスでカトリック信者と答えたのは二三％で、六四％が宗教を持たないと回答した。さらに英国国教会（聖公会）の教えを国教とするイギリスでは、同教会への帰属を示した回答者はわずか七％で、七〇％が無宗教と答えている。

ポーランド、ポルトガル、アイルランドでは一〇％以上が週一度は礼拝に参加すると答えたが、チェコでは七〇％が一度も教会または礼拝所に行っていないと答え、八〇％が祈りをしたことがないと答えた。イギリス、フランス、ベルギー、スペインでも教会に行ったり、祈りをするという回答は半数に満たない。

キリスト教の信仰が比較的に強いアメリカでも同様の事情があると見られる。クリスチャンポスト紙によれば、米デニソン大学とイースタン・イリノイ大学の研究者が社会学的調査を基にまとめた報告は「無宗教者の割合が一九九四年以降、着実な増加傾向にあることは、現時点では社会通念となっている。政治やスキャンダル、親からの信仰継承の弱体化が相まって、所属する宗教を持たない人の割合は約五％から約三〇％に増加した」と述べている。

教会の行事に参加する場合でも、参加者が三位一体などの伝統的教義を理解していることは少ないと見られる。たとえばフランスの宗教史家F・ルノワールは次のようにいう。「三位一体論は最初の三世紀間の多くのキリスト教思潮（アリウス説、キリスト仮現説、養子説等々）によって異議を唱えられていたし、今日、これを理解し認める信者の数は減るばかりである」（『イエスはいかにして神となったか』三七三頁)。

要するにヨーロッパのキリスト教はいまや冠婚葬祭の装置としての意味しか持っておらず、日本の伝統仏教や神道と同様の状態になっているといえよう。宗教が形骸化、化石化し、人々の人生観の基軸となっていないのである。

今日のキリスト教は現代人の心をつかむ力を失っている。キリスト教の世界観・人間観が基本的に古代的・中世的で、神学者たちの努力にもかかわらず、もはや完全に時代遅れのものになっているからである(とくに人工妊娠中絶を拒否し、女性の司祭任命を認めないなどの露骨な女性差別を続けているカトリックはその傾向が強い)。

キリスト教神学の世界においては、一九六〇年代以降、新正統主義神学が力を喪失した後、解放神学、黒人神学、フェミニスト神学、第三世界神学など、さまざまな神学が登場したが、それぞれの主張が拡散していて混迷状態にあり、環境、グローバル経済、同性愛、安楽死など現代倫理の諸問題について存在感のある主張を発信できていない。自己の存在意義を確認するうえで人格神など超越的観念は一切不要であるとする世俗主義者にとって、キリスト教を含む一神教全体がもはや無意味なものになっているのである。

そもそもキリスト教神学を含めて、特定の宗教に対する信仰を前提とする神学や宗学は、どれほど学問的な体裁をとったとしても、特定宗教の教義を前提にしている以上、結局は護教論ないしは宣教論に過ぎず、厳密には学問の名に値しない。アメリカの大学における宗教研究では宗教一般を研究対象にする宗教学が有力となり、神学は大学から聖職者養成を目的とする神学校に移される方向にある。十九世紀後半以降に設立された大学(ユニバーシティ)には神学部がない大学も多い。

学術界においても神学の地位低下傾向は顕著のようである。

端的に言えば、キリスト教はもはや宗教としての有効期限が終わっている。その点について、英語圏の代表的哲学者の一人であるチャールズ・テイラーの次の言葉が参考になるだろう。

「イギリス、フランス、アメリカ、オーストラリアを含む多くの国々で、自分たちが無神論者や不可知論者である、あるいは無宗教である、と明言する人々の数が増大した。（中略）別の次元では自分を超越する何かを信じる人の範囲が広がっており、その場合には人格神への信仰を表明する人は減少しているが、非人格的な力のようなものを信じる人の数は増えている。言いかえれば、広範囲の人々がキリスト教の正統派的な信仰以外の宗教的信仰を表明している」（『今日の宗教の諸相』九九頁）

日蓮は、三世の生命観と因果の理法の観点から仏教が仏教以外の宗教よりも優れているとしたが、仏教以外の宗教が全て無意味であるとするものではない。日蓮は「金光明経《こんこうみょうきょう》に云《い》わく『一切世間のあらゆる善論は皆この経に因る』と。法華経に云わく『もし俗間《ぞっけん》の経書、治世の語言、資生《ししょう》の業《ごう》等を説かんも、皆正法に順ぜん』と。（中略）涅槃経に云わく『一切世間の外道の経書は皆これ仏説にして外道の説にあらず』」（「災難対治抄」四五六頁）と各種の経典を引いて、仏教以外の宗教もそれぞれの役割を果たすものとして位置づけている。そのようなスタンスに、日蓮仏教の寛容性と包容性をうかがうことができよう。

(2) 大小相対

大小相対とは、仏教の内部で大乗仏教と小乗仏教(部派仏教)を比較し、大乗仏教が優れるとするものである。

①釈尊滅後の変質──小乗仏教

釈尊の滅後、仏教教団を統括したのは十大弟子の一人である摩訶迦葉《まかかしょう》(マハーカッサパ)であった。迦葉は釈尊の教えが散逸して消滅することを恐れ、教団の中心地の一つであった王舎城《おうしゃじょう》に五百人の仏弟子を集めて釈尊一代の教えを結集した。この時、経(スートラ)は釈尊の従者を務めていた阿難《あなん》(アーナンダ)が誦出し、戒律(ビナヤ)は十大弟子の一人である優婆離《うばり》(ウパーリ)が誦出したと伝えられる。

釈尊の滅後、仏教は中インドから北西と南西の方向に弘教が進められた。インドの西海岸では後に阿育王《あいくおう》(アショーカ王、在位・紀元前二六八年頃~紀元前二三二年頃)の碑文が発見されている。この方面の仏教信者には商人階層が多かった。北西方向では釈尊の十大弟子の一人である迦旃《かせん》延《ねん》(カーティヤーヤナ)がデリーに近いマツラーに布教したと伝えられ、マツラーが拠点になったと見られる。そこからカシミールとガンダーラに仏教が伝播していった。

仏教がインド全体に広まった契機は全インドを統一した阿育王の存在であった。阿育王は仏教に帰依し、釈尊の舎利を供養して各地に仏塔を建立した。法による政治を掲げたが、他の宗教も平等に扱った。王は、ガンダーラ、カシミールなどの帝国の辺境だけでなく、スリランカやミャンマー、ネパール、さらにはシリア、エジプト、ギリシャにまで仏教の伝道師を派遣した。阿育王の出現は釈尊滅後約百年とされている（二百余年後という説もある）。この時代までの仏教を「原始仏教」という。阿育王の時代になると出家者だけが教団の構成員とされるようになり、僧俗の差別が始まっている。

阿育王の後、仏教教団は戒律に関する意見の相違から保守的な上座部と革新的な大衆部に分裂した（スリランカの伝承は、分裂は阿育王以前とする）。これを「根本分裂」という。中インドと南インドは大衆部、西方は上座部が有力だったが、勢力は上座部の方が勝っていた。この二つの部は紀元前二世紀頃を中心にさらに細かく分裂していった。これを「枝末分裂」という。主な部派は全インドで二十ほどを数えた。このころの仏教は、これらの部派による仏教であったので「部派仏教」と呼ばれる。

部派仏教は出家主義を特徴とした。厳しい戒律を掲げ、それを守って修行を全うすることは在家では不可能であるとし、完全な悟りは出家しか到達できないとしたのである。在家者は出家者に供養することで功徳を得ればよいとする明確な僧俗差別の立場に立つ仏教であった。この点では部派仏教は僧俗を平等とした釈尊の精神から逸脱したものとなった。

出家教団は王や富裕な商人から莫大な寄進を受け、僧院は経済的に繁栄した。その状況について中村元博士は次のように述べている。

「社会的勢力を有していた仏教教団は主として上座部仏教系統のものであり、また大衆部系統のものもあるが、いずれも伝統的・保守的仏教（いわゆる小乗仏教）に属するものである。（中略）これらの寺院には広大な土地（耕地・山林あるいは村全体）および莫大な金銭が寄進され、これらの土地はあらゆる種類の税金が免除され、王の官吏といえども侵入・干渉することができなかった。耕地の収穫の半分は教団の所有となり、教団のビクの食糧はその中から得られた。また、寄進された現金は永代の費用として組合に依託投資され、それによって生ずる利息が教団の諸般の費用に充当された。個人として多大の財産を所有する比丘も現われた」（中村元『インド思想史』一一四頁）

その結果、生活のために出家する者や、僧侶でありながら金貸しを行う者などが続出し、戒律順守の建前とは裏腹に教団の腐敗が始まった。

僧侶は経済的・社会的特権に守られ、僧院の中に隠遁して煩瑣な学問にふけった。彼らは釈尊の教えを整理し、体系化しようとしたのである。部派仏教の教義は「アビダルマ」と呼ばれる（「アビダルマ」とは「ダルマ（法）に対する研究」の意味）。そこで、部派仏教を「アビダルマ仏教」と称することもある。アビダルマ論書を集めたものを「論蔵」といい、原始仏教時代にまとめられた「経蔵」「律蔵」と合わせて「三蔵」と呼ぶ。経蔵・律蔵の源流はもちろん釈尊の直説にあるが、今日に伝わっているものはいずれかの部派の手になるもので、釈尊の直説を知ることはできない。

部派仏教の特色は、問題の分類、分別に力を入れたことにある。釈尊は人生問題の解決に関係のない抽象的・観念的な議論にふけることを拒否したが、部派仏教は教理を分析的に考察することに没頭するあまり、釈尊が拒絶した問題にまで立ち入る傾向があった。学問的には前進したが、僧侶の特権的地位ともあいまって宗教的な躍動性はむしろ退化した。これをキリスト教と対比すれば、経蔵・律蔵は「聖書」に相当し、アビダルマ（論蔵）は「神学」に当たる。

普通は「法」と訳される「ダルマ」という言葉は仏教においては多義的に用いられ、法則や正義、真理、存在、事物、現象、さらには真理を説いた仏の「教え」も意味する。アビダルマにおけるダルマ（法）は一般に「自性任持《じしょうにんじ》」の義、すなわち「一定の特質を有して変わらないもの」という意味になるが、これはダルマ（法）という言葉を存在、事物という意味で用いたからである。

ダルマに関する見解は部派によって異なる。上座部系統の部派はダルマを実在するものと見る実在論的傾向が強かったのに対し、大衆部系の部派は外界は実在ではなく「見かけ」に過ぎないとする現象論的傾向があった。後には両者の立場を総合してダルマは「空《くう》」であると主張した『成《じょう》実論《じつろん》』の著者訶梨跋摩《かりばつま》（四世紀頃）のような存在も現れた。この立場は後の大乗中観派の見解に同ずるものになっている（木村泰賢『小乗仏教思想論』）。

上座部からの分派で、もっとも多くのアビダルマ論書を生み出した説一切有部（サルヴァースティ・ヴァーデン学派）は、ダルマを存在を構成する「存在の要素」というべきものとしてとらえ、「経験的世界の中にあるすべてのもの、存在、事物、現象は、複雑な因果関係による無数のダルマの離合集散によって流動的に構成されている」（桜部建・上山春平『存在の分析〈アビダルマ〉』五七頁）と見た。

説一切有部は、ダルマは七十五種類あるとし、外界の対象を認識する在り方のダルマとして五蘊《ごうん》（色・受・想・行・識）、十二処（眼・耳・鼻・舌・身・意・色・声・香・味・触・法）、十八界（眼・耳・鼻・舌・身・意・色・声・香・味・触・法・眼識・耳識・舌識・鼻識・身識・意識）を立て、分析的に解明している。また、煩悩についても貪《とん》・瞋《じん》・癡《ち》・慢《まん》・疑《ぎ》などのダルマがあるとする。そしてこれらのダルマは他のダルマを因として一瞬のうちに生起し消滅するという。この立場は抽象概念であるダルマが実在すると見る素朴実在論を出るものではなく、西欧中世の実念論と類似している。

部派仏教はそれぞれの部派が独自のダルマの体系を立て、その体系によって宇宙から物質、人間の心理、善悪、因縁、業《ごう》、輪廻など、世界と人生のあらゆる問題を説明し、理論付けた。その体系は極めて膨大・複雑なもので、研究に専念できる出家者でなければ習得できるものではなかった。その思想的態度はあくまでも保守的・権威的であり、生き生きとした思想の展開にはならなかった。しかし、その思想は仏教の一般理論として、後に生起した大乗仏教にも批判的に継承され、全仏教共通の基礎的な財産となっている。

釈尊滅後から始まった釈尊の神格化は部派仏教においてさらに進行し、現在の世界に存在する仏は釈迦仏一仏のみであるとされた（ただし過去に存在した過去六仏や未来に生ずる弥勒仏《みろくぶつ》は認められる）。成仏を目指して修行する存在である「菩薩」も釈迦仏が成仏する前の「釈迦菩薩」しか認めなかった。そこで、一般の人間には仏と成る性質は存在しないとされ、人間が修行して到達できるのは声聞の最高位である阿羅漢《あらかん》の境地までであるとした。その阿羅漢の境地に達するのにも煩悩を断じていくことが必要であり、常人には到底到達しがたいものとされた。

部派仏教は煩悩を断じて清浄心に到達することを目指したが、実際の人間が煩悩を完全に断じ尽くせるものではなく、煩悩を完全に滅しようとすれば肉体を滅する以外にない。そこで部派仏教が理想とした阿羅漢果も一般人が到達できないものとならざるをえない（名目だけで実体のない「絵に描いた餅」）。結局、部派仏教は煩瑣な観念的学問に終始したあまり、行ずる者に与える宗教的価値が極めて乏しいものとなった。

また、部派仏教の僧侶は煩悩を断ずるための修行と理論的議論に没頭して、他者の救済などには目も向けない極めて利己的な態度に終始した。その一方では特権的地位に安住し、在家の民衆から完全に浮き上がった存在になっていた。

そのような部派仏教に対して、在家の民衆から仏教本来の在り方から逸脱したものであるとの批判が生じていったのは自然の勢いであった。部派仏教の時代でも民衆には釈尊の教えと人格を追慕する信仰が根づいていた。そこから、部派仏教を釈尊の精神を見失った「小乗」として批判し、「釈尊の精神に帰れ」という仏教改革運動が生じていった。紀元前後に起きた改革運動から生じたのが大乗仏教である。大乗仏教の興隆後も部派仏教は根強く存続し、社会的には大乗仏教よりも有力であった。インド仏教は小乗と大乗が併存していったのである。今日、東南アジア諸国で行われている仏教は、部派仏教のうち上座部系統が伝播したものである（テーラワーダ仏教）。

②大乗仏教の興隆と変質

大乗仏教の源流、起源については、①大衆部から発展した、②仏伝文学から発展した、③仏塔信仰が基盤となって発生した等の多くの説があるが、一つの源流から生じたものと考えるのは不適切のようである。沖本克己氏は「むしろ小乗仏教への対決を共通の基盤としながら、さまざまな立場から多様に展開していった思想運動の総称が大乗仏教である、と考えられている」（「大乗戒」『講座・大乗仏教1』一八七頁）と述べている。

部派仏教（小乗仏教）と対比して、大乗仏教の特徴としては次の諸点が挙げられる。

（ⅰ）僧俗平等の仏教

大乗仏教は僧俗の差別を認めず、僧俗平等の立場を取る（後には涅槃経などの中期大乗仏教になると出家主義の傾向が生じていった）。

（ⅱ）成仏を目指す仏教

釈尊と同じく仏と成ることが万人の目指すべき目標であるとし、誰でもが成仏を目指して修行する菩薩たりうるとした。その前提には、万人に仏に成りうる性質（仏性）があるとの信念と、同時に多数の仏が存在するとの仏陀観があった。

（ⅲ）利他行の強調

菩薩の特質は利他行にある。菩薩は利他の実践によって自身の内にある悪と戦い、自身を高めることを目指した。この点で、自己の修行の完成だけを考えて他者を顧みようとしなかった阿羅漢《あらかん》（声聞の最上位）とは明確な相違がある。成仏を目指す菩薩の自己向上の努力と利他行は一体であり、標語的には「上求菩提《じょうぐぼだい》・下化衆生《げけしゅじょう》」と表現される。大乗仏教においては自分だけの救いはありえず、他者を利することによって自己の救済も成立する。自利と利他は同一であり、自他ともの幸福を目指すべきであるとした。それ故に小乗仏教は声聞乗の仏教、大乗仏教は菩薩乗の仏教と称される。

（ⅳ）現在多仏の思想

大乗仏教は、釈迦仏だけではなく多数の仏が同時に存在しうるとする。過去仏・未来仏は認めるものの、現在に存在する仏は釈迦仏のみであるとした小乗仏教と対比される。

（ⅴ）煩悩の容認

小乗仏教は煩悩の断尽を悟りの要件とし、煩悩や欲望を回避しようとする消極的態度をとったが、大乗仏教はそのような態度を取らず、むしろ煩悩を悟りのための契機とした。この態度を標語的に言えば「煩悩即菩提」となる。

仏教全体の理解として、仏教とは人生苦の原因を無明に求め、無明を修行によって滅し、心の絶対的平安を獲得する宗教であるとする見解がある。しかし、この理解は小乗仏教に囚われたもので、大乗仏教によって克服されたものである。実際にはどれほど修行したところで人間が生きている限り無明や煩悩を断滅できるものではなく、心の絶対的平安などは一つの幻想であり、決して実際に得られるものではない。小乗仏教は貪瞋癡《とんじんち》の煩悩を瞑想によって克服できると説くが、実際には単なる観念論に過ぎない。煩悩の滅尽を本当に実現しようとするならば生きていること自体を止めなければならない。小乗仏教が「無余涅槃《むよねはん》」と称して自殺を修行の理想形態としたことがそれを物語っている。大乗仏教は煩悩の滅尽という観念論を打ち破って、煩悩を成長の契機としていく積極的な生き方を選択したのである。

釈尊は単に現実世界を否定することを理想としたのではなく、否定から出発して現実世界に立ち戻った。自己の悟りに閉じこもるのではなく、全インドに対して伝道の歩みを起こし、あらゆる人々の現実生活を価値あらしめることを理想とした。大乗仏教はこの釈尊の精神に立ち戻り、自己の悟りに閉じこもって現実世界を否定するだけの小乗仏教を釈尊の精神に違背するものとして厳しく批判していった。

大乗仏教には悟りを不要とする面もある。法華経法師品等に説かれる「願兼於業《がんけんおごう》（願って業を兼ねる）」の思想が示すように、大乗菩薩は悟り（涅槃）の境地に入ることを拒否してあえて輪廻生死の中に身を置き、一切衆生救済の慈悲行に徹することを理想とした。

（vi）芸術と時代精神の尊重

小乗仏教の戒律では音楽・舞踊・演劇の鑑賞は禁止されていたのに対し、大乗仏教はそれらをもって経巻や仏塔に対する供養とした。この点は大乗仏教の在家性の表れである。また小乗仏教が専門性に閉じこもって同時代の精神文化を顧慮しなかったのに対し、大乗仏教は同時代の精神文化を積極的に吸収し、それに対応しようとした。

（vii）社会変革への志向

利他の実践を重視した大乗仏教は、自身の内面に閉じこもる態度を退け、仏教の慈悲の精神を各人の現実生活や社会の上に実現しようとした。この点も出家主義に傾斜して僧院に閉じこもり、民衆の生活や社会を顧みようとしなかった小乗仏教と対照的である。

大乗仏教が生まれた紀元前後は、かつて最初期の仏教やジャイナ教から批判されたバラモン教がドラヴィダ人など先住民族の信仰と融合してヒンズー教として再生しつつあった。また、ギリシャやイランの文化もインドに流入していた。大乗仏教は、それまでの原始仏教、小乗仏教を吸収しつつも、それらの仏教以外の文化の影響も色濃く受けている。小乗仏教がどちらかといえばその時代の精神を拒絶する傾向があったのに対し、大乗仏教はむしろ積極的に同時代の文化を摂取していく能動性を持っていた。

大乗仏教は多くのグループがそれぞれの世界観を表明して並列的に大乗経典を作成した。これらの大乗経典に対して従来の小乗部派仏教から「非仏説」との非難が寄せられた。しかし、小乗仏教が拠り所とした「経蔵」（いわゆる小乗経典＝阿含経《あごんきょう》）も、釈尊滅後百年以上経過した原始仏教時代末期にまとめられたもので、当時の教団の判断を反映したものであり、釈尊の純粋な直説ではない。結局、仏教の経典は、小乗も大乗も、歴史的釈尊の言説を正確・厳密に示したものではないという意味では全て「非仏説」となり、仏の教えという意味での「仏教」はどこにも存在しないことになってしまう（同様のことはキリスト教においても言える。歴史的イエスの正確な言説は新約聖書によっても知ることはできない）。仏教経典は、小乗も大乗も、それをまとめた人々が「これこそ釈尊の教えである、釈尊が悟った真理である」との宗教的確信から編纂したものであり、釈尊を渇仰する人々が仏陀釈尊に成り代わって作成したという意味では全て仏説ということができる。

当然、経典作成者の仏教理解には浅深の相違があり、作成された経典にも仏の悟った真理に肉薄できているものとそうでないものとの相違がある。後に涅槃経が「悟りに至ることのできる経典（了義経）に依るべきであって、そうでない経典（不了義経）に依ってはならない」と、経典を批判的に選択すべきことを主張した所以である。

日蓮は大小相対については多く述べていない。それは、小乗に対する大乗の優位は日本においては自明であったので詳しく論ずる必要がなかったためであろう（日本に限らず、中国や朝鮮半島に伝来した仏教は大乗仏教が主流だった）。「開目抄」でも「倶舎《くしゃ》・成実《じょうじつ》・律宗《りっしゅう》等は阿含経によれり。六界を明《あき》らめて四界をしらず。『十方にただ一仏のみ有り』とて『一方に仏有り』とだにもあかさず。『一切《いっさい》の有情《うじょう》、ことごとく仏性《ぶっしょう》有り』とこそと（説）かざらめ。一人の仏性なおゆるさず。しかるを、律宗・成実宗《じょうじつしゅう》等の『十方に仏有り』『仏性有り』なんど申すは、仏の滅後の人師等の、大乗の義を自宗に盗み入れたるなるべし」（五四頁）と述べるにとどめている。日蓮は小乗仏教に対する大乗仏教の優位を承認し、大乗仏教の完成を目指したのである。

（3）権実相対

権実《ごんじつ》相対とは、大乗仏教の中で法華経（実《じつ》大乗経）とそれ以外の経典（権《ごん》大乗経）を比較し、法華経が他の経典よりも優れているとするものである。「実」とは真実、「権」とは仮という意味である。仏の真実の悟りを表している経典は法華経であり、それ以外の経典は仮の教えに過ぎないとの意が権実相対に込められている。

法華経以前の大乗経典は、小乗仏教への非難に走るあまり、小乗仏教の担い手である声聞、および声聞に類似している縁覚を不成仏の者として救済から排除する逆差別に陥る傾向があった。法華経はそれ以前の大乗経典が陥った逆差別を克服し、声聞・縁覚も含めて一切衆生の平等の成仏を説いた。万人平等の救済という釈尊の理想は法華経において経典史上初めて明確にされたのである。

法華経が成立したのは西北インド（ガンダーラかカシミールなど）で紀元二世紀後半以降の時期と思われるが（拙著『改訂版　新法華経論』一七頁）、それ以前に既に多くの大乗経典が成立していた。法華経以前、あるいは法華経とほぼ同時期に成立したと見られる初期大乗経典としては、般若《はんにゃ》経《きょう》、維摩経《ゆいまきょう》、華厳経《けごんきょう》、阿閦仏国経《あしゅくぶっこくきょう》、阿弥陀経《あみだきょう》、無量寿経《むりょうじゅきょう》、般舟三昧経《はんじゅざんまいきょう》、首楞厳三昧経《しゅりょうごんざんまいきょう》などがある。また竜樹《りゅうじゅ》（一五〇頃〜二五〇頃）以後に成立した中期大乗経典としては、如来蔵経《にょらいぞうきょう》、勝鬘経《しょうまんぎょう》、大乗《だいじょう》涅槃経《ねはんぎょう》、解深密経《げじんみつきょう》、楞伽経《りょうがきょう》、大集経《だいしゅうきょう》などがある。

四世紀末から五世紀に活動した無着と世親以後、大乗仏教は竜樹の系統を引く中観派《ちゅうがんは》と無着・世親の系統を継いだ唯識派《ゆいしきは》に分かれ、さらに両者を統合した如来蔵系などさまざまな流れが生じたが、これらはかつての小乗仏教と同様、煩瑣な学問的議論に傾斜して民衆から遊離し、生き生きとした宗教的生命力を失っていった。大日経《だいにちきょう》、金剛頂経《こんごうちょうきょう》などの密教経典はさらにそれ以後に成立したが、それらは後に述べるようにヒンズー教に同化したもので、もはや仏教とは別の異教になっている。

本来、仏教は、釈尊が入滅を前に残したと伝えられる「法灯明・自灯明」の遺言に象徴されるように、仏の教説（法）を根本として自身を確立することを目指す宗教である。しかし釈尊への思慕が募ることは仏教徒にとって自然の感情であり、そこから釈尊の遺骨（舎利《しゃり》）を崇拝し、舎利を祀《まつ》った仏塔を礼拝することが釈尊入滅まもない時期から行われた。仏塔崇拝が小乗・大乗を問わず仏教共通の事象であることが近年の研究によって明らかにされているが、それでも仏の姿を具体的に表現することは回避され、仏塔は法輪や仏足跡などと同様に仏を示す象徴とされていた。

しかし、神々の彫像を作っていたギリシャ文化に影響されてガンダーラなどで紀元一世紀頃より仏像制作が開始されてから、次第に従来の仏塔や法輪などに代わって仏像が礼拝対象とされるようになった。仏像造立も小乗・大乗を問わず仏教全体にわたって行われたものだが、大乗仏教においては釈迦仏を含む多様な仏や菩薩の像が作られていった。四世紀から六世紀にかけて存続したグプタ朝時代になると、勢力を増したヒンズー教がヴィシュヌ神やシヴァ神などの神像を盛んに造立していったことに影響され、それに対抗して大乗仏教においても仏像が盛んに制作された（グプタ式仏像彫刻は優美な純インド式仏教美術として知られる）。

当初、仏像は仏を偲《しの》ぶためのものであったり、瞑想によって仏の相好《そうごう》（容貌）を観る（観仏）のためのものであったが、ヒンズー教の神像に対抗して制作された仏像はやがて仏陀そのものと見なされ、それ自体が神秘的超能力を持つ存在として信じられるようになっていった。それは一種の偶像崇拝、物神信仰（フェティシズム）であった。七世紀にインドを訪れた法相宗の開祖玄奘《げんじょう》（六〇二～六六四）は『大唐西域記《だいとうさいいきき》』において、ヴァルダナ朝の戒日王《かいにちおう》（ハルシャ・ヴァルダナ、在位六〇六～六四七）が催した大祭で、金色の仏像を象に載せて沐浴させ、音楽や布施を仏像に捧げる模様を記述している。そのような仏像供養はヒンズー教の神像礼拝と同じ方式だった。四世紀以降、大乗仏教は教理上の学説とは別に社会的にはヒンズー教と同列の多神教と化していった面がある。

それに対して初期大乗経典である法華経では仏像礼拝の功徳は説かれるものの、基本的な修行は経典の受持・読誦・解説・書写であり、法を根本とする仏教本来の立場が堅持されている。釈迦仏が久遠の存在であると説かれるが、その釈迦仏の他力によって人間が救済されるとするものではない。あくまでも法を修行の根本として自力によって成仏を目指していくものとされる。

そもそも各自が成仏を目指すべきであるとする大乗仏教は、各自が仏と成り得ることを前提にしているのであるから、人間と仏は本来一体不二であるとの立場に立つ。それに対して仏像を超能力の所持者として礼拝する物神信仰的在り方では人間と仏が救われるものと救うものとして互いに向き合う対称的関係となり、仏は人間から隔絶した超越的存在となっていく。仏像をヒンズー教の神像と同様に礼拝したグプタ朝期以降のインド仏教は、大乗仏教本来の在り方から逸脱していったと考えられる。

日蓮と継承者日興《にっこう》は門下に対して仏像造立を勧めず、礼拝する本尊として門下に授与したのは南無妙法蓮華経を示した文字曼荼羅《まんだら》だけであった。仏像を礼拝する信仰形式は仏教本来の在り方ではないとの認識が日蓮・日興に存在したからであろう。

日蓮は「開目抄」において権実相対についての説明をもっとも詳しく記述した。当時の日本における諸宗と日蓮との教義上の主な争点が法華経と他の大乗経典との優劣にあったからである。全ての仏教経典の中で法華経が最勝であるとしたのは中国の天台大師であったが、日蓮はその天台の判断を正当とし、法華経が一切経の中でもっとも正しく仏の悟りを表現している経典であるとして法華経の卓越性を強調した。日蓮は法華経を最勝とする立場から法華経以外の経典に基づく浄土教や真言密教、禅宗などの他宗を厳しく破折した。その批判は「真言亡国《ぼうこく》・禅天魔《てんま》・念仏無間《むけん》・律国賊《こくぞく》」とする「四箇の格言」に示されている（たとえば、日蓮が鎌倉禅宗勢力の中心的存在であった蘭渓道隆《らんけいどうりゅう》に宛てた「建長寺《けんちょうじ》道隆への御状」には「念仏は無間地獄の業《ごう》、禅宗は天魔の所為《しょい》、真言は亡国の悪法、律宗は国賊の妄説」〈八五九頁〉とある）。そこで、日蓮が批判の対象とした浄土教・密教・禅宗について、仏教史的視点から考察することとする（律宗は小乗仏教に属するので除く）。

①般若経・維摩経・華厳経

初期大乗経典の中でも早い時期に成立したと見られる般若経《はんにゃきょう》系の経典は「空《くう》」の思想を強調したことで知られる。その空観を体得する智慧が般若波羅蜜《はんにゃはらみつ》である。もちろん「空」は単なる虚無主義ではない。その立場は原始仏教の「諸行無常」「諸法無我」の思想を継承したもので、部派仏教（小乗仏教）の最有力部派である説一切有部のダルマ実在論を批判したものである。般若経は一切の存在・現象が空であるとするが、同時に全ての現象は真如の現れと見る。これは後に法華経の

「諸法実相」の世界観に通ずるもので、般若経典が説いた空の思想は一切の大乗経典の基盤となった。

また、般若経はそれまでの小乗仏教を批判する立場に立つので、小乗仏教の担い手である声聞・縁覚を成仏の道に乗ることのできない愚根劣機の存在として否定する態度をとった。

なお般若経に阿閦仏《あしゅくぶつ》への言及はあるが、仏根本ではなく、あくまでも法根本の立場に立っている。また般若経には、心の奥底は本来、清浄なものであるとする「自性清浄心《じしょうしょうじょうしん》」という教説がある。これは後に仏性ないしは如来蔵《にょらいぞう》思想、あるいは阿頼耶識《あらやしき》思想へと発展する。

維摩経《ゆいまきょう》は般若経の影響下に成立した経典で、般若経と同様に「空」思想を強調する。在家菩薩である維摩居士《ゆいまこじ》を主人公として、維摩居士が声聞の舎利弗《しゃりほつ》などを痛烈に論破するという劇的な展開が見られる。それによって声聞・縁覚の二乗を成仏できない存在として退け、在家菩薩の優位を説いている。

華厳経《けごんきょう》は成仏の因となる菩薩道を強調する。華厳経で説かれる仏の悟りの世界は舎利弗《しゃりほつ》・目連《もくれん》などの声聞では全く理解できないとして、厳しい声聞批判が見られるが、この点は維摩経などと同様である。菩薩道が強調されているのは末尾の入法界品《にゅうほうかいほん》で、そこでは善財童子《ぜんざいどうじ》という在家者が普賢《ふげん》・文殊《もんじゅ》・弥勒《みろく》の三菩薩の導きによって成仏を目指す修行を重ねるという内容になっている。

また華厳経は仏の悟りの世界の雄大さを説き、華厳経の仏（毘盧遮那仏《びるしゃなぶつ》）は法界《ほうかい》すなわち全宇宙に遍満する仏とされる。しかし、華厳経は仏の境涯の偉大さを強調しても、その仏の力によって衆生が救済されるという「他者（他力）による救済」は説いていない。その仏は法界に遍満する法を人格的に表現したもの（法身仏《ほっしんぶつ》）に過ぎず、修行者に対して何の働きかけを行うものではない。善財童子が悟りに至ったと説かれるのも、仏が悟った法を自身の行によって覚知したことに他ならない。その意味では華厳経も仏根本ではなく、法根本の立場を堅持している（毘盧遮那仏の特質として光明が説かれているので、華厳経の成立は光明思想がインドに及んだ紀元一世紀以降と見られる）。ちなみに華厳経に説かれる毘盧遮那仏も無量劫の修行の結果、仏となった仏であり、無始無終の仏ではない。毘盧遮那仏を仏ならしめたものは法である。この点からも華厳経が法根本の立場に立っていることが認められる。

②浄土教

浄土教経典（阿弥陀経・無量寿経）

それらの経典群に比べて浄土教経典には極めて問題が多い。浄土教経典とは要するに阿弥陀仏を主題とする経典のことで、代表的なものとして阿弥陀経、無量寿経、観無量寿経のいわゆる浄土三部経がある（観無量寿経は、前二者を受けて中央アジアあるいは中国で作成された偽経と見られており、さほど重要性はない）。

浄土教は、阿弥陀仏の本願を信じ、仏の名号を称《とな》えれば、阿弥陀仏の住む、煩悩も苦しみもない西方極楽浄土に死後に往生して救済されるとする宗教である。戒律を守ることも禅定を行うこともできない微力の者でも救済されるという「易行《いぎょう》」を説くことを特徴の一つとする。その思想は、（i）阿弥陀仏、（ii）本願、（iii）極楽、（iv）臨終来迎往生の四点が主な要素になっている。

（ｉ）阿弥陀仏のサンスクリット語の原名はアミターユス（無量寿）あるいはアミターバ（無量光）という。岩本裕《いわもとゆたか》博士は阿弥陀仏の名が最初に登場する漢訳経典である般舟三昧経《はんじゅざんまいきょう》を研究し、同経に出てくる固有名詞や術語の写音を手がかりに、同経の原典の言語は二世紀のクシャン帝国（大月氏国《だいがっしこく》）で用いられていたガーンダーリー語であると結論した。サンスクリット語のアミタはガーンダーリー語ではアミダと書かれることから、阿弥陀はその音写であるとする。その考察から岩本博士は、阿弥陀仏は西北インド方面に結び付けられるとしている（『岩本裕著作集』第一巻）。

無量寿と無量光の関係については明らかでないが、いずれにしても阿弥陀仏は無量寿と無量光の二つの特質を合わせ持つ仏として登場する。重要なことは、このような仏はそれまでの仏教の歴史には存在しないということである。そこで、いかなる事情からこのような特異な仏が出現したのか、阿弥陀仏の起源が問題となる。

特に無量光という特質が注目される。ガンダーラの仏像が光背《こうはい》を持つようになるのは西暦一世紀後半以降であり、それまでは仏を光明で修飾することはなかった。そこでイランの光明思想の影響が指摘されている。西欧の学者の多くは阿弥陀仏の外部起源説に立ち、ゾロアスター教の最高神アフラ・マズダに起源があるとする。岩本博士もイランにおける太陽神であるミスラ神が阿弥陀の起源であるとしている。それに対してインド起源説に立つ研究者は、根拠としてパーリ語仏典のサンユッタ・ニカーヤ（漢訳仏典では雑阿含経）などに光明による仏の修飾があることを挙げるが、それらの文献が現存の形にまとめられたのは五世紀で、光明思想の影響を受けた後であるから、必ずしもインド起源説の根拠にはならない。

（ⅱ）の「本願」はサンスクリット語では「プラニダーナ」と言い、「仏が仏に成る以前の菩薩の時に立てた誓願」という意味である。菩薩の本願は大乗仏教一般に広く見られる思想であるが、阿弥陀経が説くのは阿弥陀仏と極楽世界だけで、阿弥陀経には本願思想が一切説かれていないということが問題となる。

法蔵《ほうぞう》菩薩（阿弥陀仏の前世の名前）が四十八の本願を立てて修行に励んだ結果、阿弥陀仏になったとの本願思想を説くのは無量寿経である。もっとも阿弥陀仏の前世説話は法蔵説話だけでなく、他の経典には別の前世説話が十五ほど説かれている。阿弥陀仏に多くの前世説話が説かれていることから、平川彰博士は阿弥陀仏の極楽の教理と前世説話は本来つながりはなく、極楽の教理が先に存在し、後に前世説話が付加されたと推論している（「浄土思想の成立」『講座・大乗仏教5』所収）。要するに、本願思想のない阿弥陀経の形が本来の姿であり、後に無量寿経が本願思想を追加したというのである。

その上で先の無量寿と無量光に話を戻すと、阿弥陀経のサンスクリット原典で出てくるのはほとんどがアミターユス（無量寿）であるのに対し（無量光が出てくるのは阿弥陀仏がなぜ無量寿あるいは無量光と呼ばれるのかという理由を説明する箇所だけ）、無量寿経のサンスクリット原典で説明されているのは逆にアミターバ（無量光）のみで、無量寿の説明は全く見られない。この相違はどこから生じたのであろうか。この問題について岩本博士は、大要、次のように説明している（『極楽と地獄』八二頁）。――初めに無量寿仏とその国土の極楽世界を説く阿弥陀経があり、その編纂当時またはその直後に光明思想の影響から無量寿仏に無量光の異名が生じ、その説明を書き加えた。その後に成立した無量寿経は無量光仏を強調して編纂された。

平川・岩本両博士の見解を総合すると、無量寿仏と極楽世界しかなかった経典（阿弥陀経）を前提にして、一世紀後半から生じた光明思想を受けて無量光と本願思想を付加して作成されたのが無量寿経ということになろう。とくに阿弥陀仏の本願力という「他力」による極楽浄土への往生を強調したのが無量寿経の特色で、そこに仏教本来の自力主義を逸脱した面が顕著に現れている。

また阿弥陀仏は、娑婆世界にいる釈迦仏と並存して西方極楽浄土にいる「現在仏」とされるが、このことは浄土経典作成グループが阿弥陀仏を釈迦仏と対抗しながら実質的に釈迦仏をも凌駕する統一仏にしようとする意図を持っていたとも見られる。この点について早島鏡正《はやしまきょうせい》博士は「浄土教は大乗仏教の多仏思想を阿弥陀仏（実は釈迦牟尼仏と一致する）一仏で統一しようとする意図を有していた」（『浄土三部経上』註一四八頁）と述べている（ここで「実は釈迦牟尼仏と一致する」とあるように、浄土教は釈迦牟尼仏を利用しながら釈迦牟尼仏をも阿弥陀仏に吸収し、阿弥陀仏による一神教を確立することを企図していたとも考えられる）。

（iii）の極楽については、阿弥陀経には次のような特徴を持つ国土として説かれている。

・西方に、十万億の仏土を過ぎたところにある。
・七重の欄干《らんかん》、珠《たま》で飾った網、ターラ樹の並木で飾られている。
・七宝の池があり、清涼で甘美な水が充満している。周囲には四宝で飾られた階段がある。
・階段の上には七宝で飾られた楼閣《ろうかく》がある。
・池の蓮は車輪のように大きく、蓮華と同じ色の光を放っている。
・常に素晴らしい音楽が聞こえ、曼陀羅華《まんだらけ》が降っている。

・さまざまな鳥が快い声を出す。
・その国土には三悪道がない。
・風が吹くと宝の並木や宝の網が素晴らしい音を出す。

無量寿経には、それに加えて山や海がなく平坦であるなどのいくつかの特徴が説かれるが、極楽が西方にあることは冒頭に記されている。

この極楽世界を巡って、その起源が問題にされる。阿弥陀仏と同様、ここでも外部起源説とインド起源説があり、阿弥陀仏について外部起源説を取る者は極楽についても外部起源説の立場に立つ（逆もまた同じ）。

多くの欧米の学者は、阿弥陀仏の起源をゾロアスター教の神アフラ・マズダにあるとして極楽世界の起源もゾロアスター教の信仰にあるとする。阿弥陀仏の起源をイランの太陽神に見ている岩本裕博士は、極楽の起源はユダヤ教・キリスト教の楽園「エデンの園」にあるとする（『極楽と地獄』）。極楽世界は砂漠にあるオアシスの象徴であり、アラム語で「快楽」を意味する「エデン」がサンスクリット語で「スカ」と訳され、極楽の原語「スカーヴァティー」の起源となったとしている。

さらに定方晟《さだかたあきら》教授はギリシャ・ローマ文化にまで考察の範囲を広げ、ギリシャ神話に出てくる西方の温暖な楽土「エーリュシオンの野」や「ヘスペリデスの園」に極楽世界の起源を求めることができるとする（「アミダ仏の起源」『講座・大乗仏教５』所収）。大乗仏教が登場した当時の西北インドにはイランだけではなくギリシャ・ローマ文化も強い影響を及ぼしており（仏像が制作され始めたのもギリシャ文化の影響による）、定方説が成立する可能性も大いにありうるだろう。

インド起源説に立つ者（浄土教教団に属する者が多い。日本の仏教学は研究者が僧侶などの教団関係者が大半を占めるので、宗派性の制約を脱却できていない面がある）は、般若経・華厳経などの大乗経典や部派仏教のパーリ聖典、あるいはウパニシャッドの神話などに極楽世界と類似した表現があることを挙げてその根拠とするが、「インドでは浄土思想は原始聖典に認められないのが常識である」（柴田泰「中国における浄土教の発展」『講座・大乗仏教5』二三二頁）ことが重要である。いずれにしてもインド起源説では極楽世界が「西方」にあることの説明が困難である（中村元博士は、阿閦仏《あしゅくぶつ》の浄土が東方にあると説かれたことに対抗して西方としたとするが、それだけでは十分な説明にならない）。そもそも東西という方角は地球上で初めて成り立つ観念であり、地球を超えた宇宙空間では西も東もない。西方極楽浄土という発想自体が地球を超えた宇宙空間を認識できなかった古代人の観念であることが分かる。

いずれにしても、極楽世界の起源を考える上で外部の文化的影響を無視することは不可能だろう。仏教経典ないしはバラモン教の文献にどれだけ極楽世界と類似の表現があったとしても、それらは阿弥陀経と無量寿経の制作者が極楽世界を描く時に参考にした材料に過ぎず、インド起源説の根拠にはならない。全ての浄土経典が一致して極楽を「西方」と規定している事実は、やはりインドから見た西方、すなわちイランないしはギリシャ・ローマの文化圏に楽園を想定したことを物語っている。

（iv）の臨終来迎往生について阿弥陀経には次のように説かれる。「もし善男子・善女人ありて、阿弥陀仏を説くことを聞き、名号を執持せんに、もしは一日、もしは二日、もしは三日、もしは四日、もしは五日、もしは六日、もしは七日、一心不乱ならば、その人命終わる時に臨んで、阿弥陀仏、もろもろの聖衆とともに現じてその前に在り。この人終わる時、心顚倒《てんどう》せず、すなわち阿弥陀仏の極楽国土に往生することを得ん」（大正蔵一二巻三四七頁）。無量寿経は衆生を上輩・中輩・下輩の三種に区別するが、阿弥陀仏を念ずれば臨終の時には阿弥陀が来迎《らいごう》して極楽に往生できると説くことは阿弥陀経と同じである。

そもそも臨終の時に仏が「来迎」するという思想は原始仏教や部派仏教には一切説かれていない（大乗経典には存在するが、それは全て浄土経典の影響を受けて、それに対抗する意味で説かれたものと推定される）。

それまで弥勒《みろく》菩薩がいる兜率天《とそつてん》や阿閦仏《あしゅくぶつ》がいる東方妙喜国《とうほうみょうきこく》に死後に往生するとの思想はあったが、往生する条件としては空観に基づく自行が必要とされており、仏が来迎して往生させてくれるという「他力思想」は本来の仏教にはない。また、極楽への往生思想がバラモン教や原始仏典に見られる生天《しょうてん》思想と類似していることが指摘されるが、天界に生まれることは仏国土に往生することとは別の話である。このように見てくると、臨終の時に仏が来迎し、死後にはその仏の国土（極楽）に行くことができるとする臨終来迎往生思想は仏教本来の伝統には存在せず、浄土経典制作者が独自に作り出したものと見られる。

死と死後の運命を恐れることは人間にとっておよそ普遍的な感情であり、そこにあらゆる宗教の発生理由もあるとも言えるが、浄土教は臨終時の来迎往生を強調することで死の恐怖から免れたいという要求に応えようとした。浄土教はあえて「死後問題」を取り上げ、死の恐怖を克服する道を示すことによって人々の帰依を集めることを意図したと推察される。

先に述べたように本願思想は後から付加されたものと見られるので、浄土経典のもともとの教義は臨終時における阿弥陀仏の来迎と極楽世界への往生であったといえよう。

仏教本来の思想は、あくまでも法を根本にして自らの修行によって仏の境地を目指すこと（自行）を基本とする。それに対して、自身の外に阿弥陀仏なる他者を想定し、その力（他力）によって解脱の世界に入ることができるとする浄土教の教義は（称名《しょうみょう》など若干の自行的な要素はあるもの）仏教本来の規範を逸脱したものと言わざるをえない。

それでは、なぜ浄土経典のような異教的経典が制作されたのか。この点について定方教授は、既に入滅してしまった釈迦仏と未来に登場する弥勒仏の間の空白を埋める意味で、アフラ・マズダのように現在も存在して頼りとなるものとして現在仏である阿弥陀仏が要請されたと推定している（「アミダ仏の起源」）。この推定を手がかりに、さらに浄土経典編纂の経緯を考察すると、次のようなことが言えるのではなかろうか。

大乗仏教が成立した頃、西北インドではイランやギリシャ・ローマ文化圏の影響下にゾロアスター教の最高神アフラ・マズダやミトラ神（ゾロアスター教成立以前に古代アーリア民族で信仰された太陽神）などの神信仰が浸透し、神による救済の思想が人々の心を捉えていた。仏教は本来、自力による解脱を目指すが、小乗仏教が説く阿羅漢の悟りも実際には得ることが困難であり、大乗仏教が菩薩道を強調して成仏すべきことを説いても仏の境地はさらに遠い到達点であった。

そこで一神教に影響されて、到達できるかどうかも分からない自力の修行よりもアフラ・マズダやミトラ神のような絶対的存在による救済を求める傾向が生まれた。その傾向に応え、多数の仏の存在を認める大乗仏教の思潮に乗じて、時間に制約されない無量寿の特質を持つ仏すなわち阿弥陀仏を設定するグループが現れた。彼らは、阿弥陀仏への信仰をより魅力的なものにするため、従来の仏教やバラモン教の文献を材料に使って極楽世界を創作し、臨終時にはその仏が来迎して極楽に行かせてくれるという観念を合体させた。その後、光明の特質を持つ神信仰がさらに力を増してきたので、無量寿に加えて無量光の特質も阿弥陀仏に加えた。その段階で成立したのが阿弥陀経である。

しかし、そのままではあまりに異教的色彩が強すぎるため、大乗仏教に共通する菩薩の本願思想（菩薩が誓願を立てて修行した結果、成仏したという思想）を阿弥陀仏の前世説話の中に挿入して仏教としての色彩を強め、合わせて無量光の側面をさらに強調することにした。その作業によって成立したのが無量寿経である。

こうして浄土経典を制作したグループは大乗仏教の装いのもとに仏教内部に実質的な一神教を打ち立て、広範な民衆の支持を集めようとした。このグループの意図はかなりの程度で成功したと見られる。その後に成立した多くの大乗経典には阿弥陀仏の観念が見られ、法華経のように阿弥陀信仰と対抗する意図を示す経典が現れたからである。

また浄土経典が大乗経典の形をとりながら小乗仏教に対する批判を一切行っていないことも注目される。小乗部派仏教への批判から出現した大乗仏教の基本性格上、大乗経典には何らかの小乗仏教批判があるのが通例だが、浄土経典にそれが皆無であるという事実は浄土教が大乗仏教と異質のものであることを裏づけるものとなっている。

いずれにしても浄土経典は自力による成仏を基本とする仏教本来の思想から大きく逸脱しており、異教の影響なしにその成立を考えることは不可能と思われる。この点について岩本裕博士は、二世紀にはキリスト教がインドに達していて、その後、数世紀にわたって仏教とキリスト教の交流が行われていた事実を挙げ、浄土教の「他力本願の思想は明らかにキリスト教の影響があると考えられる」(『佛教入門』一七八頁)と述べている。

浄土教の特色は次のようなものである。

(i)現世の醜悪さ、人間の罪悪を強調すること(無量寿経のいわゆる「三毒段」「五悪段」など)

(ii)それに対比して極楽浄土の素晴らしさを映像的に示すこと

(iii)阿弥陀仏という一仏の力(本願力)によって、浄土教を信じた者は臨終時に万人が極楽に往生できるとすること

(iv)臨終時には阿弥陀仏が来迎すると説くこと

それらの特色は、原罪思想によって人間の罪悪を強調しつつ、キリスト教の教義を信じた者は神の恩寵《おんちょう》によって罪の世から救い出され、死後に神が治める天国(天にあるエルサレム)に行くことができる(パウロ書簡「第二コリント書」)と説いたキリスト教の救済構造に酷似している。

阿弥陀仏の他力による救済は仏教本来の自力主義と相反しており、臨終時の来迎往生思想もそれまでの仏教には存在していない。これらを総合的に考察すれば、浄土教の本質は大乗仏教の形を装った一神教であり、仏教ではない。阿弥陀の本質はアミターユス(無量寿)とアミターバ(無量光)の特質を持つアミタ神であり、阿弥陀仏というのは偽装に過ぎない。

阿弥陀経および無量寿経は釈尊の説法という形式を用いて阿弥陀仏信仰を鼓吹《こすい》したが、その意味では阿弥陀仏信仰を宣伝するために釈尊を利用したものといえる。浄土経典を作成したグループは、大乗仏教の枠組みを巧妙に利用して仏教を偽装しながらアミタ神(阿弥陀仏)という唯一神による救済を説く一神教を仏教内部に作り上げようとしたのである。

さらに言えば、阿弥陀仏や極楽浄土の起源が外部であろうとインドであろうと、阿弥陀仏や極楽浄土が現実の根拠を持たない架空の存在であるということが重要である。阿弥陀仏や極楽浄土といっても実際にはどこに存在するものでもなく、一神教の説く唯一神や天国と同様、人間の願望に合わせて作り出された観念であり、妄想に過ぎない。この点、法華経が実際に存在した釈迦仏を教主とし、人間が住む娑婆世界（現実世界）をもって仏国土としたことと対照的である。

浄土教はインドにおいて一定の影響力をもったが、結局、インド仏教の主流にはならなかった。無着《むじゃく》の『摂大乗論《しょうだいじょうろん》』や世親《せしん》の『摂大乗論釈』は浄土往生説について「別時意趣《べつじいしゅ》」（遠い将来の別時に得られる利益が即時に得られると説いた方便の教え）として浄土教を低く位置づけている。このような唯識学派の認識からもうかがえるように、浄土教はその異教性を払拭できなかったため、インドにおいて仏教徒の広い支持を集めることができなかったと考えられる。

中国浄土教

ただし浄土教は中国において新たな展開を示した。中国浄土教の源流は、二世紀半ば、支婁迦讖《しるかせん》（一四七頃〜?）によって、無量寿経の異訳である仏説無量清浄平等覚経《ぶっせつむりょうしょうじょうびょうどうかくきょう》と、阿弥陀仏を念ずる瞑想を説いた般舟三昧経《はんじゅざんまいきょう》が訳出されたことに始まる。浄土教は中国において浸透し、三世紀から四世紀には浄土教信者が生まれている。四世紀には阿弥陀仏の仏像を本尊として安置する大堂も建設されているが、中国浄土教の始祖とされるのは四〇二年に念仏結社を結成した盧山慧遠《ろざんえおん》（三三四〜四一六）である。慧遠の浄土教は後の浄土教とは違って般舟三昧経によるもので、阿弥陀仏の他力によって西方極楽浄土に往生することを目指すものではなかった。念仏三昧によって阿弥陀仏を見て、教義上の疑問を解消することを目的とする自力浄土教であった。また結社の構成員も知識人階層で、民衆ではなかった（般舟三昧経による念仏三昧は天台宗の四種三昧行でも行われた。これも西方浄土への往生を願う行ではない）。

その後、阿弥陀経と観無量寿経が訳出され、浄土三部経が揃うことで中国浄土教も新しい段階に入っていく（ただし観無量寿経は中国あるいは中央アジアで制作された偽経と見られる）。般舟三昧経ではなく浄土三部経による浄土教を立てたのが曇鸞《どんらん》（四七六〜五四二）である。

曇鸞は初め羅什《らじゅう》系の仏教を学んだが、インドから来た訳経僧菩提流支《ぼだいるし》に出会って観無量寿経を示されたことで浄土信仰に目覚めたと伝えられる。曇鸞の思想は主著『浄土論註』（往生論註）に見ることができる。曇鸞は人間の罪業と悪を強調する。また現実世界（三界）が不浄にまみれていることを説き、煩悩に満ちた凡夫が不浄の世界において自力で救われようとしても不可能であるとする。釈尊が入滅して久しく、弥勒仏もまだ現れない「無仏」の時代であるから、地上の仏に代わる阿弥陀仏の力によって浄土に往生する以外に救われる道はないと説いた。その思想は基本的に浄土三部経の枠組みに従ったもので、①人間の罪悪と現実世界の醜悪性の強調（自力による救済の否定）と、②阿弥陀仏の他力による救済という浄土教の基本教義を端的に示すものとなっている。

曇鸞はその教義を竜樹撰述とされる「十住毘婆沙論《じゅうじゅうびばしゃろん》」（羅什訳）によって補強し、権威づけた。「十住毘婆沙論」は仏法の実践を大別して自行による修行を難行道《なんぎょうどう》、諸仏の願力によって浄土に往生する方法を易行道《いぎょうどう》とする。「十住毘婆沙論」は阿弥陀仏の称名《しょうみょう》だけを易行道としているのではないが、曇鸞は阿弥陀仏の称名が易行道に当たると主張し、竜樹を浄土教の師範として位置づけた。

当時は鳩摩羅什《くまらじゅう》によって竜樹が大乗仏教の権威とされていた時代であり、曇鸞はその権威を浄土教の宣揚に利用したのである。

曇鸞の後を受けて、浄土教を民衆次元にまで広めたのが道綽《どうしゃく》（五六二～六四五）である。道綽は初め涅槃経を研究し講ずる学僧だったが、四十七歳の時、故郷（山西省）の玄中寺《げんちゅうじ》にあった曇鸞の事跡を記した碑文を読んで感銘を受け、浄土教に転じた。道綽は時代が既に仏教が滅んだ末法に入ったとの末法思想を強調し、浄土三部経の中でも観無量寿経を重視してその講説を軸に浄土教の弘教に努めた。子の阿闍世王《あじゃせおう》によって夫の頻婆娑羅王《ひんばしゃらおう》を殺された韋提希《いだいけ》夫人の悲劇を語った観無量寿経は劇的な要素に富み、その講釈は人々の心を動かして民衆を浄土教信仰に導く力となった。これらは曇鸞には見られなかった点である。

道綽が末法思想を強調した背景には正法・像法・末法の三時の思想を説いた大集経月蔵分《だいしゅうきょうがつぞうぶん》が五六六年に訳出され、僧侶の堕落と廃仏による仏教破壊などもあいまって、社会全体に末法意識が広まっていたという事情が挙げられる（ちなみに天台大師の師である南岳大師慧思《えし》〈五一五～五七七〉も強い末法意識をもったことで知られる）。道綽は観無量寿経をもとに『安楽集』を著し、仏教全体を聖道門と浄土門に大別して、末法においては従来の聖道門の仏教では救済されず、浄土教以外に救われる道はないと主張した。道綽は民衆に浄土教を弘めたが、その範囲は山西省だけで中国全土に及ぶものではなかった。

道綽の弟子善導《ぜんどう》（六一三～六八一）は道綽の死後、唐帝国の首都長安に本格的に進出して浄土教を民衆に弘通した。当時の長安は各国の文化が流入する世界都市で、法相宗・禅宗・華厳宗・三論宗などの各宗が盛んに弘通され、またキリスト教の一派であるネストリウス教やゾロアスター教・

マニ教・イスラム教なども行われていた。宗派間の論争もまた盛んだった。善導はそれらの諸宗派との競争の中で浄土教の教義を作り上げ、弘通していった。

たとえば、道綽は口称《くしょう》念仏の他に観念の念仏も認め、また念仏以外の修行を完全に否定しなかったが、善導は口称念仏を中心的な修行とし、念仏以外の修行を「千中無一《せんちゅうむいち》（千人が修行しても得道できる者は一人もない）」として退けた。こうして浄土教の教義をさらに徹底した善導は長安の民衆に広く浄土教を弘めることに成功した。この首都での弘教の成功が中国全土に浄土教が浸透していく大きな要因となった。

中国浄土教は道綽・善導流だけではなく他の流れのものもあったが、善導以後は有力な指導者が現れなかったため、結局、中国浄土教は一つの宗派として組織されず、天台宗・華厳宗・禅宗などと融合し、それらの宗派に吸収されていった。

日本の浄土教

阿弥陀仏を礼拝する浄土教信仰は、推古《すいこ》天皇（欽明《きんめい》天皇の第三皇女、在位五九二〜六二八）の時代に日本に伝わっていた。飛鳥《あすか》・奈良時代には死者に対する追善儀礼として用いられた。その浄土教が日本で盛んになる契機をつくったのが天台宗の第三代座主、慈覚大師円仁《えんにん》（七九四〜八六四）である。

日本天台宗では本来、法華経を読誦することで三昧に入る法華三昧が行われていたが、それとは別に四種三昧の一つとして阿弥陀仏の名を称《とな》えながら堂内を歩く常行《じょうぎょう》三昧があった。開祖の伝教大師は法華三昧堂を建立して法華三昧を行じたが、常行三昧は行じなかったと見られる。ところが、慈覚は常行三昧堂を比叡山に建立し、常行三昧を修した。本来、常行三昧は止観の修行であり、浄土教の実践ではない。慈覚が導入したのは中国の五台山で行われていた、善導の流れをくむ五会《ごえ》念仏《ねんぶつ》（五種の旋律を用いて音楽的に阿弥陀仏の名を称《とな》える称名念仏）で、それが天台浄土教を生むきっかけとなったのである。

平安時代に摂関体制が確立するとともに貴族の中には私的な信仰が生じていった。貴族たちは現世利益を求めて密教の修法を僧侶に行わせる一方、死後の救済を浄土教信仰に求めた。現世は密教に、死後は浄土教にゆだねたのである。現世を絶対肯定して欲望を追求する密教呪術と、現世を厭《おん》離《り》して死後の救済を求める浄土教は本質的に相いれないが、それを同一の人間が抵抗感なく行っているところに都合に合わせてどのような宗教でも無原則に取り入れて雑居させていく日本人の雑信仰的態度が表れている。

それでもどちらかといえば、密教と浄土教のうち権力闘争に終始する上層貴族は密教呪術に傾斜したが、摂関体制の確立によって没落していった中下層貴族の間では現世を否定する浄土信仰が浸透していった。当時の念仏は怨霊《おんりょう》を鎮める呪術的な要素も持っていたが、他方では死後における個人的な救済を期待する面があった。平安時代の日本仏教は既に全面的に密教化し呪術宗教となっていたが、その中で死後の救済を願う浄土信仰が流布していったところに日本仏教が変化していく契機が生まれていく。

浄土教の流布に大きな役割を果たしたのが天台宗の学僧、恵心《えしん》僧都《そうず》源信《げんしん》（九四二〜一〇一七）である。源信は九八五年に『往生要集《おうじょうようしゅう》』を著し、天台教学の基礎のうえに浄土教を理論化した。ただし源信の念仏は極楽浄土にいる阿弥陀仏の姿を観想する観想念仏が主で、称名《しょうみょう》念仏は従であった。その観想的態度は平安貴族の美的趣味に合致して、浄土信仰がますます貴族社会に浸透していくこととなった。『往生要集』は念仏実践の在り方を指南したもので、題号が示すように経論の要文を集めて引用しながら論述している。

源信は天台教学の高揚を図った第十八代座主元三《がんざん》大師良源《りょうげん》（九一二～九八五）の高弟で、論議問答による学僧試験である広学堅義《こうがくりゅうぎ》において及落を最終的に決定する探題博士《たんだいはかせ》にもなった天台教学の権威者だった。その源信が浄土信仰に傾斜していった背景に慈覚以来の天台浄土教の土壌があったことはいうまでもないが、中下層貴族の間で広がっていた浄土信仰との関連がある。

源信は慶滋保胤《よししげのやすたね》（?～一〇〇二）を中心とする文人貴族の念仏結社である勧学会《かんがっかい》のメンバーと親交があり、その影響があったと見られる。勧学会のメンバーは立身出世コースから外れた中下層貴族で、志を得られない現世を厭離することから死後の極楽往生を願う心情が色濃かった。『往生要集』も現世否定の傾向が強く、能力の低い凡夫が現世で修行を成就して悟りを得ることの困難を強調する文が多出している。

源信は天台教学の研鑽を進める過程で自力を基本とする天台宗の修行の困難さを痛感し、天台宗による救済に絶望感を抱いた。そこから阿弥陀仏による救済という他力信仰に傾斜していったと考えられる。『往生要集』では天台宗の根本経典である法華経に対する言及はほとんどなく、もっぱら浄土三部経や道綽・曇鸞・善導などの論著を用いて浄土信仰を宣揚している。

晩年に源信は天台宗の学僧として、天台の一乗思想の立場から法相宗を批判した『一乗要決』を著しているが、内心の浄土信仰は終生変わることはなかった。源信は外形的には天台宗の学僧でありながら、内心では天台仏法の限界を感じて浄土教に転向した「内的退転者」であった。対外的には法華・密教・浄土を並列させる雑信仰の形を取りつつ、内心では天台仏法に反発していたと見られる。この点について石田瑞麿《いしだみずまろ》博士は「源信の『往生要集』自体がそうした天台的な、余りに天台的なものの克服に立っていたといって過言ではない」（『往生要集』の思想史的意義」『日本思想大系6　源信』所収）と述べている。慈覚と五大院安然《ごだいいんあんねん》（八四一～九一五頃）が天台宗の密教化を進めた張本人であったのに対し、源信は天台教学を用いながら浄土教の浸透を推進した。角度は異なるが、この三人は日本天台宗を変質させた大きな要因となった。日蓮が源信を慈覚・安然と並べて「法華経・伝教大師の師子《しし》の身の中の三虫なり」（「撰時抄」二八六頁）と破折している所以である。

『往生要集』は念仏の浸透に大きな役割を果たし、浄土教は上層貴族にも広がった。権力を握った藤原道長《ふじわらのみちなが》（九六六～一〇二七）は『往生要集』に示された臨終の方式に従って阿弥陀像の前で死去した。道長の子頼道《よりみち》（九九二～一〇七四）が極楽浄土を模した平等院鳳凰堂を建立したことは広く知られている（同時に彼らは大規模な密教の祈禱を密教僧に行わせている）。

頼道の死後、藤原氏が天皇の外戚として実権を握ってきた摂関体制が衰退する。摂関体制に代わって、天皇の位を譲った上皇が実権を握る「院政」に移行したのである。院政は白河天皇が上皇となった一〇八六年に開始されたとされる。政治体制の変動とともに日本人の宗教意識の面では釈迦の仏教が救済力を失う「末法」が到来するという末法思想が大きな影を落とした。いつから末法に入るかということは諸説あるが、当時の一般的な意識としては、大集経《だいしゅうきょう》の教説に基づいて釈尊滅後二千年を経過したと考えられていた一〇五二年が末法第一年に当たるとされた。

この時期、広大な荘園を所有して権門《けんもん》となった大寺院では僧侶の武装化が進み、内部の派閥抗争や対外的な抗争のためにその武力が使用されるようになった。律令国家の時代、寺院は国家の保護下に存続してきたが、この時代では国家にその力がなくなり、経済力と武力を手にした延暦寺や興福寺などの大寺院は政府にも対抗して利己的な要求を繰り返した。大寺院の僧侶が「僧兵」となって戦いあう様相は人々に末法到来の感を深く抱かせるものであった。

天台宗・真言宗は祈禱方式の相違から細かく分裂し、修法を「秘法」として限られた弟子に伝授する「口伝」が重視され、教義は無視されていった。公開された教義よりも秘密の口伝を重視する秘教的傾向は、天台宗の中でいわゆる「天台本覚思想」を生んだ。それは院政期から中世にかけて、仏教だけでなく神道や文学・芸能にいたるまで、日本の思想界全体を覆った思想であった。天台本覚思想は、現象世界がそのまま仏の悟りの世界であるとして現状を絶対肯定する思想で、その点では中国の華厳宗や禅宗にも共通している。そこから凡夫もそのまま仏であるから修行も必要ないとするに至った。現実を善悪ともに全て肯定して受け入れる在り方は退廃的な人生態度を生み、仏教全体を堕落させるものとなった。

天台本覚思想によれば、あらゆる信仰は全て法華経に包摂されて法華経と等しい存在となり、法華経と他の信仰を区別する意味もなくなる。その結果、教義は軽視されて口伝を実子のみに相伝することが公然と行われ（この時代、既に僧侶の妻帯は珍しくなかった）、天台宗の学問水準は急速に低下した。日蓮は、こうした退廃をもたらした大台本覚思想を厳しく批判している。

一方、寺院内部の貴族化はさらに進み、教団上層部は有力貴族の出身者で占められた。しかも彼らは武力を背景に派閥抗争を繰り返し、教団内部で真面目な宗教生活を送ることは困難な状況となった。そこで、教団から離れたところに拠点を設けて、直接、民衆に布教しようとする「聖《ひじり》」と呼ばれる僧侶が続出した。僧侶の民間布教は律令時代、既に行基《ぎょうき》（六六八〜七四九）などの先駆的事例があり、律令体制の崩壊とともに急速に進展していった。もはや仏教は貴族の専有物ではなく、全民衆のものとなっていったのである。

平安末期以降になると、貴族社会ではほとんど見られない地蔵菩薩信仰が民衆の間で広く行われるなど、貴族社会とは異なる信仰形態が民間に流布していった。地蔵菩薩はバラモン教の地神が仏教に取り入れられたもので、地獄に堕ちた者の苦しみを代わって受けて衆生を救うとされる。平安時代になって地獄の観念が民衆に浸透するにつれ、盛んに信仰されるようになった。しかも、地蔵と並んで阿弥陀仏に帰依するという雑信仰も広がっていた。この事情について井上光貞博士は「阿弥陀仏が真実に救済者として純化されていないためにこの空白を埋めるものとして地蔵信仰が発達するとともに、また経典には説かれていない阿弥陀・地蔵の複合的信仰というごとき特殊の信仰が、しかも広汎に拡ったとみるのである」（『新訂　日本浄土教成立史の研究』二四七頁）と述べている。

専修念仏の成立と展開

仏教の退廃状況を受けて、天台・真言・法相・華厳などの既成仏教を全て否定して阿弥陀仏だけを信仰する専修念仏が起こった。専修念仏を起こし、浄土宗の開祖となったのが法然房源空《ほうねんぼうげんくう》（一一三三〜一二一二）である。法然は中国唐代の善導に依拠して浄土教以外の全ての仏教を聖道門と位置づけ、聖道門では末法の衆生は救済されないとして浄土教以外の仏教を全面的に否定した。

その前提には、穢土《えど》である現世では人間は何をしようと決して救われることはないとする徹底的な現世否定がある。法然は、現世利益を求める祈禱など、念仏以外の一切の修行は無意味であり、現世を離れて西方極楽浄土に往生する以外に救われる道はないとする。国家や社会も全て無意味であり（鎮護国家の否定）、社会に関わることなく自身の往生だけを求めればよいという態度をとった。法然においては僧俗の区別や学問、戒徳も意味を持たなかった。

法然は美作国《みまさかのくに》（岡山県）の地方豪族（＝武士）の家に生まれたが、九歳の時に抗争で父を失い、母とも別れて仏門に入った。十三歳で比叡山延暦寺に登り、十五歳で大乗戒を受けて正式な僧侶となった。天台教学の研鑽に励み、優れた資質を示して将来の大成を期待されたが、十八歳で比叡山西塔《さいとう》の黒谷《くろだに》に隠棲し、念仏聖《ねんぶつひじり》となった。

法然が若年で学問僧としての人生コースを断念した背景には先に述べた教団内部の貴族化と激しい内部抗争があったと思われる。教団の上層部は有力貴族の子弟で独占され、どれほど学問を積んでも地方豪族の出身では高位に登る可能性はなかった。また天台宗の内部で延暦寺と園城寺《おんじょうじ》が武力衝突を繰り返し、さらに延暦寺の中でも座主が武力によって追放される事態になっていた。そのような状況に接して法然は天台宗に絶望し、名聞名利を捨てて自身の救済を目指す宗教生活を求めたのであろう。

法然は黒谷で源信の『往生要集』を熟読し、浄土教の実践に入ったが、やがて『往生要集』にも不満を抱くようになった。『往生要集』は天台教学と完全に決別しておらず、戒律や禅定などの諸行でも往生できるとする「諸行往生」の立場に立っていた。念仏の実践についても、称名《しょうみょう》念仏よりも阿弥陀仏や浄土の姿を観ずる観想念仏が中心だった。法然は一切経を五回にわたって閲覧するなどして研鑽・思索の努力を続けたが、救済の道は得られなかった。その中で四十三歳の時、善導の『観経疏《かんぎょうしょ》』に接し、念仏以外の諸行を否定して称名念仏だけを行ずる専修念仏に帰着した。それは、自身が育った天台宗だけでなく、念仏以外の一切の仏教を否定する道であった。

そもそも天台宗の修行は四種三昧の瞑想が中心であり、その実践には一念三千の法理を理解し、困難な瞑想を持続する高度な能力（機根）が要求された。また仏像・堂塔を造立するなどの作善《さぜん》を行うためには大きな経済力が必要であった。それでは高度な能力も経済力も持たない大多数の人々は悟りに近づくことも功徳を積むこともできない。——天台・真言など、従来の聖道門の仏教では結局、一般民衆は救済から外されている。それに対して称名念仏は、能力が低く、財力を持たない庶民でも、全ての人が実践できる修行である。だからこそ阿弥陀如来は末法劣機の衆生を救うために称名念仏を「選択」したのである。

聖《ひじり》として民衆に布教していた法然は、浄土三部経や善導の『観経疏』に依ってこのように考え、専修念仏の道に突き進んだ。法然が到達したのは、仏の悟りを自力で目指す「悟りの宗教」（聖道門）から、阿弥陀仏の他力によって救済されることを目指す「救いの宗教」（浄土門）への転換であった。結局、法然は、自力主義を基本とする仏教から浄土教という一神教に転向したのである。源信は対外的には天台僧の立場を守っていた内的退転者であったが、法然は天台僧の立場を放棄して一神教の教徒となることを決断した。

回心した法然は比叡山を離れ、京都に住して教えを説いた。法然の教説は既成仏教の弱点を的確に突いたもので、強い説得力をもって民衆だけでなく皇族・貴族や武士、さらには既成仏教の僧侶にまで浸透していった。

専修念仏の教義とは、大要は、

①聖道門の教えは尊い教えだが、それを成就するには高い機根が必要である

②末法の衆生の機根は低く、聖道門の教えを行ずることは困難である

③それ故、末法の衆生が救われるためには念仏を称《とな》えて阿弥陀如来の本願力に頼る以外にない

という三段論法的な論理に基づいている。そのうち、①の「聖道門の教えの実践には高度な機根を必要とする」という命題と、②の「末法の衆生の機根は低劣である」という命題は仏教を学ぶ者であれば誰もが承認せざるをえないもので、そこから、①②を認めれば論理的に③の命題も認める事態に追い込まれるという極めて巧妙な仕掛けになっている。この専修念仏の教義に多くの人が絡《から》め取られて念仏の徒となっていった（しかし①と②が認められても、そこから③が必然的に導かれるものではない。そこに専修念仏の論理的詐術があるが、当時はその詐術を看破して専修念仏を破折できる者はなかった。それを行ったのが日蓮である）。

法然が六十六歳の時に専修念仏の教義をまとめた『選択本願念仏集《せんちゃくほんがんねんぶつしゅう》』（選択集）は、当初、他見をはばかる秘密の書とされたが、法然の死後には印刷され、大きな影響を及ぼした。天台宗など聖道門の学僧でも『選択集』に接してその論理に動かされ、専修念仏の道に入った者は少なくない。また当時は地震や飢饉、疫病などの災害が頻発し、京都の路上でも餓死者の遺体が放置されるなどの惨状があった。それに加えて保元《ほうげん》の乱から始まる平家・源氏の争乱も続いていた。このような状況に人々の現世を厭離《おんり》する心情が深まり、死後の救済を約束する専修念仏は社会の各層に急激に拡がっていった。

それに対して天台・真言・南都旧仏教などの既成仏教から厳しい反発の動きが生じ、一二〇四年

には延暦寺の衆徒が天台座主に専修念仏の停止を要求した。法然は形式的には天台僧の立場にあったため、天台宗内部の問題とされたのである。法然は、天台・真言を否定したり阿弥陀仏以外の諸仏・菩薩を誹謗しないなど七箇条の制誡を定め、一九〇名の門下に署名させた。『選択集』で表明した専修念仏本来の主張を一時的に制止して旧仏教側の迫害を回避しようとしたのである。迫害の動きが現れた当初、法然は迫害を受けても自身の主張を貫く強さを持たなかった。

「七箇条制誡」によって延暦寺からの弾圧は一時的に収まったものの、翌一二〇五年には南都興福寺の衆徒が専修念仏の停止と法然ならびにその門弟の処罰を求めて後鳥羽《ごとば》上皇に訴え出た。この訴状は「八宗（南都六宗に天台・真言を加えた八宗）同心の訴訟」とされ、事態は天台宗一宗にとどまらず日本仏教界全体に関わるものとなった。結局、一二〇七年、旧仏教側の圧力に押されて後鳥羽上皇は法然の弟子二人を処刑し、法然自身を流罪に処した。やがて流罪は赦免となったが、法然は帰京してまもない一二一二年に死去している。

法然の死後も専修念仏に対する弾圧はやまず、一二二七年には延暦寺の衆徒が法然の墓所を破壊した。専修念仏者の草庵も破壊され、『選択集』の印板は焼却された。このような迫害にもかかわらず専修念仏は九州や関東など全国に浸透した。ただし、厳しい弾圧を受けて多くの弟子たちは聖道門を完全に否定する専修念仏本来の態度を改め、聖道門の諸行でも極楽浄土への往生は可能であるとする融和的な「諸行往生」の立場を取り、旧仏教勢力や権力と妥協して自らの教団を保持しようと努めた。日蓮は鎌倉で融和的になった法然の末流と対決していくこととなった。

専修念仏に対しては旧仏教勢力から政治的な迫害だけでなく理論的な批判も盛んに加えられ

た。その代表が、華厳宗の学僧で『摧邪輪《ざいじゃりん》』を著して『選択集』を批判した明恵《みょうえ》（一一七三～一二三二）である。その批判の骨子は、法然が仏教の基本である菩提心（悟りを求める心）を否定しているというものであった。法然は聖道門の教えによって悟りを目指すこと（菩提心を起こすこと）自体がもはや無意味であると主張しているのであるから、聖道門による菩提心の否定は法然にとっては当然のことで、明恵の批判は何の批判にもなっていない。

法然を批判するためには、法然が聖道門を否定している根拠を検証し、聖道門の否定は誤りであることを論証しなければならない。しかし明恵は、先に①②③として挙げた専修念仏の論理を全く批判できていない。明恵は、法然が拠り所とした浄土三部経や善導についてもその権威を認め、容認する態度をとっている。

日蓮は明恵らによる『選択集』批判について「守護国家論」で次のように述べている。

「この悪義（法然が『選択集』で主張した教義——引用者）を破らんがために、また多くの書有り。いわゆる『浄土決義抄《じょうどけつぎしょう》』『弾選択《だんせんちゃく》』『摧邪輪《ざいじゃりん》』等なり。この書を造る人、皆、碩徳《せきとく》の名《な》一天に弥《わた》るといえども、恐らくはいまだ選択集の謗法の根源を顕さず。故に、還って悪法の流布を増す。譬えば、盛んなる旱魃《かんばつ》の時に小雨を降らせば草木いよいよ枯れ、兵者《つわもの》を打つ刻《とき》に弱兵を先んずれば強敵《ごうてき》ますます力を得るがごとし」（三八〇頁）

日蓮は、明恵らによる批判は『選択集』の謗法の根源をえぐり出していない不徹底なものにとどまっており、かえって念仏を増長させるものであるとする。そこで日蓮は、法然が拠り所とする浄土三部経そのものが方便権教に過ぎないと批判した。さらに法然が依拠する善導らについても「既に権に就《つ》いて実を忘れ、先《せん》に依って後《ご》を捨つ。いまだ仏教の淵底《えんでい》を探らざる者なり」（「立正安国論」三四頁）と破折し、法然浄土教の根拠そのものを突き崩していった。専修念仏に対する本質的・根底的批判は日蓮によって初めてなされたのである。

法然の弟子たちは法然の教義について理解が異なり、多くの分派に分かれた。中でも親鸞《しんらん》（一一七三～一二六二）は僧侶でありながら公然と妻帯するなど独自の態度をとり（それまで僧侶の妻帯は珍しいものではなかったが、外聞をはばかる内々の事柄だった）、越後国《えちごのくに》（新潟県）に流罪された後、関東を中心に布教した。親鸞は新しい宗派を開く意思はなかったが、その死後、弟子や血族は親鸞を開祖とする独自の宗派を形成していった（日本の浄土教教団のうち法然を開祖とするものは浄土宗、親鸞を開祖とするものは浄土真宗と呼ばれるが、根本的な教義に差異はない）。

親鸞の墓所は後に本願寺と称され、宗派の中心的存在となったが、その門首は親鸞の子孫に限って継承されるという世襲主義をとっている。疑似天皇制ともいうべき世襲制度をとっていることは仏教教団として極めて特異な形態である。浄土真宗の世襲主義は人間の平等を強調した仏教の根本精神に違背しているために多くの批判にさらされ、教団の紛争・分裂の原因にもなっている。

浄土教の問題点

（i）阿弥陀仏と極楽浄土の架空性

浄土教の根本的な問題点として、西暦一世紀以降に成立した浄土経典そのものが阿弥陀信仰という一神教に仏教的粉飾をほどこして作成されたもので、そこに説かれる阿弥陀仏や極楽浄土などが何の実体もない架空のものであることが挙げられる。それ故に阿弥陀如来の本願力とか極楽浄土への往生などといっても空想物語に過ぎず、内容のない空疎なものとなっている。親鸞が「横超《おうちょう》」と称して、阿弥陀仏の本願力によって迷いの世界を飛び越えて極楽浄土に往生するなどと主張しても、前提である阿弥陀仏や極楽浄土が既に虚妄《こもう》なのであるから何の意味も持たない。

浄土教が実体のない架空のものであることについて、日蓮は「念仏は、これ浄土宗のもちいるところの義なり。これまた権教の中の権教なり。譬えば、夢の中の夢の如し。有名無実《うみょうむじつ》にしてその実《じつ》無きなり」（「諸宗問答抄」七七五頁）と述べている。

一般的な合理的判断によれば阿弥陀仏や極楽浄土の架空性は明らかなので、浄土教ではその批判を回避するために「念仏には無義をもって義とす。不可称・不可説・不可思議のゆえに」（「歎異抄《たんにしょう》」）などとして、浄土教は論理や言葉を超越した神秘的なものであると主張する。理性による考察など一切拒絶してひたすら阿弥陀仏を信ずべきであるとするのである。この点も「神の神秘」を強調して理性的判断を拒否するキリスト教などの態度と共通している。世界は理性の限界を超越したものであるとしても理性の届く範囲では論理や言葉を重視していくことは釈尊以来の仏教の根本的態度であり、初めから合理性を拒否する浄土教の態度は仏教の基本に違背している。

（ii）因果律の否定

第二の問題点は浄土教が因果律を無視しているということである。善因善果・悪因悪果という因果律は仏教の根本法理だが、浄土教では善人でも悪人でももともに阿弥陀仏の他力によって極楽浄土に往生できるとされるので、悪を抑止して善をなそうと努力する契機が弱まってしまう。法然や親鸞も積極的に悪を肯定したわけではないが、自力（主体的な努力）による人生の開拓を放棄しているので、人間の弱さを容認し、結果的に欲望や悪行に流されたとしても止むを得ないという態度をとる（親鸞が僧侶でありながら公然と妻帯に踏み切った背景にも、欲望を制止する必要もないとする浄土教の人間観があると見られる）。

善をなそうと悪をなそうと、阿弥陀の力を信じて任せきればその力によって浄土に往生し救済されるとするので、因果の繋がりが阿弥陀によって切断され、善因善果・悪因悪果という因果律が成立しなくなる。「歎異抄」に「罪悪も業報も感ずることあたわず、諸善もおよぶことなきゆえに、無碍《むげ》の一道なり」とあるのは善悪の応報を否定する立場を表明したもので、これも仏教の基本に違背している。因果律を否定する点では神が恣意的な意志をもって現世に介入するというキリスト教の立場と同列である。およそ仏教の根本は因果律に基づく自力主義であり、日蓮が「もし己心《こしん》の外《ほか》に法ありと思わば、全く妙法にあらず、麤法《そほう》なり」（「一生成仏抄」三一六頁）と明示したように、他力による救済を説くこと自体がもはや仏教ではなく、外道に同ずるものとなっている。

「歎異抄」に「よきこころのおこるも、宿善のもよおすゆえなり。悪事のおもわれせらるるも、悪業のはからうゆえなり」とあるように、浄土教は善悪の行為も各人の主体的意志によるのではなく結局は宿業の故であるという一種の宿業決定論に傾いている。晩年の親鸞は「自然法爾《しぜんほうに》」を説いて「自然といふは、自はおのづからといふ、行者のはからひにあらず。しからしむといふことばなり。然といふは、しからしむといふことば、行者のはからひにあらず、如来のちかひにてあるがゆゑに。法爾といふは、如来の御ちかひなるがゆゑに、しからしむるを法爾《ほうに》といふ」（「正像末和讃」自然法爾章）と述べたとされる。この自然法爾章は弟子が後に追加した部分とも言われるが、文献批判の議論は別にしてもここには浄土教の思想が端的に示されている。また親鸞は「人が自らの計らいを捨てて、善いとも悪いとも計らわないことを自然というのである」（「末燈抄」現代語訳）ともいう。要するに、主体的な意志による営為を放棄してひたすら阿弥陀の本願力にゆだねる以外に救いはないとする教義である。

「自然」という言葉は本来、『老子』に出てくるもので、人為を加えない状態を指すが、同時に因果律を否定して万物は本来あるがままに（自然に）あるだけであるというインドの自然外道（六師外道の中のマッカリ・ゴーサーラやアジタの説と推定される）の立場を示すものでもある。浄土教が人間の主体的努力を否定する傾向を持っていることは、その思想が老子や自然外道に通じていることを示している。

（iii）現世否定と人間悪の強調

第三の問題点としては浄土教が現世を嫌悪し、人間の悪を強調していることが挙げられる。現世の醜悪さ、人間の罪悪を説く一方で西方極楽浄土の素晴らしさを強調し、死後に極楽浄土へ往生する願望を掻き立てることが浄土教の一貫した基本戦略である。現世の世界を穢土《えど》（穢《けが》れた国土）として嫌悪する浄土教の態度は既に源信《げんしん》の『往生要集』に「厭離《えんり》穢土」との言葉として表明されているが、法然も「浄土門というのは、この娑婆世界を嫌い、極楽を願う道である」（「三心義」現代語訳）と述べている。

現世の世界（娑婆世界）を醜悪な世界として嫌悪し、死後に極楽浄土に往生することを願うという在り方では現実の人生の課題に正面から取り組んで問題を解決しようという意欲は出てこない。自己の行為を含めて何事も宿業がもたらすものと諦《あきら》め、主体的な意志による努力（自らの計らい）を放棄して与えられた現実をそのまま受け入れるほかないという消極的な人生態度に帰着する。

善人でも悪人でも等しく阿弥陀の力によって極楽に往生できるとするので、現世で善人であろうと努力する必要もなく、むしろ自身は罪業深い悪人に過ぎないとして自らを貶《おとし》め、罪悪に居直ることとなる（悪人で何が悪いという態度）。全ての人間は、所詮、愛欲に沈み、名聞名利に絡めとられた悪人であるとすることは、一見すると人間への深い凝視であるかのように見えるが、実のところは単なる絶望感、無力感の表明に過ぎない。本来、あらゆる生命は地獄も仏も自身の内に具える十界互具の当体であり、善悪ともに含む存在であるから（善悪無記）、罪悪の面だけしか見ないのは一面的な見方である。

人間は誰しも多少なりとも何等かの罪悪感や後ろめたさを持つのが常である。その罪悪感に付けこむ形で阿弥陀への信に駆り立てようとしたのが浄土教である。また浄土教はインドで成立した当初から阿弥陀による死後の救済を売り物にしてきたので、必然的に「死後の宗教」となる傾向となる。日蓮が「念仏をよくよく申せば自害《じがい》の心の出来《しゅったい》し候ぞ」（「上野殿御返事」一八三九頁）と看破したように、現世を嫌悪し死後の極楽浄土を憧れる態度が強まると自殺願望を掻き立てることにもなる。

浄土教と自殺願望の関連については既に善導が投身自殺を図ったという伝承がある（法然も善導の捨身を認め、それを善導の「十徳」の一つに挙げている）。その伝承は後世に創作されたものだが、少なくとも善導の教説の広がりによって長安の浄土教信者に多くの自殺者が出たことは事実として認められる。浄土教が現世と人間の罪悪を強調し、阿弥陀による救済を説いたことは、キリスト教が原罪思想を強調しつつ神による救済を説いたのと同一の構造になっている。

③密教

密教経典の成立

小乗・大乗の仏教が盛んだった紀元前二世紀から紀元後三世紀、仏教から批判の対象とされたバラモン教は、この時期にドラヴィダ人など先住民の信仰と融合してヒンズー教として再生していった。バラモン教はアーリア人によるヴェーダ中心の宗教であったが、ヒンズー教はアーリア民族に限定されない全インド的なものとなった。祭祀の形式もバラモン教のような形式重視のものではなく、ヒンズー教においては神像の前に額《ぬか》ずき、信仰心をもって礼拝することが求められる。シヴァ神とヴィシュヌ神が最高神とされ、インド各地の土着の神々や叙事詩の英雄はこの二神と同一視されるか、あるいはその眷属《けんぞく》や権化《ごんげ》としてヒンズー教の中に取り込まれた。ブッダもヴィシュヌ神の権化の一つとされる。ヒンズー教は多数の神々の存在を承認し、業《ごう》の継続と輪廻転生の思想に立つ。

ヒンズー教はカースト制度と通過儀礼を重視し、バラモンは各家庭の祭事の司祭者として地域社会に深く根づいていった。またヒンズー教は高度な哲学体系から原始的な呪術まで含み、社会制度や習俗までも包含している。ヒンズー教はインド社会の基層にまで深く根ざし、後にインドを支配したイスラム勢力や大英帝国もその土着性を覆すことはできなかった。

ヒンズー教はグプタ朝時代（三二〇年〜六世紀半ば）に確立され、ヒンズー教寺院の建設もこの時期に始まっている。グプタ朝時代にインド宗教界の情勢は転換し、それまで隆盛を誇っていた仏教よりもヒンズー教が優勢になり、仏教は衰退傾向をたどった。四六七年の西ローマ帝国の滅亡を契機として西方貿易が衰退し、インドでは貨幣経済が全面的に衰えた。その結果、商業が没落し、商業資本に支えられていた仏教とジャイナ教の後退を招いた。

ヒンズー教は、さらに秘密儀礼を重視するタントリズム（タントラ教）とシヴァなどの最高神に絶対的帰依を捧げるバクティ運動を生んだ（バクティとはヒンズー教の特徴とされる信の形態で「絶対的帰依」「信愛」などと訳される）。タントリズムの特色は女性の性的な力（シャクティ）を重視することである。シヴァ神の妃《きさき》であるカーリーやドルガーの性力を信仰して秘密儀式での性交によって悟りが得られるとする宗派もあった。タントリズムはカースト差別からの自由を主張し、男女差別を認めず、人間の欲望を全面的に肯定する面を持っていたため、多くの下層民からの参加を集めた。

バクティ運動は六世紀の南インドで始まった運動で、神への賛歌を歌いながら各地を遍歴する宗教詩人によって担われた。詩人は僧侶ではなく、あらゆる階層から出た。彼らは文章語であるサンスクリット語を用いず、各地の言語で詩を語ったので、大衆に広く広がった。

このようなヒンズー教の台頭を受けて、劣勢に陥っていた仏教も時代の傾向に対応せざるを得なくなり、ヒンズー教なかんずくタントラ教を摂取して大衆の支持を獲得しようとした。こうして仏教は優勢なヒンズー教に実質的に呑み込まれていくことになった。大乗仏教の中から生じた密教はこうしたヒンズー教の圧倒的な影響のもとに生まれた宗教である。

「密教」とは「秘密仏教」の意味で、従来の小乗・大乗仏教を意味する「顕教」の反対語である（ただし「密教」に相当するサンスクリット語はない）。密教徒は密教を指して、これまでの大乗と区別し「金剛乗」と呼称する。この名称からうかがえるように、密教は従来の大乗仏教を否定し、その枠を超えたところに成立した新たな宗教である。

基本的に釈尊は呪術や占いなどを退けたが、例外的に蛇を避け腹痛・歯痛を癒すためなどの護呪《ごじゅ》は原始仏教においても容認されている。また、特定の言葉を唱えることで災害を防ぎ福をもたらす力が得られるとする「陀羅尼《だらに》」も、華厳経や法華経など多くの大乗経典に見られる。

大乗経典に見られる呪文はしばしば「明呪《みょうしゅ》」と言われる。「明」のサンスクリット語は「ヴィドヤー」で、仏の十号の一つの「明行足《みょうぎょうそく》」の「明」もこの意味である。「明」は無明の反対の悟りを意味すると解せられることから、「明呪」とは仏が悟った法に適《かな》ったものとの意が込められている。大乗仏教が各種の祈禱を説く場合も、やはり法を根本とする仏教の基本は堅持されていたと見ることができる。大乗経典に「陀羅尼」や「明呪」が説かれるのは、現世利益を求める大衆の宗教的要求に応える意義があった。ただし、それらの祈禱は大乗経典の中心的な要素ではなく、付随的な位置にとどまっている。

もとより釈尊の悟りといっても現実生活からかけ離れたものではない。木村泰賢博士が「仏陀はある意味において一種の現実主義者であった。解脱というも、涅槃というも、実際的生活に役立つところがなければ何らの意味をなさぬと考えられたものであった」（『大乗仏教思想論』一八四頁）と述べる所以である。したがって大乗仏教が法に則《のっと》った祈りをさまざまな形で説いていることは釈尊の精神にいささかも悖《もと》るものでない。

密教が従来の大乗仏教と異なる独立した宗教として成立した標識は、中期密教経典と位置づけられる大日経《だいにちきょう》と金剛頂経《こんごうちょうきょう》の出現である。それ以前の初期密教経典はほとんど呪術の経典であり、仏教の教理はほとんど見当たらない（松長有慶「密教の形成」『岩波講座・東洋思想第九巻』五頁）。中期密教経典は、呪術に中観派や唯識派の教理を加えたところにその特徴がある。大日経の出現は六五〇年頃とされ、金剛頂経の成立はそれよりもやや遅れて六八〇年あるいは六九〇年頃と推定されている（平川彰『インド仏教史』下巻）。両経はそれぞれ系統を異にするが、密教の独立という意味では同一の流れの中にある。

貨幣経済の衰退とヒンズー教の台頭という時代の趨勢の中で仏教は後退を余儀なくされていたが、そこからヒンズー教に対抗するためにヒンズー教の要素をむしろ積極的に取り入れ、金剛乗と称して従来の仏教とは一線を画する新たな宗教を構想したいくつかのグループが生まれた。その勢力が作り出したのが大日経と金剛頂経である。

彼らが行ったことの第一は釈迦仏に代わって大日如来（摩訶毘盧遮那如来《まかびるしゃなにょらい》）を教主に立てたことである。大日如来のサンスクリット語の原名は「マハー・ヴァアイローチャナ・タターガタ」といい、「大いなる光の仏」の意である。「光の仏」である毘盧遮那仏は既に華厳経に説かれているが、密教徒はその仏を援用し、さらにそれを超える存在として「摩訶（大）」の属性を付与した。先に述べたように仏に光の性質を与えるのはイランの光明思想の影響であり、毘盧遮那仏もゾロアスター教で崇拝する光明神アフラ・マズダが仏教内に入ったものと推定される。

また大日如来は真理を体現した仏（法身《ほっしん》）とされる（この点は華厳経の毘盧遮那仏と同じ）。歴史上に現れた釈迦仏と違って単なる法身のままでは現実に対する働きかけができないが、密教徒はこの制約を大日如来に阿閦仏《あしゅくぶつ》・宝生仏・阿弥陀仏・釈迦仏（不空成就如来）の働きが具わると説くことで乗り越えようとした（五仏思想）。

根本仏を大日如来として釈迦仏を大日如来の働きの一つとする態度に明らかなように、密教徒は釈迦仏を低い位置に置く。たとえば大日経は釈迦仏とその眷族《けんぞく》を曼荼羅《まんだら》の一隅に置くように説いているが、実際に弘法大師空海が日本にもたらした胎蔵《たいぞう》曼荼羅（大日経が説く曼荼羅）では中心の八葉院の隣に大日如来の妻である仏眼仏母を配する遍知院を置き、さらにその外側に釈迦院に置いて、そこに釈迦仏と舎利弗らの仏弟子を配している。つまり、釈迦仏は大日の妻よりも低い位置に置かれている。

金剛頂経では、釈迦仏（一切義成就菩薩）は一切の如来たちに教えられ、真言を唱えることによって初めて成仏したと説かれる。釈迦仏の因位の菩薩名も一切義成就菩薩から金剛界菩薩という密教的名称に変えられている。釈迦如来の名も金剛界如来に変え、大日如来と同体のものとして金剛界曼荼羅の中央に据える。これは釈迦仏を大日如来の中に吸収する措置であり、これまで信仰を集めてきた釈迦仏の権威を巧妙に利用していく態度といえよう。

大日如来は釈迦仏をも分身とする宇宙仏でありながら妃《きさき》を持つ存在とされる。妻帯している仏という観念は従来の仏教にはない。これは、妃を持つシヴァ神、ヴィシュヌ神というヒンズー教の神観念が投影した結果であろう。後には先の五仏にそれぞれ妃を配し、五仏とその妃から世界が創造されたとする本初仏《がんじょぶつ》思想まで生じている。

要するに大日如来はゾロアスター教のアフラ・マズダを継承した一種の光明神で、真理（法）を体現した法身仏といっても歴史的現実の裏づけがない観念上の存在に過ぎない（真理というだけでは抽象論であり、具体性がない）。大日如来に他の四仏が備わるといっても恣意的《しいてき》にそのように主張しているだけで何の根拠もない。後に日蓮は大日如来の虚構性、架空性を厳しく指弾し、「大日如来の父母と、生ぜし所と、死せし所を、委《くわ》しく沙汰《さた》し問うべし。一句一偈も大日の父母なし、説所なし、生死の所なし。有名無実《うみょうむじつ》の大日如来なり」（「諸宗問答抄」七七四頁）と述べている。架空性という点では阿弥陀如来、毘盧遮那《びるしゃな》如来なども同断である。まして仏に配偶者を配するなどというのは仏教の範疇から完全に逸脱した態度であり、ヒンズー教に同化したものと言わなければならない。

密教徒が次に取った方針は、これまでの仏教が付随的なものとしてきた呪術的要素を教理の中心にしたことである。

大日経も金剛頂経も多くの真言（呪文）と印契《いんげい》、護摩《ごま》・灌頂《かんじょう》などの祈禱を説き、それらの実践によって成仏が可能になるとする。しかし、それらの真言や印契、護摩・灌頂などが正法に基づくものであることの根拠はどこにも示されない。密教は釈尊を根本としないので、釈尊が悟った法を規範とする仏教の基本が失われているのである。

そもそも印契、護摩・灌頂などは仏教には存在せず、いずれもヒンズー教からもたらされたものである。大日経よりも少し早い時期に成立した理趣経《りしゅきょう》・蘇悉地経《そしっちきょう》などの密教経典には毒薬・人骨・血などを用いた呪法が説かれているが、それらはもちろん仏教とは無縁のものであり、ヒンズー教のタントリズムそのものである。

大日経においても、サンスクリット原典に忠実なチベット語訳では息障品第三に、毒薬や芥子《けし》(麻薬の原料となる)を混ぜ合わせて敵の像を造り、それを焼いて敵対者の滅亡を祈るタントリズムの呪法が説かれている(松長有慶「大乗仏教における密教の形成」『インド密教の形成と展開』所収)。善無畏三蔵《ぜんむいさんぞう》による漢訳大日経では、この呪詛法《じゅそほう》は意図的に削除されている。

漢訳の大日経や金剛頂経は、仏教の体裁を維持しようとしてそれらの呪詛法を説かず、中観派や唯識派の理論を織り込んで「成仏」を目標とする形を取るが、それ自体に問題がある。

密教では身口意《しんくい》の三業を三密と呼び、身に仏の印契《いんげい》を結び(身密)、口に真言を誦し(口密)、心に本尊を思い浮かべれば(意密)、仏と合一する(即身成仏)という。身口意において仏と同じ象徴形ができれば仏と同一となるとするのである。しかし、象徴の形が仏と一致するだけで実際に仏陀の智慧と力用が自分のものになる道理はない。象徴はあくまでも象徴であり、象徴がそのまま実体であるわけではない。密教では虚構である大日如来を根本とするので、その成仏も空想的・観念的なものでしかない。密教のいう成仏は自分が成仏したと思っただけの妄想に過ぎず、何の実態も伴うものではない。この点について日蓮は「真言師等の言うところの即身成仏は、譬えて言えば困窮者がみだりに『自分は帝王である』と言って処刑されるようなものである」(「曾谷入道殿許御書」一三九二頁、現代語訳)と断じている。

宗教においては自分が悟ったと思いこむ「主観性の罠」に陥ることは多い。自分一人が悟ったとどれほど主張しても、何の客観的裏づけもなければ単なる妄想として処理する以外にない。日蓮が「道理・証文よりも現証にはすぎず」(「三三蔵祈雨事」一九四一頁)と述べている通り、その悟りが真正のものであるかどうかは現実の上に現れた証拠（現証）、事実に照らして客観的に検証されなければならない。現証とは、具体的にはその宗教を実践している人間が社会の中でどのような行動をとったかということである。たとえば釈尊の悟りが真正なものとされるのは、釈尊が説いた教えの内容を含めて、釈尊がとった行動によって裏づけられたからである。

その観点からインド・中国・日本における密教徒の振る舞いを見るとき、その行動は、釈尊が行ったような、人をして正道に導く実践とはかけ離れたものとなっている。インドから中国、日本に到るまで、密教徒は性的欲望をはじめとする各種欲望の追求に終始した。権力に迎合・癒着し、権力者のための祈禱に従事することで自己の存続と繁栄を図った。たとえばインドの密教僧侶は王室に接近して国王の即位灌頂の儀式を新たに規定し、国王のための祈禱を行う壇法を定めている（中村元『宗教と社会倫理』）。そこには、社会の現状を批判して社会変革を志向する態度は皆無といってよい。

日本の密教徒は、空海による満濃池《まんのういけ》修復（香川県）などの土木工事や学校設立の事績をもって社会貢献の事例とするが、満濃池にしても空海による修復後も決壊と修復を繰り返しており、土木工事として必ずしも成功したとはいえない。空海が設立した学校である綜芸種智院《しゅげいしゅちいん》も空海の死後十年ほどで廃絶しており（学校は売却され、その利益は寺田を買う費用に充てられた）、見るべき成果は挙げていない。空海による社会事業は真剣なものではなく（真剣なものであれば、弟子たちが空海の死後すぐに売却するわけはない）、結局、自分を飾るパフォーマンスでしかなかった。

次に指摘される密教の特徴は、性が宗教の重要な要素になっていることである。それは金剛頂経のサンスクリット原典を見れば容易にうかがうことができる。たとえば八供養菩薩の出生を説く箇所では、大日如来が大天女を自らの心蔵（フリダヤ）から取り出したとする。この大天女は金剛薩埵《こんごうさった》の愛人となり、次のように言う。「ああ、諸の自生なる者たちを供養することにかけて我に等しきものはない。なぜなら、（我がかくなす如くに）愛欲の歓びをもって供養することがあってこそ、一切の供養（の行為）が存在し得るからである」（津田真一『梵文和訳金剛頂経』六一頁）。ここには性愛の歓喜を提供することが供養であるとする態度が明確に表れている。

また、金剛阿闍梨《こんごうあじゃり》が曼荼羅に入る作法を示す箇所でも、金剛阿闍梨は曼荼羅に入ってから印契女《いんげいにょ》との瑜伽《ゆが》に入るべきであると説かれる。金剛頂経の儀式において性的要素を伴うことは必然的と見られている。「秘密成就法」を示す箇所では次のように説かれる。「愛欲の心をもって女人の、あるいは男の身に入るべし。意で完全に入った（と想像するなら、現実に）相手の身体に等しく遍満することになるであろう」（津田真一・前掲書一〇五頁）と。金剛頂経と同じ「瑜伽《ゆが》タントラ」に属する理趣経《りしゅきょう》では、さらに進んで男女の性交の愉悦をもって密教の悟りの境地であると説いている。

これらの性的要素は、ヒンズー教に影響された結果に他ならない。ただし、不空三蔵《ふくうさんぞう》による金剛頂経の漢訳ではこれらの性的要素は意図的に削除されている。儒教的観念の強い中国社会において性を前面に打ち出すことは人々の反発を買い、布教の妨げになると考えたからであろう。大日経においても、そこに説かれる曼荼羅は大悲胎生曼荼羅という。世界が胎（子宮）から生まれるとするその思想は女性原理そのものである。また先に述べたように大日如来は妃を持つ存在とされる。これらの点において、大日経についても性的要素を見ることができる。

密教経典は、基本的に欲望を全面的に肯定する立場に立つ。大日経は「五欲に喜戯《きけ》して自ら娯楽し」（悉地出現品）などの文が示すように、欲望を全面的に肯定し快楽を追求することを容認する。金剛頂経も弟子の入壇作法を示す箇所において、金剛界曼荼羅に入る功徳として、財物や飲食に貪著する人でも戒律を守らなくても全ての欲望を満たすことができると説く。このような欲望のまま肯定も仏教本来の精神とは対極的であり、タントリズムの反映である。日蓮は密教徒が欲望のままに呪術にふけることを破折して次のように述べている。「彼の真言《か》等の流れ、ひとえに現在をもって旨《むね》とす。いわゆる畜類《ちくるい》を本尊として男女の愛法を祈り、荘園等の望みをいのる。（中略）彼《かれ》威徳ありといえどもなお阿鼻《あび》の炎をまぬがれず。（中略）これ一切衆生の悪知識なり。近付くべからず。畏《おそ》るべし、畏るべし」（「星名五郎太郎殿御返事」一二〇八〇頁）。

これまで密教はしばしば「堕落した仏教」というイメージで論じられてきたが、より正確に言えば密教は初めから仏教ではなく、浄土教と同様、仏教を偽装した一神教である。密教徒は、台頭するヒンズー教に対抗しようとしてヒンズー教的要素を全面的に取り入れ、呪術を基調とする光明神による一神教を構想した。しかし大日経・金剛頂経などの中期密教経典は、仏教としての体裁を取り繕うために中観派や唯識派などの理論を織り込んだことからその理論偏重の傾向に引きずられ、ヒンズー教が持つ民衆性を得ることができなかった。その後に成立した後期密教は、ますます「性の宗教」への傾斜を強め、完全にヒンズー教に同化していった。

密教はヒンズー教に対抗する新宗教を企図してヒンズー教の要素を積極的に取り入れたが、いわばミイラ取りがミイラになった形で、ヒンズー教と変わらないものになった。このことは、後期密教経典が自身について従来の仏教のように「スートラ」（経）と言わず、ヒンズー教聖典と同じ

「タントラ」と呼称したことにも象徴的に表れている。

たとえば、十一世紀に成立した後期密教の最後の聖典とされる「時輪《じりん》（カーラチャクラ）タントラ」では主尊カーラチャクラが男女の抱擁・性交している姿で描かれているが、そのような事実は後期密教の内実がヒンズー教に等しいことを端的に表している。同タントラはイスラム教勢力の侵略に対してヒンズー教と密教が団結して対抗すべきであると説き、仏陀をヴィシュヌ神の化身の一つであるとするヒンズー教の教理をそのまま受け入れている。また、万物の創造主としての元初仏《がんじょぶつ》を本尊とする。創造主を立てることが仏教の根本原則からの完全な違背であることはいうまでもない。この段階になると密教は仏教を偽装する余裕もなくなり、完全にヒンズー教的一神教になっていることが分かる。

密教を含めて日本の仏教研究者は大半が各宗派に属する僧侶であるため、宗派の党派性に縛られて批判的な研究ができていない傾向がある。経典に対しても、宗派が依拠する経典を所与のものとして無批判に受け入れることが多い。仏教経典は、それを制作したグループがそれぞれの判断に基づいて創作したものである以上、個人的信仰として経典を崇拝するのはもちろん自由だが、研究の対象として扱う時には無批判に済ますことは適切ではないだろう。

紀元前後から生じた大乗仏教も、やがて密教化することで実質的にヒンズー教に同化していった。しかし密教は形のうえでは仏教の体裁をとったため、仏教寺院の内部で仏教僧侶によって担われていた。出家主義、学問主義を標榜するそれまでの仏教の延長上にあったので社会的には民衆からは遊離していた。民衆は密教僧に供養し、密教寺院の行事に参列することはあったが、日常の宗教儀礼はヒンズー教のバラモンに依存していたので、密教が消滅しても何ら痛痒は感じなかった。密教は僧院に籠った僧侶によってのみ行われていたため、イスラム勢力によって寺院が破壊され、僧侶が逃亡すると、その地から完全に消滅することになった。こうして一二〇三年に密教の最後の砦であったヴィクラマシーラ寺院（ビハール州）がムスリムに破壊されたことをもってインド仏教は滅亡し、密教僧侶はネパールやチベットに逃亡した。

インド仏教の滅亡の原因はさまざまな要因が考えられるが、全体的に出家主義と学問偏重に傾いて民衆性を失っていったことが挙げられよう。密教は従来の仏教を否定し、ヒンズー教を取り入れた新たな宗教として民衆の支持を取り付けようとしたが、仏教を偽装するために中観派などの煩瑣な教理を中途半端に立てたため、結局は民衆の取り込みにも失敗し、ヒンズー教に呑み込まれていった。結局、仏教は土着性という点においてヒンズー教に完全に敗北したのである。その点、出家と在家が緊密に結合していたジャイナ教がイスラムの侵攻にも耐えてインド社会に存続していったのと明らかな対比をなしている。インド仏教滅亡の歴史は、宗教の発展においてそれぞれの社会に根差す土着性が決定的に重要であることを示している。

またインド仏教滅亡の要因としては八世紀からつづいたイスラム教の攻撃も大きな要素を占めた。イスラムは反抗する勢力に対して残虐な殺戮を繰り返したため、その恐怖に直面した仏教徒の中には生き延びるためにイスラムに服従し改宗していった者も多数あった。

中国・日本の密教

中国においては既に東晋《とうしん》時代（三一七～四二〇）から密教経典の訳出が始まり、密教による呪術も行われていたが、中国に密教が本格的に伝来したのはインド出身の善無畏《ぜんむい》（六三七～七三五）・金剛智《こんごうち》（六七一～七四一）・不空《ふくう》（七〇五～七七四）による（不空はインド人ではなく西域《さいいき》系の混血とされる）。七一六年、八十歳の時に長安に来た善無畏は、天台教学を習得していた中国人の僧である一行《いちぎょう》（六八三～七二四）の協力を得て大日経を翻訳した。一行は天台教学を摂取した立場から大日経を解釈して『大日経疏』を著した。同書は後に善無畏の弟子らに整理されて『大日経義釈』となった。一行は大日経の解釈に当たって天台の一念三千と同様の法理が大日経にも存在すると主張したが、日蓮はそれに対して天台宗に対抗するために天台宗の教理を密教の中に盗み入れたものと批判している（「下山御消息」二八五頁等）。

善無畏から四年遅れて七二〇年に洛陽《らくよう》に来た金剛智は、一行とともに金剛頂経系の経典を翻訳し、積極的に灌頂を行い、密教の宣伝に努めた。祈雨などを行う呪術僧としても活動した。

少年期に金剛智に師事した不空は、金剛智の死後、インドとスリランカに渡り、最新の密教と多くの密教経典を中国に持ち帰った。金剛頂経をはじめ百巻を超える経典を訳出し、皇帝権力と結びついて宮中に内道場を構えるなど優遇されたが、独自の教団組織を形成することができなかった。そのため不空の死後、中国密教は急速に衰退した。

密教はその呪術性の故に、同じく呪術の要素が強い道教と融和し、同化していった。密教は仏教を偽装した呪術宗教に過ぎなかったので、インドでヒンズー教に呑み込まれていったのと同様、中国では土着宗教である道教に呑み込まれ、今日ではほとんど消滅している。今日、密教が残っているのは日本とチベットなどのヒマラヤ周辺地域に限られている。

日本に密教を初めてもたらしたのは伝教大師最澄《さいちょう》（七六七〜八二二）だが、伝教は天台宗の確立を宗教活動の主旨としたので密教は付属的なものでしかなかった。本格的に日本に密教を移植したのは弘法大師空海《くうかい》（七七四〜八三五）である。空海は七七四年、讃岐国《さぬきのくに》（香川県）の大豪族の家に生まれた。その家は讃岐国の国造《くにのみやつこ》の家柄であった。母方の叔父は桓武《かんむ》天皇の皇子である伊予《いよ》親王の教師となったほどの当代一流の学者で、十五歳からこの叔父について儒学を学んだ空海は伝教とは比較にならないほど恵まれた環境に育ち、十八歳で官吏養成の最高学府である大学に入学した。当時の大学は中央に一校あるだけで、そこを卒業して官途につけば高位高官となることが約束されていた。しかし空海はそこでの学問に飽きたらず大学を中退し、出世コースを投げ捨てて山林修行者となった。その修行時代に記憶力増進の修行である虚空蔵求聞持法《こくうぞうぐもんじほう》を行じて神秘体験を得、また大日経に接して密教研究を志したと伝えられる。

八〇四年、三十一歳で正式に得度し、遣唐使の一行の留学生《るがくしょう》（十数年以上の長期間滞在して学問を学ぶ者）として中国に渡った。同じ遣唐使一行には伝教が還学生《げんがくしょう》（学業の成った者が短期間、外国を視察するもの）として加わっていた。渡航直前まで正式な僧侶になっていなかった空海が留学生に入ることができた背景には空海の家系が影響したと思われる。

長安の都で空海は不空の弟子にあたる恵果《けいか》（七四六〜八〇五）から密教の教義と儀式・法具などを伝授された。空海は恵果から大日経と金剛頂経を伝えられ、胎蔵界と金剛界の両部灌頂を受けた。

また多数の人間を使って法具や曼荼羅を作成し、密教経典を書写した。恵果の死後、空海は二十年の留学期間を切り上げ、中国滞在わずか二年で帰国の途についた。空海が帰国にあたって日本にもたらした経典・論疏・曼荼羅・法具などは膨大のものであった。

しかし二十年の留学期間を勝手に短縮することは規定違反であり、空海は日本に帰国しても四年間は京都に入ることを許されなかった。空海が京都に入ることを許可されたのは嵯峨《さが》天皇（桓武天皇の皇子。在位八〇九～八二三）が即位してからのことである。嵯峨天皇が空海に関心を抱いた理由は空海の持つ密教ではなく、空海の文章や書の才能だった。天皇は空海と詩のやりとりをし、また書をしばしば空海に依頼している。空海は皇族や貴族・官人の代筆を引き受けるなどして自身の地位を固めていった。空海の文を集めた「性霊集《しょうりょうしゅう》」には嵯峨・淳和《じゅんな》の両天皇に対して堯《ぎょう》・舜《しゅん》をも超えた聖人であるなどとする、卑屈なまでに天皇に取り入ろうとする文章が充満している。

空海が日本にもたらした経典類の豊富さに着目し、高く評価したのは伝教大師最澄である。伝教は、自身が中国で受けたものよりも空海が学んできた密教の方がより本格的なものであることを認め、自身は既に一宗の長の立場にあったが、空海に対して辞を低くして経典類の借覧を要請し、また空海から灌頂を受けた。このような態度にも最新の知識を真剣に摂取しようとする伝教の純粋さと地位にこだわらない度量の大きさをうかがうことができる。

その後、伝教は「依憑天台集《えひょうてんだいしゅう》」を執筆して、あくまでも天台宗を中心にして密教などの諸宗を法華経に包摂していく立場を鮮明にした。それを知った空海は密教を中心とする立場に立って伝教と距離を置くようになり、経釈の借覧も拒絶して両者は訣別するに至る。

伝教は自身の理想を追求するため、奈良の旧仏教勢力を厳しく批判し、徹底的に論争することも行ったが、そのような態度は空海には皆無であった。空海は旧仏教勢力と融和的な態度を取り、自身の地位を固めることに務めた。八一〇年に「国家の奉為《おんため》に修法せんと請う表」を嵯峨天皇に提出して天皇に接近した空海は、八一六年には高野山の下付を天皇に要請して許可を得、八一九年には天皇の命で中務省《なかつかさしょう》に入って天皇の勅命の代筆などを行っている。八二二年には東大寺の中に灌頂道場（真言院）を創設することに成功し、そこを拠点にして南都仏教を内側から密教化していった。東大寺真言院の創設は空海が南都教団と融和していたことを意味する。実際に、伝教の大乗戒壇建立運動に対して中心となって反対した僧綱《そうごう》の筆頭である護命《ごみょう》（七五〇〜八三四）と空海は親密な関係にあった。八二二年六月に伝教が逝去すると、それまで伝教に遠慮していた空海は、さらに大胆に自己の勢力拡大を進めた。

八二三年、京都の東寺《とうじ》を嵯峨天皇から与えられた空海は、同寺を真言密教が独占する寺とした。それまでの寺院が異なる宗の僧侶の同居を許して各宗を兼学させていたのを改め、東寺を自身の配下だけを置く拠点としたのである。その後も各種の祈禱によって朝廷や貴族階層の支持拡大を図った空海は、八三四年、宮中真言院の創設に成功した。中国の不空と同様に天皇の保護を受けて教団の基盤を確立しようとしたのである。

伝教には宮中に祈禱所を設けるという発想は皆無であり、天皇の個人的な祈禱僧となることも拒絶した。伝教は天台宗を中軸とする大乗仏教の確立によって国家全体の平和と繁栄に寄与することを目指したが、空海の場合は天皇や貴族個人の安泰を祈り、各人の欲望追求に奉仕することに終始した。伝教は強い国家意識を持っていたが、空海の場合それは希薄である。空海は自身の神秘体験に沈潜する神秘家であると同時に、対社会的には極めて政治的に行動する現実主義者であった。空海は国家の在り方に心を用いるよりも、権力に接近しその保護を受けることによって自宗の繁栄を図ろうとした。

空海が権力からの厚い保護を受けられた要因は、新たな呪術宗教として密教に対する期待が大きかったからである。実際に伝教が帰国した際も、伝教に求められたのは当初の目的である天台教学とともに新来の密教による祈禱であった。空海が伝教以上に本格的な密教をもたらしたとなると、空海に対する期待はより大きなものとなった。

空海は仏教全体を密教とそれ以外の顕教に分け、密教が勝り顕教が劣るとする顕密二教判を立てた（『弁顕密二教論』）。また、その教判の立場から十住心説を立てた（『十住心論』『秘蔵宝鑰《ひぞうほうやく》』）。これは衆生の心を十段階に分類したもので、簡単に要約すると次のようになる。

第一住心　雄羊のように食欲と性欲にかられているだけの動物的生の段階
第二住心　儒教など世俗の善悪を区別し、倫理・道徳を守る段階
第三住心　宗教心に目覚め、バラモン教などのように現世を厭い、天上の楽しみを求めて修行する段階
第四住心　小乗仏教の声聞の位
第五住心　小乗仏教の縁覚の位
第六住心　大乗仏教である法相宗の位
第七住心　大乗仏教である三論宗の位
第八住心　天台宗の位
第九住心　華厳宗の位

第十住心　真言密教の位

この十住心説の根拠として空海が用いているのは、大日経、金剛頂経、守護国界主経などの密教経典とともに竜樹作と喧伝されてきた「菩提心論《ぼだいしんろん》」「釈摩訶衍論《しゃくまかえんろん》」などである。「菩提心論」と「釈摩訶衍論」はともに竜樹作とは認められず（「釈摩訶衍論」は既に伝教が「守護国界章」で偽作と断定している。「菩提心論」も日蓮が「撰時抄」で竜樹作を否定し、不空による著述の可能性が強いことを指摘している）、明らかな偽書であるから、およそ議論の根拠として用いることはできない。

次に大日経などの密教経典だが、空海はそれらがヒンズー教の影響のもとにヒンズー教に対抗するために制作されたものであることを知らず、大日経などが示す枠組みを無批判に鵜呑みにした。空海が中国で受容したのは漢訳の大日経、金剛頂経で、空海はそれらのサンスクリット原典が持つ濃厚な性的要素が漢訳経典では隠蔽《いんぺい》されていることに気づかなかった。空海は山林修行時代に神秘体験を味わって漢訳大日経に接して以来、密教の呪術性、神秘性に惹かれ、密教こそが最高の仏教であるという思い込みを抱いて終生そこから脱することができなかった。初めから「密教ありき」で、密教を客観的・批判的に考察する態度を持てなかったのである。

密教経典は、従来の大乗を否定して自らを「金剛乗」としたのであるから、密教を最高位に置くのは当然である。しかし、根本的に密教自体がそもそも仏教を偽装した異教であるから、空海が立てた顕密二教判など何の有効性もない。既に前提が崩壊しているからである。

十住心の体系には空海の他宗に対する政治的意図もうかがうことができる。空海は奈良の旧仏教には融和的な態度を取る一方、天台宗には平安新仏教のライバルと見て対抗する立場を取った。そこで空海は、旧仏教を代表する華厳宗を天台宗の上位に置いて旧仏教勢力に迎合する一方（華厳宗の本山である東大寺に真言院を作った)、天台宗を劣位に置いた。空海は天台宗と対抗するために旧仏教を利用したと見られる。当時から偽作の疑いが持たれていた「菩提心論」「釈摩訶衍論」をあえて積極的に利用しているところなどにも空海の欺瞞的体質が表れている。日蓮が弘法大師空海を破折して「もってのほかにあ(粗)らきことどもはんべり」(「撰時抄」一八九頁)、「仏説まことならば、弘法《こうぼう》は天魔にあらずや」(「報恩抄」二五〇頁)としている所以である。

八三五年に空海が死去した後は、真言宗では空海も伝えなかった新たな修法を中国から輸入して新規の呪術を宣伝することが行われた。空海が伝えた修法のままでは人々の心を引き付けることができないと考えたからであろう。その代表的なものが密教僧の常暁《じょうぎょう》(?~八六五)が八三八年に入唐《にっとう》してもたらした太元帥法《たいげんすいほう》である。この修法の本尊とされる太元帥明王は、体が黒青色で四面六臂、赤い眼が三つで体に蛇を巻きつけ、全身が火炎に包まれて足で夜叉《やしゃ》を踏みつけて立つ憤怒の姿をとる。明王は、シヴァ神などヒンズー教で礼拝されていた神を密教が取り入れたもので、仏教では本来このようなものを礼拝することはない。それを信仰の対象とするところにも密教の実質がヒンズー教であることを物語っている。

密教の導入で大きく真言宗に遅れを取った天台宗は、真言宗に対抗して朝廷や貴族の帰依を獲得するため、強い危機感をもって中国に僧侶を派遣し、最新の密教修法を輸入することに努めた。その代表的存在が第三代座主の慈覚大師円仁《えんにん》(七九四~八六四)と第五代座主の智証大師円珍《えんちん》(八一四~八九一)である。天台・真言の両宗が最新の密教修法の導入に懸命になっていた状況から、当時の貴族階層の呪術への惑溺《わくでき》を知ることができる(その事情は速水侑『呪術宗教の世界』に詳しい)。

八三八年に入唐《にっとう》し、十年後に帰国した慈覚は、空海も伝えなかった蘇悉地法《そしっちほう》や熾盛光法《しじょうこうほう》の修法を日本にもたらした。蘇悉地法とは善無畏が訳した蘇悉地経による修法である。慈覚は、蘇悉地経は大日経、金剛頂経よりもさらに深い教えを示す経典であるとして尊重した。真言宗は胎蔵界・金剛界だけだが、慈覚はそれに蘇悉地を加え、真言宗（東密）に対する天台密教（台密）の優位を主張した。

熾盛光法は大日如来の頭の頂にあるという熾盛光如来を本尊とする修法である。慈覚は熾盛光法の修法が天皇の命運をも左右できるとし、唐の朝廷の内道場でも行われていると主張して同法の勤修を文徳《もんとく》天皇（在位八五〇〜八五八）に上表した。天皇はその主張に動かされ、比叡山に総持院を建立して熾盛光法を行うよう命じた。その祈禱もむなしく文徳天皇は八五八年に三十一歳で崩御したが、慈覚は政治の実権を握っていた藤原氏一門の帰依を受け、死去二年後の八六六年に日本最初の大師号である慈覚大師の称号が贈られた（同時に慈覚の師である最澄に伝教大師の称号が贈られた）。空海に弘法大師の号が与えられたのは実にそれから五十五年後の九二一年であり、当時、慈覚への評価が空海を遥かに上回っていたことが分かる。

智証は慈覚の帰国から五年後の八五三年に入唐した。智証は慈覚のようにとりわけ新しい修法をもたらすことはなかったが、天台宗の密教化を一段と進め、八六四年には清和《せいわ》天皇（在位八五八〜八七二）と藤原良房《ふじわらのよしふさ》（八〇四〜八七二。皇族以外の人臣で初めて摂政となった）以下三十余人に灌頂を授けるなどした。

当初から密教優位の立場に立つ真言宗に対し、天台宗においては法華経と大日経など密教経典との関係が教義上の問題となった。伝教は対外的には顕密一致の立場をとっていても内心は法華経の優位性を認めていたのに対し、慈覚は両者は真理を説く点では同じだが、印・真言などの事相を説くことでは大日経などが勝るとする「理同事勝《りどうじしょう》」の立場を取った。さらに智証は、法華経の教主である釈迦如来は実は大日如来であるなどとして（「講演法華儀」）法華経を密教的立場から解釈し、全面的に密教が優位にあるとした。また慈覚の弟子である五大院安然《ごだいいんあんねん》（八四一〜九一五頃）は、台密を真言宗と称して天台宗と区別し、それが天台宗よりも上位にあるとして天台教学を捨て去る立場に立った。

こうして日本天台宗において本来の天台教学の地位は後退し、密教が主要な地位を占めるに至った。慈覚・智証・安然は法華経第一の立場を取った伝教大師を後継すべき立場にありながら、呪術を求める時流に迎合して天台宗を全面的に密教化したのである。日蓮は、伝教をないがしろにして天台宗を変質させた慈覚の行為について「（真言・禅・念仏などよりも）百千万億倍も信じがたい最大の悪事」（「撰時抄」一九三頁、現代語訳）と厳しく破折している。

一方、南都（奈良）の旧仏教においても東大寺真言院を中心に密教化が進んだ。それまで各宗が行ってきた護国の祈禱も次第に密教の修法に変わっていった。天台・真言・南都という、平安時代までに日本で成立した各宗派は全て密教に覆われる事態となった。

九世紀後半から十世紀にかけて、日本の権力構造に重要な変化が生じた。天皇自身が権力を掌握する従来の律令体制から、天皇の外戚である藤原氏が摂政・関白として天皇の権力を代行する藤原摂関体制に移行したのである。その結果、個人の能力よりも天皇や藤原家に近いかどうかという私的な血縁関係が重視され、公的世界から排除された者は経済的に没落し、精神的には私的な世界に沈潜する傾向を持つようになった。そこから、各自の現世利益を求める私的修法が盛んになってくる。貴族の間では政敵を呪詛《じゅそ》し、地位の獲得を目指す呪術的な密教修法が活発に行われた。当時の人々に信じられていたのは「物怪《もっけ》」「怨霊《おんりょう》」である。恨みを抱いて死んだ政治的敗北者などの霊魂が物怪や怨霊となって現世の者に「祟《たた》り」をなすという恐怖感が人々の心をとらえ、物怪や怨霊を鎮める修法を密教僧に行わせた。怨霊調伏の祈禱として、五大明王を本尊とする五壇法や多数の本尊・壇を重ねる連壇法など、大勢の僧侶による大規模な修法が行われていった。密教修法はますます華美となり、経典に説かれていない奇怪な憤怒相の明王を各自が好き勝手に本尊として祈禱する異常な修法も盛んに行われた。仏教の規範を無視した密教の異教性が、日本でもこの段階になるといよいよ顕著に現れることとなった。

密教の問題点

密教の問題点は、それを整理すれば次のようになろう。

（ⅰ）全体の虚構性

密教の教主とされる大日如来にしても即身成仏の教理にしても、何らの現実的裏づけを持つものでなく、単なる観念に過ぎない。大日如来も架空の存在なので、大日の加地力《かじ》などといっても何の実体もない。通常の仏教経典は、仏陀釈尊が特定の場所で人々に対して教えを説くという歴史的事実を踏まえた形になっているが、大日経や金剛頂経では大日如来（大毘盧遮那《だいびるしゃな》如来）が天空の宮殿で説法したという形になっている。そのことも密教が歴史的現実を無視した架空性を基本としていることを示している。

密教では自己と大日如来が一体不二であると確信して瞑想を行ずることにより成仏できるとか、あるいは貪欲から菩提が生ずる道を「大楽の法門」と称し（理趣経）、男女交合の恍惚が菩薩の境地であるなどと説くが、そのような瞑想や性行為が何等かの具体的な自己変革をもたらすものではなく、まったくの妄想に終わっている（もちろん仏教は本来、性を罪悪視するものではないが、性行為を悟りに結び付ける態度は論外である。密教において性が重要な要素になっているが、そのままではヒンズー教的色彩があまりにも濃厚なので、中国・日本の密教では性の要素が意図的に隠蔽されている）。

密教に限らず宗教一般において宇宙との合一を体験したなどとする神秘体験は、どれほど日常性を超えた魅力的なものに感じられたとしても、それだけでは各人の感覚の範疇にとどまっており、他者にとって何の意味を持つものでもない。客観的な裏づけのない「思い込み」に過ぎず、自己満足の域を出るものではない。宗教の意義は、その宗教を実践した人間が、単なる主観を超えて現実社会で他者に対して何をなしたのかということに現れるのであり、架空性に終始する密教が社会の建設に寄与した例はほとんどない（先に述べたように、空海の社会活動は政治的なパフォーマンスの面が強い。密教徒による社会事業としてしばしば挙げられる真言律宗の叡尊《えいぞん》・忍性《にんしょう》らによる非人《ひにん》救済事業にしても、その実態は鎌倉幕府と癒着し、非人の労働力を利用して行われた利権追求の土木事業であったことが明らかにされている）。

（ii）欲望の全面肯定

密教は当初から加地祈禱の呪術が大きな要素になっていたが、それは人間のあらゆる欲望をそのまま肯定するものであった。密教は、「即事而真《そくじにしん》」として、現実世界そのものが真理の世界であると考えるので、与えられた現実を全てそのまま受容し、肯定する。そこには善悪や正邪・真偽を峻別して邪悪を退けていこうとする態度がない。自分の欲望を満たすためには敵の滅亡を祈る呪詛《じゅそ》を含めて何をしてもよいとするのが密教の立場であり、厳しく言えば倫理・道徳も成り立たない。「いかに生きるべきか」という人生の問いに答えるものを持っていない。要するに「何でもいい」「欲を満たせればよい」という態度であり、その意味では密教は道教や六師外道と共通している。

密教は現実をそのまま無批判に受け入れるために社会の現状を批判し改革するという働きを起こすことがない。日本の密教僧が行ったことは、中世・近世を通じて、自ら武力の主体となって集団の権益を追求したり、あるいは権力に寄生して国家や権力者の安泰を祈る祈禱者としての役割に従事することでしかなかった。

密教においては現世の欲望追求が主な関心なので、死および死後の問題に触れることが少ない。そこから現世の祈願は密教を用い、死後の救済は浄土教に依った平安貴族のような信仰形態が生ずる事態にもなる。密教は光明神の一神教信仰に大乗仏教の一部の教理を装飾的に取り入れて成立した異教であり、死の問題について十分な教義を備えていない。死の問題に答えを示すのが宗教の役割であるという観点から見れば、その役割を果たしていない密教は宗教として不完全である。

④禅宗

禅宗の前提――華厳宗

浄土教や密教と並んで大乗仏教の宗派とされるものに中国で成立した禅宗がある。禅宗はそれ以前に成立した華厳宗の教義を取り入れて出来たものなので、まず華厳宗から確認していくこととする。

華厳経に基づく華厳宗は杜順《とじゅん》（五五七～六四一）を開祖とするが、実質的には唐代の賢首《けんじゅ》大師法蔵（六四三～七一二）によって確立された。第三代皇帝高宗《こうそう》の死後、権力を握った則天武后《そくてんぶこう》（高宗の皇后。在位六九〇～七〇五）の保護を得て繁栄した。法蔵の後は澄観《ちょうかん》（七三八～八三九）が出て、華厳宗の教義を大成した。法蔵は天台宗や法相宗の思想を取り入れながら、天台大師の五時八教の教判に対抗して華厳経を第一とする教判を立てた。

法蔵が天台を批判した点の一つに三乗と一乗の問題がある。天台は法華経の解釈に基づいて声聞・縁覚・菩薩の三乗の教えが方便であり、仏の真意は衆生を一仏乗に導くところにあることを明確にした。いわゆる「開三顕一」の法門である。法蔵はその天台の思想について三乗と一乗を対立するものと捉えて三乗を排除する「遮三《しゃさん》の一乗」であると位置づけ、不十分であると批判した。

法蔵によれば、三乗に相対する一乗は相対している限りそれ自体が相対であり、絶対ではない。絶対の一乗は三乗に相対するものではなく三乗を完全に包摂するものであり、そこには一乗が存在するだけで三乗は存在しない。法蔵はこのような絶対の一乗を「直顕《じきけん》の一乗」と呼び、それが真実の一乗であると主張した。

しかし、このような法蔵の理解には天台法門に対する誤解がある。天台は確かに三乗に相対する一乗を説いたが、天台の法門はそれで終わるのではない。それはいわゆる相待妙《そうたいみょう》の立場であり、一乗にはもう一面では三乗を包摂していく面がある。これが天台のいう絶待妙《ぜったいみょう》の立場である。しかもこの絶待妙は単なる絶対ではなく、相対を含んだ絶対である。たとえば天台では絶待妙の立場から法華一乗の中に爾前権教を開会《かいえ》し包摂するが、爾前経がそのまま法華経になるのではない。開会された後であっても開会する法華一乗が勝り、開会される爾前経は劣るという勝劣・相対の契機は残る。ところが法蔵のいう「直顕の一乗」は相対を含まない単純な絶対に終わっている。

現実の世界はあくまでも勝劣・相対の世界である。現実の世界に挑戦し、その変革を目指すためには、相対の契機を維持しながら絶対を立てなければならない。法蔵のように相対の要素を全て捨て去ったならば、それ自体が現実からかけ離れた観念論にならざるをえない。

また澄観は世界の在り方を解釈して四種法界の教義を立てた。四種法界とは、①事法界《じほうかい》、②理法界《りほうかい》、③理事無礙法界《りじむげほうかい》、④事々無礙法界《じじむげほうかい》の四つである。

①事法界とは、普通の人間が常識的に捉えた現象の世界をいう。

②理法界とは、一切の現象は空《くう》であると把握した世界を指す。

③理事無礙法界とは、事法界と理法界が一つの世界の異なった見方に過ぎず、両者が互いに妨げにならない（無礙《むげ》）という世界の見方をいう。

④事々無礙法界とは、個々の事象がそれぞれ独立していながら互いに妨げることなく（無礙）存在しているという世界の見方をいう。事法界が凡夫の見た世界であるのに対し、事々無礙法界は仏

の悟りの智慧から見た世界であるとする。

また華厳宗の教義を象徴する学説として「性起説《しょうきせつ》」がある。これは天台宗の「性具説《しょうぐせつ》」に対抗して主張されたものである。ここで「性」とは仏の性分、仏性をいう。十界互具の法理に照らし、あらゆる生命に仏性が具わるとする「性具説」が天台宗の立場である。それに対して一切の個物は仏の顕現であるとするのが華厳宗の「性起説」である。一切衆生はたとえ地獄の苦悩の中にいても本来、仏であり、仏の世界から見れば煩悩も悪も仮の存在に過ぎないとする。

このような華厳宗の教義から帰結するところは、要するに現実を全て在りのままに受け入れるという現実の絶対肯定である。全ての存在が既に仏の現れであり、互いに妨げることなく存在しているのであるから、与えられている現実をそのまま受け入れていればよい。そこからは現実を変革しようとする意欲や、自身の中の仏を現そうとする修行の契機がほとんど出てこない。華厳宗でも修行として種々の観法が説かれるが、「教相即観法」と称して上記に示した教義（教相）を思索すること自体が観法とされるので、結局、空疎な観念論に埋没するだけで何の修行にもなっていない。地獄の苦しみも仏の顕現であるなどと説かれても、その苦しみが消えることはないので、実際には何の解決にもならない。

このような修行面の脆弱性の故に華厳宗は唐代末期になると禅宗や密教に吸収されていった。実際に華厳宗の教理は禅宗の教義と一体化し、その基礎になっている。中国において華厳宗は皇帝権力に寄生するだけの「体制宗教」であったために（法相宗や密教も同様である）、唐朝の滅亡という権力構造の変動とともに急速に衰退し、滅んでいった。

禅宗の成立

その華厳宗の教義と結びつきながら興隆したのが禅宗である。禅宗ではインド人の達磨《だるま》を開祖とし、達磨が禅宗をインドから中国に伝えたとするが、それは後代に作られた伝承であり、史実は不明である。達磨は五世紀後半〜六世紀前半の人物とされるが、その著述とされるものは全て後に作られた偽作であり、その伝記も創作された伝承に過ぎず、その実在性が疑問視されている。第二祖慧可《えか》（六世紀中葉）、第三祖僧璨《そうさん》（?〜六〇六）の伝記も全て後世の捏造で、歴史的に実像は明らかでない。実際に禅宗が教団として確立されたのは第四祖道信《どうしん》（五八〇〜六五一）、第五祖弘忍《こうにん》（六〇一〜六七四）以降と見られる。その教団は「東山宗《とうざんしゅう》」といわれ、楞伽経《りょうがきょう》や「大乗起信論」をもとに瞑想を行っていた（「禅宗」の名称は唐末または宋代に成立したとされる）。

東山宗は弘忍の弟子である神秀《じんしゅう》（?〜七〇六）と慧能《えのう》（六三八〜七一三）および法持《ほうじ》（六三五〜七〇二）によって、それぞれ北宗禅《ほくしゅうぜん》と南宗禅《なんしゅうぜん》、牛頭宗《ごずしゅう》に分かれた。神秀が則天武后《そくてんぶこう》（六二四〜七〇五）の厚い帰依を受けたことで、その保護のもとで北宗禅は繁栄した。南宗禅も江南の地で知識人階層の支持を受けて急速に広まった。北宗禅と南宗禅は当初、その違いが意識されていなかったが、南宗禅の荷沢神会《かたくじんね》（六八四〜七五八）が北宗禅を激しく批判してから相互に対立するようになった。

権力と癒着していた北宗禅は当初繁栄したが、まもなく衰退・滅亡し、南宗禅が禅宗の主流となった。南宗禅ではさらに細かな分派が生まれ、相互に抗争を繰り返した。北宗禅を攻撃して「六《ろく》祖壇経《そだんきょう》」（南宗禅の祖とされる六祖慧能《えのう》の言行録）など文献の捏造に狂奔した神会一派（荷沢宗《かたくしゅう》）も、神会の死後、北宗禅と同じくまもなく消滅している（慧能の言行録を「経」と称すること自体が僭称であり、「六祖壇経」が偽書であることは日本曹洞宗の開祖道元《どうげん》も「正法眼蔵」で明言している）。文献や教義の捏造を専らとした神会の姿勢は、自派の勢力拡大のためには何をしてもよいとするもので、神会は坐禅修行の意義も否定し、「何事にもこだわらない」という態度に帰着していった（伊吹敦『禅の歴史』四四頁）。

　禅宗は多くの分派に分かれたが、共通している思想傾向がある。それは老荘思想や「大乗起信論」（馬鳴《めみょう》の作とされてきたが、今日では中国で制作されたものであることが確定している）、および華厳宗の教理と強く結びついていることである。

　禅宗は東山宗と呼ばれた初期の段階から天台宗に反発し、華厳宗と結びついてきた。天台宗が瞑想の修行と合わせて法華経を基盤にした教義の探究を不可欠としたのに対し、禅宗は楞伽経《りょうがきょう》と「大乗起信論」を基盤としながら複雑な教義を不要とした。華厳宗と禅宗の結合傾向は既に華厳宗の澄観《ちょうかん》に見られるが、それを顕著に示すのが華厳宗第五祖とされる宗密《しゅうみつ》（七八〇〜八四一）である。宗密は澄観に師事して華厳宗の教義を学びながら、神会が開いた南宗禅の荷沢宗にも属し、荷沢宗の正統性を強調した。華厳宗が実質的には禅宗に吸収されていることを身をもって体現した存在といえる。

　華厳宗は、現実世界はそのまま仏の世界であるとして（事々無礙法界《じじむげほうかい》）、現実をそのまま肯定する。その教理を吸収した禅宗は、心の赴くままに生きるのが仏の悟りであり（即仏即心）、日常生活がそのまま真理の世界であるとする。実際に唐代に禅宗の主流を形成した南宗禅の馬祖《ばそ》（七〇九～七八八）は、六波羅蜜などの修行は地獄行きの業を積むだけだと主張して仏道修行の必要性を否定する。また馬祖は座禅をして成仏しようと思うのは瓦を磨いて鏡にしようと思うのと同様だとして座禅修行の意義を否定している（『禅林類聚』巻一六鏡扇）。

馬祖は「平常心是道」として日常普段の心が道であると説いたが、人間は本来、仏であるとして人間の行為を全て無条件に肯定していくその態度は「人間、何をやってもよい」との悪をも肯定する倫理否定に至る危険性をはらむ。馬祖は語録で「善を取らず、悪を捨てず」と述べ、善悪の区別は人によって異なる相対的なものであり、善と悪、邪と正の区別などは存在しないという相対主義の立場に立っている。

馬祖の流れを汲む臨済《りんざい》（？～八七六）の言葉は禅宗の特徴を端的に表している。臨済は次のように言う。

「なにごともしない人こそが高貴の人だ。絶対に計らいをしてはならぬ。ただあるがままであればよい」（『臨済録』四七頁）

「仏を求め法を求めるのも、地獄へ堕ちる業作り。仏や祖師は何ごともしない人なのだ」（同七六頁）

「一切の仏典はすべて不浄を拭《ぬぐ》う反故紙《ほごかみ》だ。仏とはわれわれと同じ空蟬《うつせみ》であり、祖師も年老いた僧侶にすぎない」（同八五頁）

「逢《あ》ったものはすぐ殺せ。仏に逢えば仏を殺し、祖師に逢えば祖師を殺せ」（同九七頁）

「本来、仏もなく法もなく、修行すべきものも悟るべきものもない」（同一〇〇頁）

「仏とは心の清浄さがそれ。法とは心の輝きがそれ。道とは自在に照らす清浄光に満ちている一切処である」（同一二五頁）

「わしの言葉を鵜呑みにしてはならぬぞ。なぜか。わしの言葉は典拠なしだ。さし当たり虚空に絵を描いてみせて、色を塗って姿を作ってみたようなものだ」（同一三九頁）

「なによりも平穏無事、やることもないままでいるのが、一番よいのだ」（同一四二頁）

ただし禅宗は、社会的勢力としては唐末の戦乱を乗り越えて隆盛した。その背景には、戦乱による文献散失が学問仏教の痛手になったのに対し、経典類を尊重しない禅宗はその影響が比較的軽微だったことが挙げられる。禅宗が自給自活の僧団生活を営んでいたことも隆盛の原因となった。禅宗は精神の自由を標榜するが、既に唐代の北宗禅が皇帝の庇護を受けて繁栄した歴史が示すように、実際には権力に迎合することに終始した。たとえば荷沢神会は得度銭《とくどせん》（香水銭《こうすいせん》）と称する金銭を国庫に上納することで第十代皇帝粛宗《しゅくそう》に取り入り、自身の安泰を図ろうとした。宋代には禅寺で皇帝の長命や国家安泰を祈る「祝聖上堂《しゅくしんじょうどう》」と称する儀式が一般化している（伊吹敦『禅の歴史』九〇頁）。

禅宗の主流となった南宗禅から仏教・儒教・道教の一致を主張する三教一致思想が生じていった。南宋の時代には道教の内部から禅宗の影響を受けた新宗教である全真教《ぜんしんきょう》が生まれ、儒教からは同様に禅宗の思想を取り入れた朱子学が生じ、禅宗と道教・儒教が融合していく事態が進んでいった。明代になると太祖洪武帝《こうぶてい》（朱元璋《しゅげんしょう》、在位一三六八〜一三九八）が自ら儒教を主、仏教と道教を従とする三教一致を国家政策として進めたため、禅宗もその政策に迎合していった。中国において禅宗は宋代には隆盛を極めたが、元代以降は衰退の一途をたどり、明代を経て清代にはほとんど消滅した。社会の変動とともに人々の心を摑む力を喪失していったからである。

日本の禅宗

日本に禅宗が渡ったのは飛鳥《あすか》時代の法相宗の僧道昭《どうしょう》（六二九〜七〇〇）が中国に渡って、帰国後、南都七大寺の一つである元興寺《がんごうじ》に禅院を立てたのが最初とされる。奈良時代には七三六年に中国から渡来した道璿《どうせん》（七〇二〜七六〇）が北宗禅を伝えた。道璿は伝教大師最澄の師である行表《ぎょうひょう》（七二二〜七九七）の師でもあったため、伝教は道璿・行表という系譜を通して禅宗の存在を知ることとなった。伝教が中国に渡って天台宗とともに密教や禅宗、戒律の知識をもたらした背景にはそのような事情があった。ただし、伝教は天台宗を中心にして密教や禅宗は傍らの存在としたため、禅宗はさほど注目されなかった。

日本において禅宗が定着したのは鎌倉時代に入ってからである。平安時代の末期になって、遣唐使の廃止以来途絶えていた日本と中国の交流が再開され、中国の最新文化に触れようとする機運が生じた。その中から当時、中国の南宋で支配的であった禅宗に従来の仏教にはない刺激を受けた者も出た。たとえば天台僧だった大日能忍《だいにちのうにん》（生没年不詳）は師をもたず自身で禅籍を読んで禅の知識を深め、禅を布教した。一一八九年には弟子を入宋させて宋朝禅の認可を受けた。達磨宗《だるましゅう》と言われた能忍の集団は当時、大きな影響力をもったが、能忍の死後は分裂し、大半は道元の教団（曹洞宗《そうとうしゅう》）に吸収された。

栄西《えいさい》（一一四一〜一二一五）は比叡山延暦寺で得度し、台密を学んだ天台僧だったが、二回にわたって南宋に留学。当時、隆盛だった禅宗を学んで臨済宗の印可を受け、帰国後、禅宗を布教した。北条政子（一一五七〜一二二五）や後鳥羽上皇（一一八〇〜一二三九）をはじめ鎌倉幕府や朝廷の庇護を得て鎌倉や京都に禅寺を開いた。密教僧として加持祈禱に従事することで権力の支持を得た栄西は、禅宗と天台宗・真言宗を融合させる諸宗融合の立場に立ち、権力の庇護を受けて存続していこうとする姿勢に終始した。その孫弟子には日本曹洞宗を確立した道元《どうげん》（一二〇〇〜一二五三）、栄西と同様に諸宗融合の立場に立った円爾《えんに》（聖一国師、一二〇二〜一二八〇）らがいる。

道元は諸宗融合的な禅宗（兼修禅）に対して純粋な禅宗（純禅）を主張し、日本曹洞宗を開いた。道元は当初、比叡山で天台宗を学んだ天台僧だったが、南宋に渡って一二二七年に帰国し、宋朝禅を日本に移入した。道元は完全な修行は出家でなければできないとして出家至上主義を主張し、また女人成仏も否定して男女差別を容認した。これらの点は仏道修行の成果において僧俗や男女の差別を設けなかった釈尊の立場と相違している。また道元は末法思想も方便として排斥している。道元は、晩年には因果や業を強調し、三教一致説を批判するなど、宋朝禅から離れる面も持ったが（十二巻本『正法眼蔵』）、結局は禅宗の枠組みから脱せられなかった。道元は権力とは距離を置く態度をとったが、道元の門流はその後、朝廷などの権力に接近する一方、道元の思想から離れ、密教や白山《はくさん》信仰・山王《さんのう》信仰などの修験道《しゅげんどう》や神道と融合して加持祈禱を行い、民衆レベルに布教した。さらに葬儀や法要の儀礼も整えていった結果、曹洞宗は多くの末寺を獲得した。

鎌倉時代には栄西・道元ら留学僧による禅宗の移入とは別に、幕府が朝廷と対抗する意味を含めて積極的に中国の禅僧を招き、禅宗寺院を建立する動きが開始された。その端緒となったのは、一二四六年に来朝した蘭渓道隆《らんけいどうりゅう》（一二一三〜一二七八）を開山にし、第五代執権北条時頼《ほうじょうときより》（一二二七

～一二六三）が初めて中国の禅宗寺院様式を取り入れて一二四九年に建立した建長寺《けんちょうじ》である。道隆は鎌倉の禅宗勢力の中心的存在となったが、真言律宗の忍性《にんしょう》良観《りょうかん》（一二一七～一三〇三）、浄土宗鎮西《ちんぜい》派の然阿《ねんあ》良忠《りょうちゅう》（法然の孫弟子。一一九九～一二八七）と結託して日蓮に敵対し、日蓮への弾圧を幕府関係者に働きかけるなど日蓮教団弾圧の黒幕的働きをした（日蓮「種々御振舞御書」一二二八頁）。

日蓮は、領地を失って行き場所をなくした者が建長寺の僧となって放埓《ほうらつ》な振る舞いをしていると して、建長寺の実態を次のように糾弾している。

「道隆の振る舞いは日本国の道俗知って候えども、上を畏《おそ》れてこそ尊《たっと》み申せ、また内心は皆うと（疎）みて候らん。（中略）建長寺は、所領を取られてまど（惑）いたる男どもの、入道に成って四十・五十・六十なんどの時、走り入って候が、用はこれ無く、道隆がかげ（陰）にしてすぎぬるなり」（「弥源太入道殿御返事」一七〇三頁）

「建長寺・円覚寺の僧どもの作法、戒文を破ることは大山の頽《くず》れたるがごとく、威儀の放埓《ほうらつ》なることは猿に似たり。これを供養して後世《ごせ》を助からんと思うは、はかなし、はかなし」（「新池御書」二〇六六頁）。

鎌倉幕府は道隆が死去した後、兀庵普寧《ごったんふねい》（一一九七～一二七六）や無学祖元《むがくそげん》（一二二六～一二八六）らの禅僧を相次いで中国から招聘したが、それも当時の先端文化を移入する目的であったと見られる。禅宗は権力を握っていた北条氏をはじめとする上層武士階級に保護され、朝廷の帰依も受けて繁栄した。

室町幕府は諸宗の中でも禅宗を最重要視し、「禅律方《ぜんりつかた》」という名の役所を設けて禅宗寺院の保護と統制に当たった。さらに中国の制度にならって禅宗の有力寺院を五山・十刹・諸山に分ける制度を確立した（五山は鎌倉と京都、十刹・諸山は全国にわたった）。それらの寺院は幕府が掌握する「官寺」であり、住持の任免権も幕府が握っていた。官寺に属さない曹洞宗教団や大徳寺教団は、各地の大名ら有力者の保護を受けて独自に教線を拡大した。

室町幕府や上層武士が禅宗を重視した理由は、鎌倉幕府と同様、その文化的側面に注目したからである。中国と頻繁に交流していた禅僧は中国文化に明るく、その知識によって外交文書の起草者や貿易の実務者に用いられたりした。中国へ留学した禅僧がもたらした多くの文物は「唐物《からもの》」として武士たちに尊重され、彼らの中国趣味を満たすものとなった。五山を中心とする官寺の禅僧は幕府の保護になれて宗教よりも文化に傾斜するようになり、五山文学と呼ばれる独特の漢文学を生んだ。水墨画、書道、作庭、茶道、能楽などの芸術にも禅宗の影響が色濃く刻まれている。

禅宗は戦国時代に入ってからも戦国大名の保護を受けて繁栄した。引き続き禅僧の持つ知識や文化が大名による領国支配に有用であると見なされたためである。江戸時代になると徳川幕府はキリシタン改めをテコにして檀家制度を確立し、寺院に対しては本末制度によって統制を強めた。その幕府の政策に従い、禅宗各寺院は他宗派と同様、戸籍管理者として幕府の統治機構の一端を担うことになった。

この時期になると有力寺院でも座禅が行われなくなるなど形骸化が進み、禅宗はもっぱら葬儀の儀礼を整えることで葬式仏教の度合を強めていった。一方では禅宗の腐敗的傾向が批判され始め、曹洞宗では金二十両払えば修行に関係なく和尚《おしょう》になれるとされ、本山永平寺《えいへいじ》の住持になるには二千両の大金が必要といわれるようにもなった（伊吹敦『禅の歴史』二七四頁）。

このように終始一貫して権力に迎合し続けてきた禅宗は、明治期に至るとさらにその傾向を強くした。明治初年、廃仏毀釈《はいぶつきしゃく》によって大きな打撃を受けた伝統仏教各宗は、政府が仏教を統治に利用する方針に政策転換すると以前に増して政府に迎合し、日清戦争（一八九四〜一八九五）・日露戦争（一九〇四〜一九〇五）の際には兵士を励ますため従軍僧を戦地に派遣するなど積極的に戦争を支持し続けた。中でも禅宗は戦争を賛美する傾向が強く、太平洋戦争直前の一九四一年、曹洞宗は海軍に戦闘機を一機、陸軍に輸送機二機を献納し、臨済宗は海軍に二機の戦闘機を献納して花園妙心寺号と名づけるなど、物質的にも軍部を支援している（ヴィクトリア『禅と戦争』二二六頁）。

思想面でも禅宗は国家主義によるテロや戦争の推進力として働いた。たとえば英文の著書を通して禅思想を世界に紹介したことで知られる鈴木大拙《すずきだいせつ》（一八七〇〜一九六六）は、日清戦争に関して著書『新宗教論』で日清戦争は暴虐な国である清国を懲《こ》らしめるための宗教的行動であるとした。鈴木は「合理的であろうが非合理的であろうが、直進すべしと励ますのみ。禅は行動をとるのみ。禅こそがまさに武士にふさわしい宗教である」（「Zen and Japanese Culture」）とも述べている。このような見解は鈴木一人のものではなく、戦前期の禅僧に広く見受けることができる。

昭和初期は多くのテロ、暗殺事件が続発したが、中でも一九三二年に前大蔵大臣の井上準之助と三井財閥の総帥団琢磨《だんたくま》が相次いで暗殺された血盟団《けつめいだん》事件は昭和政治史に大きな影を落とした。暗殺者集団である血盟団の首謀者井上日召《いのうえにっしょう》（一八八六〜一九六七）は禅宗に傾倒し、殺人も慈悲心の表れであるとした（『一人一殺』。井上を日蓮宗僧侶とする説が多いが、正式に得度していないともいわれる）。井上自身が裁判の公判で「私は禅によってここに到達することができた」（『血盟団事件公判速記録』）と述べているように、井上の思想的基盤は日蓮宗よりも禅思想であった。事実、井上に禅を指導した臨済僧山本玄峰《やまもとげんぽう》（一八六六〜一九六一）は井上の公判で特別弁護人として井上を擁護し、法廷で「仏教は人道の真の円満を根柢となすが故に、之を破壊する者あれば、止むを得ず善人といえども之を斬るなり」と述べている。

また戦前期には禅思想を天皇崇拝と融合させた「皇道禅」「皇国禅」を唱える者が現れた。たとえば軍神とされた杉本五郎陸軍中佐に禅を指導した臨済宗仏通寺派管長山崎益州《やまざきえきしゅう》（一八八二〜一九六一）は、日本の禅宗寺院が天皇を本尊として中心に祀っていることに触れ、「日本の仏教はことごとく本尊様を天皇陛下にしなくてはならぬ」（杉本五郎『大義』一六〇頁）と述べ、「森羅万象は天皇の御姿ならざるはなく、天皇の顕現ならざるはなし。宇宙は神の顕現にして即ち天皇道である」（「尊王と禅」『禅学研究』三二号三頁）と「天皇教」ともいうべき教義を表明している。

あるいは曹洞宗の僧侶沢木興道《さわきこうどう》（一八八〇〜一九六五）は法華経観音品の「念彼観音力《ねんぴかんのんりき》」の文を「念彼天皇力」と読み替え、仏教を放棄して天皇崇拝の天皇教に踏み切っている（沢木興道『観音経提唱』二一一頁）。この時期、禅宗は全体として侵略戦争を「聖戦」として肯定し、「剣禅一如《けんぜんいちにょ》」「活人剣《かつじんけん》」などの観念をテコに戦争を一貫して推進し続けた。

このような禅宗の戦争推進路線は敗戦によって完全に挫折し、曹洞宗は一九九二年に宗門としての戦争責任を全面的に認めて懺悔したが、そのような例は少数にとどまり、臨済宗など多くの宗派は自身の戦争責任に触れようとしない。禅宗に属する個人も、鈴木大拙や山本玄峰らを含めて大半の者が戦争を扇動した自身の責任について口を閉ざしている。

禅宗の問題点

禅宗の特徴は、その歴史と語録類に端的に表れている。その特徴を要約すれば、次のような諸点が挙げられる。

（ⅰ）老荘思想と華厳宗を基盤にして成立した歴史から、禅宗は与えられた現実を全て肯定する。現状を批判し、変革しようという態度を持たない。

（ⅱ）世界は心の現れと見る唯心論的傾向、主観主義の立場をとる。観念論に終始し、貧困や家庭不和、病苦などの現実人生の問題を直視することも解決することもできない。禅宗の「悟り」は何の実体もない虚妄である。悟ったと思っても、それは客観的・現実的裏づけのない錯覚、思い込み、自己満足に過ぎない。その点では密教の「即身成仏」と同様である。

（ⅲ）善悪も正邪も各人の心の問題とするため、善悪、正邪を区別しない（この点も老荘思想と同一である）。要するに「何でもよい」という態度をとるので倫理が成立しない。

たとえば、無心で行えば殺人も窃盗も肯定されるという。達磨の作とされてきた「絶観論《ぜっかんろん》」では、人を殺しても無心で行えば崖崩れが動物を押しつぶすのと同じで何の問題もないと説く。それを受けて日本の臨済僧沢庵《たくあん》（一五七三〜一六四五）は、宗峰妙超《しゅうほうみょうちょう》（京都大徳寺の開山。一二八三〜一三三八）が後醍醐《ごだいご》天皇に対して天皇が無心の法を得たならば一日に千人殺しても何の罪にもならないと述べたことを紹介している（「安心法門」）。「何でもよい」とするので歴史や文献もためらいもなく捏造する。

（ⅳ）自分自身が既に仏に等しいとする（「即心即仏」という言葉に象徴される）ので、自分の判断を絶対の基準とする傲慢さ、恣意的態度を特徴とする。形式的には仏や祖師を尊重するが、実際は自分が最上の判断者であると思いあがっているので仏や師匠に信順する態度を持たない（「仏を殺し、祖師も殺す」）。日蓮は「禅宗は理性《りしょう》の仏を尊《たっと》んで『己《おのれ》仏に均《ひと》し』と思い、増上慢に堕つ。定めてこれ阿鼻《あび》の罪人なり」（「蓮盛抄」七六〇頁）と禅宗を厳しく破折した。理論的には万人に仏性が具わっているが（理性の仏）、だからといって実際に万人がそのまま仏の境地を得ているわけではない。潜在的に存在しているだけの仏性が直ちに現実態として現れていると錯覚しているところに禅宗の徒が謙虚さを持ち合わせず傲慢に陥っている原因がある。

（ⅴ）言語や論理を無視するので（「不立文字《ふりゅうもんじ》」）、言語で表現される教義を持たない。論理的分析や実証的検証などは行わない。自分の言葉にも責任を持たない。逆説と矛盾をもてあそぶ。鬼面人《きめん》を驚かす奇矯な言辞、意味不明の言葉を用い、「喝《かつ》」と称して怒鳴り声を上げ、修行者を殴りつけるなど常軌を逸した行動をとることで自分がいかにも通常の言葉を超えた境地を得ているかのように振る舞うが、全て欺瞞であり、実際には何も得ているわけでもない。道教・儒教・仏教を一体とする三教一致説を唱えたり、天皇を神格化する天皇教と化したことも禅宗が確かな教義を一切持っていないことを表している。

（ⅵ）人間の死または死後を説明する明確な死生観もない。形式的な葬送儀礼しかない。

（ⅶ）何もしないで無事でいるのが最上であるという消極的・利己的人生態度に終始する。他者を救おうとする利他的行動がとれない。自分だけが無事に生きていければよいとするので、実際の行動としてはひたすら権力におもねるエゴイズムが身上となる。

仏教の基本は縁起であり因果の理法だが、禅宗は縁起や因果という仏教の基本教理を否定しているので、その本質は初めから仏教ではない。中国固有の老荘思想を基盤にし、仏教を偽装することによって作り出された新宗教であり、異教である（ちなみに伊藤隆寿氏は『中国仏教の批判的研究』で「禅宗は中国固有の道家思想を基盤にして、仏教の鎧兜《よろいかぶと》を身に着けて形成された『中国の新宗教』なのである」〈同書四二七頁〉と述べている）。仏教の外形を取った異教という点では禅宗も浄土教や密教と同列である。

インドにおいて土着思想であるヒンズー教に影響されて密教という新宗教が生み出されたのと同様、中国においては土着思想である道教に影響されて新宗教である禅宗が形成されたと見られる。禅宗は、葬送儀礼を作り、釈迦仏など種々の仏像を置いて仏教としての体裁を繕《つくろ》っているが、明確な死生観を持たないので厳密に言えば宗教ですらない。自己を含めて一切を軽蔑していくシニシズム（冷笑主義）に通ずる独善的な人生態度に終わっている。

（4）本迹相対

本迹相対とは、大乗経典の中で法華経が最勝の経典であるとする権実《ごんじつ》相対を前提にして、法華経の前半十四品（迹門《しゃくもん》）と後半十四品（本門《ほんもん》）の内容を比較し、本門が迹門に勝るとするものである。

法華経迹門では、それまでの大乗経典が不成仏としてきた声聞・縁覚および悪人・女人の成仏を説いて、一切衆生の平等の成仏を明らかにした。その上で本門は、釈迦仏が今世限りの仏（始成《しじょう》正覚《しょうかく》の仏）ではなく、久遠の昔に成道した仏（久遠実成《くおんじつじょう》の仏）であることを明かした。すなわち本門の如来寿量品第十六は、釈迦仏の言葉として次のように説く。「一切世間の天・人や阿修羅は皆、今の釈迦牟尼仏《しやかむにぶつ》が釈迦族の王宮を出て、伽耶城《がやじよう》から遠くないところにある道場に座って仏の悟りを得たと思っている。しかし、善男子《ぜんなんし》よ。私は、本当は成仏してから無量無辺百千万億那由他《なゆた》劫が経過しているのである」（法華経四七七頁、現代語訳）。

本門の寿量品は釈迦仏が久遠の仏であることを明かし、釈迦仏が従来の大乗経典に登場する諸仏を統合する仏であることを示した。寿量品は諸仏を統合する久遠の本仏の存在を示すことによって、一切の諸仏を成仏せしめた仏種（根源の妙法）を指し示そうとしたのである。

迹門は一切衆生の平等という、いわば理論を示すにとどまったが、本門は久遠の本仏の根底に成仏の因となる仏種を指し示しているという意味で、より現実的な救済に近づいている。日蓮が迹門に対する本門の優越性を強調する所以《ゆえん》もこのような迹門と本門の相違に由来していると考えられる。

天台大師が一念三千の法理を確立した基盤は方便品第二を中心とする迹門であったが、日蓮は本門の寿量品が仏種を指し示していることに着目し、その仏種を南無妙法蓮華経として直ちに示すことによって自身の宗教を確立した。日蓮は天台の法門を「理の一念三千」、自身の法門を「事の一念三千」と規定し、自身の仏教が天台仏教を陵駕《りようが》する宗教であるとしている（「治病大小権実違目」一三三三頁）。

したがって本迹相対とは、実体的・教団的にいえば、天台宗と日蓮仏教の相違と見ることもできる。

天台宗

紀元前後、中国に仏教が伝来して以来、多くの仏教経典が中国語に翻訳されるようになって、どの経典が釈尊の真意を示したものであるか解明し、経典間の関係を整理することが中国仏教徒の重大な課題となった。この作業を教相判釈《きょうそうはんじゃく》（教判）というが、天台大師智顗《ちぎ》（五三八～五九七）の時代には多種多様な教判説が出されていた。概して揚子江《ようすこう》以南の学者は涅槃経第一の立場を取り、以北の学者は華厳経第一とする立場に立った。それに対して天台は従来の教判説を詳細に検討・批判し、法華経を第一とする立場からいわゆる「五時八教」の教判を確立した。法華経を重視する立場は天台が師事した南岳大師慧思《えし》（五一五～五七七）が既に表明していたが、天台はさらにそれを推し進め、法華経を根本とする立場から一切の経典を整理し位置づけた。

その五時八教の教判によってそれ以前の教判は論破された。法華経の重要性についてはインドでは竜樹が『大智度論』でしばしば論及し、世親が『法華論』を著して強調した。中国においても鳩《く》摩羅什《まらじゅう》による名訳「妙法蓮華経」が出てから「妙法蓮華経」をもとに注釈的研究が重ねられてきたが、天台は従来の法華学を批判して法華経を統一的・有機的に解釈し、その考察の上から法華最勝の主張を明確にしたのである。

天台は教判を立てるに当たってその原則を明確にし、経典を判断するために説教の時期と形式、および内容を立て分けた。従来の教判ではこれらが混然としていて未整理だったからである。

まず天台は一切経が説かれた時期について、①華厳時、②阿含時、③方等時、④般若時、⑤法華・涅槃時の五時に分けた。

天台によれば、まず釈尊は華厳経を説いて衆生の機根（能力）の程度をテストし（擬宜《ぎぎ》）、次いで小乗経である阿含経《あごんきょう》を説いて声聞・縁覚の二乗を仏道に誘い入れ（誘引《ゆういん》）、さらに方等時には大乗経である維摩経《ゆいまきょう》、金光明経《こんこうみょうきょう》、勝鬘経《しょうまんぎょう》等を説いて小乗経に執着している声聞・縁覚を破折した（弾呵《だんか》）。次に般若時で説かれた般若経では小乗も大乗も「空《くう》」を説くことでは共通であることを示し（淘汰《とうた》、法開会《ほうかいえ》）、最後の法華・涅槃時で法華経を説いてそれまでの諸経が不成仏としてきた二乗や悪人を含めて一切衆生が成仏できることを明らかにし（法と人の開会《かいえ》）、さらに釈尊が今世で初めて成道した仏ではなく久遠の昔に成道していた久遠の仏であることを明かした。涅槃経《ねはんぎょう》は法華経の内容を追説し、法華経の会座《えざ》から退出した者など法華経の救済に漏れた衆生を救うために説かれた経典と位置づけられた。天台は、釈尊の生涯の化導は実質的には法華経を頂点にしてなされたと見たのである。

このように天台は、一切経を釈尊の一貫した意志のもとに展開された化導の次第であると捉え、全ての経典を位置づけた。この五時教判は各経典が釈尊の滅後に編纂されたものであると見る近代仏教学の認識とは前提が異なるが、経典の位置づけを通して仏教全体を把握しようとした一つの仏教観と捉えるならば、今日なお多くを汲み取ることができる意義を有している。

次に天台は説法の形式の観点から経典を分類して①頓教《とんきょう》、②漸教《ぜんきょう》、③秘密教、④不定教《ふじょうきょう》の「化儀《けぎ》の四教」を立てただけでなく、説法の内容から経典を分類して①蔵教、②通教、③別教、④円教の「化法《けほう》の四教」を立てた。四教の教判は既に師である南岳大師が提唱していたが、天台は南岳の思想を継承し、それを発展させたのである。

①蔵教とは、経・律・論の三蔵教のことだが、天台においては声聞・縁覚の二乗を対象とした小

乗仏教を意味する。蔵教の特徴は、煩悩を滅して地獄・餓鬼・畜生・修羅・人・天の六道を離れることを目標とするところにある。

②通教とは、大乗仏教の初門をいう。前の蔵教と後の別円二教のどちらにも通じ、また声聞・縁覚・菩薩の三乗に通ずる教えなので通教という。具体的な経論としては般若経、『中論』、『大智度論』などがそれに当たる。それらの経論が三乗に共通する「空《くう》」の法理を説いているので通教とされる。

③別教とは、大乗教ではあるが、二乗を排除し専ら菩薩のために説かれた教えをいう。具体的には華厳経、瓔珞経《ようらくきょう》などを指す。空仮中《くうけちゅう》の三諦《さんたい》、見思惑《けんじわく》・塵沙惑《じんじゃわく》・無明惑《むみょうわく》の三惑《さんわく》を別々のものと捉えている点において、これらを一体のものと捉える円教と異なるとする。従来、高い地位に置かれていた華厳経を円教に及ばないものと位置づけていることが注目される。

④円教は一切経の中でも最高の教説である。別教のように三諦・三惑を別々のものとせず、円融一体のものとするので円教という。煩悩を断ずべきものとせず、煩悩即菩提を説く。天台は、この円教は法華・華厳・大集などの諸経の中に見ることができるとする。円教は法華以前の爾前経《にぜんきょう》にも見られるが、法華経は現実の諸相に真理（実相）があるとする現実重視の立場を取り（諸法実相）、真理のもとに一切を位置づける「開会《かいえ》」の思想を説くので爾前の円教よりも優れたものとされる。

こうして天台は五時八教の教判によって法華経が一切経の中で最勝の経典であると主張した（後に妙楽大師は法華最勝をさらに強調して法華経が八教を超越した教説〈超八醍醐《ちょうはちだいご》〉であるとした）。この五時八教の教判による法華最勝の主張は後に日本の伝教大師最澄に継承され、日蓮もまた天台の見解を妥当とした。

天台の五時八教の教判は従来の法華学を超えた、新しい法華学の成果に基づいていた。光宅寺法《こうたくじほう》雲《うん》（四六七〜五二九）に代表されるそれまでの法華学が学解《がくげ》に偏って専ら訓詁注釈的な立場に終始し、かえって法華経の真意を見失っていたのに対し、天台はその在り方を厳しく批判し、学解とともに禅定（瞑想）の実践が不可欠であることを強調した。また天台は、一方で理論を無視して盲目的に禅定に耽《ふけ》る態度も退けた。理論（教相）と実践（観心）の両面を兼備しているのが天台教学の特徴であり、そこに天台教学が従来の仏教学を超越している所以がある。

実際に天台は、十八歳で出家してから学理の探究とともに真剣に修行を重ねている。梁《りょう》朝《ちょう》末期の戦乱で両親を失った天台が出家を決意した心情として「苦の本を滅することを思う」心があったと伝えられる（「天台智者大師別伝」）。人生のさまざまな苦の根本を把握し、苦を乗り越えていくことを願う強い宗教的情熱をもった天台は単なる学解で満足することはなかった。当時、広く行われていた方等懺法《ほうとうせんぽう》を行っただけでなく、二十三歳の時には法華経を根本にした禅定の修行で高名を得ていた南岳大師に師事して修行に励んだ。天台は南岳のもとで法華三昧の瞑想を行じ、「大蘇開《だいそかい》悟《ご》」と呼ばれる悟りを得ている。また後に天台山でさらに修禅に努め、一段と深い悟りに到達した。天台は理論的考察だけでなく自身の宗教的体験の上から法華経が仏の悟りをもっとも正しく示しているとの結論に達し、法華経第一の教判を確立したのである。

天台の法華学は自身の実践に基づく体験が裏付けになっている。たとえば法華経の文々句々を解釈するに当たって、天台は因縁釈・約教釈・本迹釈・観心釈の四種の解釈法を用いたが、最も重視した観心釈は経文の文句を観心の対境とするもので、観心という修行体験を通して経文を主体的に解釈する方法である。その結果、天台は法華経に説かれる法理を理論的に抽出・整理し、いわゆる一念三千の生命観として体系化した。その上で天台はその法理を瞑想修行（観心）を行うための指標とした。このように天台は理論と実践を合わせ持った新たな方法によって法華経の一切衆生皆成仏の思想を解明し、法華経が最勝の経典であることを合理的な説得力をもって示したのである。

ただし天台が説いた修行は自身の心を観察する（観心）瞑想であり、優れた能力に恵まれた出家者だけがなしうるもので、在家の一般人が到底できるものではなかった。たとえば『摩訶止観《まかしかん》』では十乗観法を実践する前の準備作業として二十五方便が説かれているが、そこでは閑静な伽藍《がらん》に住し、経済生活や人との交際を離れることが必要であるとしている。これは出家でなければできないことであり、在家の民衆は初めから救いから除外されている。天台は法華経第一の教判を初めて確立し、法華経の思想を体系化する重大な功績を残したが、その仏教は限られた出家者にとどまるものであった。そこに天台仏教の大きな限界があった。後に日本の法然は、天台宗では一般民衆が救済されないことに絶望し、阿弥陀仏の救いを求めて浄土教に転向していったが、それはこの天台宗の限界を見極めた故であった。

日蓮もこの天台宗の限界を認識して法華経本門寿量品が暗々裏に指し示した成仏の法を南無妙法蓮華経として明示し、その法を直ちに行ずることを説いて万人成仏の道を開いた。日蓮は天台宗がもはや過去の遺物となって民衆救済の用に立たないことを次のように述べている。「天台の学者、慈覚よりこのかた、玄・文・止の三大部の文をとかくりょうけん（料簡）し義理をかま（構）うとも、去年のこよみ（暦）、昨日《きのう》の食《じき》のごとし。きょう（今日）の用にならず」（「上野殿御返事」一八九〇頁）。

天台は迹門始成正覚の仏と本門久遠実成の仏の相違に触れているが、『法華玄義』などでは「本迹殊《こと》なりといえども不思議一なり」として本迹の相違を強調しなかった。それに対して日蓮は「法華経にまた二経あり。いわゆる迹門と本門となり。本迹の相違は水火・天地の違目なり」（「治病大小権実違目」一三三〇頁）と本迹の相違を強調した。この本迹の区別は、天台宗はもちろん日蓮宗各派においても重要な問題であり、日蓮宗各派の中でも本迹一致の立場に立つ宗派では天台宗と日蓮仏教の相違が明確になっていない。しかし次の種脱相対において明らかにされるように、日蓮仏教は天台宗とは違って本門寿量品が文底において暗示する仏種（南無妙法蓮華経）を直ちに行ずる仏教であるから、その前提として本迹の相違が明確になっていなければならない。

（5）種脱相対

種脱《しゅだつ》相対とは、文上の法華経を含めた釈尊の仏教と日蓮仏教を比較相対し、日蓮仏教が勝るとするものである。この比較を種脱相対というのは、日蓮仏教が仏種を明示して衆生を下種から得脱《とくだつ》（成仏）まで今世で導く仏教（下種仏教）であるのに対し、釈尊の仏教は過去世に下種を受けてきた衆生を得脱させるだけの仏教（脱益《だっちゃく》仏教）と位置づけるからである。

種脱相対の前提にあるのは天台大師が法華経化城喩品《けじょうゆほん》の内容をもとに『法華文句』で示した種《しゅ》熟脱《じゅくだつ》の法門である。種熟脱とは下種、調熟《ちょうじゅく》、解脱のことで、下種とは仏が衆生に仏になる種子を下すこと、調熟とは過去に下された仏種が次第に成長して機根が整ってくること、解脱とは仏の境涯に至ることをいう。要するに仏が衆生を成仏へと導く化導の過程を示したものである。日蓮は「種・熟・脱の法門、法華経の肝心なり」（「秋元御書」一四五八頁）として種熟脱を成仏のための肝要の法門と位置づけ、「曾谷入道殿許御書」では「彼々の経々に種・熟・脱を説かざれば、還って灰断《けだん》に同じ。化《け》に始終無きの経なり」（一三九二頁）として、種熟脱を示さない成仏は実体のないものであると断じている。

種脱相対について日蓮は次のように言う。「在世の本門と末法の始めは一同に純円なり。ただし、彼《かれ》は脱、これは種なり。彼は一品二半《いっぽんにはん》、これはただ題目の五字なり」（「観心本尊抄」一三九頁）。

法華経本門寿量品は久遠仏を明かして成仏の仏種を指し示したが、それは文の上に明示されているものではなく、文の底に暗示するにとどめられていた。日蓮は文上と文底の相違について「開目抄」で「一念三千の法門は、ただ法華経の本門寿量品の文の底にし（沈）ずめたり」（五四頁）と述べている。それでは寿量品のどの文の文底に示されているかという点について、堅樹日寛《けんじゅにちかん》（一六六五〜一七二六）は「我本行菩薩道《がほんぎょうぼさつどう》（我もと菩薩の道を行じて）」（法華経四八二頁）の文であるとした（「開目抄愚記」『日寛上人文段集』七七頁）。日寛は先の「観心本尊抄《かんじんのほんぞんしょう》」の文と合わせて、文上＝脱益、文底＝下種益の区別を確認している。

すなわち本門寿量品は釈迦仏が久遠の昔に成仏した仏であるとしたが、その仏は成仏する以前は成仏を目指して修行をしていた菩薩であり、一定の時点で初めて成仏した存在とされる。つまり本門寿量品が説いた釈迦仏も真の根源仏ではなく、根源の法によって仏にさせてもらった派生的存在に過ぎない。寿量品は釈迦仏が初めて成仏した原因（仏因）について「私（釈迦仏）は成仏してから大いに久遠である。仏としての寿命は無量阿僧祇《あそうぎ》劫で、常住にして滅することがない。諸の善男子よ。私が過去に菩薩の道を行じて成就した仏の寿命は今でも尽きていない」（法華経四八二頁、現代語訳）と説き、釈迦仏は成仏する以前には菩薩行を行じていたとする。菩薩行を行ずるというからには行ずる法がなければならない。その法こそが釈迦仏をして仏ならしめた究極の根源であり、真の仏種である。寿量品は、釈迦仏の久遠の昔における成道を説くことによって、釈迦仏を仏にさせた根源の仏種の存在を暗々裏に指し示したのである。

ただし天台仏教は理論としては見事な体系化を成し遂げたが、一部の出家者のための宗教であり、在家の民衆にとっては無縁であった。天台仏教は実践論としてはほとんど破綻していたともいえる。

そこで日蓮は文上の法華経にとどまっていた天台仏教の限界を打ち破り、法華経が文底において暗示した根源の仏種を南無妙法蓮華経として明示し、南無妙法蓮華経を直接行ずる宗教を開いた。それは、釈尊の名のもとに説かれた従来の仏教を踏まえながら、同時にそれを超越した未聞の仏教であった。日蓮は天台仏教の出家主義を超えて、各自の能力の差異を問わず万人が実践できる仏教を創始したのである。

歴史的にも天台仏教は日蓮の在世当時、中国においては完全に衰退し、ほとんど消滅していた。日本においては、天台宗は第三代座主の慈覚大師円仁《えんにん》（七九四〜八六四）以降、密教化して変質し、民衆を救済するどころかそれ自体が民衆を支配し抑圧する強大な権力体と化していた。文字通り、時代は従来の仏教が救済力を喪失している「末法」の様相を呈していたのである。そこに日蓮が釈尊の仏教に代わって新たな仏教を人々に提示する必然性があったといえよう。この種脱相対の区別は、第三章第四節「日蓮教団の問題」で述べたように、教団次元で言えば日蓮の直弟子六人のうち日興《にっこう》が開いた日興門流とそれ以外の門流の相違となる。

このように日蓮は、仏教を含めて当時認識できた一切の宗教を検討し、自身の宗教の卓越性を確認していった。彼はその理論的確信の上から激しい迫害と戦いながら自身の宗教を弘めたのである。

3　五綱

日蓮は、自身の仏教を弘めるための観点として、いわゆる「五綱《ごこう》」（五義）を説いた。五綱とは、①教を知る、②機を知る、③時を知る、④国を知る、⑤教法流布の先後を知る、の五つをいう。日蓮は「行者、仏法を弘むる用心を明かさば、それ、仏法をひろめんとおもわんものは、必ず五義を存して正法をひろむべし」（「顕謗法抄」四九八頁）と述べている。

（1）「教を知る」

初めの「教を知る」とは、宗教の教義についてその内容を検討し、その優劣を見極めることである。先に述べた「五重の相対」は、まさに「教を知る」ための判断基準であった。教義内容の徹底的な検討を宗教選択の前提としているところに日蓮の主知的な態度が表れている。

（2）「機を知る」

「機を知る」とは、人々の教を受け止める能力（機根）を認識することをいう。いかに優れた教説であっても、人々にそれを受け止める能力がなければその教えは広まらず、弘教は失敗に終わる。また、人々が嫌悪し反発するような思想を説いても弘教は成功しない。それ故に釈尊は相手の機根を見極め、相手が愛好し理解できる説法を行うことに努めた。

しかし、時には相手の嗜好や能力をあえて無視して法を説く場合もありうる。釈尊の仏教が基本的に人々の機根を重視したのに対し、迫害を受けながらも当時の諸宗を厳しく批判していった日蓮の教義には人々の嗜好や機根を超越した側面が顕著である。ただし、日蓮の門下に対する具体的な教導には相手の機根を深く配慮した面が色濃く表れている。

（3）「時を知る」

「時を知る」とは、時代状況を踏まえていくことを意味する。仏教の時代区分として、正法時代・像法時代・末法という区分がある。これは大集経《だいしゅうきょう》や法華経などに説かれたものだが、正法時代とは仏の教えが正しく継承されている時代、像法時代とは仏の教えが形骸化している時代、末法とは仏の教えが人々を救済する力を失った時代とされる。この区分は釈迦仏だけでなく、あらゆる仏の教えに当てはまる。仏の教えもそれぞれの時代に応じて説かれるので、時代状況が大きく変化すれば仏の教えも有効性を失っていくとするのである。仏教に限らず、一切の思想はそれぞれの時代の制約のもとで成立したものであるから、時代の変動によって有効性を失うのは当然の道理である（たとえば、マルクスの思想が全て時代遅れになったというのではないが、かつて世界に大きな影響を与えたマルクス主義は、今日、以前に有した影響力をほとんど失っている）。

ただし日蓮は「日蓮が慈悲曠大《こうだい》ならば、南無妙法蓮華経は万年の外《ほか》、未来までもな（流）がるべし」（「報恩抄」二六一頁）と述べ、自身の宗教が未来永遠に有効性を保つとした。あらゆる思想や宗教がそれぞれの時代の制約のもと、その時代に対応する形で成立したのに対し、南無妙法蓮華経は時代の制約を超越した永遠・根源の法だからである。

大集経によれば、釈迦仏の正法時代は仏滅後千年まで、像法時代はそれから千年まで、仏滅後二千年以後は末法に入るとされており、日蓮在世当時、日本においては一〇五二年が末法に入る年と考えられていた。日蓮は、当時の一般的な時代認識を踏まえて、従来の仏教が救済力を喪失した時代に入っていることを了解していた。それ故に日蓮は、「日本国の当世は、如来の滅後二千二百一十余年、後《のち》の五百歳に当たって、妙法蓮華経広宣流布の時刻なり。これ、時を知れるなり」（「教機時国抄」四八〇頁）として、今は南無妙法蓮華経を流布すべき時であると知ることが「時を知る」ことになると述べている。

　また「時を知る」とは、そのような仏教の時代区分に限らず、時代状況全体に対する認識が布教のためには不可欠であるということを意味している。ある時代には有効であった思想や運動が、次の時代にはまったく有効性を持たないことは多い。実際に今日の世界は加速度的に変化しており、その急速な変化に対応できなければ、宗教も衰退に向かわざるを得ない。日蓮は時代状況に対する機敏な対応の必要を説いたともいえよう。

（4）「国を知る」

　「国を知る」とは、国（地域・社会）によって異なる地理的環境、あるいは政治・経済・文化などの状況を知っていくことをいう。日蓮は「仏教は必ず国によってこれを弘むべし。国には、寒国・熱国、貧国・富国、中国・辺国、大国・小国、一向偸盗国《いっこうちゅうとうこく》・一向殺生国・一向不孝国等これ有り。また一向小乗の国、一向大乗の国、大小兼学の国もこれ有り」（「教機時国抄」四七九頁）と述べている。南無妙法蓮華経は時代や国家を超越した永遠普遍の法であるが、実際の弘教に当たってはそれぞれの社会の状況を勘案して柔軟な態度で臨むべきであるとするのである。

ある国で行われた弘教の方式を他の国にそのまま適用することは適切ではない。それぞれの地域の実情に応じた活動を重視するということは活動の担い手をその地域に根差した人々に求めることになる。日蓮は「その国の仏法は貴辺にまかせたてまつり候ぞ」(「高橋殿御返事」一九五三頁)と述べ、それぞれの地域に住む一人一人が仏教弘通の主体者であることを強調している。

そのことは日蓮が宗教における土着性を重視したことを意味している。仏教は「随方毘尼《ずいほうびに》」として、仏教の根本教義に違背しない限り、各地域の風俗・習慣を尊重すべきであるとする。日蓮はその点について、「この戒〈随方毘尼のこと――引用者〉の心は、いとう事か(欠)けざることをば少々仏教にたが(違)うとも、その国の風俗に違《たが》うべからざるよし、仏一つの戒を説き給えり」(「月水御書」一六四七頁)とし、また「予が法門は、四悉檀《しっだん》を心に懸けて申すならば、あながちに成仏の理に違《たが》わざれば、しばらく世間普通の義を用いるべきか」(「太田左衛門尉御返事」一三七二頁)と述べている。

日蓮は宗教の社会性を重視し、信仰者がそれぞれの地域に定着してその地で信頼を勝ち得ていくべきであるとした。仏教の信仰者が地域社会から浮き上がった特異な集団を形成することを強く戒めたのである。

また日蓮は国の相違について、「開目抄」で次のように述べている。

「末法に摂受《しょうじゅ》・折伏《しゃくぶく》あるべし。いわゆる悪国・破法の両国あるべきゆえなり。日本国の当世は悪国か破法の国かとしるべし」(一一九頁)。

日蓮は、「悪国」では相手の宗教を認めながら徐々に正法に導いていく「摂受」の方法により、

「破法の国」では相手の宗教を論破して正法を弘める「折伏」の方法を取るとしている。ここで「悪国」とは正法の存在を知らない国をいい、「破法の国」とは正法の存在を知りながら、正法を迫害する国をいう。日本は南無妙法蓮華経を知りながら迫害を加えた破法の国であり、それ以外の国は南無妙法蓮華経の存在を知らない国に当たる。

日蓮が日本を宗教的に特異な国と捉えていたことは「佐渡御書」の「一闡提人《いっせんだいにん》と申して、謗法の者ばかり地獄守《じごくもり》に留《とど》められたりき。彼らがうみひろげて今の世の日本国の一切衆生となれるなり」（一二八八頁）の文などにうかがうことができる。「一闡提人」とは、宗教を信じようとしない現世主義者をいう。要するに「神も仏もない」として宗教全般を否定し、金力と権力をもって現世を生きることとしか考えない人間のことである。日蓮は、日本人の根底的な精神性として、宗教全般に対する根本的な蔑視があることを洞察していた。

中村元博士は『日本人の思惟方法』の中で、日本人がいかに宗教を軽んじているかを詳細に考察している。たとえば博士は「過去の日本人は、祖先・親・主君・国・天皇などの権威を絶対視し、宗教をそれに従属させ奉仕させていたのである。したがって、日本においては本来の意味における宗教教団が十分に成立しなかった」（中村元・前掲書三四七頁）と述べている。日本において僧侶は一貫して為政者に従属する存在でありながら権力者の威勢を借りて民衆に対し権威的に振る舞うことが一般的だったので、インドや中国などに比べてさほど尊敬もされず、むしろしばしば軽蔑の対象となってきた。平安時代の清少《せいしょう》納言《なごん》が法師について『枕草子《まくらのそうし》』で「人には木の端のように思はるるよ」と述べ、それについて室町時代の吉田兼好が『徒然草《つれづれぐさ》』で自身も僧侶でありながら「実《げ》に然る事ぞかし」とそれを肯定しているのもそのような事情を物語っている（中村元・前掲書三五二頁)。

実際に、現代の日本人でも、乳児の初参りは神道の神社で、結婚式はキリスト教、死んだ時の葬式は仏教と、一生の間の宗教儀礼を異なる宗教で行っても全く抵抗感がない。日本人にとって宗教などはその時の都合と好みによって適当に使い分けてよい程度のものであり(宗教など何でもよい)、真剣に取り組むに価しないものとされている。

近年では結婚式も葬式も無宗教で行ったり、それらの儀礼そのものを一切行わないことも多い。真剣に信仰に励む宗教者はともすれば変人扱いされかねないのが日本の精神風土である(特定の宗教に「凝《こ》る」態度は不適切なものとして疎《うと》まれる)。

とりわけ社会全体にわたって宗教性が急速に希薄化した近世以降、日本人の行動規範は基本的には利害と世間体であり、宗教は時々に利用するだけの装飾に過ぎず、生き方の規範になっていない。作家の遠藤周作は『沈黙』などの作品で、日本の風土はキリスト教の根を腐らせると述べたが、キリスト教に限らず、定着しているように見える神道や仏教も含めて、宗教一般をまともに相手にしないのが日本人の態度といってよい(神道や仏教も定着しているように見えるのは儀礼の道具としてであって、人生観の骨格となる生きた思想にはなっていない。利益を期待して神社仏閣を参拝する人にしても、利益がなくても反発や失望を示すこともない)。

日蓮は現世主義的傾向が強い日本の風土に妙法への信仰を根付かせる闘争を開始したが、その風土ゆえに幾度となく死に瀕する激しい迫害を加えられた。日蓮の死後、門下が形成した教団はたちどころに権力に屈服し、近世以降は他の仏教宗派と同様、徳川幕府の寺請《てらうけ》制度のもとで民衆を支配・管理する政治機構の一端に組み込まれていった。日興門流もその流れの中にあったが、日蓮正宗の在家団体として創価教育学会を創設した牧口常三郎は、緊張感を持って権力と対峙した日蓮の精神を継承し、日蓮仏教の思想を社会に定着させていくことを目指した（逮捕直前の牧口が日蓮と同様に政府に対する国家諫暁を企図していた事実は、牧口が内面において立正安国・王仏冥合の理想を掲げていたことを物語っている）。

（5）「教法流布の先後を知る」

「教法流布の先後を知る」とは、先に広まった宗教を知って、後に弘めるべき宗教を決定することをいう。後に弘める宗教は先行する宗教よりも思想的に高度なものでなければならない。先行している宗教よりも退歩したものであっては無価値のものと見なされ、布教は失敗に終わるからである。このような見解の前提には人間の文化が時の経過とともに進化、発展していくものであるとする認識がある。

特定の国家や地域に限定すれば、かつては興隆し繁栄していた文化が衰退し、社会が停滞・荒廃していった例も少なくないが、人類全体としては文化が後退することは起きていない。過去の文化遺産を継承しつつ新たな文化を創造しているのが人類の歩みである。その観点からすれば、先行するものより原始的な宗教を提示したのでは人々に受け入れられない。日蓮は、布教に当たってはその地域の文化状況を認識する必要があることを強調したのである。

このように日蓮は宗教の弘通に際しては歴史と風土を深く考慮すべきであるとして、各国・各地域の民族性や文化状況を無視した画一的・硬直的な弘教活動を戒めており、極めて柔軟かつ現実的であった。宗教は各人の人生観の中核をなすものであるだけに、硬直的・教条的な布教は人々の反発を招き、紛争の要因となる恐れがある。日蓮は教義的には厳格であったが、宗教の運用・展開の側面においては極めて弾力的であったのである。

第三節　憑霊と悟り

仏教に限らず宗教一般において宇宙と自己が一体になったという類いの神秘体験が語られることが多い。神や死者の霊魂が憑依《ひょうい》して日常ではありえない「異言《いげん》」を語るトランス状態に入る霊媒《れいばい》や祈禱師、シャーマンと呼ばれる人々も少なくない。教祖が「神がかり」してトランス状態で発した言葉を神の啓示と受け止め、教義の根本に位置づけることは宗教創生の類型の一つでもある（天理教の教祖中山みき〈一七九八～一八八七〉、大本教の教祖出口ナオ〈一八三七～一九一八〉などはその典型例）。このような現象は人類学や宗教学の研究対象とされてきたが、それをどのように捉えるべきであろうか。霊媒に憑《つ》くものとしては神や霊魂だけではなく、狐や犬、蛇などの動物も挙げられる。憑依者《ひょういしゃ》は神や霊魂などが存在している「他界」「霊界」と交流する能力を持つとされる。

シャーマンがその能力を得るためにしばしば行うのが断食や水行などの「苦行」である。肉や穀物、塩などの摂取を断つことも広く行われる。彼らは極端な断食や厳寒期の水垢離《みずごり》などの苦行で心身を痛めつけることで、通常では聞こえない声や音を聞き、見ることのできないものを見る。密教や修験道の行者（山伏《やまぶし》）は苦行の他に長時間にわたって呪文（真言）を唱え続ける。

これらの憑依現象は原始時代から今日まで世界各地で見られる。日本においても三世紀に実在した邪馬台国の女王卑弥呼《ひみこ》や神功《じんぐう》皇后（『日本書紀』では第十四代仲哀《ちゅうあい》天皇の后《きさき》、第十五代応神《おうじん》天皇の母とされるが、その実在性に確証はない）は女性シャーマンとして知られている。シャーマンは多くの場合、その能力を得る以前には何らかの信仰心を持っており、また極端な貧困や病、家庭内での抑圧などの苦難にさらされていたことで共通している。

憑霊《ひょうれい》現象はその現象を生ずる社会に広く神霊の存在を信ずる文化があることが前提となる。神や霊の存在を認めないところには憑霊現象も生じない。憑霊現象は一九六〇年代くらいまでは日本を含めて先進国とされる社会にも広く見られたが、近年では急速に減少している。近代化・世俗化の進展とともに神霊を信ずる原始的・古代的世界観が人々の間で後退している故であろう。

仏教は当初から神や霊魂の存在を一切認めないので、それらが人間に働きかけるという観念を持たない。それではいわゆる憑霊現象をどのように解釈するかといえば、トランス状態になった人間の潜在意識が表面に噴出した現象と捉えられよう。一神教・多神教を問わず、神や霊魂が人間に働きかけるという観念が支配している宗教文化の中で生活し、そのような神霊信仰を持っている人が強い苦しみや抑圧を長期間にわたって受け続けていると、何かのきっかけで無意識の領域が突然噴き上がってくることがありうる。それが、通常では見えないものを見、聞こえない声や音を聞く体験となると考えられる。そのような非日常体験をしがちな傾向を持つ人が断食などの苦行を行って心身を苦しめると、さらに頻繁に非日常体験を生ずることになる。

通常、無意識の内容は自我の蓋《ふた》に抑えられているので日常生活上に噴き上がってくることはないが、敏感過ぎる感性を持っている人が強いストレスにさらされ続けると、自我の蓋が緩んで無意識の領域において自身が培《つちか》ってきたものが意識上に噴出し、自我を揺るがすことが生ずる。無意識を制御できない状態となるのである。いわゆる憑霊現象は以上のような心理学的見地から捉えることができる。したがって神や霊魂を見たり、その声を聞くことができる力（いわゆる「霊能力」）を持つということは決して有意義で称賛されるべきものではなく、むしろ「ゆがみ」と「危うさ」の表れと見るべきであろう。「すごい」のではなく「危うい」のである。霊媒や霊能者は社会的・家庭的に恵まれていないことが多い。概して彼ら自身が不幸である（恵まれた環境で育った人が霊媒になることは希である）。

仏教は憑霊現象を危うさの徴候と見る。たとえば法華経譬喩品は、法華経を誹謗した者が受ける罪の報いとして「鬼《き》魅《み》所著《しょじゃく》（鬼に取り付かれやすい）」（法華経二〇一頁）を挙げる。霊が憑《つ》くなどということは人間の本来あるべき姿ではないとするのである。また天台大師も『摩訶止観』巻八で病が起きる因縁を六種挙げ、その第四として「四に鬼神、便りを得」（大正蔵四六巻一〇六頁）と述べている。憑依現象は病的状態の一種であると位置づけるのである。ちなみに「鬼」とは、死人の魂や不思議な力があると信ぜられるもの、人に害を与えるもの（物《もの》の怪《け》）などを表す言葉である（『新漢和辞典』九九二頁）。「鬼」の文字は象形文字で、異形の巨大な頭（鬼頭）を持つ人の形を示す。もとは人の遺体が風化したものを称する語とされる（白川静『字統』一四五頁）。

日蓮は神秘的な超能力や奇跡の類いによって宗教を判断することを厳しく排除した。「聖愚問答抄」では祈雨の奇跡を起こしたといわれる光宅寺法雲《こうたくじほううん》を妙楽大師が破折した事実を挙げ、次のように記している。「彼の阿伽陀仙《あがだせん》は恒河《ごうが》を片耳にたたえて十二年、耆兔仙《ぎぬせん》は一日の中に大海をすいほす。張階《ちょうかい》は霧を吐き、欒巴《らんぱ》は雲を吐く。しかれども、いまだ仏法の是非を知らず、因果の道理をも弁《わきま》えず。異朝の法雲法師は講経勤修《こうきょうごんしゅ》の砌《みぎり》に須臾《しゅゆ》に天華《てんげ》をふらせしかども、妙楽大師は『感応かくのごときも、なお理に称《かな》わず』とて、いまだ仏法をばし（知）らずと破し給う」（五六〇頁）。

「三証」の項で述べたように、日蓮は宗教選択の基準として、いわゆる超能力の類いを排除し、あくまでも文献上の根拠（文証）と教義の内容（理証）を重視した。また、その宗教が現実社会や各人の人生にどのように影響したか（現証）を注視した。そこに日蓮の、理性と現実の両面を重んじた態度を見ることができよう。

ひるがえって仏教が理想とする「悟り」「解脱」も一つの宗教体験であることに相違ないが、それはいわゆる憑霊《ひょうれい》現象とどのように異なるのか。一般的に言えば、憑霊現象とは神や霊魂などの外なるものが人間に働きかける現象と受け止められるものであるのに対し（実際には個人における無意識の発現だが）、悟りはあくまでも自己自身の覚醒、覚知であるという相違があるだろう。

釈尊が長期間の修行の末に菩提樹の下で宇宙を貫く真理を覚知したことが仏教の出発点であった。また天台大師も師の南岳大師の下でいわゆる「大蘇開悟《だいそかいご》」を得た後、さらに修禅に励んで天台山の華頂峰《かちょうほう》で一段と深い悟りを得たと伝えられる。日蓮もまた、出家してまもない十六歳の頃、諸経および諸宗派の勝劣を知る悟りを得たと述べている（「善無畏三蔵抄」一一九二頁、「清澄寺大衆中」一二〇六頁）。仏教に限らず一般にも宗教的実践に関して悟りが語られることは頻繁に見られるが、それらの悟りの真贋は何を基準にして判断されるべきであろうか。

「悟りを得た」というだけではあくまでも個人の主観にとどまり、その真実性には何の裏づけもない。その悟りが本物であると主張するには、日蓮が三証を挙げた通り、客観的事実による証拠がなければならない。日蓮は「教主釈尊の出世の本懐は人の振る舞いにて候いけるぞ」（「崇峻天皇御書」一五九七頁）として、とりわけ外に現れた振る舞い、行動を重視した。単なる言葉だけでは、どのようにでも人を欺くことができる。また、一時的な行動だけでは人間の実像を判断することはできない。しかし、その人がどのように生きたか、何を残したかという振る舞い、行動を短期間ではなく何十年も長期間にわたって観察すれば、そこにその人間の実像を見ることができる。釈尊や天台、日蓮の悟りが真正なものと受け止められるのは、客観的に見て、彼らが残した思想と宗教が人類の歴史に寄与したと認められるからである。

仮にその人間の行動が自己中心的なものに終始し、またその思想が無内容で取るに足らないものであったならば、彼がいかに悟りを得たと喧伝したとしても、その悟りは単に自分勝手に思い込んだだけの錯覚、妄想と言わなければならない。その主張は偽りであり、人を欺くものとなるだろう。

本来、仏とは覚者（悟り・解脱を得た人）の意味であり、仏の境地に到達すること（成仏）が大乗仏教を実践する目標・理想とされてきた。しかし釈尊や天台、日蓮らの悟りが真正なものであるとしても、実際には仏教を実践する人が誰もが彼らと同様の悟りを得るということにはならない。この点はどのように考えるべきであろうか。

第三章で述べたように、日蓮は仏法に対する「信」が仏の智慧を得る因であるから、強い信があれば智慧を約束されたことになり、事実上、信が智慧の代わりとなるとした（「四信五品抄」二六六頁）。日蓮の教示によるならば、仏の智慧を悟ることができなくても正法への信があれば仏教を行ずる目的を成就することができる。仏の悟りを得られなくても仏法を信ずることは誰もが可能である。日蓮は、信をもって智慧に代えるという「以信代慧《いしんだいえ》」の法理を示すことによって、成仏という幸福への道を万人に開いたのである。

そうなれば仏法実践において悟りを求めることは必要ではない。「信心即生活」といわれるように信仰の利益は日常生活の上に現れるものであり、日常を超越した特別の悟りを目指すことはむしろ誤りである。往々にして「自分は悟りを得た」と広言する人は希ではない。しかし、その「悟り」は多くの場合、単なる思い込み、錯覚に過ぎず、何らの客観的裏づけを持たない。自己の主観にとどまる思い込みを真正の悟りであるかのように喧伝し、自己を特別の存在として権威化する態度はむしろ他者の判断を誤らせる危険がある。サリンによる無差別テロなど重大な犯罪を行い、教祖を含めて多くの幹部信者が死刑に処された日本のオウム真理教などは極端な例だが、多くの宗教の教祖が主張する「悟り」や神がかりによる「啓示」は、客観的に検証する態度を持たない場合、個人の錯覚に多数者が巻き込まれていく危険性をはらんでいる。

第四節　権威主義的宗教と人道主義的宗教

エーリッヒ・フロムは『精神分析と宗教』の中で宗教を権威主義的宗教と人道主義的宗教に二分して考察した（同書四六頁以下）。この区別は今日における宗教の在り方を考えるうえで重要な視点と思われるので、ここで取り上げることとする（このフロムの考察については池田大作も注目し言及している〈『池田大作全集』八一巻〉）。

フロムによれば、権威主義的宗教は人間が自分の外にある、自分を超えた力によって支配されているとする宗教である。この宗教は人間を超越する力に対する屈服を根本要素とし、超越的存在に対する不服従が根本の罪とされる。人間は無力で卑賤なものと規定される。悲哀と罪悪感が濃厚となる。そこでは自分の責任のもとで理性的に判断する態度は否定され、権威ある存在にひたすら服従すべきであるとされる。
それに対して人道主義的宗教は人間の力を強調する宗教である。人間は理性と愛の力を発展させるべきであるとし、人間の目的は自分の無力さを知ることではなく、自分の最大の力を達成することであるとする。人道主義的宗教においては服従ではなく自己実現が美徳となり、喜びの情感が顕著となる。そこでは個人が自己の運命についての自由と責任を感ずる。

フロムは権威主義的宗教の典型としてカルヴァンの宗教、人道主義的宗教の典型として初期の仏教などを挙げているが、この区別は単に有神論と無神論の相違に対応するものではなく、同一の宗教でも権威主義的になる場合と人道主義的になる場合がありうるとしている。すなわち宗教の教義そのものが権威主義か人道主義かを決定するものではなく、宗教の実際の在り方がその相違を生むという見解である。

一般論として、一つの宗教が表向きの教義にかかわらずその内実が権威に従うことを強調し、個人を抑圧する方向に傾けば権威主義的宗教となるし、個人に対する愛と尊敬の精神が横溢していれば人道主義的宗教となる。宗教を判断する場合、表向きの教義や公式的な言明だけでなく、その宗教が社会や信徒に対してどのように働いているかという実質面を見ていかなければならない。そのような態度は、宗教の批判に際して「現証」をもっとも重視した日蓮の見解にも通ずるものといえよう。

権威主義的宗教の特徴は、その名称の通り宗教的権威のもとに信徒を利用していくことである。教団中枢の利益と保身を目的とするエゴイズム、自己中心性が体質になっているので教団に都合の悪いことは隠蔽し、無内容な美辞麗句を重ねて信徒を欺く欺瞞に終始する。教団に対する批判に耳を傾ける寛容性を持たず、善意の批判者をも抑圧していく。合議によらず、一人のトップが独裁的な権力を振るうことが多い。教団上層部は豪奢な生活を営むのが常である。

人道主義的宗教はその逆の方向に働く場合である。信徒の幸福実現が目的となり、教団組織がそのために奉仕する形で機能する。多様な意見や批判にも耳を傾け、欺瞞的態度ではなく誠実さをもって対応する。自身に誤りがあればそれを真摯に反省し、改めようとする謙虚さを持つ。権威を振りかざして信徒を押さえつける傲慢さを厳しく戒める。

宗教には必ず何らかの教義と信徒集団、信徒を教導する指導者層が存在するが、指導者層と信徒集団が上下関係になって指導者層が権威化すると、その権威を利用して信徒を収奪する構造が生ずる。宗教そのものの中に信徒支配の道具となる危険が潜んでいるともいえよう。

フロムは社会心理学の視点から宗教を深く考察した。彼の次のような言葉は、一般論として宗教の在り方を考えるうえで重要な視点を提供していると思われる。

「あらゆる大宗教の悲劇として、それが集団組織となって宗教的官僚制度による支配をうけるようになるや否や、自由の原理そのものをみずから侵害し、逆用するということが見られる」（『精神分析と宗教』一〇七頁）

「成熟した、生産的で合理的な人は、自己が成熟し、生産的かつ合理的であり続けることが許されるような組織を選ぶ（『人間における自由』七〇頁）

「不合理的信仰の最も徹底的な現代的現象は、独裁的な指導者に対する信仰である」（同書二三七頁）。

「合理的信仰は、自分自身の生産的な観察と思考とに基づく、独立した確信から発するもので

ある」（同書二三九頁）
「全ての宗教並びに政治組織が、一度権力に頼ったり、あるいはただそれと結合しただけでも堕落を始め、そして遂にそれらの持つ力を失ってしまうに到る」（同書二四三頁）。

第五章　倫理思想

第一節　死生観と倫理

人間は他の動物と違って自分が必ず死を迎える存在であること、この世の人生が有限であることを認識する故に、次のような疑問を抱く。

「死んだ後、自分はどうなるのか」、「なぜ自分はこの世にいるのか」、「この世を生きる目的は何か（何にために生きるのか）」、「この世をいかに生きるべきか（よい人生とはどのような人生か）」。これらの疑問は、要するに自分が生きる意味を問うもので、いわば「人生問題」「生きる意味の問題」ともいえる。

これまで死および死後の状態について説明を与えてきたのが宗教の役割だった。どのような民族であっても、およそ死者を葬る儀式（それが宗教の中核的原型と考えられる）を何も持たない現生人類の文化は存在しない。逆に、もっとも人類に近いと考えられているオランウータンやボノボなどに葬送儀式が見られない事実から、宗教は人間にとって切り離すことのできない本質的なものと考えられる。ネアンデルタール人は死者の埋葬と葬送儀礼を行ったと推定されるので、既に原始的な宗教を持っていたといえるだろう。

しかし現代において、一九六〇年代以降、先進諸国を中心に宗教の衰退（世俗化）が世界的に顕著な傾向となった。伝統的な宗教は、「最後の審判」を説く一神教であれ、素朴な霊魂説をとる神道や原始宗教であれ、三世にわたる業《ごう》の継続を説く仏教であれ、何らかの形で死後の問題を説明してきたが、宗教の衰退とともに人々は自身の死を真剣に考えることを意識的ないしは無意識的に回避し、もっぱら現世の問題のみを考えるようになった。

心理学・倫理学・哲学などの学問は死および死後の状態についてほとんど考察していない（もちろん医学や生理学は死の状態について記述しているし、葬送儀礼、緩和ケア、死に向かう末期患者の心理などについての研究はあるが、それらの学問は死が生命にとってどのような意味を持つのか、死後はどうなるのかという問題についての論及はない）。現代の学問は死について周辺的な研究を行っても、死そのものを考察しない。死そのものと死後は経験や観察ができず、理性で考えることができないので、死を扱うことは学問の範疇ではないとして、死を考察することを当初から放棄しているかのようである。死は理性で捉えられず、理解できないために死について考える必要はないとする意見もある。しかし、そのような態度は単に死をタブー視し、回避しているだけで、死の恐怖や身近な人の死に伴う喪失感に苦しむ人をケアすることもできない。

宗教を持たない現代人は、日本人に限らず、死を考えることを避けてきた結果、確かな死生観を持てない状況にある。しかし、死の問題について判断を中止し、死生観が曖昧なままでは心の奥底から湧き上がってくる先の「人生問題」に答えを出すことができない。死の意味が不明確では生の意味も不明確とならざるをえない。そこに現代人の根本的な不安と倫理上の不安定の原因がある。

自身がいずれ死にゆく存在であることを自覚する人間は、サルトルが「対自存在」と述べたように、本来、「なぜ自分はこの世に存在しているのか」「いかに生きるべきか」という「人生問題」を考え、自分と向き合い、対峙する存在である。それを回避する場合は、日常に埋没し、当面の利害に囚われることになる。仏教の生命観から言えば、地獄界から天界までの六道の境涯である。地位や財産など自分の外にある条件を幸福感の拠り所とするためにそれに執着し、振り回される。成功すれば舞い上がり、挫折すれば落胆するというように、条件に従って喜怒哀楽を繰り返すだけで自己を見つめて自分を成長させようとする態度がとれない。しかし、日常の仕事や生活に埋没したままでは「いかに生きるべきか」という倫理上の問題意識は生まれない。ここに倫理と生死観が密接な関連があることを知ることができる。

人類が持ってきた死生観の類型については第二章で触れたが、第一に生命は死によって完全に消滅し、死後の存在を認めない立場がある（断滅説。仏教のいう「断見《だんけん》」）。世俗化の結果、宗教的なものを全て時代遅れで無意味なものとして否定ないしは蔑視しがちな現代においては、死について考えたくない、考える必要もないとして死の問題を忌避する結果、生命を物質に還元して考える唯物論的思考とも相まって、生命は死によって完全に消滅するとする傾向が強まっているようである（もっとも、確信を持って死後の否定を断言する人は少数であるにしても）。しかし、第二章で触れたように、死によって一切が終了するという見解も、肉体の消滅とともに精神の機能が終了することを指摘しているだけで、心身の消滅が生命の消滅とイコールではない以上、それ自体が一つの臆断、仮説に過ぎない。

死によって一切が終わるという立場では、死の意味を考える必要もなくなる。一人の人間がこの世に生きる時間は宇宙から見ればほんの一瞬であるから、生きること自体が無意味であるという二ヒリズムに対抗するのが困難になる。現世主義を徹底すると先の「人生問題」に向き合う必要も生じない。「なぜ自分はこの世にいるのか」という疑問には、偶然この世に生まれたに過ぎないことになる。

たまたま生まれてきただけということであれば、生きても死んでも大した相違があるわけでもなく、現世の生の尊さが実感できない（生きることに執着する必要もない）。なぜ他の動物ではなく人間に生まれたのかという疑問にも答えられない。また、この世に生まれたということは一つの結果であるから、因果律に照らせば生まれた原因がなければならないが、生命が存在するのは今世だけとする断滅説では生前の生命（前世）という観念がないので、この世に生じた原因が不明となる。あるいは原因なしに結果だけがあるという因果否定の事態に陥る。

「何のために生きるのか」という問いには、この世を楽しむためということになるだろう。「この世をいかに生きるべきか」という問いに対しては、仮に善悪の判断は人によって異なるから突き詰めていえば善も悪もないという相対主義の立場をとった場合、各自が好きなように生きればよいということになる（もちろん生命は死で終わるとしても、それだからこそ常識的な道徳を堅持して、限りある人生をよりよいものにすべきであるという生き方もある）。善も悪もないということになれば道徳崩壊の状態が生ずる。そこで、倫理を考えていく上でいわゆる相対主義の問題が生じてくる。

一般に相対主義とは、物事の判断基準は個人や文化・社会によって異なるという考え方を言い、認識に関する認識論的相対主義、倫理に関する倫理的相対主義など種々の形態がある。相対主義を極端に推し進めると「誰がどのように考えようと全て同じように正しい」ということになり、大量虐殺や無差別テロも批判できず、倫理が成立しなくなる。善悪の区別も正義と不正の相違も存在せず、手段を選ばず勝った者が正しいという弱肉強食が容認される（負けた者は所詮、負け犬）。もちろん物事に対する判断は個人や文化によって異なるのは事実である。たとえば何を食べてよいかということでも文化によって大きな相違がある（極端な場合、歴史をたどれば死者を食べてもよいとする食人肯定の文化も希ではない）。しかし、時代や空間が異なる人間に共通性は皆無で一切の相互理解が不可能であるということではない。古代ギリシャ悲劇や『史記』に記された書簡に対して現代人が共感できるという事実が示すように、数千年の時間と東西の隔たりがあっても人間には相互に共通するものがある。たとえば罪もない乳幼児に対する理由のない殺戮《さつりく》、恩義を受けた人に対する明白な裏切りなどを称賛・容認する文化はない。この点についてキケロの次の言葉を噛みしめたい。「慇懃《いんぎん》、親切、恩を忘れぬ感謝の気持ち――それらを尊ばない国民はなく、高慢、悪辣《あくらつ》、残酷、恩知らずといったような人間を軽蔑し、憎悪しない国民はない。全人類は一つだ」（『法律について』一四二頁）。人間はどれほど多様であっても、相互理解が完全に不可能なエイリアン（宇宙人）ではなく、人間である以上、普遍的な人間性、共通する道徳感情がある。いわゆる相対主義は人間の多様性だけを見て普遍性の面を見落としている偏見というべきだろう。

断滅説に徹した場合、死および死後の説明は不要となるので、その説明を担ってきた宗教も必要ではなく、宗教的なものを完全に否定する立場に繋がりやすい。当然ながら人間であれば必ず宗教を持つわけではない。一切の宗教を厳しく拒絶、否定する立場から自身の人生観、世界観を形成することも十分可能である。断滅説に立って一切の宗教を峻拒した場合でも、ニヒリズムや利己主義、相対主義に陥ることなく、有限の一生でも善い人生を送るべきと考え、常識的な倫理を堅持すること、自己とともに他者をも愛する心を失わないことはできる。一切の宗教を拒否する立場に立っても、自己と向き合い、日常に埋没しない生き方を貫く人も多いだろう。ただしその場合にはニヒリズムや利己主義、相対主義を克服するだけの強い意志が求められる。

断滅説（断見）は、イギリスの哲学者バートランド・ラッセルに代表されるように、基本的には理性を重視する合理主義に基づいていると見られる。死後の状態を理性で考えることができないので死後はないという結論に至っているようである。しかし人間を含めて生命と世界は理性で全て捉えきれるものではなく、理性が届かない無意識の領域が存在する。断滅説に立つとニヒリズムや利己主義へ傾斜しがちになるにもかかわらず、多くの人がニヒリズムや利己主義を退けているのは、理性的判断の上では断滅説に立っていても無意識の領域では死後の存在（生命の連続）を承認しているからであるといえないだろうか。

歴史的に全ての宗教は、基本的に生命は死後も存続するものとしてきた。世俗化とともに宗教は人々の生活の表面から退いていったが（依然として今日でも宗教が公共的にも大きな影響力を持っていることは認められるが）、世俗化を国家・社会の宗教的中立性の進行という意味で捉えるならば世俗化は現代社会の不可逆的な潮流と考えられる。米国の心理学者スティーブン・ピンカーの『21世紀の啓蒙』によれば、大勢として宗教が復興していると見るのは誤りであり、世界でもっとも増えているのは「宗教を持たない」とするグループである〈同書下巻三八四頁〉）、多くの人は完全に宗教を否定せず、具体的な教団に属しているという認識はなくても無意識においては依然として宗教的感情をもち続けていると見ることもできよう。

現代の日本人の大半は特定の宗教教団に属しているという意識を持っていない。しかし、大きな事故の現場には死者を悼んで花などを手向けることも広く見られる。これらは、死後にも何らかの形で生命が存続しているという意識が現代人に残っていることを示すものといえるだろう。いわば宗教社会学者ルックマンが言う「見えない宗教」、明確な教義という形に結晶していない、ぼんやりとした宗教感情が死生観にも影を落としていると考えられる。現代人の多くは決然とした形で断滅説を取らず、かつての宗教が説いてきた生命の連続感を意識的ないしは無意識的に残していることが常識的な道徳感情の背景にあると思われる。

倫理観の確立と、死後を認めるか否かということや信仰の有無は関係ない。しかし、人類の長い歴史において宗教と倫理は不可分の関係にあったのであり、今日でも一定の宗教的感情を抱いて生命が死後も存続するものとして受け止めることは各人の倫理を支える意味を持つ。世俗化によって宗教は公共的領域から各人の私的領域に限定され、伝統的宗教が総じて現代人の価値観形成における影響力を低下させてきたことは事実だが、だからといって直ちに一切の宗教を有害・無用なものとして排除することも極論であり、偏った態度であろう。先に述べたように、死について思索し宗教的感情を抱くことは人間にとって本質的な要素と考えられるからである。伝統的宗教が力を喪失したのは、その宗教の教義が時代遅れとなり、現代社会に適応していないからに過ぎない。現代人が受け入れられる、合理的で人間的な宗教が存在するならば、その宗教は現代人の倫理を支える基盤となりうるだろう。そこで日蓮仏教の倫理思想について触れることにしたい。

第二節　業と因果律の倫理

第一章で述べたように、過去・現在・未来にわたる業《ごう》の継続と因果の理法を認めることは仏教の根本教義であり、日蓮仏教の基本前提でもある。業とは、「身口意《しんくい》の三業《さんごう》」と言われるように、心(意)と身体と言語にわたる「行為」の意味である。三世にわたる業の継続と因果の理法を前提とした場合、人間がこの世に出生した在り方は無限の過去以来の宿業の結果だが、今世における自身の行為がまた因となって今後の現世の人生と来世の在り方が決まってくる。人間は出生時の差異という制約から出発しながらも、その制約に屈服することなく自身の人生を自らの意志によって開拓していくことができる。

人間は自身の運命に全て制約され尽くすものではない。因果の理法によって悪因が悪果を呼び、善因は善果をもたらすことを承認するならば、現世においては悪を抑制し善をなすことに努めなければならないという力強い倫理観が成立する。全ての行為は、たとえ人が知らなくても、また自身が忘失しても、善悪を問わず自身の生命の阿頼耶識《あらやしき》に刻まれるのであるから、誰人も悪因悪果・善因善果の鉄則から逃れることはできない。――このように考えるところに仏教の倫理思想が確立される。

そこで次に、善あるいは悪とは何かという問題が生ずる。この問題は古今の思想家が論じてきたもので、仏教においても善悪の問題は様々な角度から説かれているが、仏教一般には「十善業」として十の行為が善なるものとされている。

十善業とは、①不殺生《ふせっしょう》、②不偸盗《ちゅうとう》、③不邪淫、④不妄語(うそをつかないこと)、⑤不綺語《きご》(真実に背いて飾り立てた言葉をいわないこと)、⑥不悪口《あっく》、⑦不両舌《りょうぜつ》(双方の人に違ったことを言って両者を離間させることをしない)、⑧不貪欲《とんよく》、⑨不瞋恚《しんに》、⑩不邪見の十をいう。

この十善は今日においても常識的な倫理観に適ったものといえるが、それだけではまだ善とは何か、悪とは何かは明確に示されていない。仏教の説く三世にわたる因果の観点に立てば、一切衆生はかつては自身の父母、妻子であった可能性のある同胞であり、自身と他者は生命の根底の次元において繋がっている存在であるから、他を傷つけることは自身を損なうことであり、他を利益することは自らを助けることになるという「自他不二」の生命観となる。

そこで仏教の立場からすれば、唯識学派の論典である『成唯識論《じょうゆいしきろん》』に「此世《しせい》、他世《たせい》を順益《じゅんやく》するが故に名づけて善となす」(大正蔵三一巻二六頁)とあるように、自己と他者をともに利益《りやく》することが善であるとする見解が成り立つ。要するに利己主義と自己犠牲の両極端をともに退けて止揚《しよう》する立場である。この自他不二の法理について日蓮も「法界《ほうかい》が法界を礼拝するなり。自他不二の礼拝なり」(「御義口伝」一〇七一頁)、「人に物をほどこせば我が身のたすけとなる。譬えば、人のために火をともせば我がまえ(前)あきらかなるがごとし」(「食物三徳御書」二一五六頁)と述べている。

仏教は、このような連帯的生命観の上から家庭や社会生活における道徳を重視した。家庭や社会の安穏・安定を無視しては個人の幸福も達成できないからである。たとえば社会的道徳については、小乗・大乗仏教ともに、①布施《ふせ》、②愛語《あいご》、③利行《りぎょう》、④同事《どうじ》という「四摂事《ししょうじ》(四摂法《ししょうほう》)」が説かれる。

①「布施」とは財物や知識を他者に施して扶助することである。②「愛語」とは優しい言葉を掛けて人を慰め、励ますことをいう。③「利行」とは他者に利益を与えることをいう。ボランティア活動などの社会奉仕活動などがそれに当たる。④「同事」とは、公平に人に接すること、あるいは

他者の立場に立って行動することをいう。

要するに、仏教は他を利益する行為（業）をもって善とした。しかも身口意の三業のうち意業を中心としたので、行為の動機を重視することとなった。中村元博士が「全般として仏教は善悪の区別に関しては動機論の立場に立っていた」（『原始仏教の生活倫理』一二頁）とする所以《ゆえん》である。ただし他を利益することを善とするとしても、何をもって利益とするかが問題となる。この点についてより進んだ思索を創価学会の創始者牧口常三郎（一八七一～一九四四）が唱えた価値学説に見ることができる。

第三節　創価価値学説

日本最初の人文地理学の体系書『人生地理学』（一九〇三年）の著者であり、小学校校長として教育の実践に取り組んできた創価学会初代会長の牧口常三郎は、一九二八年に日興門流の日蓮正宗に入信する以前から価値について思索を重ね、価値論を基盤とした独自の教育学説を構想してきた。十九世紀後半から第一次世界大戦期まで、西欧ではドイツを中心に新カント学派の価値学説が有力で、日本の哲学界にも大きな影響があった。牧口の価値学説は西欧の先進思想を深く学ぶところから形成されたが、従来の学説を踏襲したものではなかった。牧口は西欧の思想を吸収した上に日蓮仏教を自身の血肉とするところから独創的な価値論に基づく創価教育学説を作り上げていったのである。

創価教育学説の根底に日蓮仏教があることについては牧口自身が「創価教育学の思想体系の根柢

が、法華経の肝心にあると断言し得るに至った」（『牧口常三郎全集』第八巻四一〇頁）と述べている。牧口が一九三〇年に創立した創価教育学会は、その名称が示すように、創価教育学説の普及を目的にした学術団体として出発した。しかし、創価教育学会の会員はそのまま日蓮正宗の信徒であったところから、次第に同学会は日蓮正宗の信徒団体として日蓮仏教を実践・布教する宗教団体となっていった。

従来の価値学説は価値の内容を「真善美」としていたが、牧口は真理を価値から除外し、「利善美」を価値の内容とした。牧口によれば、数学の方程式などは時代や場所によって変わるものではないから真理だが、その真理を用いて何を行うかによって価値か反対価値かが決まってくる。たとえば、ある分野の科学知識（真理）に通達している者がその知識を用いて犯罪を行う場合もある。したがって真理そのものは価値ではない。真理は人間によって発見されるものであり、人間が作り出すものではない。それに対して価値はあくまでも人間が創造できるものである。真理と価値は本来、次元を異にしているにもかかわらず真理を価値内容とするところに混乱の原因があることになる。真理と価値を峻別することは牧口一人の主張ではない。牧口に先行してドイツの社会学者マックス・ヴェーバー（一八六四〜一九二〇）や経済学者ヴェルナー・ゾンバルト（一八六三〜一九四一）などにも同様の見解が見られる。

もちろん真理と価値を区別するからといって、牧口は真理を探究する科学の営みを無意味とするのではない。疫病の治療や予防のためには正確な科学知識が不可欠であることが示すように、科学が把握した真理は価値を生み出すための前提として重要であるとする。牧口は価値論を単なる学説にとどめず、各人が幸福な人生を勝ち取るための指針とした。彼は価値論を日蓮仏教と結び付け、日蓮仏教を現代的に捉え直すための理論として用いた。

牧口は思想の根幹に「生命」の概念を置いた。その点は次のような言葉に表れている。

「価値の程度は、評価主体の生命に対する関係の程度によって異なる」（『牧口常三郎全集』第五巻二八五頁）。

「各個人の生命の伸長に有利なる対象はその個人にとって価値ある存在で（ある）」（同書・同頁）。

「対象が我々に対立して我が生命に関係を有し、我が生命の伸長に力を与えるものを価値ありとするのである」（同書二九九頁）。

「一切の価値は、即ち人類乃至《ないし》生物に共通なる生存本能に基づいて派生したものである。即ち人間は個性を有すると共に万人共通の性質を有するというを前提とするからである」（同書三三八頁）

すなわち牧口は、生命の持つ可能性を実現していくこと（生命の伸長、自己実現）を価値とし、それを阻害することを反対価値とした。牧口が真理に代わって価値の内容とした「利」とは物質的に生命を維持・活性化させる経済的価値をいう。物そのものが利の価値となるのではなく、その物が人間生命を維持し活性化させる働きを持つ場合に利の価値を生ずる。

実際に最低限の食料と水がなければ誰人も生命を維持することはできない。その意味で「利」の価値は生命の維持というもっとも基本的条件に関わるので、あらゆる価値の前提になる。従来の価値学説は経済的価値を軽視して価値の体系から排除してきたが、牧口はその見解を退け、経済的価値が人間生活の前提であることを重視して価値の体系に組み入れたのである。

次の「美」の価値とは、たとえば芸術の鑑賞や趣味・娯楽など、精神的な慰安や興趣を通して生命を活性化させることをいう。たとえば保養地に滞在して自然美に接し、心身を休めることも美の価値となる。もちろん美醜の感覚は人によってさまざまである。その意味で利の価値が客観的・普遍的であるのに対し、美の価値は主観的・個別的である。また利の価値が物質的・身体的側面の価値であるのに対し、美の価値は精神的・感覚的側面の価値と位置づけられる。

人間は単に生命を維持しているだけで満足するものではなく、精神的な刺激・興味を追求せずにはおられないものである。人間以外の動物が芸術を持つことはないが、クロマニヨン人が洞窟絵画を残し、各種の装飾品や楽器を持っていたことが示すように、人間にとって芸術などの精神的な価値は不可欠のものと位置づけられる。

牧口は、「利」と「美」の価値が個人的次元のものであるのに対し、「善」の価値は他の人間との関係において、すなわち社会的次元において生ずるものであるとした。牧口は「善と云い悪と云う評語は社会それ自身がその要素たる各個人の行為を評価する場合においてのみ使用される、いわゆる社会自体が専有する価値判断である」（『価値論』八六頁）と述べ、他者の生命の発展・伸長をもたらすことが善であり、他者の生命の発展・伸長を阻害することが悪であると規定している。

牧口が善を社会的次元の価値としたのは人間の本質的な社会性を直視したからである。人間は誕生のその時から他者の保護なしで生存することはできない。親子の生活も、小規模血縁集団を形成している他の家族との関係抜きにその親子だけで営むことはできない。人間は家族や社会に支えられて存在している。人間が根源的に社会的存在であることを端的に示すのは言語である。この点についてフランスの思想家ツヴェタン・トドロフは「もし個人が産声を上げたときから、ことばという環境に浸されなければ、彼はほとんど動物的な条件を余儀なくされるだろう」（『民主主義の内なる敵』一二四頁）と述べている。仏教が「父母の恩」「一切衆生の恩」を説くのも、家族（その代表としての父母）や社会の恩恵を自覚することが人間としての生き方の基本であるとするからである。

大乗仏教は利他に生きる菩薩を理想的な人間像とし、自己だけの悟りに囚われた小乗仏教の担い手である声聞・縁覚を厳しく批判した。それはエゴイズムを克服して他の生命に寄与していくことが生命本来の在り方であると洞察したからである。仏教は万物が他を利益する慈悲の当体であると見る。それこそ一つの石でも他のために役立っているとする。

人間は自己の存在が他者の働きに依存していることを自覚しているために、自分が何らかの意味で他者に役立てたという実感を得る時、初めて自己の存在意義を感ずることができるものである。逆に言えば、自分の人生が社会に何の寄与もなしえなかったと思う場合には自分の存在意義を感ずることが困難となる。自分が生きたことが何も意義も持たず、むしろ有害であったと感ずることは人間にとってもっとも深い不幸であろう。いわば、人間にとって善をなすこと（他者に価値を与えること）が幸福の前提となる。端的に言えば、他者を害する「悪」の上に自身の幸福を築くことはできない。牧口は「人生は畢竟《ひっきょう》価値の追求である。その価値の獲得実現の理想的生活は幸福である」（『牧口常三郎全集』第五巻三九〇頁）と述べているように価値を幸福と同一視した。他者の生命を阻害する悪をなしている場合にはその者の人生全体が反対価値となり、どれほど快楽を得ても利にも美にもならず、不幸の人生とならざるを得ない。仏教が示す悪因悪果の法理に照らせば、悪行は必ず苦の報いをもたらすからである。

第四節　恩の倫理

仏教は、万物はそれ自体では成立せず、他との関係の中で存在するという縁起説を根本とするところから、他者の恩恵を感じその恩に報いることを人間の生き方の基本とした。その他者には人間だけではなく自然界も含まれている。そこで雑阿含経《ぞうあごんきょう》に「恩を知り恩に報いるに、それ小恩あるにすらなお報いて終《つい》に忘失せず。いわんやまた大恩をや」（大正蔵二巻三四六頁）と説かれるなど、報恩の倫理は原始仏典から大乗仏典まで多数の仏教経典で繰り返し強調されている。

正法念処経《しょうほうねんじょきょう》では「母の恩」「父の恩」「如来の恩」「説法法師の恩」の四恩が説かれ（大正蔵一七巻三五九頁）、心地観経《しんちかんきょう》では「父母の恩」「衆生の恩」「国王の恩」「三宝の恩」の四恩が説かれている（大正蔵三巻二九七頁）。「ジャータカ」（釈迦仏の前世の善行を集めた説話集）では、報恩は人間だけではなく動物の世界においても重要なものであるとされる。恩が「仏教倫理の中心」（仏教思想研究会編『仏教思想4　恩』一三三頁）とされる所以である。

日蓮も「四恩抄」で心地観経の四恩を挙げ、「心地観経・梵網経《ぼんもうきょう》等には、仏法を学し円頓《えんどん》の戒を受けん人は必ず四恩を報ずべしと見えたり」（一二一七頁）と述べている。佐渡流罪中に書かれた「開目抄」でも「いかにいわんや、仏法を学せん人、知恩・報恩なかるべしや。仏弟子は必ず四恩をしって知恩・報恩をいたすべし」（五八頁）とされる。また身延入山後の「報恩抄」では「それ老狐《ろうこ》は塚をあとにせず、白亀《はくき》は毛宝《もうほう》が恩をほう（報）ず。畜生すらかくのごとし、いおうや人倫をや。されば、古《いにしえ》の賢者予譲《よじょう》といいし者は剣《つるぎ》をのみて智伯《ちはく》が恩にあて、こう（弘）演と申せし臣下は腹をさいて衛《えい》の懿公《いこう》が肝《きも》を入れたり。いかにいおうや仏教をならわん者の、父母・師匠・国恩をわするべしや」（二一二頁）と述べている。ここで日蓮は、恩を感じ恩に報いることは動物にも見られる行動であることを指摘し、報恩を人間である以上決して外してはならない根本倫理とした。

報恩を倫理の基本とすることは自己の存在が両親を含めた無数の他者の恩恵によって成り立っていることの自覚、すなわち他者性の深い認識に基づいている。すなわち自己は自分が好きなように扱ってよい所有物ではなく、自己の範疇を超越した存在であるという認識である。大乗仏教は、自己の悟りに囚われて他を顧みようとしない小乗仏教のエゴイズムを厳しく批判し、利他の行動に生きる「菩薩」を目指すべき人間像とした。そこに縁起説を根本とする仏教本来の精神を継承した大乗仏教の、単なる個人主義を超えた人間観が表れている。

もっとも、他者の恩恵を自覚し利他の働きをなすところに人間の本来的な生き方があるという思想は仏教に限られたものではない。たとえば儒教が他者への思いやりである「仁《じん》」を道徳思想の根本とし、キリスト教が神の本質は愛であると説いて（「ヨハネの第一の手紙」）、「汝らの敵を愛し、汝らを迫害する人のために祈れ」（「マタイ福音書」）と隣人愛を強調したことは重要である。とくにキリスト教の隣人愛思想の根底にはたとえ敵であっても全ての人間は愛を本質とする神が自身に似た姿に創造した存在であるから個々の感情を超えて尊ぶべきであるという、神への信仰に基づく人間観がある（これらの宗教を奉ずる人間が実際の歴史において何を他者に行ったかということは別の問題であるが）。

人間は自己の存在が他者の恵みに基づいていることを知るものである故に、自分が他者のために何らかの形で「役に立てた」「貢献できた」と思える時に自分がこの世にいることの意味を感じ、真の喜びを受け取ることができる。ドイツの作家ヘルマン・ヘッセが言うように、人から愛されるよりも人を愛し得ることこそが幸福なのである。世界のほとんどの宗教が共通して他者と分かち合う「共生」を説き、他者を顧みない自己中心的態度を非難するのは、このような人間の本質に基づくものといえよう。

第五節　三種の財宝

人間の生き方を考えるうえで、日蓮が示した「三種の財宝」の教説は貴重な示唆となると思われる。一二七七年、日蓮は逆境にあった門下の四条金吾に宛てた書簡で次のように述べている。

「蔵の財よりも身の財すぐれたり。身の財より心の財第一なり。この御文を御覧あらんよりは心の財をつ（積）ませ給うべし」（「崇峻天皇御書」一五九六頁）

「蔵の財」とは文字通り蔵に納める財宝であるから、要するに経済的な価値を指す。適切な衣食住に恵まれた生活がそれに当たる。また社会的地位や名声なども蔵の財に含められよう。経済的に安定した生活を送れることは幸福の基本的条件であり、それが価値であることはいうまでもない。世界的にも経済的に豊かな国は幸福度が高いことが確認されている。

しかし日蓮は、三種の財宝の中では蔵の財がもっとも劣り、身の財がその次に劣るものとする。蔵の財が最低の価値とされるのは、やはりそれがもっとも失われやすいものだからであろう。状況の変化により経済的価値はあっけなく失われる。富豪の家も数代後には跡形もないという例は無数にある。また経済力があり過ぎると「何でもできる」という妄想的な全能感を持ちやすくなり、かえって人格に歪みを生ずることが多い。傲慢になり、経済力のない人を平然と見下す傾向が生ずる。

金だけが唯一の支えであり判断基準となるので、金に執着せざるを得なくなる。

「身の財」とは身に付いた価値であるから、才能や技術、学識、また健康などがそれに当たる。十分な教育を受けて優れた能力を持ち、さらに健康にも恵まれているということになれば、その人は「身の財」を得ているといえるだろう。身に付いた技術や学識、才能などは状況が変化しても容易には失われない。その意味では身の財は蔵の財に勝る宝である。しかし、それらがそのまま幸福につながるものではない。時代の変化とともに技術や学識も過去のものとなるし、才能や健康に恵まれていたとしてもいずれ衰える時が来る。学識や才能があっても人生が破綻《はたん》した例はあまりにも多い。それ故に日蓮は蔵の財、身の財よりも心の財が第一の財宝であるとした。

「心の財」とは一つには精神における満足感、幸福感であり、さらには生命に刻んだ善業である。日々の生活や仕事に生きがいを持って取り組み、家族や友人など他者との連帯感を持てることは心の財を得ている状態といえよう。①仕事を含めた自身の活動に意味と喜びを見いだせること、②家族や友人を含む他者を愛し、他者から愛される状態であることの二点が心の財の要件となろう。逆に自己の人生に何の意味も見いだせず、誰からも嫌われて相手にされないような場合は、どれほど財産や才能に恵まれ、高い社会的地位にあったとしても幸福感を得ることができないだろう（このことをよく示している文学作品に、強欲で皆から嫌悪されている金貸しと、貧しくても家族愛に恵まれている使用人を対比したディケンズの「クリスマス・キャロル」がある）。

日蓮が心の財が第一の価値であるとしたのは人間の本質に対する洞察に基づいている。安穏な生を全うするだけならば動物にもできるが、人間はただ生命を無事に過ごすだけで満足することはできない。人間が他の動物とは異なる精神的存在である以上、自分の人生の意味について満足するものがなければ心の奥底からの幸福感を得ることはできない。たとえ富と才能、健康に恵まれていたとしても、家族が対立し合っていて互いに語り合う友もなく、自分の人生に意味があったと感ずることのできない人は幸福感からほど遠い存在となるだろう。経済的安定や知識、健康などが重要な価値であることはいうまでもないが、精神的な充足感はそれ以上の価値がある。逆に言えば、自己の人生の意義を確信できる人はたとえ苦難の中で生を終えたとしても幸福であったと言えるのではなかろうか。その意味では、ソクラテスやトマス・モアのように信念に殉じて死を遂げた人々を自ら不幸を選んだ者と貶《おとし》めることはできない。

また「心の財」とは、仏教の生命論から言えば、生命の奥底に蓄積された善業と考えることもできる。善因善果の法理に照らして、他の生命の伸長に寄与する善の行為（業）をすれば、その善業は九識論でいう第八識の阿頼耶識《あらやしき》に刻まれ、それがよい果報をもたらす原因となる。日蓮はこの道理について「花は開いて果《み》となり、月は出でて必ずみ（満）ち、灯《ともしび》は油をさせば光を増し、草木は雨ふればさか（栄）う。人は善根をなせば必ずさかう」（「上野殿御返事」一八九七頁）と述べている。善行をなした人の人生が繁栄していくことは、花がやがて実となるように必然の法則であるとするのである。

第二章で述べた通り、第七識の潜在的な自我意識や善悪の業を全て刻んでいる第八識の阿頼耶識《あらやしき》は死後も存続しているものと考えられる。阿頼耶識に蓄積された業の力が来世の生の在り方を決定する。そのように考えれば、生前に積み重ねた善業（善根）は死をも超越してその人を支える力となる。それは、その人にとってどのような権力にも、死によっても奪われることのない絶対的な財産である。

蔵の財はもちろん、身の財も死においては全て失われていく。どのような富も地位も才能も死に直面した時は何の支えにもならない（仏教においては〈仏説閻羅王《えんらおう》授記四衆逆修七往生浄土経など〉、死者は三途《さんず》の川を渡る前に懸衣翁《けんねおう》・奪衣婆《だつえば》という二人の鬼によって着ている衣を全て剝ぎ取られ、裸の姿で三途の川を渡らなければならないと説かれるが、それは死に直面した場合に生前の富や地位が役に立たないことを象徴している）。日蓮が心の財をもって最高第一の財宝であると教示したのは、生命に刻んだ善業こそが死を超えた力であることを洞察していた故である。

別の角度から言えば、蔵の財、身の財を追求する在り方は、財産や地位を所有することを求める態度である。それに対して心の財を積もうとする在り方は、自己中心性を超えて他者を利益しようとする善の行為を自発的に成し遂げようとする態度である。それは時にはある程度の自己犠牲を払ってでも他者と分かち合い、連帯しようとする人間性の本質（十界論で言えば菩薩界の境涯）に合致している。仏教は何を所有したかということ（having）よりも何をなしたかという行為（doing）を重視するのである。

最古の経典の一つとして知られる「スッタニパータ」には「生まれによって賤しい人となるのではない。生まれによってバラモンとなるのではない。行為によって賤しい人ともなり、行為によってバラモンともなる」（『ブッダのことば』三五頁）と説かれる。日蓮も「教主釈尊の出世の本懐は人の振る舞いにて候いけるぞ。（中略）賢きを人《にん》と云い、はかなきを畜《ちく》という」（「崇峻天皇御書」一五九七頁）と説き、他者に対してどのように振る舞うかということが仏教の根本であるとした。実際の行動をもって他者を慈愛できる人格、境地を得ることが、仏がこの世に出現した目的（出世の本懐）であるというのである。

第六節　人権と仏教

次に倫理に関連して、人権と仏教の関係について考えておきたい。人権は、今日、人類社会の普遍的価値として広く認められている。いかなる人間も人間として等しく尊厳を認められるべきであるという観念は、いわば近代共通の観念といってよい。人権思想は一般に近世西欧の自然法論の影響下に形成されてきたものとされるが、全ての人間に幸福を求める資格と権利があるという広い意味の人権観念は西欧に限らず世界各地に認めることができる。ここではそのような問題意識の上から、仏教の理念が人権思想の基盤となりうる可能性について考えてみたい。

1　人間の尊厳

人権の基盤として「人間の尊厳」の理念がある。世界人権宣言（一九四八年）の第一条には「すべての人間は生まれながらにして自由であり、かつ尊厳と権利において平等である」とある。また「人間の尊厳」概念は今日、各国の憲法に規定されている。たとえば現行のドイツ憲法（ドイツ連邦共和国基本法、一九四九年）は「人間の尊厳は不可侵である。これを敬い、保護することは、全ての国家権力の義務である」（第一条）と規定し、人間の尊厳を憲法秩序の根源と位置づけている。日本国憲法（一九四六年）も「全て国民は、個人として尊重される」（第一三条）と定める。

それでは、なぜ人間は尊厳なのか——。人権を裏づけるためにはその問いに対して明確な答えを持たなければならない。人間の尊厳の理念は、近代憲法の制定とともに確立された西欧史の経過から、ギリシャ思想およびキリスト教の人間観と深く結びついている。ギリシャ思想の人間観を代表するアリストテレスは「人間の魂の階層構造」を説いたことで知られる。アリストテレスにおいて人間は「その最下層に栄養生殖機能としての植物生命をもち、その上に感覚運動機能としての動物生命をもち、最上位に倫理と認識を司る理性的生命をもつが、これらの諸層が理性の統制下に調和的に活動するとき、人間の生命が成立する」(岩田靖夫『岩波哲学・思想事典』一二二九頁)とされた。

キリスト教において人間は「神の似姿」として創造されたと説かれたため、人間は神に次ぐ上位にあって他の生物を自由に支配・利用する権利を持つ存在と位置づけられた。また、キリスト教は「霊肉二元論」の立場に立ち、自由意思と理性を含む精神の働き(霊)が身体や他の生物を支配する源泉であるとした。その「精神重視」の在り方は近世以降も引き継がれ、身体を機械視するデカルト思想や理性至上主義に立つカントに代表されるドイツ観念論が西欧の人間観の基調になった。しかし、理性を持つ故に人間は尊厳であるとする西欧流の人間観は身体の価値を低く見るものであり、障害や老齢のために理性の働きを失った人を尊厳性を持たない「半人間」として貶《おとし》める恐れがある。

一方、人間の尊厳という理念は西欧の人間観やキリスト教の教義に限られたものでない。仏教など他の宗教や哲学の伝統によっても裏づけられる余地がある。たとえば大乗仏教は、万人に仏性という尊貴な生命が内在しているという思想であるから、そこから人間の尊厳の理念を導くことができよう。しかも仏教は人間も衆生(生物)の一員とし、人間は他の動植物を恣意的に利用できる特権を持つという「人間中心主義」を退ける思想でもある。

天台大師が明示した一念三千論によれば、動植物はもちろん、岩石なども含めてあらゆる存在が生命の当体であり、その意味では平等である。仏教の生命観においては「尊厳」の概念は人間に限らず動植物や鉱物にまで拡大される。仏教においては、尊厳は理性を持つ存在（それは人格といわれる）のみに具わる価値ではなく、あらゆる生命に具わる価値となる。

全ての生命は生きようとする意志を持つのであるから、生物同士の捕食行動は生きるために行う自然の行動として容認される。人間が他の生物を捕食するのも、自己の脅威となる他の生物を駆除するのも、生存していくための営みである（生命維持の目的を逸脱した、際限のない捕食活動は抑制されなければならない）。原理的にあらゆる生物は他の生物に養われ、また他を養う関係にある。食物連鎖の頂点に立つ生物でも、死ねば死体はバクテリアなどによって分解され、他の生物を養うものとなる。万物が他を利する働きを持つという意味で宇宙そのものが慈悲の当体である。仏教は、人間に限らずあらゆる存在がかけがえのない固有の価値を持つと説くのである。

ただし仏教も、人間と他の生物を全く区別しないということではない。「聖道正器《しょうどうしょうき》」（「立世阿毘《りっせあび》曇論《どんろん》」）という言葉が示すように、仏教も人間だけが仏道修行を行うことによって仏への道を歩みうる存在であるとする。また日蓮が報恩経を引いて「三帰五戒《さんきごかい》は人《にん》に生まる」（「十法界明因果抄」四六四頁）と述べているように、人間に生まれるためには過去世において仏宝・法宝・僧宝の三宝に帰依し（三帰）、不殺生戒・不偸盗戒・不邪淫戒・不妄語戒・不飲酒戒の五戒を堅持する善根を積まなければならないと説かれている。「人身《じんしん》をう（受）くることはまれ（希）」（日蓮「寂日房御書」一二六八頁）であり、人間として生まれること自体が尊貴であるとされる。

身体の面では人間もオランウータンやゴリラなど類人猿と大きな相違はない。それにもかかわらず仏教が、人間は他の生物と異なる尊厳性を持つとする理由は、人間が他の生物が持たない精神的能力を有することを認めたからであろう。その点においては仏教の認識も西欧の思想と共通している。

数万年前、人類は進化の途上で大きな飛躍を遂げて言語を獲得し、「いま」と「ここ」を超えた認識能力を持つに至った。類人猿が意識の対象とするのは極めて限定された時間と場所に限られ（ボノボなどがある程度の未来を読むことは報告されている）、遠い過去と未来を想像することができない。たとえば、来年の特定の季節と場所に特定の獲物がやってくると予測されるという情報を他者から得て、獲物を捕獲するための準備をするという行動は現生人類にしかとれないと思われる。「いま」と「ここ」しかない他の動物に対して人間は過去・現在・未来という時間の流れを意識し、また、自己の五感が届かない空間領域まで想像することができる。人間はその精神的能力によって時間・空間を超えて情報を蓄積・交換し、創造的な文化を発達させてきた。

動物は喜怒哀楽の感情と意識を持つが（動物もデカルトが規定するような単なる機械ではなく、明確な主体性を持つ）、時空を超えた因果関係を理解する知能や文法を備えた言語は持たない（意識と知能を混同しないことが重要である）。

もちろん人間は知能によって世界を破壊する力も得たが、その悪の一方では他に貢献しようとする善の力を持つ。動物は意識を持っているが、本能で決められた行動しかとれない（むろん植物も）。人間以外の自然の事物は在るがままである。ただし動物学者ドゥ・ヴァールの『道徳性の起源』などによれば、哺乳類には弱者を保護するだけでなく、他者を害する行為を嫌悪する態度が見られるので、動物にも道徳性の基盤があることが認められる。人間は時には本能に反する行動をも選択できる知力と自由を持ち、他の動物以上の明確な道徳性を有する。精神的能力の点において人間は他の生物と一線を画する存在であり、そこに人間固有の尊厳性の根拠を見いだすことができる。

なお、人間の尊厳の根拠を精神的能力に求めた時、障害や老衰・疾病などでその能力を喪失している場合をどう考えるかという問題が生ずる。その問題について言えば、人間の尊厳の根拠としては人間が類的存在として高度な精神的能力を持ちうる存在であることで十分であり、個々の存在に能力があるかどうかということは問題ではない。人間として生まれた以上、仮に精神的能力を持っていなくても潜在的にはその能力を保有しているのであるから、尊厳性は当然認められなければならない。障害や事故、病気あるいは老衰で精神的能力を喪失した時には人間として扱わないという態度は人間を機械と同様の単なる道具、機能と見るものであり、反人間的態度となるからである。

この点に関してピーター・シンガーなど一部の倫理学者が無脳症などの重度の障害を先天的に持っている新生児は安楽死させてよいとしていることは適切ではない。

シンガーは言う。「両親とその医学的助言者が、その新生児の生命はきわめて悲惨で最低限の満足も得られないので、その生命を引き延ばすことは非人間的あるいは徒労であろうという考えで一致するならば、そのときには彼ら早速に苦しみのない死を確実にもたらすことを許されるべきであろう」(『実践の倫理』四〇六頁)。しかし、その新生児が「きわめて悲惨で最低限の満足も得られない」と断定する権利が誰にあろうか。重度の障害を持った新生児、またその子を持った両親はそれだけで悲惨であり、不幸なのか。そのように決めつけることは人間を機能としか見ない態度であり、人間を手段視する態度に他ならない。

たとえ意識を失った状態であろうと、人間はその親や子にとってかけがえのない存在となりうる。無脳症の子供も、愛情ある両親のもとにいたならば、たとえ短命であったとしても親の愛に恵まれたが故に幸福であったと言えるのではなかろうか。またその両親にとっても、その子のケアに苦労したとしても、愛情を注ぐことのできる子を得られたというだけで幸福であったと言えるのはなかろうか。

ナチスの強制収容所から生還した心理学者ヴィクトール・フランクルは、講演で一人の母親の次のような手紙の一節を紹介している。

「私の子供は、胎内で頭蓋骨が早期に癒着したために不治の病にかかったまま、一九二九年六月六日に生まれました。私は当時十八歳でした。私は子供を神さまのように崇め、かぎりなく愛しました。母と私は、このかわいそうなおちびちゃんを助けるために、あらゆることをしました。が、むだでした。子供は歩くことも話すこともできませんでした。でも私は若かったし、希望を捨てませんでした。私は昼も夜も働きました。ひたすら、かわいい娘に栄養食品や薬を買ってやるためでした。そして、娘の小さなやせた手を私の首に回してやって、『お母さんのこと好き？　ちびちゃん』ときくと、娘は私にしっかり抱きついてほほえみ、小さな手で不器用に私の顔をなでるのでした。そんなとき私はしあわせでした。どんなにつらいことがあっても、かぎりなくしあわせだったのです」（フランクル『それでも人生にイエスと言う』一〇四頁）

重度の障害新生児の安楽死を容認する意見の背景には、自己意識を基盤とする「人格(personarity)」を持たない存在は人間ではないとする人間観（パーソン論）がある。しかし、そのような人間観を論理的に推し進めると、障害のある新生児や幼児だけでなく、重度の知的障害者や認知症が進んで自己意識を失った高齢者は安楽死させられてもやむを得ないという事態を招くことになる。このような事態は常識的な倫理感覚とあまりにも乖離している。

パーソン論の問題点として、哲学者の浜野研三氏は次の三点を指摘している（「物語を紡ぐ存在としての人間」『生命倫理学を学ぶ人のために』一一九頁）。

①人間を他の存在との関係の相のもとに見ない、いわば原子論的な人間理解

②受精から誕生・成熟・老化という変化の軌跡を考慮しない静的な人間理解

③精神と肉体を分離し、前者の優位を受け入れる悪しき二元論的人間理解

浜野氏によるパーソン論批判は基本的に妥当である。人間は他の存在との関係の中で存在しているのであり、その価値は他の存在と切り離されて捉えられるものではない。たとえ自己意識を持たない新生児や高齢者、あるいは植物状態にある人でも、家族など周囲の人々にとっては心の支えとしてかけがえのない存在となりうる。またパーソン論では、乳幼児や事故や病気で自己意識を失った人は単なるモノとなってしまう。人間が人間でありうるのは人生の一部の期間だけとなり、人間の全体的な把握が不可能となる。

このようなパーソン論の背景には、人間を理性的な存在とみる人格主義的人間理解がある。それは理性の奥底に無意識の領域が存在することを理解していない人間観である。また理性のみを重視して身体の価値を無視した議論になっている。人間は理性的な精神能力を持っているという状態にある故に尊厳なのではなく、人間であること自体の故に尊厳なのである。端的に言えば、今日、倫理の問題を考える上で「人格」概念はもはや不適切である。

またパーソン論は、人間の価値を社会的な効用によって判断する功利主義と結びついている。功利主義的立場に立つと、高齢者や障害者の価値は健常者よりも低く、そのような人に対して限られた医療資源を健常者と同じように配分するのは無駄であるという露骨な生命差別に陥る恐れがある。実際に限られた医療資源では全員を救えない場合、どのような基準で治療する人間を選別するかという問題が生ずる。これに対しては社会的な有用性（人間の有用性を序列化できるのかという問題がある）、支払い能力（金持ちが優先される）、治療効果の程度（治療効果があまり期待できない者は後回しにされる）などの選択基準が提案されてきた。功利主義的立場からは、それらの基準によって生命の序列化と選別が容認されることとなろう。

しかし、このような生命の序列化を批判し、「全員を助けることだけが正しい」とする主張も生まれている（下地真樹「医は仁術？ 算術？」『はじめて出会う生命倫理』二四六頁）。すなわち下地真樹氏は、全員を助けることが不可能な状況がありうることは認めた上で、全員の救助は不可能であると決めつけず、「全員を助けることだけが正しい」との前提に立って何らかの迂回路《うかいろ》、解決策を模索すべきだとする。これは生命の序列化、選別を拒否する立場といえよう。人間の尊厳を強調する仏教の人間観は、下地氏と同様に、生命の序列化を拒否するものである（災害時におけるトリアージは別の問題である）。

いわゆる功利主義者は、快楽を幸福、苦痛を不幸と捉え、またその幸福・不幸が量的に計測できるものと考えている（功利主義を代表する「最大多数の最大幸福」というベンサムの言葉はその象徴である）。しかし、必ずしも快楽は幸福ではなく、苦しみも不幸ではない。むしろ苦悩は成長の契機となりうる。大乗仏教は「煩悩即菩提」という表現でその点を強調する。大乗仏教は苦難を避けるべきものと見ない。たとえば日蓮は「難来《なんきた》るをもって安楽と意得《こころう》べきなり」（「御義口伝」一〇四五頁）とする。そこには苦難を忌避せず、むしろ成長の糧としていく積極的な人生態度が表れている。人間は生きている限り苦しみを伴うものである。苦がないことを幸福とするのは根本的な誤りであり、幻想でしかない。苦を完全に滅しようとするならば、焼身自殺を理想とした小乗仏教の徒と同じ道を辿《たど》ることになる。

快楽も往々にして人間の停滞と堕落をもたらす。快楽の追求には際限がない。快楽の追求のみを唯一の原理とする人は、結局、欲望に駆り立てられて、満たされることのない飢餓感に苦しむことになろう。要するにパーソン論を含む功利主義の人間観は一面的で浅薄である。

日蓮が「人間に生ずること、過去の五戒は強く三悪道の業因は弱きが故に、人間に生ずるなり」（「十法界明因果抄」四六二頁）と述べているように、因果律を重視する仏教哲学は、無数の生物の中でとりわけ人間として生を受ける果が生ずるのはその生命自身の内にそれだけの因があるからであるとする。そのような生命観に立つならば、どれほど深刻な障害を持って生まれたとしても人間として生を受けたというだけでその生命に偉大な善根があることを認識すべきであり、その生命を断つということはその尊厳を損なう犯罪行為となる。

仏教は、人間には人間であるというだけで人間としての共通・普遍の基盤があるとする。その点で仏教は西欧近代の啓蒙主義と軌を一にする。そこで仏教は、価値や道徳の原理においても普遍性があるとする立場に立つ。それ故に仏教は、価値判断ないしは道徳律について普遍性を認めない相対主義を拒否する。仏教は、たとえば一念三千論という形で、人間を含めたあらゆる存在に共通する普遍的理法が存在することを説いているからである。倫理の普遍的原理を求めようとするならば、その前提として万人に共通する理法が示されなければならない。理性は全ての人間が共通して有する普遍的なものだが、人間はそれに尽きるものではない。人間には理性では統御できない不条理な情動があり、それによって左右される面も少なくない。仏教は、そのような理性を超えた領域を含む人間存在の本質を解明した哲学である。

2　人間の平等

平等権（法の下の平等）は各国の現代憲法が保障する基本的人権である。日本国憲法は「全て国民は、法の下に平等であつて、人種、信条、性別、社会的身分又は門地により、政治的、経済的又は社会的関係において、差別されない」（第一四条一項）と規定する。また世界人権宣言は「全て人は、人種、皮膚の色、性、言語、宗教、政治上その他の意見、国民的若しくは社会的出身、財産、門地その他の地位又はこれに類するいかなる事由による差別をも受けることなく、この宣言に掲げる全ての権利と自由とを享有することができる」（第二条一項）と定めている。

平等権も他の人権と同じくその思想的源流は西欧の啓蒙思想に求められるが、仏教にも平等権を根拠づける思想を見いだすことができる。

第一に釈尊は、厳しいカースト制度が支配しているインド社会にありながら、生まれに基づく一切の階級的区別を否定し、万人を平等に遇した。釈尊の帰依者にはかつてバラモンであった者をはじめ、王族・富豪のほか、刑罰に当たる罪を犯した者、娼婦や不可触賤民（チャンダーラ）までも含まれていた。

代表的な大乗仏典である法華経は、悪人や女性を含めて万人が一人の例外もなく等しく仏となりうることを強調した。実に経典が編纂された二世紀の時点において、法華経は人間の絶対的平等を宣言したのである。これは人類の平等思想の歴史において特筆すべきことである。この法華経の平等思想はあらゆる差別を認めなかった釈尊の態度を継承するものであった。古代のインド社会にあって法華経の平等思想は極めて革命的なものであり、法華経を奉ずるグループが既成勢力から厳しい迫害を受けた理由もそこにある。

法華経の平等思想は、提婆達多品《だいばだったほん》第十二で、八歳の竜女（竜王の娘）がその身のままで成仏した（即身成仏）と説かれるところに象徴的に表れている。従来の大乗経典では、成仏は男性の菩薩が何度も生を繰り返しながら長遠の時間をかけて仏道修行を積み重ねた結果、ようやく到達できるものとされてきた。それに対して提婆達多品は、わずか八歳の少女で、しかも人間ではない竜（蛇）の子供が、男性に変化することなく女性のままで成仏したと説いている（他の大乗経典でも女性の成仏が説くが、それは女性が男性に姿を変えた後に成仏する〈変成男子《へんじょうなんし》〉というものであった。提婆達多品が説く竜女の成仏は変成男子によるものではないということが重要である）。この提婆達多品の内容は性別や年齢に関する従来のインド社会の差別を徹底的に否定したものである。しかも同品は人間と動物の差異すらも超越した平等思想を打ち出している。

また法華経は在家と出家の差別も否定している。釈尊は仏道修行によって得られる悟りについて男女や在家・出家における差異を認めなかったが、法華経はその釈尊の精神を継承して在家・出家の平等を説いた。法華経は在家・出家を問わず、法華経を信じ行ずる人を「善男子《ぜんなんし》・善女人《ぜんにょにん》」と呼んでいるが、その呼称自体が法華経の平等精神を表している。

日蓮においても平等の態度は徹底されており、出家・在家、性別、社会的地位などによって人を差別する態度は全く見ることはできない。たとえば日蓮が門下に授与した曼荼羅《まんだら》本尊で最大のものは在家信者に与えられており、また日号・聖人号などの称号も出家・在家を問わず門下の男女に授与されている。日蓮の平等に徹した思想は「末法にして妙法蓮華経の五字を弘めん者は、男女はきら（嫌）うべからず」（「諸法実相抄」一七九一頁）、「僧も俗も、尼も女も、一句をも人にかたらん人は如来の使いと見えたり」（「椎地四郎殿御書」一七二〇頁）などの言葉にうかがうことができる。女性の月経についても日本の神道などは不浄として強く忌避《きひ》してきたが、日蓮は月経を不浄とした経論は存在しないとして全く問題視しなかった（「月水御書」一六四七頁）。

平等権は人権の基本だが、人類の歴史においてはさまざまな差別が行われてきたのが実態であり、先進国でも平等権が承認されたのは近年に属する（アメリカで黒人差別を撤廃した公民権法が制定されたのは一九六四年）。今日においても、各国憲法の規定にもかかわらず、世界では「人種、信条、性別、社会的身分又は門地」等による厳しい差別があるのが現実である（日本においても平等権の確立は極めて不十分である）。

その背景には人間の意識に潜む根深い差別感情がある。仏教的生命論から言えば、差別の根底には自己を含む集団（たとえば民族・人種・国民）と相違する他集団を蔑視し、憎悪することで自己の優越性を確保しようとする「修羅」的な生命傾向が働いていると考えられる。

一九八〇年代以降、アメリカでは「共同体主義」（communitarianism）と呼ばれる動きが個人主義の反動として現れているが、それは基本的には各人が属する共同体の伝統に従うことが善であるとする立場で、共同体を異にする他者を視野に入れておらず、白人至上主義者の言動に見られるように新たな分断や差別に陥る危険を孕んでいる。人間がそれぞれの文化的伝統の中で自己を形成することは事実だが、グローバル化の進展とともに多数の共同体や文化を超えた共存・共栄が求められている現代において、共同体の殻に閉じこもる態度では求められる道徳思想を生み出していくことは不可能であろう。

巨視的に見れば人類の歴史は平等化を進める過程だった。今日、露骨な人種差別や性差別を主張したり、奴隷制度の復活を唱えるような議論は正気なものとは見なされない。ましてテクノロジーとデジタル化によって誰もが情報にアクセスし発信することが可能になっている今日の状況は人間の平等化を進める要素といえるだろう。

仏教の教義においては本来、人種・性別・年齢・社会的地位などの差別は一切認められない。キリスト教においては白人と黒人で所属する教会を異にする例が見られるが、仏教においてはそのような差別はあるべきものとされていない。日蓮仏教の場合でも、実際に各国で展開されている運動を見た場合、あらゆる差異を超えて全てのメンバーが共同して活動を進めていることが一つの特徴になっている。

また「法の下の平等」という観念は、国家は万人を平等に扱わなければならないという意味で国家の中立性を要求するので、国家や地方公共団体が特定の歴史観やライフスタイルを住民に押し付ける態度を禁ずる方向に働く。したがってＬＧＢＴ（レズビアン、ゲイ、バイセクシャル、トランスジェンダー〈自認している性と身体的性が異なっている人〉）などの性的少数者に対する差別は容認されない。レズやゲイはもちろん、トランスジェンダーは精神的にも身体的にも病ではない。

ユダヤ教とキリスト教は「女は男の着物を着てはならない。また男は女の着物を着てはならない」とした「申命記《しんめいき》」第二二章の記述などから古代から現代までLGBTを罪と見なしてきた。イスラム教も同性愛をタブー視してきたが、仏教には性的少数者を罪とする観念はない。「法の下の平等」という観点からは今日の日本の法制度は極めて不適切である。たとえば婚姻制度を男女間だけに限定し、同性同士の婚姻を認めないことは平等権の侵害と見なされよう。同性パートナーの遺産相続権も認められるべきである。

3　自由権

思想・良心の自由、信教の自由、集会・結社および表現の自由、学問の自由などの精神的自由、人身の自由、居住・移転・職業選択・外国移住・国籍離脱などの経済的自由などから成る自由権は人権の中でももっとも基本的なもので、現代憲法においては全ての人間が生まれながらにして持つ権利とされる。その根拠としては人間生命そのものに具わる尊厳性に求められよう。人間は（他の生物も同様だが）、自己の生命の可能性を十全に実現しようとする志向性を持つ。その可能性の実現は生命としての主体性、自由が確保されている状況で初めて達成される。

とくに思想・良心の自由は「内面的精神活動の自由のなかでも、もっとも根本的なもの」（芦部信喜『憲法学Ⅲ』九八頁）であり、近代社会においては一切の権力の介入を許さない絶対的なものと考えられている。思想・良心の自由を絶対的なものとする思想は日蓮の中にも存する。「撰時抄」において日蓮は「王地に生まれたれば、身をば随えられたてまつるようなりとも、心をば随えられたてまつるべからず」（二〇四頁）と述べ、内心の思想・良心は王権によっても左右されない絶対的なものであるとした。この言葉は思想・良心の自由を十三世紀において先駆的に宣言したものであり、ユネスコが世界人権宣言二十周年を記念して編纂した『語録　人間の権利』にも収録されている。

価値観の多様性を認めるということは、人権として見た場合には思想・良心の自由を保障することに他ならない。近代社会においてはどのような価値観、信念を持つことも許されるが、しかしそれは内面的精神活動の領域に限定され、外形的行為の次元において他者の生命・身体・財産を侵害することは許されない。また多様な価値観を認めることは「誰がどのような信念を持とうとそれは全て正しい」という相対主義を正当化するものではない。人間が抱く価値観は必ずその人間の具体的な行動、行為に表れる。その行動の次元においては、どのような行動をとっても全て許されるなどということはありえない。

自己実現（self-realization）という言葉は主に心理学の領域で用いられてきたが、仏教的に表現すれば自己実現は「成仏」「自体顕照《じたいけんしょう》」と言い換えることもできよう。ただし、仏教の示す自己実現は自己一人の上で達成されればよいという利己的、自己中心的なものではない。自己と他者がともに啓発しあって獲得される「相互実現」である。人間は誰でもが自己実現を欲求するのであるから、人間社会が各人のその欲求に応えていくことが当然の要請となる。したがって全ての人間社会は自己実現の前提条件である自由を各人に与えなければならない。自由を認めずに人間を抑圧する社会（ないしは権力）は、自由の欲求という人間生命の本質に違背しているので長期間にわたって存続することはできない。もちろんその自由も絶対的なものではなく、他者の人権と対立する場合には制限を受ける。たとえば表現の自由があるからといって他者への名誉棄損やプライバシー侵害は許容されない。

4 社会権

二十世紀以降に制定された多くの現代憲法では、自由権のほかに生存権や教育を受ける権利、労働基本権などの社会権が規定されている。自由権だけでは社会的弱者が放置され、貧困などの問題が深刻になったためである。

日蓮仏教においても国家権力は国民の生命と生活を守るために存在すると考えられており、その発想は現代の「福祉国家」「社会国家」の理念と合致している。仏教は人々が餓えるのを放置する無慈悲を厳しく指弾し、民衆の生命と生活を守ることを為政者の最大の責任とした。

二十世紀までの歴史において、単純な自由放任を許したために弱肉強食の事態となり、奢侈《しゃし》を極める者の一方で困窮に苦しむ多数の人々が生じた。そこからは社会的な緊張や憎悪が生まれ、社会の秩序も不安定となる事態となった。その現実を直視するところから社会権が人権の中に認められていったのは当然の趨勢である。しかし、貧困の問題は世界的にはもちろん、先進国においても今日なお深刻であり、政治の一層の努力が求められている。

貧困状態では長時間労働や劣悪な生活環境のため生命の維持すら困難となり（短い寿命）、また十分な教育も受けられないために各人の可能性を発揮していくことができない。このような状態が人間の尊厳を損なうものであることはいうまでもない（青少年全員に教育の機会が均等に与えられることが重要である）。自由競争は認められなければならないが、その一方で社会的弱者に対する手当て、支援も不可欠である。仏教は社会活動の根底に他者に対する慈悲が働くべきであるとする。慈悲の精神に立脚するならば相互の「助け合い」「分かち合い」が実現することとなる。人間の尊厳を強調する仏教は社会権の保障を強く求める思想となっている。

人間が生まれながらにして才能、境遇などの差異があることは否定できない事実であり、仏教もそれを不当とはしない。仏教は、それらの相違は偶然の結果ではなく各人の宿業の故であり、自己の生命の表れと見る。その上で仏教は、慈悲の精神が社会に反映されるべきであるとして、弱者に対しては恵まれた立場の者よりも一層の配慮がなされることを求めるのである。

5　参政権と民主主義

国家や地方自治体の意思の形成に参加する権利である参政権は自由権や社会権などと同様に人権の一部とされている。選挙権・被選挙権などの参政権もその根源は人間であることに由来する。この点について憲法学者の宮沢俊義は次のように述べている。

「自由権・社会権・積極的公権および参政権のいずれもが、すべて『権利』の性格を有するということができる。かような『権利』が、『人間性』から論理必然的に生ずるものであり、したがって、いやしくも『人間』の法においては、――『神』の法においては、いざしらず、――つねに承認されなくてはならないものだと理解されるときに、そこで保障された利益の享受者としての『人間』の主体的立場から見て、これを『人間の権利』または単に『人権』（ないし『基

本的人権』）と呼ぶのである」（宮沢俊義『憲法Ⅱ』九五頁）

参政権は、国家の政治の在り方を最終的に決定する権利（主権）は国民にあるという国民主権の原理と民主主義の理念に結び付いている。仏教の立場においても、仏教の基本はおよそ自分の人生の在り方を決定する主体者は自分自身以外にないという自律の思想にあるから、仏教は統治の在り方を最終的に決定するのは国民自身であるという民主主義の精神と合致している。それは、自身が権力の統治下にある場合でもその権力は自身が承認したものでなければならないとする立場であり、自己が承認していない権力に強制的に支配される事態は人間の本来的性質に違背するという思想である。その立場から見れば、国民の意思を無視し国民に参政権を与えない社会は人間の尊厳を損ねるものとなる。

民主主義は、先に触れた人間の尊厳、自由と平等の権利と結びついている。自由で平等な個人がそれぞれの尊厳に対する敬意をもって熟議し、社会を運営していくのが民主主義だからである。したがって、社会の中に支配層と被支配層の分断・差別が設けられている社会は民主主義とはいえない。

もちろん公開選挙は民主主義にとって重要な要素であるが、それだけでは独裁的政権を正当化する道具になる場合もある。ナチス・ドイツの例が示すように、多くの独裁的政権の下で政権側が圧倒的な勝利を公開選挙で得てきた事実は見過ごしてはならない。

民主主義の本質の一つは民衆に政治決定への参加を認めることである。民衆の政治参加がなく、平等で自由な討議ができないところでは選挙は形式的なものに終わる（まして形式的な選挙すらも行われていない社会は民主主義と対立するものとなる）。民衆の政治参加と自由な討議を認めることによって民衆の政治意識が高まり、各自の力を発揮できる状況が生まれる。政治への参加を許さず、一方的支配に服従することを強制する独裁的・権威的体制は人間の本来的伸展を阻害するものであり、生命の伸展を求める人間の本来的欲求に反するものなので、長期的に見れば必然的に行き詰まり、存続できない。たとえ経済的に成功していても、人々の自由を抑圧している社会は永続性を持たない（同様のことは国家に限らず各種団体にも該当する。構成員に対して団体の意思決定過程への参加を認めずに一方的従属を要求し、建設的意見の申し立てまでも抑圧するような団体は衰退していかざるをえない）。

もちろん今日、民主主義はポピュリズム（大衆迎合）の危険など多くの課題に直面している。政治とカネの問題もその一つである。政治献金の上限に規制がない場合は政府や議会と業界の癒着が生じやすく（ロビイストの急増）、政策が金で買われる事態となる（米国の民主党と共和党はともにウオール街の利益を代弁している面がある）。

フランスの思想家ツヴェタン・トドロフは、民主主義は外からではなく「内からの敵」によって脅かされるとし、政治的メシア信仰、新自由主義に代表される個人の専横（行き過ぎた個人主義）、ポピュリズム、外国人嫌いなどを民主主義の「内なる敵」に挙げている（『民主主義の内なる敵』）。

トドロフの言う民主主義への脅威の中で重要なのはポピュリズムであろう。ポピュリズムは、いまや欧米に限らず全世界で広く見られる現象だからである。世界各地のポピュリズム現象を包括的に考察した政治史家の水島治郎氏は、ポピュリズムの特徴として、①移民などの民族的・宗教的マイノリティを「よそ者」として排除する排外主義、②特権層（エリート）への反発をバネにした「下」からの運動などの諸点を指摘している（『ポピュリズムとは何か』）。

水島氏が言うように、ポピュリズムには広範な民衆の政治参加を促すという意味でデモクラシーの発展に寄与する面もあるが、敵味方を峻別していく二項対立的人間観を根柢に持っている点で基本的な危険性を孕んでいる。

「多数派の専横」に陥る危険性を持ちながらも、人類は民主主義に代わる政治体制を見いだすことはできない。多くの課題を乗り越えながら民主主義を進化させていく以外にない。その意味で民主主義は、思想史家の丸山真男が指摘したように、絶えず進化・成熟を持続する「永久革命」の側面を持つといえるだろう。

仏教の「衆生世間」の概念が示すように、人間の集合体である社会の様相は、その社会を構成している人間生命の総和の反映である。日蓮は「当世《とうせい》は世みだれて民の力よわし」（「衆生身心御書」二〇四七頁）と述べ、社会の混乱は民衆の総合的な力が微弱であることの表れであるとした。その意味からすれば、たとえばポピュリズムを克服するためにはデマゴギーに扇動されない力を民衆全体が持つ必要がある。情報に操作され、騙される「大衆」となることなく、各人が情報の真偽を吟味し、自分の頭で考える独立性を備えなければならない。

少数の国で権威主義体制への逆行現象が見られるが、二十世紀以降の世界的趨勢として民主化は確かな潮流となっている。第二次大戦後だけでもギリシャ、ポルトガル、スペイン、チリ、ブラジル、アルゼンチン、フィリピン、台湾、韓国、インドネシア、東欧諸国などで独裁政権が崩壊し、民主体制に移行していったことは記憶に新しい。ピンカーの『21世紀の啓蒙』によれば、二〇一五年の時点で民主国家は一〇三ヵ国に上り、専制主義よりも民主主義に近い一七カ国を加えると世界人口の三分の二は自由な社会、または比較的自由な社会で暮らしている（同書上巻三七六頁）。大局的・長期的視野で見れば、世界の民主化は後退しているという悲観論は誤りであり、民主主義は自由を求める人間の本性に適っているが故に民主化の潮流は不可逆的なものになっている。

インドの経済学者アマルティア・センが『人間の安全保障』で指摘しているように、民主主義はけっして西洋だけの概念ではない。公の問題について公の場で議論して決定する伝統はアジア・アフリカ・中東など各地で見いだされる。たとえば仏教の世界においては異なる意見をめぐる争いは公開の一般集会で解決される伝統があった。仏教の影響のもとに七世紀の日本で定められた「十七条憲法」には「夫《そ》れ事独り断《さだ》むべからず。必ず衆《もろもろ》とともに宜《よろ》しく論《あげつら》ふべし」（第一七条）として、独断を戒め、多数の議論によって物事を決めることが規定されている。日蓮も「王は民をおやとし」（「上野殿御返事」一八八六頁）として為政者は民衆を根本とする姿勢を持つべきであることを強調している。

人権は万人に認められた権利であり、いわば国家を超越した権利であるから、主権国家であってもジェノサイド（集団殺害）など人権を踏みにじる行為は許されない。「内政干渉」を理由に人権侵害への介入を拒否することは倫理的に認められない。深刻な人権侵害が生じている国に対して他の国家や国際機構が時には軍事力を用いて介入することは「人道的介入」として国際法上容認されている。

人道的介入を正当化する論理として、二十一世紀に入ってから「保護する責任」の理念が国連において確認された。「保護する責任」の理念とは、①国家は自国民を保護する責任を負う、②国家がその責任を果たせない場合は国際社会がその責任を担う、③国際社会が担う責任は不干渉原則よりも優先する、というものである。不干渉原則よりも「保護する責任」が優先することが国際社会で認められつつあるという事実は、人権が国家主権を超越したものであることを裏づけるものとなっている。日蓮は、国民の苦難を放置している為政者は悪道に堕ちると主張したが（「守護国家論」三六頁）、このような発想は今日の「保護する責任」の理念に通ずるものがある。

第七節　自然に対する倫理

現生人類は他の生物が持たない精神的能力を持つが、だからといって人間は他の生物や自然を好きなように支配できるという人間中心主義は適切ではない。仏教の生命観によれば、動物はもちろん植物や岩石なども意識を持ち、それぞれの可能性、役割を果たそうとする志向性を有するのであるから、自然のうちの万物はそれぞれの価値を配慮すべき対象となる。人間は自身が自然によって養われていることを自覚し、自然界の万物に対して感謝と畏敬の念を持つことが求められる（アフリカ原住民の医療活動に従事したアルベルト・シュヴァイツァー〈一八七五〜一九六五〉の「生命への畏敬」という言葉を想起したい）。

人間は自然に対して直接の倫理的責任を負う（その意味で自然界の事物は道徳的地位を有する）。人間が自然の事物に配慮し擁護するのは、それが人間の利益に繋がっているからではなく、事物自体の価値に淵源を持つためである。したがって、人間が他の生命を奪うことを許されるのは、その行為が自身を養い守る目的でなされる場合だけとなろう（たとえば単なる気晴らしとしての狩猟などは倫理的に問題となりうる）。

万物が固有の価値を持つとすれば、たとえば身近な家具や道具、機械や建物も道徳的地位を持つことになる。それ故に、これらの物でも十分な理由もなく単なる気まぐれで廃棄することは適切ではない。できる限り修理し維持の努力を重ねることで、それぞれの物の価値と使命を全うさせていくことが倫理的に望ましい態度となろう。

かつての日本人は、まだ使用できる食糧や品物を無駄に廃棄する行為に対し、「もったいない」という言葉で強く非難した。「もったいない」という言葉は「勿体《もったい》」すなわち物が本来持っている価値を失うことを意味する。ケニアの環境保護活動家で、環境分野において初めてノーベル平和賞を受賞したワンガリ・マータイ博士（一九四〇～二〇一一）は、二〇〇五年に来日した際、この言葉に触れて感銘を受け、「もったいない」を世界共通語として世界に広める運動を提唱した。博士はこの言葉に事物に対する尊敬の意味が含まれていることに注目し、「ごみ削減（reduce）」「再使用（reuse）」「再利用（recycle）」につながる言葉として重視したのである。博士の見解は万物に固有の価値を認める仏教の思想と響き合うものがある。

あらゆる物に価値を見いだすことは、たとえば長年愛着を持って乗ってきた自動車やバイクを手放す時に、愛車に向かって「ありがとう」と心の中で語りかけるような感情と繋がっている。日本では今日でも、長年使用し、廃棄することになった針や人形などを集めて供養を行い、それらのものに感謝する習慣がある。あらゆるものに精霊が宿っているとするアニミズムは世界各地に見られる普遍的な現象だが、それも物に対する敬意を示す態度として理解することができる。

万物といってもそれは個体に限られるものではない。生態系あるいは種といった複合体も含められよう。生態系自体に固有の価値を認めるならば、たとえば猪や鹿が増えすぎて農業被害や森林の荒廃が顕著になっている場合に猪や鹿の駆除を行うようなことは倫理的に容認されるだろう。物が持つ固有価値はそれに価値があるかどうかを評価する存在を必要としない。たとえば原生自然の固有の価値は人間がそれを美しいと感ずる故に生ずるのではない。人類が存在しようとしまいと宇宙の万物は存在し、それぞれ存在する意味を持ち続けるのである。万物は無機物をも含めて全て生きる意志を持って存在しているのであるから、人間は自然の万物に対して敬意をもって配慮すべきであり、自然の破壊はできる限り抑制しなければならない。

第八節　倫理上の諸問題

以下に扱う諸問題は、本来、倫理学や法学の領域で取り上げられるものであるが、日蓮仏教の倫理思想を検討するために、仏教の生命観（と私が理解しているもの）の立場から、代表的な生命倫理上の問題について私見を述べることとする。

1　自殺

まず自殺について、どのように考えるべきか。

原則的に言えば、自殺は倫理的に容認されない。人間は他の存在と同様、他者に支えられ養われて存在しているのであるから、自分の生命であっても自分の所有物ではなく、自身が勝手に処分してよいものではない（「死ぬ権利」は認められない。日本においては川崎協同病院事件の控訴審判決

〈東京高裁〉が明示しているように、治療を拒否して死を選ぶ権利は法的にも認められていない）。

また、自殺は家族など周囲の人々に深い悲しみと衝撃を与える。それ故に自らの生命を自ら断つことは、自分を支えてくれた他者への忘恩であり、他者を傷つける行為となる。したがって、どのような苦しみに直面しても死への衝動と戦い、どこまでも生き抜いていくことが仏教の示す倫理であろう。部派仏教で伝承されてきた律である「五分律《ごぶんりつ》」などによれば、釈尊はどれほど苦痛が激しい場合であっても自殺および自殺幇助《ほうじょ》を行ってはならないとして強く戒めている（大正蔵二二巻七頁）。

生命倫理に関してしばしば「自己決定権」という言葉が用いられる。たとえば靴下やシャツなど完全に自己の所有に帰属している物はそれをどのように使用し処分しようと自由であるから、それらについては自己決定権という概念が成立する可能性は高い。しかし、自動車やパソコンなど、自己の所有物であっても、日本では野放図に放棄することは環境破壊の恐れがあるので法令で禁止されている（その意味で、これらのものについて自己決定権は制限されている）。

人間の生命は、自分の所有物のように見えるが、出生から死没するまで自分の力だけで存在できるものではなく、常に他者の恩恵によって存続してきたのであり、単純に自己の所有物と言い切ることはできない（所有物であれば所有権の譲渡や移転が可能になるが、生命についてそれは考えられない）。仏教の縁起観は、人間生命もそれ自体のみで存在するものではなく、他者や自然との関係の中で成り立つものであることを明確にしている（「父母の恩」「一切衆生の恩」という言葉を想起したい）。生命は自身の所有物ではなく、無数の他者によって生かせてもらっている存在なのである。その意味で人間の生命について自己決定権という概念は原理的に成り立たない（具体的な治療方針などに関する自己決定権は認められるが、生命放棄の自己決定権は認められない)。生命は自己が自由に処分してよい範囲を超えた超自我的存在であり、誰人も「自分は生きるに値しない」として自殺することは倫理的に容認されない。まして他者が「この人間は生きるに値するかどうか」と問うことは許されない。

誰もが(実は人間だけでなく万物が)代替不可能な、かけがえのない存在であるから、あらゆるものは存在しているだけで意義がある。誰もが(たとえ無脳症で生まれたとしても)その人でなければなすことのできない使命、役割がある。それ故に心理学者フランクルの言葉を借りるならば、「生きるということは、ある意味で義務であり、たったひとつの重大な責務」なのである(『それでも人生にイエスと言う』二五頁)。したがって、たとえ本人の強い要請がある場合でも自殺を積極的に幇助《ほうじょ》することは許されない(自殺願望は多くの場合、一時的であり、自殺願望者はしばしば同時に「生きたい」という意思も示していることは広く知られている事実である)。

日本を含めて大多数の国で自殺幇助は犯罪とされている。オランダやベルギー、アメリカのワシントン州などで自殺幇助が合法化されているが、それらの法制には多くの問題がある(米国の倫理学者ダニエル・キャラハンとマーゴット・ホワイトはアメリカのいくつかの州で作られた自殺幇助法案を調査したが、彼らは「結局、各州の法案は医師を守るために書かれたのであって、患者を守るためのものではなかった、と結論づけている」〈ヘンディン『操られる死』二二一頁〉。オランダの自殺幇助合法化も他の西欧諸国から厳しい批判を受けている)。

基本的に自殺は倫理上許容されないが、だからといって自殺者に対して罪を犯した者として糾弾することは適切ではない。自殺者は、その死において精神的・身体的に既に十分な苦を受けているからである。その苦しみに思いを及ぼし、その死を悼み、追善していかなければならない（カトリックでは二十世紀後半まで教会法によって自殺者を罪人と見なし、その埋葬を拒否してきたが、仏教においてはそのような態度は見られない）。

人は未来への絶望から、また現在の深刻な苦しみに駆られて死を願望することがある。その性向をフロイトは「タナトス」と呼んだが、仏教においては「魔（奪命者《だつみょうしゃ》）」の働きと捉えられる。生命には自己を発展、実現させようとする働きと自らを破壊しようとする働きが拮抗《きっこう》している。それ故に生命には自己破壊の働きが潜在的に存在していることを認識して、それと戦い、克服していかなければならない。

日蓮が「命と申す物は一身第一の珍宝なり。一日なりともこれをのぶるならば、千万両の金《こがね》にもすぎたり」（「可延定業書《かえんじょうごうしょ》」一三〇八頁）、「一日もいきておわせば功徳つもるべし」（同一三〇九頁）と述べているように、仏教において生命は絶対至高の価値とされる。与えられた寿命を最後まで生き抜くことが人間としての責務であるとするのである。

死への衝動を克服するにはカウンセリング等の心理学的な方法、友人や家族との対話、慰めが有効とされる（孤独感が自殺の要因となっていることが指摘されている）。自殺の社会的・心理的原因・背景についての研究を進め、自殺を少なくしていくための積極的な取り組みが社会全体で要請される。

2　死刑

仏教において死刑制度が容認されるかどうか、信頼できる仏典には明確な言明はない。そこで、この問題については自殺と同様に仏教の生命観から類推していく以外にはないが、釈尊の教説の根本が不殺生と慈悲であったことを直視したならば、たとえ国家が定めた制度であっても人為的に人命を断ち切る死刑は仏教の立場からは認められないと思われる。

たとえば池田大作は、英国の歴史家トインビー博士との対談において「あくまでも死刑は廃止されるべき」とし、死刑は「人間社会につきまとってきた残忍性のあらわれ」と語っている（『二十一世紀への対話』上）。

日蓮は「一日の命は三千界の財にもすぎて候なり」（「可延定業書」一三〇九頁）として、人間生命の絶対的価値を強調した。死刑を正面から否定した日蓮の言明はないが、一二七五年に蒙古からの使者を鎌倉幕府が斬首した時、日蓮はこの処置を遺憾とし（「蒙古使御書」一九四六頁）、執権北条時宗《ほうじょうときむね》が日蓮を用いていたならば使者の処刑はさせなかったと述べている（「兵衛志殿《ひょうえさかんどの》御書」一四九三頁）。

また「立正安国論」では謗法の徒を斬罪すべきかとの問いに対し、日蓮は斬罪を否定し、あくまでも布施《ふせ》を止めるという平和的手段によるべきことを強調している（日蓮が時に謗法の僧侶の頸《くび》を刎《は》ねなければ国の安穏はないと述べているのは、謗法の悪を強く糾弾するためのレトリックと見るべきである）。このような言動にも死刑に対して否定的な日蓮の態度をうかがうことができる。

生命の無上の価値を説く仏教の理念からすれば殺人は絶対的な悪であり（死刑の本質は国家権

力による殺人である）、正当防衛など極めて限られた場合のほかは決して容認することはできない。したがって、どのような犯罪者に対しても死刑を用いることなく、他の手段をもってその罪を償わせるべきであろう。

死刑制度を容認する立場からは、死刑を認める理由として、
①犯罪の抑止効果が期待できること、
②犯罪の被害者側を中心に凶悪犯罪に対しては報復感情が強いこと、
③凶悪犯罪を犯した者に応報としての苦痛が与えられなければ公平を欠き、正義感情が満足されないこと、
④死刑廃止に反対する意見が多い世論の現状、
などが挙げられる。

しかし、死刑の犯罪抑止効果は、統計的にも認められていない。死刑を廃止したヨーロッパ諸国で犯罪が増加した事実はない。むしろアメリカでは、死刑の執行が社会の残虐性を助長する影響を持つことが犯罪学的研究により指摘されている（団藤重光『死刑廃止論』）。

殺人事件の遺族など被害者側が激しい報復感情を抱くことは多い。また、残虐非道な犯罪に対しては社会全般に犯人に対する強い処罰感情が生ずることも事実だが、そのような素朴な感情論を制度の根拠にすることは適切ではない。被害者側や社会の感情も絶対的なものではないからである。

当初は激しい復讐の念を抱いていた被害者の遺族も時の経過や加害者の変化などからその感情が融和的になることも珍しくない。社会の感情も、事件直後は激烈なものであっても時間の経過とと

もに風化してくる。被害者側の報復感情は重要ではあるが、それを過度に重視することは国家が被害者に代わって復讐を行うことになりかねない。被害者側がいかに激しい報復感情を抱いたとしても、それはどこまでも私的なものであり、公的な刑罰はそれと同列であってはならないはずである。被害者側の感情を酌み取りながらも、刑罰の在り方はそれとは別の判断がなければならない。とくに内乱罪などの政治犯に対する死刑は、政治犯が属する党派による国家への報復を激化させる事態を招く危険がある。

被害者側の感情に配慮した制度として、日本でも犯罪被害者等に給付金を支給する制度が作られており、社会全体が被害者を支援する体制がさらに整えられることによって被害者側の苦しみと怒りも癒されることが期待される。

三番目の、応報がなければ正義に反するという主張は重要な論点である。「目には目を、歯には歯を」という「同害報復の法」は旧約聖書やコーランにも出てくるもので、古代人の素朴な報復感情を示したものである。近代以前では犯罪に対する報復の意味から世界的にも四肢の切断や鼻そぎなどの身体刑が行われていたが、その残酷性から今日ではほとんど行われていない。実際には窃盗犯が被害額を弁償すれば刑を免れるものではなく、殺人犯が必ず死刑にされるわけでもない。同害報復は刑事罰の基本原理になっていない。もちろん、犯罪者が何の不利益も被らないというのであれば犯罪被害者との公平を欠くので正義感情は満たされないが、実際には犯罪者は服役して厳しい制約を受けるのであるから、犯情に応じた懲役刑が科されればそれで応報の意味は十分に満たされるといえよう。

四番目の世論も死刑を積極的に支える材料にはならない。死刑に関する世論調査では、誤判の可能性の存在など死刑に関する情報が設問内容に十分に示されていないことが多く、世論を誘導する意図がうかがえるような場合もある。たとえば日本の内閣府が二〇一九年に行った世論調査の設問は、

「死刑制度に関して，このような意見がありますが，あなたはどちらの意見に賛成ですか。

（ア）死刑は廃止すべきである

（イ）死刑もやむを得ない

わからない・一概に言えない」

というものであったが、このような設問では条件付き死刑廃止論などの多様な意見を回答から酌み取ることができず、世論調査としては極めて不適切である。とくに日本では死刑に関する秘密主義が強く、情報開示がほとんどなされていないので、そのような状況下での世論調査はほとんど無意味と言っても過言ではない。

本来、死刑は「生命権」という人権の根本に関わる問題であり、本質的にその時々の世論に左右されるべきものではない。死刑制度がある国の世論は死刑存続に傾き、死刑のない国の世論は死刑廃止を支持するのが通例である。与えられた条件に引きずられがちであるという意味でも「世論」は死刑を認める根拠にはなりえない。

たとえば、フランスは一九八一年に死刑を廃止したが、その時点でもフランスの世論は六二％が死刑廃止に反対だった。それにもかかわらずフランスが死刑廃止に踏み切ったのは、ミッテラン大統領の見識と決断によるものであった。

このように見てくると、今日、死刑の存続を主張する根拠はことごとく崩壊している。それでも、

今日の世界において積極的に死刑制度が必要不可欠であると主張する人は、その主張を裏づける明確な根拠を提出しなければならない。しかし、その試みは成功しないと思われる。

実際にヨーロッパ諸国はベラルーシを除いて全て死刑を廃止しており、先進国で死刑を存続させている国はアメリカ合衆国と日本しかない。アメリカには建国以来、州の独自性を尊重する伝統があるのでアメリカ全体として死刑を廃止するのは困難であるという特殊事情があることを考えれば（アメリカの州で死刑を廃止している州も多い〈二〇二四年時点で死刑を廃止した州は二六にのぼる〉）、国家として死刑制度を置いている先進国は日本しかないことになる。

しかも、いわゆる「死刑廃止条約」が一九八九年に国連総会で採択され、既に発効している。本条約が国連総会で採択され発効しているという事実は「死刑廃止がすでに国際世論になっていることの証明だといってもよい」（団藤重光・前掲書三二三頁）。

アムネスティ・インタナショナルによれば、法律上あるいは事実上の死刑廃止国は一四四国、死刑存置国は五五国で（二〇二〇年現在）、地球上の三分の二以上の国家が死刑廃止に踏み切っている。しかも、その数はますます増加しており、死刑廃止は今や明確な世界の潮流になっている。

死刑の有無は、その社会が生命の価値をどのように見ているかを示すバロメーターである。死刑の廃止は、人間の生命がどのような場合にも他者から奪われることがないという「生存の権利」（生命権）を保障したものである。死刑のない国には生命を尊重する精神が人々に定着していくことになる。逆に死刑の執行をためらわない国家においては国民もまた人命を軽んずるのは当然である。そのような社会は、いわば人間の生命を塵《ちり》・芥《あくた》のように見なす社会であり、人間の残虐性を助長することになりかねない。

仏教が死刑を抑える力となってきたことは、日本の歴史において平安時代の八一〇年から実に三四六年間にわたって死刑の執行が停止されていたという事実が物語っている。これほど長期にわたる死刑執行の停止は世界史上に類例がない。この長期間にわたる死刑停止は仏教だけによるものではないにしても、この時期に興隆した仏教の影響が大きな力になったことは否定できない。

死刑執行が停止される直前の八〇六年には伝教大師最澄による日本天台宗の開宗があり、従来の奈良仏教に代わって日本仏教の新たな展開が始まっていた。伝教大師が根本依経とした法華経には釈尊を何度も殺害しようとした提婆達多の成仏が説かれるなど、悪人をも救済する仏の絶対の慈悲が強調されている。天台宗の開宗は、伝教大師が当時の桓武《かんむ》天皇（在位七八六〜八〇六）と朝廷を動かした結果として実現した画期的な出来事であった。そのような時代状況を考えたとき、伝教による法華思想の宣揚が死刑執行の停止に踏み切った時代精神の形成に何らかの影響があったと見ることも決して不当ではないであろう。

平安時代の日本に限らず、仏教が興隆した諸国では死刑を行わないのが通例であった。たとえば、五世紀と七世紀に中国を出発してインドを旅した法顕《ほっけん》と玄奘《げんじょう》は、仏教が流布していたインド諸国では死刑が行われていないことを記している（中村元『宗教と社会倫理』三八〇頁）。

日本がいまだに死刑制度を存続させ、しかも死刑に関する秘密主義を改めようとしない態度は人権感覚の後進性を物語るものであり、先進国として重大な恥辱である。今日、そのような人権上の後進性は厳しい反省が迫られている。

かつて牧口常三郎は『人生地理学』で人類社会の趨勢を論じ、世界は軍事的競争から経済的競争へ、経済的競争から人道的競争に至るであろうと述べているが、その言葉通り、今日の世界はますます人権保障の程度によって国家の地位が計られる時代となっている。たとえ軍事力と経済力があっても人権を認めない国家が尊敬と信頼を得ることはない。そのような世界の趨勢に照らしたとき、死刑廃止に踏み切ることこそが日本が日本国憲法の言う国際社会における「名誉ある地位」を一段と高める道であると考える。

3 戦争

およそ人命を損なう人間の行為として国家による戦争以上に甚だしいものはない。したがって、不殺生と慈悲を根本理念とする仏教が当初から平和主義に徹し、戦争を回避することに努めてきたことは当然である。

たとえば釈尊は、マガダ国のアジャータシャトル王が隣国を攻撃しようとするのを制止し、コーサラ国の王が釈迦族を攻撃しようとしたのを二度にわたってとどめたと伝えられる（中村元『宗教と社会倫理』一四七頁）。また、仏教を統治の理念とした阿育王《あいくおう》（アショーカ王）は、全インドを支配する強大な力を持っていたが、仏教に帰依した後は平和外交を貫き、周囲の国家に対して軍事力を用いることはなかった。

日本においても仏教が政治理念として定着しつつあった奈良時代末期の七九二年、桓武《かんむ》天皇は対外的脅威に対抗しなければならない東北地方と九州の一部を除いて国家の軍事組織である「軍団」を廃止し、一般国民の兵役（徴兵制）を停止した。代わって郡司《ぐんじ》等の子弟を選抜して組織した全国三千名余の「健児《こんでい》」に治安維持の任務に当たらせた（『類聚三代格《るいじゅうさんだいきゃく》』）。後に武士階層が台頭するまで、日本は軍事軽量化路線をとったのである。

もちろん他国からの侵略に対して国民と国土を守るのは国家の責務である。その点について、仏典および仏教と同じく不殺生を根本理念としたジャイナ教の経典は、戦争回避に最大の努力を払うことを前提にした上で、やむをえず戦闘に入った場合でも敵味方を問わず可能な限り人命の損失を少なくすることに努め、投降者や非戦闘員を殺害してはならないと説いている（中村元・前掲書）。その内容には今日における国際人道法（かつての戦時国際法）の趣旨にも合致するものがある。

日蓮が戦争の在り方について直接的に述べた言葉は見られないが、戦地に赴く兵士たちとその家族に対して日蓮は極めて同情的であった。

たとえば、蒙古の襲来に備えるために九州に動員された兵士と家族の離別の悲しみについて、日蓮は次のように述べている。

「鎌倉の人々が、現在、筑紫《つくし》に向かう時、とどまる妻子と出征する夫が別れる時は皮を剝ぐような思いで顔と顔、目と目を合わせて悲しんだものである。しかし、次第に離れて、由比《ゆい》の浜、稲村《いなむら》、腰越《こしごえ》、酒匂《さかわ》、箱根坂《はこねざか》と、一日二日と過ぎるうちに、歩むだけ家族から遠ざかっていく。歩むうちに川も山も雲も家族から自分を隔てるものとなるので、出てくるのは涙であり、込み上げてくるのは悲しみだけである」（「富木尼御前御返事」一三一七頁、現代語訳）

また、九州の戦地における兵士の心情について、日蓮は次のように述べている。

「今も敵の襲来に備えるために戦地に向かった人の悲しみは、老いた親や幼い子供、若い妻、愛着ある住まいを捨てて意味もない海の防衛に当たり、雲が見えれば敵の旗かと疑い、釣り船が見えれば敵の兵船かと驚く。一日に一度二度と山へ登り、夜には三度四度と馬に鞍《くら》を置く。生

きている身に修羅道の苦を感ずるのである」（「兄弟抄」一四七四頁、現代語訳）

この時代の日本において、兵士とその家族の悲しみをこれほど詳細に述べた人は日蓮以外にはいない。戦争の悲惨さと非人道性を深く認識していたからこそ日蓮は民衆に同苦するこれらの言葉を発することができたといえよう。

このような日蓮の精神を継承する創価学会が戦争に反対するのも、また当然の在り方である。いわゆる十五年戦争に批判的であった初代会長である牧口常三郎は「訊問調書」で「現在の日文事変や大東亜戦争等にしても、その原因はやはり謗法《ほうぼう》国であるところから起きていると思います」（『牧口常三郎全集』第一〇巻二〇一頁）と述べ、国を挙げて国家神道という邪教を信奉し謗法を犯している故に戦争の事態を招くことになったと断じている。

また第二代会長の戸田城聖は、一九五一年の論文で朝鮮戦争に触れ、「戦争の勝敗、政策、思想の是非を吾人は論ずるものではないが、この戦争によって、夫を失い、妻をなくし、子を求め、親をさがす民衆が多くおりはしないかと嘆くものである」（『戸田城聖全集』第三巻七四頁）と戦下におかれた朝鮮民族の困難に深い同情を寄せた。

伝統的国際法において戦争は国家の権利とされ、合法的な行為であったが、今日では国連憲章の制定により、法理論的には違法化された（理論的には国連に加盟していない国家は合法的な戦争の権利を持っている）。しかし、二〇二二年二月に勃発したロシアによるウクライナ侵攻に見られるように、国家同士による大規模な戦争が今なお消滅していない。民間人への広範な殺戮や子供の拉致などの明白な国際法違反行為が今日でも後を絶たないのはなぜか。それは戦争が人間生命の根底に内在する「魔性」に由来するからである。その魔性について仏教は第六天の魔と表現している。それは、他者を自在に支配しようとする支配欲、権力欲に囚われた生命である。支配欲を満たすためには他国民だけではなく自国の兵士の生命も平然と奪っていく。戦争を根絶するためにはその生命の魔性を克服していく以外にない。

また、日蓮は「合戦は瞋恚《しんに》よりおこる」(「曾谷殿御返事」一四四六頁)として、戦争の根本原因は人間の「瞋恚(怒り)」の生命にあると洞察した。戦争を含めて、他者に対する暴力の前提には他者に向けられた「怒り」がある。仏教においては、瞋恚は貪欲《とんよく》・癡《おろ》かと並んで三毒の一つとされる。そこで仏教は、人間生命に本来内在するこの三毒を克服しなければ暴力を断つことはできないとするのである。

それでは、どのようにして三毒を克服するのか。万人の生命に内在する三毒の悪と立ち向かうのは単なる道徳や教育では不可能であり、生命の根源的な変革が必要である。言い換えれば悪を克服する善の力を各人の生命に現さなければならない。この生命変革の道を示したところに日蓮仏教の意義がある。日蓮は「妙法の大良薬を服する者は、貪《とん》・瞋《じん》・癡《ち》の三毒の煩悩の病患《びょうげん》を除くなり」(「御義口伝」一〇五二頁)として、妙法(南無妙法蓮華経)の実践こそが三毒克服の要諦であるとした。

貪・瞋・癡の三毒は、十界論に当てはめれば、地獄(瞋恚)・餓鬼(貪欲)・畜生(癡《おろ》か)の三悪道に当たる。三毒の克服とは、妙法の力用により三悪道の生命を克服して仏界の働きの一部とすることに他ならない。人類全体の生命を変革することが戦争を廃絶する根本の道であるとするのが日蓮仏教の立場である。

また日蓮仏教の立場からすれば、大量殺戮をもたらす核兵器の廃絶を目指すことも必然的な在り方である。戸田城聖は一九五七年、当時、頻発していた核実験に対して明確な反対の意思を表明し、次のように宣言した。

「核あるいは原子爆弾の実験禁止運動が、今、世界に起こっているが、私はその奥に隠されているところの爪《つめ》をもぎ取りたいと思う。それは、もし原水爆を、いずこの国であろうと、それが勝っても負けても、それを使用したものは、ことごとく死刑にすべきであるということを主張するものであります。なぜかならば、われわれ世界の民衆は、生存の権利を持っております。その権利をおびやかすものは、これ魔ものであり、サタンであり、怪物であります。それを、この人間社会、たとえ一国が原子爆弾を使って勝ったとしても、勝者でも、それを使用したものは、ことごとく死刑にされねばならんということを、私は主張するものであります。たとえ、ある国が原子爆弾を用いて世界を征服しようとも、その民族、それを使用したものは悪魔であり、魔ものであるという思想を全世界に広めることこそ、全日本青年男女の使命であると信ずるものであります」(『戸田城聖全集』第四巻五六五頁)

仏教は死刑制度には否定的だが、それにもかかわらず戸田は、核兵器を使用した者は勝者・敗者を問わず、ことごとく死刑に処すべきであると主張した。それは、核兵器が何十万、何百万以上の非戦闘員である民衆を無差別に殺戮するという比類ない大きさの悪であり、誰人においても絶対に許されない「絶対悪」であることを認識したからであろう。

毒ガスなどの化学兵器や生物兵器の使用や保有は今日、多国間条約で禁止されているが、核兵器の破壊力はそれらを遥かに上回るものであり、核兵器の使用は全人類の滅亡というあまりにも巨大な危険に繋がっている故に核兵器は事実上使用できない状態になっている。実際に世界中の核弾頭の数は冷戦期のピーク時に比べて八割以上減っており、やがて核兵器全面的廃絶の道が開けてくることも十分にありうるだろう。

4　尊厳死

一般に尊厳死とは「一個の人間としての尊厳を保って死を迎える、あるいは迎えさせること」（『広辞苑』第六版）とされる。自らの意思で延命措置の差し控えや中止を選択した場合、延命処置をとれば生きられる時間を放棄することになるので、その意味では自殺と同列である。「死ぬ権利」は認められず、自殺は倫理的に容認されないので、このような行為は許容されないと考える（アメリカでは許容されているが、それ自体が問題である。また患者の意思に応じた医師の行為は患者の生命を終わらせる目的で行われるものではないので、「消極的安楽死」とは異なる）。

この尊厳死という言葉の背景には、病が回復する見込みがない段階で人工呼吸装置など多くの医療チューブに繋がれた延命状態は人間としての尊厳性が失われているという見解があるようである。しかし、そのような見解は妥当とは思われない。

むしろ、どのような状況にあろうと生きていること自体に完全な尊厳性があると考えるべきではなかろうか。たとえ意識を失い、多くの医療チューブに繋がれた延命状態であっても、それをもって人間性が損なわれているとか尊厳性が失われていると考えること自体が不適切である。どのような生も、いかなる形の死も（たとえ悲惨な姿である事故死であれ戦死であれ）、それ自体が尊厳であり、神聖なのである。全ての死者は全ての生者と同様に敬意をもって遇されるべき存在であり、死者に侮辱を加えることは道徳的に許されない（たとえば遺体を足蹴《あしげ》にするような行為はどのような国においても一般的な道徳感情に違背している）。「人間の尊厳」ないし「生命の尊厳」という理念は、本来、あらゆる生者と死者に及ぶものである。それ故に「尊厳死」という概念、用語そのものが不適切であり、用いるべきでないと考える（全ての生と死は尊厳である）。日本における「尊厳死」の言葉の用法は国際的な用法とはずれており（松田純『安楽死・尊厳死の現在』一一三頁）、尊厳死などという一見好印象を与える言葉を用いることは議論を誤らせる危険を孕んでいる。

仏教の見地に立てば、臨終の在り方は各自が過去世と現世において積んできた業《ごう》がもたらした厳粛な結果である。それぞれの死の態様が、逃れることのできない、侵しがたい厳粛なものであるという意味において、全ての死には尊厳性と固有性が存する。どのような臨終であれ、それは今世の総決算の結果であり、それが来世に向かう出発点となると見るからである。

したがって、死が切迫している状況であっても、耐え難い身体的苦痛もないのに「これ以上生きていても無意味なので延命処置はやめてほしい」と申し出ることは自殺に類するものとなり、それに医師が応ずることは法的には自殺幇助《ほうじょ》罪あるいは嘱託《しょくたく》殺人罪に当たる可能性がある（まして死が切迫していない状況であればなおさらである）。

日本尊厳死協会などの言う「尊厳死」は、耐え難い身体的苦痛もないケースなので後で触れる消極的安楽死にも該当せず、容認されない。同協会が主張する尊厳死の論理はナチス・ドイツが制定しようとした安楽死法と酷似していることが指摘されており、極めて問題が多い。同協会が示す尊厳死の三条件は「不治」「末期」「リヴィングウィル（自分自身の終末期医療やケアについての意思を表明した文書）による自己決定権」だが、それはナチス安楽死法案第一条が示す条件と「完全に重なっている」とされる（小松美彦『生権力の歴史』八九頁）。

生命は自己が自由に処分できる域を超えた超自我的な存在と捉えるべきであるから、たとえいかなる態様であっても与えられた生を生きることが人間としての責務である。ただし、死が切迫していて耐え難い身体的苦痛がある状況下で患者が延命治療の中止を求めた場合、それに応じた医師は消極的安楽死、あるいは鎮痛剤を用いた場合などは間接的安楽死を行ったと判断される余地があり、この場合は医師の行為も容認される可能性がある。なお、この場合でも意思決定能力がない者の場合、リヴィングウィルなど事前の意思の明確な確認ができなければ認められない。

5　安楽死

安楽死とは、一般に「助かる見込みのない病人を、本人の希望に従って、苦痛の少ない方法で人為的に死なせること」（『広辞苑』第六版）とされる。

後で触れる一九九五年三月の横浜地方裁判所の判決（東海大学安楽死判決）によれば、死を承諾あるいは要請する本人の明確な意思表明があること、耐え難い苦痛があることを前提にした上で、安楽死は次の三つに分類される。

①消極的安楽死

耐え難い苦痛を長引かせないため、患者の生命を終わらせることを意図して延命措置を中止すること（苦痛緩和措置を行わない）。

②間接的安楽死
苦痛を除去・緩和するための措置を取るが、それが結果として生の短縮を招くケース。
③積極的安楽死
苦痛から免れさせるため、致死薬を投与するなど、意図的・積極的に死を招く措置を取ること。

消極的安楽死は患者に耐え難い苦痛があるにもかかわらず何らの苦痛緩和措置も施さず、延命措置を中止することであるから医療関係者として倫理上問題がある。

消極的安楽死、間接的安楽死でも死を承諾あるいは要請する本人の明確な意思表明が必要であり、それがない場合（たとえば重度の精神病者や認知症の進行した高齢者など）は安楽死ではなく殺人となる。また、耐え難い身体的苦痛がない場合、安楽死にはならない（不作為または未必の故意による嘱託殺人に当たる可能性がある）。

問題は積極的安楽死であるが、日本では東海大安楽死事件で、一九九五年三月、横浜地方裁判所は一定の要件のもとで医師による積極的安楽死を容認する判決を下した。その要件とは次の四つである。

1、患者が耐えがたい肉体的苦痛に苦しんでいること
2、患者は死が避けられず、その死期が迫っていること
3、患者の肉体的苦痛を除去・緩和するために方法を尽くし、他に代替手段がないこと
4、生命の短縮を承諾する患者の明示の意思表示があること

この判決は、積極的安楽死が認められる要件を示したものとして大きな意義を持つ。一般に「死

ぬ権利」は認められないが、見るに忍びないほどの耐え難い肉体的苦痛を除くという緊急避難的意味で、同判決が示した要件のもと限定的に、医師による積極的安楽死が法的、倫理的に容認される場合もありうる。ただし、今日では苦痛除去の医療も進歩し、「耐え難い激しい肉体的苦痛」は大抵の場合は回避できるので、実際には同判決の要件に該当するケースは希となろう。実質的に積極的安楽死に当たるケースはほとんどないと考えられる。

したがって、死が迫っていて治癒の見込みがない場合でも、耐え難い苦痛も本人の意思表明もないのに医師が勝手に延命措置を停止することは殺人となる可能性がある（家族が延命措置の停止を医師に要請することも、生命の短縮を積極的に意図する行為であるから、容認されないと考える。厚生労働省による「人生の最終段階における医療・ケアの決定プロセスに関するガイドライン」においても、患者の意思確認ができない場合、「本人にとっての最善の方針をとることを基本とする」としているが、延命措置の停止はまだ生きられる生命を断ち切ることなので「最善」に相当せず、容認されないと思われる）

なお、二〇〇一年、オランダは、①本人の自発的で真摯な継続した意思、②耐え難い苦痛、③治癒の見込みがない、④医師が第三者の医師と相談、⑤医師が事後に届け出る、という条件を付けて医師が安楽死を行うことを認める法律（いわゆる安楽死法）を制定した。二〇〇二年にはベルギーも同様の法律を制定した（ベルギーの安楽死法は子どもの安楽死まで合法化している。その後、ルクセンブルク、カナダ、コロンビア、オーストラリア・ビクトリー州でも同種の法が制定された）。その結果、オランダでは二〇一七年現在、全死亡者の四・四%が安楽死法によって死亡している（松田純『安楽死・尊厳死の現在』二一二頁）。

これらの安楽死法は、耐え難い苦痛に精神的苦痛を含めている点、また死期が迫っているなどの限定がない点で重大な問題があり（精神的苦痛は患者の主観による以外になく、公平な判断ができない。「これ以上生きていても無意味だから殺してくれ」という患者の要求を安易に容認してしまう恐れがある）、実質的に積極的安楽死を推進する機能を担っている点で疑問が多い。これらの安楽死法の背景には行き過ぎた自己決定権の理解がある。実際にオランダやベルギーの医療現場では認知症と精神病患者の安楽死件数が増大しており、患者の明確な同意もないのに致死量の薬物を投与される事態が広く生じている。

また植物状態になって意思決定能力を失った者の場合、家族や後見人が本人に代わって判断することが許されるかという問題もある。この点については、自動車事故で回復の見込みのない植物状態に陥った三十歳の婦人（ナンシー・クルーザン）の両親が人工栄養補給チューブの取り外しを求めた事件で、米国の連邦最高裁は一九九〇年の判決（クルーザン判決）において、取り外しには「取り外しが患者の実際の希望を反映するものであることを明白かつ確信を抱くに足る証拠によって証明しなければならない」としたミズーリ州最高裁の判決を支持し、患者の意思証明がない場合の代行判断を認めなかった。本判決は、安易な代行判断を容認する危険性を直視した判決として評価されよう。植物状態は脳死と違って自発呼吸が可能であり、回復する可能性もあるので、代行判断による延命装置の取り外しは殺人罪となる可能性がある。本人の意思が明確である場合は自殺とほとんど同列だが、それでも自殺幇助に当たる恐れがあろう。

米国の精神医学者ハーバート・ヘンディンは自殺幇助や安楽死の合法化が貧困者や老人など社会的弱者に対する死の強制になりかねないことを強く危惧し、ニューヨーク州の生命と法律調査委員会が一九九四年にまとめた報告書の次の一節を著書の中で紹介している。

「被害に遭う危険が最も大きいのは、貧困によって自立と福祉が損われ、良質な医療へのアクセスを閉ざされ、老いさらばえ、社会的に烙印を捺されたグループの一員と見なされた個人である。満足な医療も受けられず、社会的な不幸を一身に背負った人々をしっかり守る保健システムがない現状にあって、これらの個人に対する医師による自殺幇助や安楽死を合法化することは、異常なことと言わざるをえない」(『操られる死』二二二頁)。

ヘンディンによれば、オランダなど自殺幇助や安楽死を合法化した社会では末期患者の苦痛を除く緩和ケアは軽視され、患者は何の励ましを受けることもなく死へと追いやられる事態になっている。

6　人工妊娠中絶

人為的な妊娠中絶（堕胎）も活発に議論されてきた問題である。人間に限らず有性生殖を行う生命は受精の瞬間からスタートするが、受精卵、初期胚、神経が形成されず苦痛を感じない初期の胎児、苦痛は感ずるが母体外で生存できない胎児、母体外で生存できる胎児、誕生寸前の胎児という相違は無視することはできないであろう。

生命の尊厳という理念からすれば、人工妊娠中絶が好ましいものでないことはいうまでもないが(人間となるべき生命の抹殺だけでなく、母体の心身に重大な悪影響を及ぼす)、いかなる場合でも絶対に許されないという硬直的な態度は適切ではない。妊娠を続けた時に母体に危険がある場合や強姦などによる妊娠の場合は人工中絶も容認されるべきである。それ以外の場合、妊娠中絶は基本的には容認すべきでないと考える。

日本の母体保護法（旧称・優生保護法）は、第二条で「人工妊娠中絶とは、胎児が、母体外において、生命を保続することのできない時期に、人工的に、胎児及びその附属物を母体外に排出することをいう」と人工妊娠中絶を定義し、一定の場合には女性本人と配偶者の同意のもと妊娠中絶を認めている。

同法第一四条に定めるその場合とは、①妊娠の継続または分娩が身体的または経済的理由により母体の健康を著しく害するおそれのある場合、②暴行若しくは脅迫によって、または抵抗若しくは拒絶することができない間に姦淫されて妊娠した場合である。「胎児が、母体外において、生命を保続することのできない時期」とは、厚生省（当時）の事務次官通達で妊娠二十二週未満と定められた（一九九一年一月から）。

妊娠二十二週以後の胎児は、適切な治療措置があれば母体外で生存できる状態になっているので「人」になったと認められると考えられる。いつから人間として認めるべきかという「人の始期」について、現在の日本の判例は胎児の一部が外部に露出した時とする一部露出説をとっているが、今日の医療技術を反映していない時代遅れの説となっている感があり、胎児が母体外で生存できる状態になった時とする独立生存可能性説が妥当であろう（その場合、妊娠二十二週未満であっても「人」と見なすべき場合もありうる）。生存可能性がない段階では、まだ「人」になっていないと考えられる（ただし、その扱いは慎重でなければならない）。

しかし、母体保護法が中絶を容認する理由の一つとして経済的理由を挙げていることは中絶を安易に認める事態を招き、問題である（一九四九年の法改正で経済的理由が追加されてから中絶数が急増した）。しかし、法律で人工妊娠中絶の条件を厳格化しても、非合法の中絶が増えるだけで、問題の解決にはならない。

倫理的には経済的理由で妊娠中絶を行うことは不適切である。子どもの養育は両親だけの問題ではなく社会全体の課題であるからである（社会全体の責任として、貧困のために子を産めないという状況を作るべきではない）。子の養育は家庭のみに委ねるのでなく、社会によって担われる必要がある。世界的には経済力を持たない十五歳前後の少年少女による妊娠も希ではないが、その場合でも少年少女の家庭を含む社会全体の支援によって新生児の養育がなされなければならない。

未成年者の中絶の増加は日本だけでなく世界的な問題になっている。未成年者の望まない妊娠と中絶を減らすためには、有効な避妊法の普及を含めた性教育の充実など、未成年者に対する支援が必要である。

また日本で中絶が広く行われている原因の一つとして、婚外子《こんがいし》（非嫡出子）と未婚の母を差別する社会的風潮があると思われる。日本では婚外子は世界に比べて極端に少ない（厚生労働省の資料によれば、二〇一六年の世界各国の婚外子の割合は、チリ七二・七％、メキシコ六七・二％、スウェーデン五四・九％、フランス五九・七％、デンマーク五四・〇％、イギリス四七・七％、アメリカ三九・八％、ドイツ三五・五％、イタリア二八・〇％に対して日本では二・三％となっている）。婚外子の割合は世界的に増加している。

日本ではかつて、婚外子の法定相続分が嫡出子《ちゃくしゅつし》の二分の一にされるなど、婚外子は社会的に不利な立場におかれてきた（法定相続分の差別は二〇一三年の民法改正によって解消したが、婚外子および婚外子を産んだ親に対する社会的差別はまだ根強く残っている)。このような差別は仏教の説く生命の平等観から見れば是正されなければならない。結婚外の妊娠を広く容認し、婚外子と未婚の母を社会的に支援していくことは妊娠中絶の減少とともに少子化に対する対策としても有意義であろう。さらに言えば、母体保護法が中絶容認の理由として経済的理由を挙げていることが象徴するように、未婚の母に限らず、子育て一般の経済的・社会的困難をできる限り軽減していくことが中絶を減らすためには不可欠である。「中絶をしないでもよい社会」に向けて、児童手当や保育所の充実等の政策的努力が求められる。

なお、人工妊娠中絶に関連して出生前診断の問題がある。出生前診断によって胎児に障害があることが判明した場合、積極的に妊娠中絶を行うことはイギリスなどで広く行われているが、世界的にはそのような態度はむしろ例外的である(日本においては出生前診断を積極的に推進することは行われていない)。障害児が生まれることを拒否する態度の根底には、障害のあることは本人と家族にとって不幸であり、できる限り避けるべきであるという功利主義的人間観があると思われる。

しかし、障害をそのまま不幸とすることは仏教の生命観からは受け入れがたい。先に述べてきたように、生物に限らず、あらゆる存在は存在するだけで意味を持つとするのが仏教の立場であるからである。障害児とともに生きることは困難が伴うが、苦難がそのまま不幸ではない。人間は苦難の中にも幸福を築くことができる存在である。ヘレン・ケラーのように、重い障害があっても健常者以上に優れた仕事を成し遂げた例は数多い(近年はパソコン等の意思伝達装置や人工呼吸器など、障害者を助ける手段が急速に進歩している)。

障害のある子を持ったことが親の大きな生きがいとなり支えになる面がある。たとえ親や子、または配偶者が寝たきりで意識のない状態であっても、家族の負担は当然生ずるが、その人の存在自体が家族の心の支えとなりうるものである。それ故にいかなる障害も排除されてはならず、また社会は障害者とその家族に可能な限りの援助を行うべきである（出生前診断によって中絶を行った場合、親にとって我が子として生まれてくるべき生命を中絶したという心身の苦しみ、罪悪感が生ずることも無視できない）。胎児の救命や分娩の方法を決めるための超音波検査などは容認されるが、遺伝子の異常を検査する目的の出生前診断は生命の選別に結びつく恐れがあり、積極的に推奨されるものではないと考える。

7　脳死と臓器移植

日本では臓器移植法の改定により、二〇一〇年七月から脳死者からの臓器移植について年齢制限が撤廃され、本人の生前の意思表明がなくても家族による書面での承諾があれば臓器移植ができるようになった。

脳死とは脳幹を含む全脳の不可逆的な停止状態をいう（脳幹の機能が残っている、いわゆる「植物状態」とは異なる）。自発呼吸はできず、再び回復することはない。日本の臓器移植法では、①深い昏睡、②瞳孔の散大と固定、③脳幹反射の消失、④平坦な脳波、⑤自発呼吸の停止の五項目が判定の基準となり、しかもこの五項目を六時間後に再度判定することが必要とされている。世界のほとんどの国では脳死をもって「人の死」としているが、日本では臓器移植する場合に限って脳死を人の死としている。これは、脳死による臓器移植への抵抗感を和らげるための方策といえよう。
日本の臓器移植法が脳死による臓器移植を可能にした前提になるのが一九八一年の「米国大統領委員会報告」である。要するに日本の臓器移植の論理は自ら主体的に生み出したものではなく、米国産の論理の直輸入によっていることが重要である。その「米国大統領委員会報告」の論理とは次のようなものである。

①人の死は「身体の有機的統合性の消失」である（有機的統合性とは体温や血圧などの恒常性、免疫反応、怪我の自然治癒などの総称）。

②有機的統合性の唯一の司令塔は脳である。

③脳が不可逆的に機能を停止した脳死状態になれば身体の有機的統合性が喪失するので、脳死はすなわち人の死である。

しかし、この大統領委員会報告の論理は、その後、新しい事態が生ずることによって崩壊していった。その事態とは、一つには脳死となってから数年以上生存していた長期脳死者の存在である。一九九八年、米国の脳神経学者アラン・シューモンは、一万二千件に及ぶ脳死者情報を精査し、脳死から一週間以上心臓が動いていた人が一七五人おり、最長の場合、論文公表時点で十四年半も及んでいる例があることを明らかにした。この脳死者は、その後も生き続けて脳死から二十一年目に心停止した。解剖の結果、この人の脳は神経細胞も構造も完全に失われていたことが判明したが、彼は脳が失われた状態になっても二十年以上も身体の有機的統合性を維持して生き続けたのである。

長期脳死者の存在は日本を含めて各国で報告されるようになり、脳死になった子供はその後も身長が伸び、第二次性徴を示す場合すらある。このような長期脳死者が多数存在するという事実は先の「米国大統領委員会報告」の②と③の主張を打ち砕くものであった。そこで二〇〇八年に発表された「死の決定に関する論議――米国大統領生命倫理評議会白書」は、脳が有機的統合性の唯一の司令塔であるという従来の公式論理を放棄した。

実際に体温や血圧などの恒常性は脳だけが指示するものではなく、身体全体の細胞の活動によるものであることが明らかになっている。免疫と脳の関係も脳が一方的に支配するものではなく、相互に関係しあうものであるとされる。さらに腸が「第二の脳」と呼ばれるように、腸は脳や脊髄の指示がなくても状況に応じて独自に蠕動《ぜんどう》運動を行い、排せつを行う。腸に限らず身体の働きは全て脳の指示で決定されるものではなく、全体の細胞が身体の恒常性維持のために働いている。状況を判断する力は脳だけではなく、身体そのものにも存在しているのである。

また、脳死者は脳波が平坦になっていて痛みにも反応しないので意識がないとされているが、脳波は頭蓋骨を覆う頭皮に電極を付けて測定するものなので、脳波が平坦だからといって意識が全くないと断定できるものではない。意識を外に表明することはできなくても喜びや苦しみを感ずる内的意識が存在している可能性がありうる。

さらに脳死者が手足を滑らかに動かすこと（ラザロ徴候）もしばしば見られる事実であり、脳死者にメスを入れると脈拍と血圧が急上昇して暴れ出すため、それを抑えるのに麻酔や筋肉弛緩剤を投与している事実も広く知られている。ラザロ徴候について脳死推進派は単なる脊髄反応に過ぎないとするが、脳死者の内的意識による生命反応である可能性は否定できず、まだその原因は解明されていない。

通常の心臓死の場合でさえ、内的意識は心臓が停止して直ちに消滅するのではなく、心臓停止後もしばらくは存続していると考えられる（心臓停止後もしばらくは髭や髪が伸び続けるなど、身体の細胞が「生きている」状態が存在する）。ちなみに日蓮仏教の教義を体系化した堅樹日寛《けんじゅにちかん》（一六六五〜一七二六）は、死んでいく人に対する対処法を示した「臨終用心抄」で、臨終後二時間は死者の耳に題目の音声を聞かせるべきであるとして「死しても底心《ていしん》あり」（『富士宗学要集』第三巻二六五頁）と述べている。臨終後も「底心」すなわち生命の深層に存在している内的意識が残存しているというのである。まして心臓が動いて血流がめぐっている脳死者の場合、意識を外に表示できなくても深層の内的意識は存在していると考えるべきであろう。

長期脳死者がさまざまな刺激に反応する例も数多く報告されている。たとえば二歳八カ月の時に脳死と診断され、四歳で永眠した女児は、元気だったころに好きだった歌を母親が添い寝して歌い聞かせると脈拍が九〇台から一一〇台まで上昇したという（小松美彦『生権力の歴史』一二五頁）。好きだった曲を母親の声を通して聞くことによって、その女児の内的意識は喜びの感情を起こしたのであろう。脳死者は脳の機能が失われているため、通常の思惟や判断はできないが、内的意識が残っているので喜怒哀楽の感情を持つことは可能と考えられる。この点を仏教の九識論の視点から考えるならば、脳死者や植物状態にある人の場合、第七識（末那識《まなしき》）のうち表層部分にある思考作用は停止しているが、間断なく働いている潜在的な自我意識が残っている状態と考えられる。臓器移植のため脳死者の身体にメスを入れる時、脳死者の身体が麻酔剤や筋肉弛緩剤を投与しなければならないほど激しく抵抗するという事実は脳死者の生命に内的意識が残存していることを示すものといえよう。

もちろん脳死者に内的意識があることは、推定はできるが外から客観的に確認できない。しかし、人間が認識できないからといって、それが存在しないと言い切ることはできない。人間が認識できるものは限られたものに過ぎないからである。たとえば人間の聴覚が聴きとれる音は限られた音であり、一定以上の高周波ないし低周波の音を人間が聴きとることはできない。しかし高周波・低周波の音は厳然と存在している。それと同様に、脳死者の内在意識も他の人間には認識できないが、当の人には実在しているといえるのではなかろうか。

脳死を直ちに「人の死」と断じて臓器移植に踏み切る態度は、精神（または精神作用を独占的に担うと位置づけられた脳）のみを尊重して身体を蔑視する、キリスト教思想の影響を脱しえない西欧独特の人間観に由来するものと思われる。色心不二を標榜する仏教の見地から見れば、脳が機能停止しただけで身体が機能している脳死者は生き続けようとする意思を所持している「生者」と見ることになろう。

結論として、脳死を前提にした臓器移植は生きている人間を殺害してその臓器を摘出する行為であり、倫理的に容認できるものではなく、停止することが至当である。腎臓移植など、脳死を前提にしない臓器移植は医療行為として認められるが、基本的には埋め込み型補助人工心臓の普及など、脳死による臓器移植に頼らない医療を推進すべきである。そもそも脳死による臓器移植は、臓器の市場化・部品化・資源化と結びついていることなど、あまりにも問題が多い。

生命そのものが個人を超越した公共的な価値を持つと考えられるので、生命を構成する臓器も個人の権利の対象とすべきではない。ちなみに一九九四年にフランス議会が制定した生命倫理法は臓器の自由な処分に制限を加えたが、その態度は身体の公共性を認識したものということができる。また、それと関連して、臓器と同様に精液や卵子の売買も禁止されなければならない。

アメリカでは女性が任意の精液を購入して子をもうけることが許されているが、そのような行為は生まれてくる子供に初めから父親がいないという運命を背負わせるものであり（子供の立場が無視されている）、女性の自己決定権の範疇を逸脱している。小門穂氏はこのケースについて「独身女性が男性と関係を築く面倒を避けながら子どもを得るという『快楽としての子ども』」であると指摘している（「身体から切り離された精子・卵子・受精卵」『はじめて出会う生命倫理』五四頁）。この場合、子供を自分の欲望を満たすための手段としているとの非難を免れないだろう。

8　未来の世代への責任

倫理学の問題に、現在の人間は未来の人間に対して義務を負うかというものがある。再生不能な枯渇型資源や生物多様性を残すことが未来の人間に対する義務ではないのかという問題が議論されている。未来の人間はまだ存在していないので現在の人間とは対話も契約もできないから世代間の倫理は成立しないという考え方もありうるが、実際には未来の世代に何も残さなくてもよいとする極端なエゴイズムを主張する論者は少数のようである。地球温暖化を防ぐために世界的に議論がなされ、「持続可能な開発」が世界共通の目標とされていることも、未来の世代により生きやすい世界を残さなければならないとの責任感が人類に共有されていることを物語っている。

現在の人間がまだ存在していない未来の人間に責任を感ずるのはなぜか——。その問いに答えるためにも、また「恩」の概念が有用であろう。現在の自分があるのは両親を含めて過去の人々がいたためである。それ故に現在の人間は過去の人に対して「恩」を受けている。しかし、その恩を過去の人に報いることはできない。だからこそ現在の人間は、無意識のうちに、自分が受けた恩を未来の人間に恵みを残すことで報いようとするのではなかろうか。いわば、恩と報恩の「順送り」である。現在の自分は過去と未来の人間の流れの一部として存在するのであり、過去と未来から切り離されて存在するのではない。時間を超えた他者性の自覚が未来の人間に対する責任意識をもたらすのである。

仏教の説く「自他不二」は現在の自己と他者だけを指すのではない。過去と未来の他者も現在の自分と一体不二なのである。日蓮は過去世・現世・来世の「三世」はそれぞれ別個のものではなく、一体であると洞察し、次のように述べている。「凡夫なれば過去をしらず。現在は見えて法華経の行者なり。また未来は決定《けつじょう》として当詣道場《とうけいどうじょう》なるべし。過去をもこれをもって推するに虚空会《こくうえ》にもやありつらん。三世各別あるべからず」（「諸法実相抄」一七九二頁）。生命の永遠性から見れば、過去の人々の中にかつての自分があり、未来に現れる人々の中に未来の自分もある。未来の人間を苦しめることは現在の自分を害することになる。このような、三世を一体と見る仏教の生命観に立つ時、未来の人間に対する責任をより明確に裏づけることができよう。空間的にも遠く離れた人々、時間的にも遠い未来の人々とも自分が繋がっているという自覚が仏教の生命観から生まれるのである。

第六章　社会と政治

第一節　信仰と生活

仏教は本来、出家・在家を差別しない教えであるから、世俗者に対しても家庭や経済活動において在るべき道徳を説いた。たとえば不殺生・不偸盗・不邪淫・不妄語・不飲酒の「五戒」は社会人としての仏教徒の基本的戒律とされる。仏教は欲望に駆られることを戒めたが、欲望の制御は経済的財産の軽蔑を意味しない。原始仏典には職業に精励して財産を蓄積することを称賛する言葉が多く残されている。

日蓮仏教も、信仰者に対して各自の職業に励み、職場や地域で信頼と評価を勝ち取るべきであるとする。日蓮は武士である門下に宛てた書簡において「御みや（宮）づ（仕）かいを法華経とおぼしめせ」（「檀越某御返事《だんのつぼう》」一七一九頁）と述べ、職業に励むことがそのまま信仰活動であると教示している。この点は、職業への精励が宗教的救済の証であるとしたプロテスタントの思想にも通ずるものがある。また日蓮は武士である四条金吾に対し「『中務三郎左衛門尉《なかつかさcouldぶろうざえもんのじょう》（四条金吾のこと——引用者）は、主の御ためにも、仏法の御ためにも、世間の心ねも、よかりけり、よかりけり』と鎌倉の人々の口にうたわれ給え」（「崇峻天皇御書」一五九六頁）と述べ、職場でも地域社会でも人々から評価されるようになるべきであると指導している。

日蓮仏教においては、信仰は職業を含めた生活と一体であるとされ（信心即生活）、信仰は生活上の結果に結びつくものであると説かれる。生活の重視は、日蓮が文証・理証・現証の三証の中で現証をもっとも重視し、信仰の結果は現実生活の上に現れるとしたことにも示されている。日蓮は現実から遊離した観念的な態度で信仰を行うことを厳しく戒めたのである。

生活と信仰を一体のものとする思想の基盤は法華経に説かれる「諸法実相」の法理にある。諸法実相とは、文字通り真理（実相）は現実の現象（諸法）に即してあるとする思想であり、一切の現象は真理の表れであるとする立場である。すなわち、現実の現象と離れたところに真理は存在しないとするのである。そこから「一切法は皆これ仏法なり」（「総勘文抄」七一七頁）という認識が生まれてくる。日蓮仏教は信仰と生活を一体のものとするので、信仰の正しさは生活の実態に示されることになる。家庭や職場、地域社会における振る舞いはその人の信仰がどのようなものであるかを示すバロメーターであるから、放逸で社会から信用されない場合、その人が正しい信仰を所持しているということはできない。

また諸法実相の法理を信仰の実践論に当てはめれば、生活の全ての場が仏道修行の道場であるという姿勢になる。唱題や弘教、または教義の学習という狭義の信仰活動だけが信仰を深める行為ではなく、信心を人生の根本とするとき、生活の全てが信仰を深める契機になりうる。たとえば、ある人が仕事上で大きな課題に直面したとき、その課題の解決を祈って唱題に励み、具体的に努力・工夫することによってその問題を解決し乗り越えたならば、その経験を通して妙法の力を実感し、仏法への確信を深めることができる。この場合、その人にとって、まさに職場が仏道修行の道場となったのである。

日蓮仏教においては生活の全ての局面が自分を磨き、深める場となるとされる。日蓮仏教は、人生のあらゆる課題を妙法への祈りを根本にして乗り越えていく生き方を教えているからである。日蓮仏教においては職場や地域を含めて生活の全ての場が仏法の正しさを実証する舞台でもある。

日蓮は家庭においては親に対する「孝」、職場においては主君に対する「忠」を尊重して社会倫理を遵守することを強調したが、もう一面では信仰の正義はそれらをも超越するものとした。たとえば主君から圧迫を受けて領地替えの内命を受けた四条金吾に対し、日蓮は「領地よりも大事なのは日蓮への信仰と亡くなった両親のことである」と主君に返答するよう教示している（「四条金吾殿御返事」一五六三頁）。領地は武士にとって生活の基盤であり、主君への忠義は武士としての根本的な倫理だが、日蓮仏教への信仰と両親に対する報恩はそれを超越したものであるとしたのである。

また、法華経の信仰の故に父親から迫害を受けた池上兄弟に対して日蓮は「一切はおや（親）に随うべきにてこそ候えども、仏になる道は随わぬが孝養の本《もと》にて候か。されば、心地観経《しんちかんきょう》には孝養の本をとかせ給うには『恩を棄《す》てて無為《むい》に入るは真実に恩に報ずる者なり』等云々。言《いうこころ》は、まことの道に入るには父母の心に随わずして家を出て仏になるがまことの恩をほう（報）ずるにてはあるなり」（「兄弟抄」一四七六頁）と述べている。一般的には親の意向に従うのが孝養の道であるけれども、根本である信仰においては親の意に反してでも正しい信心を貫くことが真実の孝養であり、報恩であるとするのである。日蓮が社会的倫理よりも信仰をより根本的なものと見なしたことが分かる。

信仰を人生の根本にするということは、信仰が単に当面の利益の追求に終わらず、人生を生きる倫理観、価値観として内面化・血肉化されることを意味する。日蓮仏教の生命観、世界観が生き方の骨格になっているということである。また、一切の現象が妙法の現れであるとする立場は、社会の諸活動に仏法の精神を反映していくことを目指すものとなり、社会に背を向けて自身の心の世界に閉じこもる態度を退ける。日蓮は、正法を人々の心の中に確立することが社会の平和と繁栄を実現する要件であるとした。このことを示したのが日蓮仏教の特徴の一つとなる「立正安国」の法理である。

日蓮仏教は利他の実践と社会性を重視するので、地域活動などの各種のボランティア活動を奨励することとなる。自身の時間や労力を社会のために用いることは広い意味での菩薩道の実践となるからである。仏教の生命観によるならば、他者を利する行為は確かな善根として自身の生命に刻まれ、善因善果の法則に照らしてその善根は未来の幸福をもたらす原因を形成することになる。

生活と信仰を一体不二とする立場は、聖なるものが社会生活の細部まで規定していた古代・中世の宗教優位の在り方、逆に宗教を排除し世俗一辺倒に傾く近現代の在り方とも異なり、いわば両者を止揚する「中道」の在り方を示すものである。聖職者が世俗権力を振るい、神託や占いなどが政治や裁判までも規定していた古代的・中世的世界が終焉してすでに久しい。それに代わって、宗教を退け、世俗的価値観のみで社会を運営してきたのが近現代であったが、その在り方では精神の根底において永遠なるものを求める人間精神の渇きを癒すことができない。人類史の未来の方向として、聖と俗の一方のみに偏らず、宗教性と社会生活の両面をともに尊重していくことが要請されよう。日蓮仏教が示す「生活即信心」の思想はそのような要請に適応するものになっている。

第二節　立正安国・王仏冥合——社会への関与

日蓮が自身の政治社会思想を端的に示す「立正安国論」を時の最高権力者である北条時頼《ほうじょうときより》に提出して国主諫暁を行ったのは一二六〇年、三十九歳の時であった（この当時、時頼は執権職も北条家当主〈得宗《とくそう》〉の立場も後継者に譲っていたが、実権はまだ掌握していた）。日蓮は三十二歳の一二五三年、自身が得度した寺である清澄寺《せいちょうじ》（千葉県鴨川市）で南無妙法蓮華経の唱題を初めて人々に説き、その後まもなく日本初の武家政権の首都である鎌倉の地で弘教を開始した。

転機となったのは一二五七年八月、鎌倉一帯に生じた大地震であった。この地震によって鎌倉のほとんどの建物が倒壊し、多くの犠牲者が出た。この当時、地震だけではなく大雨による洪水や旱魃《かんばつ》など多くの自然災害が続発しており、飢饉や伝染病の流行も加わって各地で多数の人命が失われていた。市街地に近い場所に活動の拠点を持っていた日蓮は、それらの大被害を身近に体験し、悲惨な状況を眼に焼き付けたことと思われる。

日蓮はこの状況を自らの問題として正面から受け止めた。——このような悲惨な状況が生じた原因は何か。どのようにしたらこの災難を止めることができるか。彼は、自らこのように問いかけ、仏教の法理に照らしてその回答を求めようとした。そこで日蓮は、伝承によれば現在の静岡県富士市にある天台宗寺院の岩本実相寺に赴き、そこに所蔵されていた一切経を閲覧しつつ思索を続けていった。その結果、先の問題に対する答えを得た日蓮は、その結論を文書にまとめ、当時の最高権力者に提出することによって日本全体の危機的状況を克服しようとした。

日蓮による北条時頼への「立正安国論」の提出は、権力にひたすら従属してきたか、あるいは自身の内面に閉じこもって社会に関わろうとしてこなかった従来の日本仏教の在り方を打ち破る行為であった。「立正安国論」は主人と客との対話劇の形式で述べられているが、そこでは主人を日蓮自身に、客を北条時頼になぞらえている。これは仏教者を為政者と対等に扱う態度であり、ひたすら権力に対して阿諛《あゆ》的・従属的態度をとってきた日本仏教の歴史においては極めて特徴的な在り方であった。

「立正安国論」は、災難の原因は一国全体が念仏の悪法を信じているところにあると指摘し、最高権力者である北条時頼個人に対して念仏への帰依を止めて法華経の正法に帰依するよう諫めたものであった。日蓮は、なぜ時頼一人を相手にしたのか。それは、実質的に時頼の意向が鎌倉幕府全体の方針を決める上で決定的なまでに重要な要素となっていたからである。時頼は、後継の天皇を指定できるほどの、ほとんど独裁的な権力を掌握していた。その意味で北条時頼は一国の政治の方向を裁断する「国主」というべき存在であった。仮に時頼が日蓮に帰依したならば、時頼の無言の影響力によって日本国全体に日蓮仏教が他の宗派を凌駕するような支持を得る状況も可能になったであろう。

日蓮は政治に背を向けるのではなく、むしろ政治権力の持つ影響力を重視した。権力の在り方を仏教の精神に適ったものに変えることによって一国全体を変革しようとしたのである。社会を変えるためには個人の善意に頼るだけでは不十分であり、国家の在り方を決定する政治権力を動かさなければならない。政治権力の影響力を重視しつつその変革を目指した日蓮のその姿勢は、権力にひたすら従属するか権力との関係を切断するところに身を置いてきた従来の日本仏教の在り方を超越し、自身の宗教的主体性を確立しつつ権力と積極的に対峙するものであった。もとより日蓮の国主諫暁の行動は、民衆が政治的力を持っておらず、武士階級の頂点に立つ個人が圧倒的な権力を握っていた鎌倉時代の状況に基づいている。ひるがえって国民に国家の主権が与えられている現代においては、国民一人一人に仏教の精神を確立させていくことが現代における国主諫暁に通ずることになろう。

日蓮は安国論で「汝《なんじ》、すべからく一身の安堵《あんど》を思わば、まず四表の静謐《せいひつ》を禱《いの》るべきものか」（四四頁）と述べ、自己の安穏を願うならばその前に自分の周囲の平和を祈るべきであるとしている。この文には人間を社会的存在と見る認識が見られる。人間は生存の基盤とする社会と不可分の存在であり、社会が動乱し、悲惨の様相を呈している中で自分だけが安穏であるということはありえない。個々の人間の幸福は社会の安定と繁栄があってこそ実現する。そこで日蓮は自己の安穏を求めるのならば、その前に自身が生きている社会の平和実現を目指さなければならないとするのである。このような社会に対する強い志向性は日蓮仏教の顕著な特質である。社会の平和と繁栄に貢献することが仏教の使命であるという意識は各自の持ち場・役割を誠実に果たす（「一隅《いちぐう》を照らす」）人を「国宝」とした伝教大師最澄にも既に明らかに見られるが、日蓮は伝教の社会意識をさらに明確にしたといえる。

天変地夭などの災難の原因と防止の方途について、日蓮は安国論で次のように述べている。

「世皆正《しよう》に背き、人ことごとく悪に帰す。故に、善神は国を捨てて相去り、聖人《しようにん》は所を辞して還りたまわず。ここをもって魔来《まきた》り、鬼来《き》り、災《さい》起こり、難《なん》起こる」（二五頁）
「しかず、彼《か》の万祈《ばんき》を修せんよりはこの一凶を禁ぜんには」（三三頁）
「汝、早く信仰の寸心を改めて速やかに実乗の一善に帰せよ。しからば則ち、三界は皆仏国なり。仏国それ衰えんや。十方はことごとく宝土なり。宝土何ぞ壊《やぶ》れんや」（四五頁）
要するに、災難が起こるのは人々が謗法《ほうぼう》の悪法（安国論で悪法として破折の対象としたのは法然浄土教に限られている）に帰依して正法に背いているためであり、災難を止め国土の安穏を実現するにはまず為政者自身が「一凶」である悪法への帰依を止めて正法（実乗の一善、南無妙法蓮華経）に帰依する以外にないとするのである。
念仏の流行が自然災害の原因となるという日蓮の主張は、一見、現代人には直ちに理解しがたいものと映る面もあろう。しかし、この日蓮の主張の背景には思想（法）と人間活動と環境世界（国土）の密接な関連を洞察した思索がある。その思索を端的に示しているのが安国論の次の文である。
「それ、国は法に依って昌《さか》え、法は人に因《よ》って貴し。国亡び人滅《めっ》せば仏を誰か崇《あが》むべき、法を誰か信ずべきや」（三七頁）
日蓮はまず「国は法に依って昌え」として、国土の在り方は人々がどのような価値観（法）を持っているかで決まるとする。そして「法は人に因って貴し」として、法の働きが現実に現れるのはその法を体現した人間を媒介にする以外にないことを指摘する。そこで、国土と人間の関係について確認するならば、依正不二の法理が示すように両者は一体不二の関係にある。
人間の諸活動が環境世界に重大な影響を及ぼすことは、地球温暖化問題に象徴されるように、今日ではほとんど世界共通の認識になっている。森林破壊を含めて人間が収奪的な行動を強めれば、自然環境の荒廃が進むことは当然である。自然環境だけでなく一定の国家の政治・経済・文化の在り方が為政者とそれを支える国民の行動によって決定されることも自明の道理である。

どれほど強権的な独裁者でも、全ての人民が彼に敵対して蜂起したならば、その権力を維持することはできない。あのヒトラーですらドイツ国民の広汎な支持があったからこそ独裁権力を行使できた。太平洋戦争へと踏み出した日本帝国軍部の行動も圧倒的な国民の支持を受けていた（それを煽った新聞等の戦争責任もまた重大である）。戦争という最大の国土破壊も人間の行動がもたらしたものである。

人と国（社会）の関係が一体不可分であるならば、人と法の関係はどうであろうか。

農業革命以降の人間の行動は、その力の強大さ故に自然に対して圧倒的な影響力を持ってきたが、その人間の行動を規定するのは、それぞれの人間集団に共通する価値観（法）に他ならない。人間の行動を決めるのは本能ではなく自由意思であり、価値判断によって行動が決まるからである。世界史的に見ても、各時代の世界帝国には帝国内部で支配的な価値観、イデオロギーがあり、それが帝国の行動を規定している。たとえば、ヒトラーの第三帝国の場合、支配した思想はナチズムであり、日本帝国の場合は国家神道だった。各帝国の権力はそれを支えるイデオロギーと一体となって初めて有効に機能することができるのであり、それ故に支配的価値観と相容れない思想家は反社会分子、思想犯として徹底的に弾圧されてきたのが通例である。個人でも集団でも人間の行動を規定するのが価値観（法）である以上、人と法の関係も一体不可分ということができる。

価値観の根幹を成す宗教が人間の行動の在り方に重大な影響を及ぼすことは、マックス・ヴェーバーのプロテスタンティズムをはじめとする研究などによって、今日、基本的な了解事項となっているが、価値観の重要性に着目した日蓮の見識は、今日における宗教社会学的知見を先取りするものといえよう。

国土の在り方は人間の行動によって決定され、人間の行動の在り方は価値観（法）によって規定される（要約すれば、国土――人間――価値観〈法〉という一体的な関係にある）。だからこそ国土の平和・安穏を実現するためにはそれぞれの社会に正法を弘め、確立しなければならない――。これが、日蓮が生涯を通して強調した「立正安国」の法理である。社会の在り方を根底的に決定するのは価値観すなわち思想・哲学である。日蓮は「立正安国」の法理を通して社会における思想・哲学の根源的重要性を指摘したといえよう。

また「国亡び人滅《めっ》せば仏を誰が崇《あが》むべき、法を誰か信ずべきや」（三七頁）との文が示すように、日蓮は国家について単なる人民統治の機構として捉えるのではなく、人間の生活の基盤として捉えていた。その趣旨は安国論の「帝王は国家を基《もとい》として天下を治め、人臣は田園を領して世上を保つ。しかるに、他方の賊来《ぞくきた》ってその国を侵逼《しんぴつ》し、自界叛逆《じかいほんぎゃく》してその地を掠領《りゃくりょう》せば、あに驚かざらんや、あに騒がざらんや。国を失い家を滅ぼさば、いずれの所にか世を遁《のが》れん」（四四頁）の文にもうかがうことができる。

国家は民衆が生活を営むための基盤であり、それが崩壊した時には宗教も含めて人間生活の維持が困難になるという極めて現実的な国家観が示されている。現代においても所属する国家を失った民衆は「難民」として各地を流浪せざるを得ない。日蓮は国家を至上価値とする国家主義者でも、逆に国家を不要とする無政府主義者でもなかった。日蓮は国家について民衆の生活を維持するための社会機構として必要不可欠のものと捉え、国家と政治権力が存在する意義は人民の生活を保持するところにあると位置づけていた。

日蓮が主張するのは、国家の存在意義は民衆の生命、生活を維持、向上せしめるところにあり、国家のために人民が存在するのではないという民衆中心の国家観である。逆に言えば、民衆の生命・生活を守ることのできない為政者や国家は存在する意味がないという主張になっていく。たとえば「守護国家論」では、「生を捨てて悪趣に堕つるの縁一つにあらず。あるいは妻子・眷属の哀憐《あいれん》により、あるいは殺生・悪逆の重業により、あるいは国主と成って民衆の歎きを知らざるにより」(三七九頁)と、民衆の苦しみを知ろうとしない国主は悪道に堕ちると断じている。

逆に為政者の理想像を述べた文としては、「周の文王は老いたる者をやし(養)ないていくさ(戦)に勝ち、その末《すえ》三十七代八百年の間、すえずえ(末々)にはひが事ありしかども、根本の功《く》によりてさか(栄)えさせ給う」(「日女御前御返事」二〇九六頁)、「殷《いん》の代《よ》の濁って民のわずらいしを大公望《たいこうぼう》出世して殷の紂《ちゅう》が頸《くび》を切って民のなげきをや(止)め、二世王《にせいおう》が民の口ににが(苦)かりし、張良《ちょうりょう》出でて代をおさめ、民の口をあま(甘)くせし。これらは仏法已前《いぜん》なれども、教主釈尊の御使いとして民をたすけしなり。外経の人々はしらざりしかども、彼らの人々の智慧は内心には仏法の智慧をさしはさみたりしなり」(「減劫御書」一九六八頁)などがある。すなわち権力を預かる者は「老いたる者をやしな」い、「民のなげきをやめ」「民をたすけ」る役割を果さなければならないという民衆本位の権力観がこれらの文に示されている。

先に述べたように、日蓮は、信仰者は生活の上に信仰の結果を現し、社会の平和と繁栄に貢献すべきであるとした。仏教を行ずる人々が社会の各分野で活躍し仏法の慈悲の精神を社会に反映させていく役割を担うべきであるとしたのである。このことを仏教用語では「王仏冥合《おうぶつみょうごう》」という。この言葉は先に第三章の「戒壇」の項で引いた「三大秘法抄」の「王法、仏法に冥じ、仏法、王法に合して」（一二八七頁）の文に由来している。

ここでいう「王法」とは、政治に限らず広く社会全般の活動と解せられる。「仏法」とは仏教の思想・理念である。「冥合」とは、明からさまでない形で、暗々裏《あんあんり》のうちに合致しているという意味である。すなわち「王仏冥合」とは、仏教の精神が仏教を行ずる各個人の活動を媒介にして、いわば間接的に見えない形で社会の諸活動に反映されていくことをいう。

つまり「王仏冥合」とは、イスラム流の神権政治のように宗教と政治が一体不可分のものとなって宗教が政治や社会の在り方を直接に規定することを意味するものではない。宗教の中核的教義は時代の変化に左右されない絶対的性質を持つが、各人の政治的判断はその時の状況に応じて常に変化する相対的なものであり、また社会的立場などによっても異なる多様なものである。政治行動は妥協や取引の対象となりうるが、宗教の教義は取引の対象にはならない。その意味でも宗教と政治はいわば次元を異にしているのであり、各人において宗教の信仰と政治的・社会的立場は決して一体不可分になるものではない。たとえばカトリックやプロテスタント諸教会にしても教団に所属することが特定政党の支持と結合されることはない。日蓮仏教においても創価学会は政党支持の自由を公的に繰り返し表明している。したがって日蓮仏教と政治の関係についても各個人の自覚と意志が基本となる。

創価学会は公明党の支持団体だが、それも各人における政党支持の自由が前提になっている。この点について池田大作は一九七〇年の会長講演で次のように述べている。

「公明党誕生の母体は、創価学会であることは間違いない。しかし、いくら母体といっても、いつまでも、それに依存するようであっては、党の健全な発展はない。たとえていえば、賢明な母は、子がひとり立ちできることを願うものであります。いつまでも自己の支配下におこうとして、かえって成長を妨げてしまうのは愚かな母親であります。子は、いつまでも幼児ではない。体の成長にともなって、精神的にも一人前の社会人として活躍できるようにならなくてはなりません。今までは、創価学会と公明党は、この母と子の関係にあると見られてもやむをえなかった。それにしても、我々は愚かな母親であってはならない。この愚かさは、結局、重荷となって自らにおおいかぶさってくるでありましょうし、子供も社会に貢献できない大きい赤ん坊として社会の笑い者になってしまうでありましょう」（『池田会長講演集』第三巻二一〇頁）

「選挙にさいしても、公明党は党組織を思い切って確立し、選挙活動もあくまで党組織の仕事として、明確に立て分けて行っていただきたい。むろん、創価学会も支持団体として従来通り地域ごとの応援は当然していきたい。党員についても、学会の内外を問わず、幅広くつのって、確固たる基盤をつくっていただきたい、と公明党に要望したい」（同書二一三頁）

日蓮仏教の思想を内面化した人が仏教の精神を政治に反映させることを志して、各人の判断と責任のもとに政治活動を行うことが「立正安国」「王仏冥合」の意味であろう。

現実の政治を動かすのはあくまでも具体的な人間である。そこで、与野党を問わず、政治に関わる人間の資質、在り方が極めて重要となる。そこに求められるのは国民の生命・生活を守ることを第一義とする公共的精神である。その人物の心底にあるのが権力欲・名誉欲を求めるエゴイズムか、国民に寄与・奉仕しようとする公共心か。そこを見極めるところに政治家を選択する判断基準がある。自己中心的な人物を指導者に選んだ場合には国民全体の責任ということになろう。

第七章　経済と文明

第一節　仏教経済学と強欲資本主義

これまで見てきたように、仏教は生命観、価値観において明確な思想を提示し、人間生活全般にわたる指針を与え続けている。経済の次元で仏教思想の意義に着目し「仏教経済学」を提唱した先駆的思想家として、一九七〇年代に『スモール　イズ　ビューティフル』を著し世界的に影響を与えた英国の経済思想家E・F・シューマッハー（一九一一〜一九七七）がある。シューマッハーは同書で石炭・石油・天然ガスなどの化石燃料が再生不能であることを重視し、それらの再生不能資源の浪費を一種の暴力行為であるとして強く非難した。彼は、仏教経済学の基調は簡素と非暴力であるとする（同書五五頁）。シューマッハーの提唱を手がかりにして仏教の経済に対する関与の側面を考えてみると次のようになろう。

一つは、仏教は「小欲知足《しょうよくちそく》」を旨として欲望の制御を説くところから、適正規模の消費で人間としての満足を得ることを目指す。欲望の追求を際限ないものにした場合、そこには常に欲望が満たされない故の「渇き」が生じ、そのために苦しむことになる。その故に仏教は過剰な消費を回避する態度をとる。

二つには、仏教は自己と他者が生命の根底においては連続しているとする「自他不二」の生命観を基本とするので、自他ともの共栄を目指す。それ故に他者の犠牲の上に自分だけが繁栄すればよいという自己中心的態度は厳しく排除される。他者を傷つけることは自身を傷つけることになるからである。一方では利他の行動を尊重する。具体的には貧困に苦しむ人、国家を失った難民にはできる限りの支援をすべきであるとするのが仏教のスタンスである。

他者の中には同時代に生きる人間だけでなく、まだ誕生していない未来の人々も含まれる。生命は生死を繰り返す存在と見る三世の死生観が仏教の生命観であり、その立場に立てば未来の人類は現在の我々そのものに他ならない。そこで、未来の世代を犠牲にして現在存在している人間だけの利益を図る態度は許されない。遠い未来の世代に対しても生存に適した環境を残していくことが現在を生きる人間の責任となる。

第三には、あらゆる生命に仏性が具わるとする仏教の生命観は一切の生命の尊厳を認め、「生命への畏敬」の倫理を導く。そこから社会的活動においても全ての人間の尊厳と平等を志向する。あらゆる人が生存を保障されるだけでなく、社会に適応できるだけの十分な教育を受け、各自の可能性を実現できる条件が与えられるべきであるとするのが仏教の立場である。

第四には、仏教は他者である神や霊が自身の人生を決定するという観念を否定し、自己の人生の決定者は自分自身であるとする自力主義の立場に立つので各自の自発性を尊重する。人間はさまざまな制約の下に置かれながらも、その中から自発的に行動し、世界を変革できるとする。

第五に、仏教は各自の生命とそれぞれの環境世界を一体と見る「依正不二」の世界観に立つので、地球環境の破壊には強く反対する。環境の破壊はそこに存在するあらゆる生命の死滅に繋がるからである。

しかしながら今日までの世界の経済活動は、上記のような仏教の志向性とはむしろ正反対の事態が続いてきた。中でも金融の分野では今日の資本主義経済の特徴を顕著に見ることができる。その典型として二〇〇八年に米国を震源地にして起きた世界金融危機（リーマンショック）が挙げられる。その発端は低所得者向けの住宅融資「サブプライムローン」が作られたことである。リーマン・ブラザーズなどの投資銀行は貸し倒れリスクの高い同ローンを証券化し、比較的安全性の高い国債や優良企業の社債などとパッケージにして投資家に販売した。銀行や証券会社と癒着していた格付け会社はそのパッケージにトリプルAの評価を与え、安全性を喧伝した。しかし住宅バブルが崩壊してローン債権は暴落、多くの金融機関が経営危機に直面し、世界大恐慌の恐れが高まった。各国の政府が巨額の公金を投入することでその危機は回避されたが、多くの人々の生活が破壊された一方、経営破綻したリーマン・ブラザーズを初めとする金融機関のCEO（最高経営責任者）は辞任に際して日本円で三百億円以上の報酬を手にするなど、一般社会からかけ離れた「強欲」が激しく非難された。しかし、その後に企てられた政治献金や金融に対する規制はほとんど骨抜きにされている。

さらには先進諸国では、企業でも個人でも、巨額の資産に掛かる税金を逃れるためにペーパーカンパニーを作ってタックスヘイブン（租税回避地）に資産を隠匿することが一般的になっている。その実態が明るみに出たのは二〇一六年に流出したいわゆる「パナマ文書」である。しかし、同文書で出てきたものも氷山の一角に過ぎず、世界各国でタックスヘイブンへの規制が試みられているが、十分な成果は出ていない。

リーマンショックやタックスヘイブンの問題には現代資本主義の実態が象徴的に表れている。そこには、たとえ多数の犠牲者が出ようと自分だけが利益を得て逃げればよいという露骨なエゴイズムがある。また未来の人類に対する無責任さと「金が全て」という拝金主義が顕著になっている。「今だけ、金だけ、自分だけ」といわれるその在り方は、要するに不祥事が明るみに出されて罪を問われさえしなければ何をしてもよいという道徳否定につながるものだが、一方ではそれに対する反省や批判の動きも生じている。その動きとは、一つには当面の利益のみを追求するこれまでの在り方では地球温暖化や食糧危機に対応できないことが明らかになってきたことであり、また一方では自己中心的な拝金主義が人生の荒廃をもたらす恐れへの自覚であろう。

強欲資本主義の人間像は、要するに権力と金が全てであると腹をくくっている人間である（それは映画『ウオール街』などに鮮明に描かれている）。そのような人物が持つ人間関係は利害を軸に相互に利用しあう関係だけであり、心を許す友人を一人も持てない。良心の呼びかけなど初めから馬鹿にし、無視している。彼は目的達成のためには謀略も躊躇しない。露見しないという見通しさえ立てば悪事にも手を染める。しかし「露見するかも知れない」という内心の恐怖があるので心からの安心感を持てない。彼にとって宗教も目的達成のための手段に過ぎない。目的が挫折した時には空虚感と不安定感が表面化してくる。

フロムが指摘したように、エゴイズムに徹した人間は他者を愛することができないだけでなく、自分自身をも愛することができない（『人間における自由』一六〇頁）。自分を含めて全てを蔑視し否定していくニヒリズムに繋がっていく。拝金主義者は貪欲《とんよく》と所有への渇望に囚われ、自分自身を成長させようとする志向性がなく、自分の人生の意味を見いだせない（金がもたらす快楽さえあればよいので、死について考えることもなく、人生の意味を見いだす必要性も感じない)。

高度な数学を利用した金融工学に象徴される今日の金融は超短期的な利己的利益を追求するだけの強欲性を本質的に免れないが、金融は人間生活全体の一部に過ぎない。その強欲性を認識した上で金融を適切に制御し規制していく全体的な価値判断が必要となろう。リーマンショックで顕わになった強欲資本主義の実態が厳しい批判にさらされ、このままでは金融界と一般社会との共生も危うくなるとの危機感から、金融界と一般社会と折り合いをどのようにつけるかが重要な課題となった。そこで、金融機関が公開企業としての社会的責任の観点から環境問題や医療問題に取り組む動きも始まった。

フランスの思想家スポンヴィルがいうように、資本主義は本来、道徳的でも反道徳的でもなく、非道徳的な存在である(『資本主義に徳はあるか』)。その点では科学と同列ともいえようが、道徳的には無色であるはずの資本主義が反道徳的な方向に暴走した場合には、当然その暴走を抑止する必要が生じてくる。

米国の経済学者ロバート・シラーは金融危機を経て「経済学者は自身を技術者のように捉える傾向があったが、道徳上の問題に思いをはせる哲学者としての役割も期待されるようになった」(日本経済新聞社編『リーマン・ショック5年目の真実』二六二頁)と述べている。これまで需要と供給によって価格が決定されるとする自由市場モデルを前提にしてきた経済学も、今日では貧困や公正という価値観にかかわる研究が顕著になっている。消費者の行動においても被災地や福祉施設で作られた産品を積極的に購入するなどの社会や環境に配慮した消費行動(エシカル消費〈倫理的消費〉)が強まっている。経済の在り方を考える上でも価値観すなわち広い意味での哲学が重要な要素となる状況が生まれている。「哲学への回帰」が今日の潮流になっているのである。

シラーはこれまでの経済学を一種の技術と見たが、テクノロジーも文明の転換期においては変化を余儀なくされる。環境倫理などを中心に科学技術の社会的責任がこれまで以上に問われている。もはや何をしてもよいという野放図な展開は許されない。可能なことであっても、倫理上認められないという歯止めが強まっている。科学技術の未来を考える上で、ルネ・デュボスの次のような言葉は強い示唆を与える。

「技術は、現在のように独立した一個の力をなすのではなく、自然のなかに合体されるようになり、宇宙の秩序を破壊することなしに、それと相容れるような制限にみずから服するであろう」(『人間への選択』一六六頁)

「物質的な科学に加えてわれわれは人間性にかんする科学を発展させなければならない。両者が相まって将来のヒューマニズム、すなわち新しい生きた知識ができるだろう」(『人間であるために』二八頁)

科学技術の倫理的責任が意識されるようになったのは、第二次大戦期における核兵器開発に関してである。核分裂反応の制御に成功した科学者たちが原爆を対日戦争で使用しないようアメリカ政府に勧告した事実（フランクレポート）はその象徴ともいえる。科学上の知見が現実社会の上に用いられる場合、たとえば生成ＡＩなど、人類の福祉に寄与するのか敵対するのかを厳しく検証し、人類の福祉を損なう反倫理的技術は明確に抑止されなければならない。テクノロジーの在り方については科学者・技術者だけに委ねるのでなく、社会全体で議論していく枠組みが求められる。科学技術の方向と運用を指し示す「哲学」が必要なのである。

第二節　持続可能性

これまで述べたように、未来の人類のために何も残さなくてもよいという意見はない。言い換えれば、未来の人類が惨めな状態でなく永続して存続していける状況を作らなければならないという認識は、今日、ほぼ世界共通の意識になっている。たとえば一九九二年にブラジルで開催されたいわゆる「地球サミット」は、二十世紀までの文明の在り方を見直すきっかけとなった歴史的イベントだったが、そこでの議論においても「持続可能性」(Sustainablity) という概念がキーワードになった。

人類の活動はいわゆる農業革命が起きる以前の狩猟・採集時代までは地球環境にほとんど影響を与えることはなかったが、産業革命以降は人口、資源消費などが幾何級数的に増加し、自然に重大な影響を及ぼすに至った。世界全体で化石燃料の使用量は二十世紀の百年間におよそ十二倍に増加し、その結果、熱帯林の三分の一が消失した。大局的に見て有限な地球環境の中でこのような爆発的な拡大を続ければ破局は必然であり、それを避けるためには従来の文明の根本的な転換が求められている。

人間の経済活動による自然破壊に対する危機感は先の地球サミットにおける「気候変動枠組条約」の採択（一九九四年に発効）に現れた。それとは別に、経済優先から環境優先に国の基本政策を変更した国として、スウェーデン、ノルウェー、フィンランド、デンマークなどがある。これらの諸国がエネルギー消費を抑えながら高度な福祉社会を実現していることは人類全体の未来に貴重な示唆を与えるものになっている。

砂漠化、熱帯林の消失、大気・水・土壌の汚染、温暖化などに示される自然環境の破壊はなお進行しており、それをとどめなければ文明全体の崩壊に至る恐れが大きい。エジプト、メソポタミア、インダス文明の滅亡も、農業のための森林伐採による砂漠化が原因であると指摘されている。実際、かつて森林に覆われていたこれらの地域は今や完全に砂漠となっている。したがって、破局を回避するためには少しでも早く自然破壊に歯止めをかけ、自然と人間生活の調和を実現しなければならない。そのための対策として、風力や太陽光発電などの自然エネルギーの活用や省エネルギー製品への転換など、既に多くの提案がなされ、実行に移されている。環境問題も政策と技術の力で改善できることを認識することが重要だろう（イタイイタイ病や水俣問題に象徴される一九七〇年代の日本の深刻な公害がその後改善の方向に向かったことなどはその好例といえる。かつて悪臭を放っていた隅田川でも釣りができるようになった）。

第三節　SDGs（持続可能な開発目標）と生活様式の変革

1　SDGs（持続可能な開発目標）

二〇一五年九月、これまでの「地球サミット」や「気候変動枠組条約」などの取り組みを集約した形で、国連に加盟している一九三か国全てが賛同した国際目標「SDGs(Sustainable Development Goals)」(持続可能な開発目標)が採択された。全ての国連加盟国が賛同して採択されたということは特筆すべきことであり、いわば全人類に共通する普遍的価値がSDGsにおいて明示されたといえる。

SDGsには二〇三〇年までに達成することを目指す一七の「目標」と一六九の「ターゲット」が示されているが、そこでは経済、社会、環境の三つの側面が統合的に扱われている。一七の目標とは次のようなものである(外務省による仮訳)。

目標1　あらゆる場所のあらゆる形態の貧困を終わらせる
目標2　飢餓を終わらせ、食料安全保障及び栄養改善を実現し、持続可能な農業を促進する
目標3　あらゆる年齢のすべての人々の健康的な生活を確保し、福祉を促進する
目標4　すべての人々への包摂的かつ公正な質の高い教育を提供し、生涯学習の機会を促進する
目標5　ジェンダー平等を達成し、すべての女性及び女児の能力強化を行う
目標6　すべての人々の水と衛生の利用可能性と持続可能な管理を確保する
目標7　すべての人々の、安価かつ信頼できる持続可能な近代的エネルギーへのアクセスを確保する
目標8　包摂的かつ持続可能な経済成長及びすべての人々の完全かつ生産的な雇用と働きがいのある人間らしい雇用(ディーセント・ワーク)を促進する

目標9　強靭（レジリエント）なインフラ構築、包摂的かつ持続可能な産業化の促進及びイノベーションの推進を図る
目標10　各国内及び各国間の不平等を是正する
目標11　包摂的で安全かつ強靭（レジリエント）で持続可能な都市及び人間居住を実現する
目標12　持続可能な生産消費形態を確保する
目標13　気候変動及びその影響を軽減するための緊急対策を講じる
目標14　持続可能な開発のために海洋・海洋資源を保全し、持続可能な形で利用する
目標15　陸域生態系の保護、回復、持続可能な利用の推進、持続可能な森林の経営、砂漠化への対処、ならびに土地の劣化の阻止・回復及び生物多様性の損失を阻止する
目標16　持続可能な開発のための平和で包摂的な社会を促進し、すべての人々に司法へのアクセスを提供し、あらゆるレベルにおいて効果的で説明責任のある包摂的な制度を構築する
目標17　持続可能な開発のための実施手段を強化し、グローバル・パートナーシップを活性化する

ＳＤＧｓは単に目標を掲げるだけのものではなく、毎年、国ごとの目標達成状況を数値で測定し発表しているところに特徴の一つがある。これによって具体的な進捗が確保されるものになっている。またＳＤＧｓの主体者には国家に限らず、企業や自治体、ＮＧＯ（非政府組織）などの各種団体も含まれている。この点も人間の自主性・主体性を広く尊重するものといえる。ＳＤＧｓの理念には「だれ一人取り残されない」ことを謳っており、この点も人間の尊厳を強調する仏教の思想と

合致している。SDGsは二〇三〇年までに目標を達成することを目指しているが、その目標はその時までで限定されたものではない。二〇三〇年以降も、より進んだ形で取り組むべき課題であるだろう。

SDGsの冒頭に掲げられている目標は貧困の解決だが、それはまさに貧困の克服こそが最重要の課題であることを物語っている。人権と民主主義の進展も貧困問題の解決と結びついている。生命を維持する最小限度の食糧と水、安全な住居も確保することが困難な状態では人権もありえないからである。貧困の原因については多くの研究が蓄積されているが、一つの原因としては政府の腐敗が指摘される。

貧困国に援助がなされても、その資金の多くが本来の目的に使われず、政治家や官僚の手にわたることが横行すれば、援助の効果は低減する。また汚職が蔓延《まんえん》する社会では真面目に働いて生活を向上させようとする意欲まで損なわれる。腐敗の根本原因は自分の利益だけを考えて他を顧みないエゴイズム、仏教的に表現すれば貪瞋癡《とんじんち》の三毒にある。したがってその克服は、根本的にはその社会全体の倫理と生命の変革（衆生世間の変革）がなければならない。

貧困の原因にはもちろん自然的要因もあるが、環境条件が全てを決定するものではなく、厳しい自然環境の中でも繁栄を得た例は歴史的にも少なくない。結局、問題はその地域の人々がどれだけの能力を主体的に発揮できるかということに帰着する。

貧困の克服という課題について、SDGsの策定に関わった経済学者ジェフリー・サックスは『地球全体を幸福にする経済学』で、先進国は国民総所得のごくわずかな割合を援助に回すだけで世界の貧困を克服できると主張し、具体的なプランを提案している。彼は、貧困国への援助は慈善ではなく、経済成長をもたらす有望なビジネスであるという。貧困の解消は困難な課題だが、解決不可能な問題ではない。多くの国際機関やＮＧＯ（非政府組織）、企業の努力により、エイズ治療薬の開発など改善に向かっている分野が多く見られるという事実は、貧困の克服にも大きな希望を与えるものになっている。

２　衣料の問題

ＳＤＧｓの目標を達成するためには個人レベルにおいては生活様式の変革が求められる。端的に言えば、大量生産・大量消費・大量廃棄から省エネルギー・省資源の生活への転換である。

持続可能性を追求していくことは全産業にわたる課題だが、とりわけ問題になっているのがファッション産業である。二十一世紀に入ってファッション業界は、いわゆる「ファストファッション」の登場によって安価でファッション性の高い（流行の）製品が大量に出回ることになり、様相が一変した。

ファストファッション企業は広告・宣伝によって流行を作り出し、製品を短期間で陳腐化させることで、消費者を絶え間なく製品の購入に駆り立てる戦略を用いた。その結果、大量の在庫が生じ、人々は数回しか袖を通していない衣料も「流行遅れ」になったとして死蔵するか廃棄することになった。ファッション業界の状況をレポートした『大量廃棄社会』によれば、日本では衣類の四分の一が新品のまま廃棄されている（同書三二頁）。その背景には衣料品の消費量はほとんど変わらないのに供給量が二五年間で倍以上に増大したという事情がある。

世界全体で生産された繊維の量は二〇〇六年に約六二〇〇万トンだったが、二〇一七年には約九三七一万トンと、十年余で五〇％以上も増加した（日本化学繊維協会による）。さらに焼却または埋め立て処分によって廃棄される繊維は年間約八千万トン（製造された衣類の八五％）に及ぶ（スマセルマガジンによる）。

しかもその生産は、発展途上国の極めて低い賃金で仕事をしている労働者（ほとんどが女性）によってなされている。その背景には、当然のことながら、なるべく安価にすることで多数を売り上げ、最大の利益を得ようとするファストファッション企業の戦略がある。いわば低賃金労働者の犠牲の上に企業の繁栄が成り立っている構図になっている。そのことを象徴的に示す事件が、二〇一三年、バングラデシュの首都ダッカの繊維工場ビルが崩壊し、一一〇〇人以上の労働者が死亡したラナプラザ崩壊事件である（五つの縫製工場が同居し、五階以上が違法に増築された八階建て商業ビル「ラナプラザ」が、前日に壁や柱に亀裂が入っていることが発見されていたにもかかわらず警告を無視した結果、発電機やミシンの振動で崩壊した事件）。

バングラデシュは、現在、世界のアパレル縫製業の中心地になっており、同国政府が注力していることもあって、繊維製品の輸出は同国全体の輸出額のほぼ八割に達している。同国にアパレル縫製業が集中する理由は低賃金の労働力が容易に集められるところにある（縫製業の労働者の最低賃金は二〇一八年で月額基本給四一〇〇タカ〈約五三〇〇円、一タカ＝約一・三円〉。住宅手当、食事手当など諸手当を含めても月額八〇〇〇タカ、約一四〇〇〇円にとどまる。その額は中国の約四分の一とされる）。

一般的にファッション産業において販売額の中で賃金が占める割合は極めて低い。たとえば販売価格一一三〇円のポロシャツの場合、布地や糸などの原材料費が二九八円、バングラデシュの工場が得る利益と間接制作費（ミシンの購入費やメンテナンス費用など）が五三円、輸送・保険費が八三円、事業紹介業者の手数料が一五円、輸入後の経費とメーカーの利益が六七二円であるのに対し、労働者の賃金はわずか一〇円に過ぎない（コンサルティング会社 O'Rourke Group Partners の二〇一一年のレポートによる）。ちなみにラナプラザの労働者の時給はわずか一四円だった。ファッション産業には極端な低賃金のほか、児童労働や労働者が長期間、染料などの化学物質にさらされるために健康を害するなどの問題も存在している。

またファッション業界は労働問題のほか、環境破壊も引き起こしている。衣料の大量生産は温室効果ガスの排出をもたらす。ファッション業界全体の二酸化炭素ガス排出量は二〇三〇年には二〇億八千万トンになると予測されているが、それは一年間に二億三千万台の乗用車から排出される二酸化炭素ガスの量にほぼ等しいとされている（Global Fashion Agenda and The Boston Consulting Group, Inc. (2017), Pulse of the Fashion Industry）。

さらにポリエステルやナイロンなどの合成繊維の衣服は洗濯すると大量のマイクロプラスチックが放出されることが知られている。たとえばフリースのジャケットを一回洗うと最大二・〇グラムのマイクロプラスチックが放出される（Hartline et al. 2016）。極めて微細なマイクロプラスチックは下水処理施設を潜り抜け、海に流れ出る。下水処理施設で沈殿したマイクロプラスチックも汚泥に入って埋め立てられるが、それも結局は海に流出することになる。マイクロプラスチックは微生物によって分解されず、そのまま海に蓄積続けていく。国際自然保護連合（ＩＣＵＮ）によると、海洋マイクロプラスチックの三五％は合成繊維の洗濯によるものである。

そこで合成繊維の衣服をなるべく購入せず、木綿などの自然繊維を用いればよいかと言えば、ことはさほど単純ではない。木綿のシャツを一着作るのに約二六五〇リットルの水が、ジーンズを一本作るのに約七六〇〇リットルの水が必要となる。これは一人が三年半ないしは十年は飲める量に相当する（綿花の生産のためのソ連時代の灌漑政策により、世界四位の湖だったアラル海がほとんど消滅の事態になっている）。

労働者を犠牲にして環境破壊をもたらしているファッション産業の非人道性は世界的に強い非難を呼び起こし、各企業は社会的責任を考慮しなければならない状況となった。しかし、大量生産・大量廃棄による利益追求という業界の根本的体質は依然として根強く続いている。これに対して、公正な賃金などの人権尊重の生産方式、環境負荷を最小限にした生産工程、地域固有の技術の保全などを掲げた「エシカル・ファッション」「スロー・ファッション」と呼ばれる運動が提唱され、広がりを見せている。ファッション産業の在り方は世界的な問題になっており、二〇一九年、十の国連機関はナイロビで開催された国連環境総会で「持続可能なファッションのための国連アライアンス」を立ち上げた。

持続可能性という視点から見た場合、大量生産・大量廃棄による利益至上主義は立ち行かない。方向転換は不可避である。要するに繊維製品の生産にどれほどの資源と労働を必要とするか、その貴重さを認識して新規の購入を極力抑制し、最後まで使用し続けること、流行に振り回される「使い捨て文化」、消費に生きがいを求める「消費主義」を終わりにして「もったいない」精神を徹底することが必要であろう（リサイクル、リユースもその意味で重要である）。

3　食生活の見直し

持続可能性に関してファッション産業以上に重大な問題になっているのが畜産業である。今日の畜産業は伝統的な在り方とは異なり、動物を監禁して行われる工場式畜産だが、それが飢餓や環境破壊、人間の健康について大きな脅威になっていることは各方面から指摘されている。

飢餓人口（十分な食料が手に入らず、栄養不良になっている人々の数）は二〇一九年の時点で六億八七八〇万人とされ、現在の増加傾向がこのまま続くと二〇三〇年の飢餓人口は八億四一四〇万人になり、SDGs目標の達成が困難になると考えられている（日本ユニセフ協会ホームページから）。

飢餓の大きな原因の一つは穀物価格の高騰だが、それには畜産業の存在が関わっている。かつて牛の飼料は干し草や稲わらだったが、近年では牛を短期間で成長させるためにトウモロコシや大豆などの穀物を飼料にしている（しかもそこに抗生物質やホルモンが入れられている。穀物は牛などにとって不自然な飼料なので牛は病気になりやすい）。

畜産品の生産には大量の穀物が必要であり（一キロの畜産品を生産するのに必要な穀物は、牛肉では一三キロ、豚肉では七キロ、鶏肉では四キロ、鶏卵では三キロとされる）、世界で生産される穀物の三六％は家畜の飼料に使われている（国連食糧農業機関〈FAO〉による二〇一七年～二〇一八年の概算値）。

世界中の農地の八割ほどが家畜用飼料の生産に使われている。穀物が生産されても半分近くが家畜の飼料にされてしまうため、穀物の価格が高騰し、貧困層が穀物を入手できない状況が生ずることになる。飼料に回る穀物を人間に供給できれば、世界で百億人以上が飢餓状態にならずに生活できるという。

畜産業による環境破壊も甚大である。国連食糧農業機関によれば、畜産業から出る温室効果ガスは世界全体の一八%以上を占めており、それは船舶・自動車・飛行機・列車など全ての交通手段が発するものを上回っている。牛などの「反芻《はんすう》」や畜産動物の糞尿から大量のメタンや亜酸化窒素が発生しているが、それらは二酸化炭素ガスよりも遥かに強力な温室効果をもたらす（メタンは二酸化炭素の二三倍、亜酸化窒素は約三〇〇倍とされる。牛は毎日、一頭当たり六〇リットルのメタンを排出する）。

畜産業は世界的水不足の原因にもなっている。穀物を作るには多くの水を必要とするが、畜産動物の飼料に穀物を与えているため、牛肉一キロを作るために約二万リットルの水が必要とされる。穀物の生産に地下水が汲み上げられているので各地で地下水の枯渇が生じている。肉や乳製品の消費が増えることで水の使用量も増加し、二〇〇三年の世界水フォーラムでは過去五〇年間に世界の人口は倍増し、水の消費量は四倍になったと報告されている。

日本の食料自給率は二〇二〇年時点で三八%に過ぎず（カロリーベース）、六割以上の食料を輸入しているが、その食料の生産に消費された水も輸入したことになる（米と野菜が食事の中心だった一九四六年の自給率は八八%だったが、肉やパンの消費が増加した食生活の変化によって自給率も低下した）。この数字は先進国では最低で、イギリス六三%、イタリア六〇%などと比べてもその低さは顕著である。

世界の水不足は深刻であり、ユネスコの公式サイトによれば、世界人口の三人に一人に当たる二二億人は安全な水を自宅でいつでも飲める環境になく、川や池、沼、湖、用水路、覆いのない井戸などの危険な水を飲むしかない状況にある。

また家畜排泄物による水質悪化も大きな問題になっている。世界的に家畜排泄物から出るリンや窒素が牧場周辺の河川や地下水に流入し、周辺住民の健康被害をもたらしている。たとえば農畜産業振興機構の研究によれば、酪農が盛んなニュージーランドでは家畜排泄物への流入によって細菌数が増加し、放牧地帯にある河川の八二％は遊泳に適さない水準まで汚染されている。

畜産業は森林破壊の大きな要因でもある。アマゾンの熱帯雨林は放牧地や家畜飼料用穀物を生産するための農耕地に変えられている。二〇二〇年にはブラジル全体で英国の国土よりも広い面積の森林が一年間で消失したとされる。このままでは熱帯雨林全てが消失する危機も現実味を帯びている。

森林の消失により、アフリカ、オーストラリア、東南アジアでは砂漠化が進行している。それに対して一九九四年に「深刻な干ばつ又は砂漠化に直面する国（特にアフリカの国）において砂漠化に対処するための国際連合条約（砂漠化対処条約）」が採択され、さまざまな取り組みが続けられているが、砂漠化の進行を止めるまでには至っていない。

さらに工場式畜産では大量の抗生物質が成長促進剤として飼料に加えられているため、抗生物質に耐性を持つ細菌を生み、畜産施設周辺の地下水や空気に耐性細菌が検出されるなど、過剰な肉食と合わせて深刻な健康被害の原因になっている（ＥＵは二〇〇六年に抗生物質を成長促進剤として使用することを禁止した）。

工場式畜産業から生産される肉や乳製品は安価だが、一方では地球環境や人間の生命という、経済的価値を超越した掛け替えのない価値を破壊しており、そのコストは人類が負担できる持続可能な許容範囲を超えている。それに加えて動物に対する倫理上の問題（動物福祉）がある。

豚は本来、群れを形成して仲間とともに生活する動物だが、工場式畜産においては妊娠している母豚は一頭ずつ方向転換もできない狭い妊娠豚用檻《おり》に入れられ、日光も当たらない豚舎《とんしゃ》では寝そべるための藁《わら》も与えられず、子豚が生まれると子とは別の檻に分けられる（方向転換できない檻は豚以外でも牛や鶏などにも使用される）。檻に入れられた母豚には柵《さく》をかじり続けるなどの異常行動や呼吸器疾患などの健康問題が広く見られる。本来ならば豚が分娩前に行う巣づくりも許されない（妊娠豚用檻の使用にはこれらの多くの問題があるため、今日ではEUやオーストラリア、ニュージーランド、スイスなどの諸国や米国のいくつかの諸州で禁止されるなど廃止の動きが始まっているが、日本では何の規制もなく、九割以上の養豚場で使用されている。この点でも日本の後進性は顕著である）。

子豚には麻酔なしで尾や歯の切断も行われる。母豚は生涯で七、八回の出産を経た後、本来ならば一五年程度生きられるのに平均四、五年で屠殺される（インホフ編『動物工場』四九頁によれば、アメリカでは屠殺にあたる移民労働者は豚の悲鳴を防ぐために耳栓を用いているという）。

肉牛は放牧で育てた幼牛を巨大な飼育場に集めて出荷まで飼育される。そこでは運動できない監禁された状態で、草ではなく成長ホルモンや抗生物質が入ったトウモロコシなどの混合飼料を与えられ、急速に肥育されて自然寿命のほぼ一〇分の一である一四から一六カ月で屠殺される。人間でいえば八歳程度の太らされた子供を殺していることになる。屠殺はベルトコンベヤーに載せられた牛の額にボルト弾を打ち込むことで行われる。牛は一本足で逆さにぶら下げられ、放血のために喉を切られる。その後、牛は皮を剝《は》がれ、内臓を摘出される（屠殺以後の「工程」は外部には秘匿されており、消費者の目にとまることはない）。

乳牛も拘束された状態のまま搾乳機《さくにゅうき》で乳を搾り取られ、乳の出が悪くなるとすぐに殺処分される。子牛はすぐに母牛から引き離されるが、それは母と子の両者にとって大きなストレスになる。オスの乳牛は役に立たないので生まれてすぐに殺処分される。

動物の拘禁飼育は豚や牛だけではなく採卵鶏や食用肉鶏にも行われているが、ＥＵや英国、アメリカの一部州などが動物福祉の観点から禁止の動きが広がっている。しかし、日本においては何の規制もない。

このように見てくると、今日の工場式畜産は環境破壊だけでなく動物倫理の点においても見直さざるを得ない状況に立ち至っている。先に見たように工場式畜産における動物の扱いは「虐待」というべきものであり、倫理的にも容認できない。動物を肉や乳、卵を生産する道具と見る工場式畜産は適正規模を逸脱しており、動物固有の本来的価値の観点から考えるならば、食用のために動物を飼育すること自体を再検討すべきである。動物の本来的価値や主体性を考えるならば（仏教的生命観によれば動物に限らず鉱物などの物質にも本来的価値や主体性がある）、その価値は人間が存在しようとしまいと関係ない（仏教的生命観は功利主義や義務論などの欧米の伝統的倫理学を超越している）。

工場式畜産の前提には、動物は人間とは根本的に異なる存在であり、動物は人間の目的のために自由に利用してよいとする欧米流の人間中心主義がある。そのような人間中心主義の根底には、理性を有する人間は理性を持たない動物に優越するというデカルト・カント流の理性至上主義や、人間は神の似姿として創造された故に動物に優越するというキリスト教的人間観がある。問題は単なる一業界の問題ではなく、人間観、世界観の問題となる。

翻って仏教は、天台大師が示した一念三千論が説くように、鉱物までも含めたあらゆる存在に仏性があるとしてそれぞれに固有の価値を認め、あらゆる生命の収奪を極力避けるべきであるとする思想である（不殺生戒）。仏教において人間は自然の恵みによって支えられている存在であり、他者である自然を人間が好きなように扱ってよいという特権は認められない。自身の生命を維持するために動植物を摂取し利用する場合にも、動植物への畏敬と感謝を失うことなく、その利用は最小限度にとどめるべきであるという哲学である。仏教が小欲知足を強調し、あらゆる生命の恩恵（一切衆生の恩）を説くのも人間を自然の中の一存在と見る人間観に由来している。

ただし、仏教は肉や乳の摂取を全面的に禁ずるものではない。たとえば部派仏教の律である「四分律《しぶんりつ》」によれば、動物を自ら殺してその肉を食することは禁じられるが、僧侶が布施を受ける場合、殺すところを見たケースなどを例外として、他者が屠殺した肉の摂取は許容されるとした。この点において仏教は、一切の動物食を厳しく禁じたジャイナ教のような極端な態度をとらず、中道的態度であるが、概して動物食には抑制的である。

釈尊が肉食をしたか否かは明らかでないが、日蓮は獣肉はもちろん魚鳥も摂取しない菜食主義者であった（「四恩抄」に「日蓮は、させる妻子をも帯せず、魚鳥をも服せず」〈一二一四頁〉とある）。それは菜食が当時の日本の僧侶の常識的態度だったからである（日蓮が在家信徒に肉食を抑止するように説いたことはない。天台や伝教もそれぞれの時代の僧侶の規範に従って菜食であったと思われる)。鎌倉時代の日本でも農作物を守るために猪や鹿などを駆除してその肉を食することは一般に行われており、日蓮もそれを問題にすることはしていない。

しかし、先に触れたように、今日の工場式畜産は環境破壊に直結しているだけでなく、健康や倫理面でも許容できない状況にあるので、肉類の大量摂取を抑制し、海産物や穀物・野菜中心の食事に転換することが望まれよう。肉類の大量摂取で知られるのはアメリカだが、そのような食生活が肥満と疾病をもたらしているとの警告がアメリカ国内からも強く出されている。その代表的なものが一九七七年にアメリカ上院栄養問題特別委員会から発表された「マクガバン報告」である。同報告はガンや心臓病などの疾病の原因は肉類偏重の誤った食生活にあるとし、理想的な食生活は精白していない穀物や野菜・海草・魚介類を内容とする元禄《げんろく》時代以前の日本の食生活であるとしている。同報告は大きな反響を呼び、アメリカの食生活を見直す契機となった。肉類・乳製品の大量摂取は、健康問題だけでなく資源の観点からも改められるべきである。

食生活だけでなく衣食住の生活全般にわたって大量生産・大量廃棄を進めてきた在り方を改め、資源やエネルギーの無駄使いを極力少なくした循環型社会が求められていく。その転換は、利益追求を最優先してきた従来の企業行動からは困難だが、消費者の意識の変化によって可能性が出てくる。要するに、各人が資源の浪費を抑制し、一つのものを長期間使っていく生活様式を取り入れていけばよいのである。

今は人間の幸福とは何か、我々は何を目指すべきなのかという根本的な価値観が問われている時代である。物質的な豊かさと利便性を追求してきた現代文明の在り方を見直さなければならない。地球の有限性を直視すれば、世界全体で見ても二十世紀までのような爆発的な成長は二十一世紀ではあり得ない。二十一世紀後半にさしかかれば否応なしに物質的には頭打ちになり、停滞・縮小の道に入らざるを得ないからである。ＳＤＧｓの採択が示す通り、人類はその中で永続可能な社会を築いていかなければならない。

第四節　地球文明の形成へ

情報・交通・貿易などの分野を中心に世界の一体化が急速に進んでいる。自動車やコンピューターなど多くの工業製品が世界各地で生産された部品で作られており、一部地域の自然災害が世界経済全体に重大な影響を及ぼす状態になっている。インターネットの普及で情報も世界全体に共有化され、強権的な政府でも都合の悪い情報を完全にブロックすることは困難になっている。

人類は今や運命共同体であり、少なくない数の人々の悲惨を放置していることは全体に悪影響を及ぼすことが理解されてきた。二〇一一年の日本の東日本大震災に世界からかつてない援助が寄せられたことが示すように、人類の意識も一体化が進んでいると思われる。戸田城聖が提唱した「地球民族主義」、すなわち地球全体を生活圏とする全人類が一つの民族になるという事態が現出しつつある。人類はこれまでいくつかの文明に分かれて生存してきたが、今日の人類は地球文明ともいうべき一つの文明のもとに生きる状態になっている。

しかし、世界の一体化は各地域の持つ多様性を消し去るものではない。むしろ世界各地の生活様式、文化は多様である。人々はその多様性を尊重しつつ、共通の基盤に立って交流し、共存している。世界は多様性を中に包含した統一体に向かっているし、また向かわなければならない。

人類共通の価値観は、人間以外の生物の生命も含む生命の尊厳であり、具体的には人権と民主主義の尊重である。生命の保持のためには生命が住する自然環境が保たれている必要があるから、自然環境の保全もまた人類共通の価値となる。

形成されつつある地球文明は従来の文明とは異なる新しい原理に基づくものとなろう。そのキーワードは「生命」である。

文明史家の伊東俊太郎氏は、人類の文明史を考察して、現在は「科学革命」を経て「環境革命」が進行している段階にあると指摘する（『文明と自然』一六頁）。氏によれば、「科学革命」とは十七世紀の西欧だけに起きた近代科学の成立を意味する。その前提として、人間は自然を支配し利用する権利を神から与えられているとするキリスト教の世界観があり、自然を征服した上に「人間の王国」を作り上げていくというフランシス・ベーコン（一五六一〜一六二六）の「自然支配の理念」がある。また、その延長として、世界を人間によって使用される「機械」と見るデカルト（一五九六〜一六五〇）の「機械論的世界像」がある。

デカルトは自然を、生命を持たない幾何学的な「延長」に還元する。自然は自律性、能動性を持たず、他律的に決定されるものと見なされる。デカルトは世界を精神と物質の二つに分け、人間以外の動物は精神を持たない物質的存在として扱った。

ベーコンやデカルトによれば、人間と自然は対立するものであり、人間は自然を征服し、利用することによって自己の世界を形成する。この科学革命の延長において十八世紀後半から生じた産業革命により、爆発的な生産の拡大と自然破壊が進行した。現代はこの「科学革命—産業革命」の路線が限界に突き当たり、このままでは破局に直面する危機にある。そこで、次の段階へ文明全体が移行していくことが求められている。

伊東氏は現在、人類が直面している「環境革命」の自然観を、デカルトの「機械論的自然観」(machanistic view of nature) と対比させて「生世界的自然観」(bio-world view of nature) と呼び、その内実を次のように説明している。

「一般的にいって、『生世界的自然観』はこの世界を機械論のように『死せる機械』としてでなく、全てを『生きとし生ける生成発展する生命体』として捉える。宇宙はビック・バンに始まり、銀河系が形成され、そのなかに太陽系が生じ、そこに地球がつくられ、その上にさまざまな生物が生じ、最後に人間が現れたが、それらは全てこうした生ける『生世界』の発展であり、人間もこうした宇宙の生命体の一環——しかもその新参の一員に他ならない。このような宇宙史的観点からすると、あらゆる生命体は本質的にその存在の権利を平等に持っており、それぞれの存在の多様性が尊重されねばならない。そのうちの人間だけが自然の外に立って自然の支配者となるいわれはなく、むしろ自然の内にあって、いわば自然の子孫として他の生命体と共存するのが当然であろう。人間もこの『生世界』の一部として他の生命体と生き合ってゆかねばならない。人間中心の欲望の体制を肥大させて、人為的な大量生産・大量消費によって、この生世界を破壊してはならない」(伊東・前掲書四二頁)

氏が言う「生世界的自然観」は、これまでに確認してきた仏教の世界観・生命観にほぼ一致している。

自然と人間を包含する宇宙そのものが一つの生命体であり、それもまた誕生から消滅・再生を繰り返す存在として永遠・無限の超宇宙の一部をなすものである。人間は他の生物と同様、自然の中で生存することを許された自然の一部であり、自然と対立するものではない。人間がこれから形成する新たな文明は自然の一部として営まれなければならない。

そのような新たな文明は人間を自然の支配者とし、物質と精神を対立するものとする西欧の世界観からは生まれてこない。むしろ、新文明の形成には、人間を自然の一部と捉え、自然と融和してきた東洋の世界観を取り入れていくことが不可欠であろう。しかし、新文明は西欧が築いた近代科学を否定するものではない。先に述べたように、科学技術を明確な価値観のもとに制御していくこととなる。そして新文明には、人間の意識と経済が世界的に一体化していくことからもたらされる地球主義、コスモポリタニズムが導入されることとなろう。その新たな地球文明が形成されることによって、西欧が主導してきた現代文明は破綻の危機を回避することができよう。

文明史家の安田嘉憲氏はギリシャ文明がヘレニズム文明に後継されたことによって完全な破綻を回避できたことを指摘し、そこには自然に内在する秩序の重視と東洋文明の導入、地球主義への転換があったと述べている（「文明の縄文化・文明のヘレニズム化が人類を救う」『講座文明と環境』第15巻所収）。「文明は衝突によって発展するのではなく、融合によって発展する」（同書二〇九頁）と主張する安田氏は、ギリシャ文明と同様、自然の重視と東洋思想の導入、そして地球主義への転換によって現代文明が次の段階に脱皮していけるとしている。

西洋と東洋が一体となっていくところに人類全体が共有する地球文明が成立する条件が生まれる。

しかし、その基盤には東洋の思想を重視すべきではなかろうか。自己と他者、人間と自然を対立的に捉える西洋的思考よりも世界を包括的に捉える東洋思想の方が包容性に富むと考えられるからである。時間論だけを取り上げて見ても、天地創造から終末へと直線的に時間が進行すると考えるキリスト教的時間論は、東洋思想が説く無始無終の時間論の中に包摂される。文明の未来を考えるとき、西洋と東洋を分断的に捉えるのではなく、両者を包含したパラダイムの転換が要請される。

精神文化の復権

生産の拡大に終始してきた現代文明の基本スタンスは、快楽・快適を追求し、欲望を全面的に開放・肯定するところにある。しかし、一つの欲望が充足されても、また次の欲望が現れ、とどまるところがない。欲望の追求だけではかえって欲望が満たされない飢餓感や他者への嫉妬・憎悪に苦しむことになり、仏教の説く「餓鬼界」「修羅界」の境地に陥る。しかし、小乗仏教のように欲望を罪悪視し、全面的に否定することも実際には不可能である。そこで、欲望を全面的に追求するのでも単純に否定するのでもなく、適切に制御していく在り方が求められる。それこそ大乗仏教が示してきたスタンスである。欲望を全面的に開放してきた現代文明のもとでは人々の関心は物質面と一時的な刺激だけに向けられ、倫理などの精神面はほとんど等閑視《とうかんし》されてきた。その結果、精神面が衰退し、人間の幼稚化が進行する。

産業革命以降の大きな傾向の一つは宗教の凋落《ちょうらく》である。西洋ではかつてキリスト教が政治を含めて社会のあらゆる分野に独占的な影響力をもったことが反省され、宗教に対していかなる特権的地位を与えない政教分離原則と「世俗主義」が社会の基調となった。それは宗教が人々の自由を抑圧してきた弊害を排除する意味で、いわば必然的な潮流であった。キリスト教神学は信ずるに値しないものと見なされ、それに代わって理性と科学が人生観・世界観の基本になった。人々が都市に移住してバラバラの個人になったことにより、旧来の村落で維持されてきた信仰は衰退した。

ヨーロッパでキリスト教の凋落《ちょうらく》が著しいことは先に触れた通りだが、キリスト教以外でも百年ほどの長期的視点で見た場合、日本の神道、韓国・中国の儒教の後退は顕著である（日本の伝統仏教は、国家神道が一九四五年に破綻する以前に実質的に形骸化している）。

また共産主義も全体的な人生観・世界観を与えるという意味で宗教の一種と見た場合には、ロシアや東欧諸国の共産主義国家の崩壊が示すように、共産主義の教義も人々の心をつかむ力を喪失している。イスラム社会ですら変化が見られる。二〇一一年に起きた「アラブの春」の変革は、その後、揺れ戻しの試練にさらされているが、イスラム社会の中からも民主主義と人権を求める潮流が生まれていることを示している。信教の自由を認めずに棄教を死罪とし、女性や同性愛者を差別する教義に絶望してイスラム教を離れる人々も少なくない（飯山陽『イスラム2・0』一五一頁）。

宗教が凋落した代わりに顕著になったのは徹底した現世主義、拝金主義である。行動の基準は権益と欲望の追求であり、極端な場合、摘発されないと見れば金のためには環境破壊や人権侵害も平然と行われる。しかも、その行動は合理主義に基づき、テクノロジーを駆使してなされる。競争原理の貫徹によって勝者と敗者がはっきりと区別され、経済的な格差はますます拡大する。しかし、現世主義・拝金主義に徹したならば、「生きている間に楽しむだけ」という快楽主義に陥り、人生の意味を否定するニヒリズムへと傾く。人生の目的の喪失は社会的には「アパシー」状態の増大を招く。現世主義を推し進めた現代文明は、生産を拡大する一方で精神の空洞化と環境破壊を進行させたのである。

現世主義を標榜した現代文明は旧来の宗教を後退させたが、人間は完全な快楽主義、ニヒリズムには徹しきれない。目先の利益追求に血眼になって「死ねば全て終わり」と言いながらも、「死後はどうなるのか」「自分は何のために生きているのか」という想念を消し去ることができないからである。

これまで繰り返し述べてきたように、動物と違って自身の死を自覚せざるを得ないのが人間の特質である。しかし、理性による学問では死と死後を説明することはできない。そこで、理性の限界を超越した立場から死と死後について何らかの説明をしてきたのが宗教の本来的役割であった。そのことを考えれば、死後の状態の存在を否定して無宗教を標榜する人を含めて、無意識的にも宗教性を抱いているのが人間の本質ではなかろうか。現代文明を超えた新たな文明には再び宗教が復活してしかるべきであろう。その際の宗教は、旧来の宗教を超えた、現代人にも受け入れられる新たな「信念の体系」(オルテガ)となるだろう。

産業革命以降の現代文明は経済的価値の追求を基軸に営まれてきた。技術や学問、芸術なども市場原理のもと、経済の従属物となってきた観がある(資本主義のもと、技術・学術・芸術も商品化され、アーチストや芸能人なども売れなければ直ちにお払い箱にされる)。もちろん誰人も経済的基盤なくして生存していくことは不可能だが、経済を最重要の基準とし、いわば「蔵の財」第一としてきたのが現代文明である。

現代文明が進めた都市化の結果、人間は共同体から離れてバラバラの個人となり、孤独感に苦しむ人が増大した。人とのコミュニケーションにおいても手紙や電話よりもメールが主流になり、人の肉声を聞く機会が減少して、人と人のつながりがますます希薄になっている。孤独は世界的にも深刻な問題になっており、世界保健機関（WHO）は孤独が健康にとって喫煙や肥満以上の危険要因になっていると警告している（とりわけ独り暮らしの高齢者が増加している先進諸国においては重大な問題である）。孤独は生命の維持・発展にとっても回避しなければならない問題である。

先に述べたように、人間の幸福感は自己の存在意義を実感できるところに成立する（その実感こそが「心の財」である）。自分の存在が他者にとって何かの役に立つことができた確信が幸福感の前提である。自己の人生が社会にとって有害・無益だったことを認めざるを得ない人は幸福感を得ることができない。利己的な欲望を制御し、他者に対する関心、思いやりを社会運営の基礎原理に組み込まなければ、社会は弱者が徹底的に虐げられる弱肉強食の残酷な世界となり、緊張と対立の世界となる。そこで、来たるべき地球文明は、人のつながりを再生させることによって形成されなければならない。そこでは家族や友人、地域社会における人とのつながりという「心の財」が経済的価値以上に重視されるだろう。

そのような他者への配慮と思いやりは「綺麗《きれい》ごと」を羅列した説教や単なる道徳によって達成されるものではない。他者性を重視する態度が人々の生き方の中に定着し、いわゆる地球全体を覆う「時代精神」として確立されなければならない。そのためには新たな精神文化が興隆していくことが必要である。

地球文明の基盤となる新たな精神文化は、どのようなものであるべきか。

一つには人権と民主主義ないしは科学技術と矛盾しないことが挙げられよう。人権と民主主義は人類が長年の悲惨をくぐり抜けてようやく発見した普遍的価値であり、科学技術もまた人類が達成した成果である（それをどのような目的のもとに用いるかという問題はあるが）。人権と民主主義、および科学技術は理性を基軸とした近代的世界観に基づくものだが、今後に興隆すべき精神文化はその近代的世界観を踏まえてそれを包摂し、用いるものとならなければならない（近代的世界観が有効性を持つのは一部の局面に過ぎず、全体の立場から位置付けられることが必要である）。

第二に挙げられるべきは社会性、他者性の重視という点であろう。その精神文化が他の文化に対して攻撃的であったり、また閉鎖的であったりしたのでは普遍的なものとなることはできない。人間という共通の基盤に立って他の文化とも対話し、交流していける開かれた在り方が求められる。また、その文化は人のつながりを重視した共同的取り組みを促すものとなろう。

近年、市場メカニズムと競争原理に基づく「私的セクター」、計画メカニズムと官僚統制による「公的セクター」と並んで、協議メカニズムと分権・参加に基にしたＮＰＯや市民団体などの「共的セクター」が大きな役割を担っていることが注目されている。ボランティアなどの共的セクターの比重が大きくなっている状況は経済的利益の追求よりも利他による精神的充足を求める時代の傾向性を物語っている。

環境と文明の関係について考察してきた古沢広祐氏は、人類の未来を展望して次のように言う。「人類の発展方向は、基本的な充足が得られた段階から徐々に質的な面へと方向転換が生じてくるものと思われる。その力を、ばらばらな個々人の物的欲望や利便性といった狭い精神性だけに閉じ込めるのではなく、いのちの世界との共生や、深く広く共感の輪を広げていく精神の力を高めていく方向へと、いわば〝第二の人間解放〟ともいうべき道に誘導していくことが求められている」（『地球文明ビジョン』一八五頁）。

第三には、新たな精神文化は人間生命の根底的な可能性を顕現し、各自の自己実現を可能にするものであることが必要である。

その点についてルネ・デュボスは次のように言う。「人間は他の人間や自然から疎外されているだけではない。もっと重要なことは、人間の基本のもっとも深層から疎外されていることなのである」（『人間であるために』一四頁）。

彼が言うように、これまでの文明においては「人間の基本的自我のもっとも深層」の領域は十分に開発されてこなかった。その領域を開発し、各自の広大な可能性を顕現していく協同的な自己実現の道こそ人類が目指すべきものであろう。その達成のために、生命と世界の根底を洞察してきた仏教の英知が大きな役割を果たしうると思われる。

参考文献

複数の章にわたる文献は最初の章に掲げた。

全体に通ずるもの

『日蓮大聖人御書全集　新版』創価学会　二〇二一年
創価学会教学部編『教学の基礎』聖教新聞社　二〇〇二年
戸田城聖『戸田城聖全集』（全10巻）　聖教新聞社　一九八一年
池田大作『法華経の智慧』（全6巻）　聖教新聞社　一九九六年
『岩波　哲学・思想事典』岩波書店　一九九八年

第一章

山崎元一『古代インドの文明と社会』中央公論社　一九九七年
辻直四郎『インド文明の曙』岩波書店　一九六七年
木村泰賢『印度哲学宗教史（木村泰賢全集第1巻）』大法輪閣　一九六九年　原著一九一四年
木村泰賢『原始仏教思想論（木村泰賢全集第3巻）』大法輪閣　一九六八年　原著一九二三年
中村元『原始仏教の成立（中村元選集第14巻）』春秋社　一九九二年

中村元『思想の自由とジャイナ教（中村元選集第10巻）』春秋社　一九九一年
中村元『原始仏教の生活倫理（中村元選集・旧版第15巻）』春秋社　一九七二年
佐々木現順『業と運命』清水弘文堂　一九七六年
山内得立『ロゴスとレンマ』岩波書店　一九七四年
ホーキング『ホーキング、宇宙と人間を語る』エクスナレッジ　二〇一一年
佐藤勝彦『宇宙は我々の宇宙だけではなかった』ＰＨＰ研究所（文庫）二〇〇一年
ビレンケン『多世界宇宙の探検』日経ＢＰ社　二〇〇七年
村山斉『宇宙は本当にひとつなのか』講談社　二〇一一年
ベルグソン『形而上学入門（世界の名著53）』中央公論社　一九六九年
オークローズ、スタンチュー『新・進化論』平凡社　一九九二年
池田清彦『「進化論」を書き換える』新潮社　二〇一一年
今西錦司『私の進化論』思索社　一九七〇年
今西錦司『主体性の進化論』中央公論社　一九八〇年
仏教思想研究会編『仏教思想3　因果』平楽寺書店　一九七八年
中村元『原始仏教から大乗仏教へ（中村元選集第20巻）』春秋社　一九九四年

第二章

天台大師智顗『摩訶止観』（国訳一切経　和漢撰述部諸宗部3）大東出版社　一九三九年
天台大師智顗『妙法蓮華経文句』（国訳一切経　和漢撰述部経疏部2）大東出版社　一九三六年

フロム『自由からの逃走』東京創元社　一九五一年
アドラー『子どもの劣等感』誠信書房　一九八三年
フロイト『精神分析入門』新潮社（文庫）一九七七年
フランクル『時代精神の病理学』みすず書房　二〇〇二年
『NHKスペシャル　地球大進化6』日本放送出版協会　二〇〇四年
ドゥ・ヴァール『道徳性の起源』紀伊國屋書店　二〇一四年
堅樹日寛『六巻抄』聖教新聞社　一九六〇年
須田晴夫『改訂版　新法華経論』アマゾン（オンデマンド）二〇一八年
プリゴジン、スタンジュール『混沌からの秩序』みすず書房　一九八七年
小林道憲『生命と宇宙』ミネルヴァ書房　一九九六年
ユクスキュル『生物から見た世界』岩波書店（文庫）二〇〇五年
デュボス『内なる神』蒼樹書房　一九七四年
デュボス『人間であるために』紀伊國屋書店　一九七〇年
ボーム『全体性と内蔵秩序』青土社　二〇〇五年
ラッセル『宗教は必要か』荒地出版社　一九六八年
池田大作『生命を語る』（池田大作全集第9巻）聖教新聞社　一九九五年
佐々木現順『人間――その宗教と民族性』第三文明社　一九八一年
キャラハン『老いの医療』早川書房　一九九〇年
マッキンタイア『依存的な理性的動物』法政大学出版局　二〇一八年

ティリッヒ『生きる勇気』(ティリッヒ著作集第9巻) 白水社　一九七八年
吉原浩人編『東洋における死の思想』春秋社　二〇〇六年
ピンカー『人間の本性を考える』日本放送出版協会　二〇〇四年

第三章

田村芳朗・新田雅章『智顗』大蔵出版　一九八二年
中野信子『脳科学からみた「祈り」』潮出版社　二〇一一年
『宗教学辞典』東京大学出版会　一九七三年
堅樹日寛『日寛上人文段集』聖教新聞社　一九八〇年
須田晴夫『日興門流と創価学会』鳥影社　二〇一八年
池田大作『輝きの人間世紀へ』聖教新聞社　二〇〇三年
『宗義大綱読本』日蓮宗新聞社　一九八九年

第四章

ジェイムズ『宗教的体験の諸相　上下』岩波書店(文庫)　一九六九年
須田晴夫『新版　日蓮の思想と生涯』鳥影社　二〇一六年
加地伸行『儒教とは何か』中央公論社　一九九〇年
浅野裕一『儒教』講談社(学術文庫)　二〇一七年
黄文雄『儒教の本質と呪縛』勉誠出版　二〇一八年

小川環樹・森三樹三郎訳『老子・荘子』（世界の名著4）中央公論社　一九六八年
浅野裕一『老子と上天』ぷねうま舎　二〇一六年
浅野裕一『古代中国の文明観』岩波書店　二〇〇五年
『岩波講座・東洋思想第13巻　中国宗教思想1』岩波書店　一九九〇年
横手裕『中国道教の展開』山川出版社　二〇〇八年
岸本芳雄『神道入門』建帛社　一九七二年
伊藤聡『神道とは何か』中央公論新社（新書）二〇一二年
井上寛司『「神道」の虚像と実像』講談社　二〇一一年
津田左右吉『古事記及び日本書紀の研究』毎日ワンズ　二〇一八年　原著一九二四年
神野志隆光『古事記と日本書紀』講談社（新書）一九九九年
佐藤弘夫『アマテラスの変貌』法蔵館（文庫）二〇二〇年　原著二〇〇〇年
家永三郎ほか『日本古典文学大系　日本書紀　上』岩波書店　一九九三年
石田一良編『神道思想集』筑摩書房　一九七〇年
村上重良『国家神道』岩波書店（新書）一九七〇年
大江志乃夫『靖国神社』岩波書店（新書）一九八四年
桜井徳太郎『霊魂観の系譜』講談社　一九八九年
加藤玄智『本邦生祠の研究』国書刊行会　一九八五年
牧口常三郎『牧口常三郎全集第10巻』第三文明社　一九八七年
芦部信喜『憲法学Ⅲ　人権各論（1）』有斐閣　二〇〇〇年

山我哲雄『一神教の起源』筑摩書房　二〇一三年
ヴェーバー『古代ユダヤ教』岩波書店（文庫）一九九六年
加藤隆『旧約聖書の誕生』筑摩書房（文庫）二〇一一年
フック『オリエント神話と聖書』山本書店　一九六七年
ラーンジュ『ユダヤ教入門』岩波書店　二〇〇二年
マクグラス『キリスト教神学入門』教文館　二〇〇二年
米倉充『キリスト教概説』創文社　一九六八年
マック『キリスト教という神話』青土社　二〇〇三年
アウグスティヌス『告白』岩波書店（文庫）一九七六年
ホーキング『ビッグ・クエスチョン』ＮＨＫ出版　二〇一九年
ドーキンス『神は妄想である』早川書房　二〇〇七年
アーマン『破綻した神キリスト』柏書房　二〇〇八年
ボンフェッファー『抵抗と信従』（『ボンフェッファー著作集』第5巻）新教出版社　一九六四年
ホワイトヘッド『宗教の形成』理想社　一九六七年
フォイエルバッハ『キリスト教の本質』岩波書店（文庫）一九六五年
フロイト『幻想の未来』光文社（文庫）二〇〇七年
バルト『ローマ書講解』平凡社　二〇二〇年
ブルトマン『歴史と終末論』岩波書店　一九五九年
ティリッヒ『組織神学』新教出版社　一九九〇年

レーヴィット『世界と世界史』岩波書店　二〇〇六年
ルノワール『イエスはいかにして神となったか』春秋社　二〇一二年
栗林輝夫『現代神学の最前線』新教出版社　二〇〇四年
テイラー『今日の宗教の諸相』岩波書店　二〇〇九年
松山洋平『イスラーム神学』作品社　二〇一六年
飯山陽『イスラム教の論理』新潮社　二〇一八年
木村泰賢『印度哲学宗教史』（木村泰賢全集第1巻）大法輪閣　一九六九年
木村泰賢『小乗仏教思想論』（木村泰賢全集第5巻）大法輪閣　一九六八年
中村元『ゴータマ・ブッダ　Ⅰ・Ⅱ』（中村元選集第11巻・第12巻）春秋社　一九九二年
中村元『インド思想史』岩波書店　一九六八年
中村元『原始仏教　その思想と生活』日本放送出版協会　一九七〇年
平川彰『インド仏教史　上下』春秋社　一九七四年
早島鏡正『初期仏教と社会生活』岩波書店　一九六四年
桜部建・上山春平『存在の分析〈アビダルマ〉』角川書店　一九六九年
『講座・大乗仏教』（全10巻）春秋社　一九八五年
玄奘『大唐西域記』（大乗仏典〈中国・日本篇〉第9巻）中央公論社　一九八七年
岩本裕『仏教の虚像と実像』（岩本裕著作集第1巻）同朋舎出版　一九八八年
岩本裕『極楽と地獄』三一書房　一九六五年
岩本裕『佛教入門』中央公論社（新書）一九六四年

『浄土三部経　上下』岩波書店（文庫）一九六三年
藤田宏達『原始浄土思想の研究』岩波書店　一九七〇年
勝呂信静『法華経の成立と思想』大東出版社　一九九三年
石田瑞麿『日本思想大系6　源信』岩波書店　一九七〇年
井上光貞『新訂　日本浄土教成立史の研究』山川出版社一九七五年
塚本善隆編『日本の名著　法然』中央公論社　一九七一年
石田瑞麿編『日本の名著　親鸞』中央公論社　一九六九年
『岩波講座・東洋思想第9巻　インド仏教2』岩波書店一九八八年
松長有慶編著『インド密教の形成と展開』法蔵館　一九九八年
金岡秀友『密教の哲学』平楽寺書店　一九六九年
津田真一『梵文和訳金剛頂経』春秋社　二〇一六年
田中公明『超密教　時輪タントラ』東方出版　一九九四年
速水侑『呪術宗教の世界』塙書房　一九八七年
塚本善隆『中国仏教通史　第1巻』鈴木学術財団　一九六八年
森三樹三郎『中国思想史　上下』第三文明社　一九七八年
鎌田茂雄『中国仏教史』岩波書店　一九七九年
安藤俊雄『天台学』平楽寺書店　一九六八年
鎌田茂雄・上山春平『無限の世界観〈華厳〉』角川書店　一九六九年
柳田聖山・梅原猛『無の探究〈中国禅〉』角川書店　一九六九年

関口真大『禅宗思想史』山喜房仏書林　一九六四年
入矢義高訳注『臨済録』岩波書店（文庫）一九八九年
伊藤隆寿『中国仏教の批判的研究』大蔵出版　一九九二年
伊吹敦『禅の歴史』法蔵館　二〇〇一年
ヴィクトリア『禅と戦争』光人社　二〇〇一年
市川白弦『日本ファシズム下の宗教』エヌエス出版会　一九七五年
ブラッカー『あずさ弓』岩波書店　一九七九年
フロム『精神分析と宗教』東京創元社　一九五三年
フロム『人間における自由』東京創元社　一九五五年

第五章

キケロ『法律について』（世界の名著13）中央公論社　一九六八年
牧口常三郎『価値論』第三文明社　一九七九年
村尾行一『牧口常三郎の「価値論」を読む』第三文明社　一九九八年
ヴェーバー『社会科学と社会政策にかかわる認識の「客観性」』岩波書店（文庫）一九九八年
仏教思想研究会編『仏教思想４　恩』平楽寺書店　一九七九年
中村元訳『ブッダのことば』岩波書店（文庫）一九八四年
シンガー『実践の倫理』昭和堂　一九九九年
フランクル『それでも人生にイエスと言う』春秋社　一九九三年

加藤尚武・加茂直樹編『生命倫理学を学ぶ人のために』世界思想社　一九九八年
玉井真理子・大谷いづみ編『はじめて出会う生命倫理』有斐閣　二〇一一年
小松光彦ほか編『倫理学案内』慶応義塾大学出版会　二〇〇六年
宮沢俊義『憲法Ⅱ』（法律学全集４）有斐閣　一九七四年
トドロフ『民主主義の内なる敵』みすず書房　二〇一六年
水島治郎『ポピュリズムとは何か』中央公論新社（新書）二〇一六年
ピンカー『21世紀の啓蒙　上下』草思社　二〇一九年
セン『人間の安全保障』集英社　二〇〇六年
岩崎武雄『倫理学』有斐閣　一九七一年
ヘンディン『操られる死』時事通信社　二〇〇〇年
トインビー、池田大作『二十一世紀への対話　上下』聖教新聞社　二〇〇二年
団藤重光『死刑廃止論（第六版）』有斐閣二〇〇〇年
中村元『宗教と社会倫理』岩波書店　一九五九年
牧口常三郎『人生地理学』（牧口常三郎全集第1巻・第2巻）第三文明社　一九八三年
小松美彦『生権力の歴史』青土社　二〇一二年
松田純『安楽死・尊厳死の現在』中央公論新社（新書）二〇一八年

第七章

シューマッハー『スモール　イズ　ビューティフル』講談社（学術文庫）一九八九年

スポンヴィル『資本主義に徳はあるか』紀伊国屋書店　二〇〇六年
日本経済新聞社編『リーマン・ショック5年目の真実』日本経済新聞出版社　二〇一四年
蟹江憲史『SDGs』中央公論新社（新書）二〇二〇年
仲村和代・藤田さつき『大量廃棄社会』光文社（新書）二〇一九年
インホフ編『動物工場』緑風出版　二〇一六年
田上孝一『はじめての動物倫理学』集英社（新書）二〇二一年
ジャルダン『環境倫理学』人間の科学新社　二〇〇五年
古沢広祐『地球文明ビジョン』日本放送出版協会　一九九五年
サックス『地球全体を幸福にする経済学』早川書房　二〇〇九年
伊東俊太郎『文明と自然』刀水書房　二〇〇二年
梅原猛編『講座 文明と環境15　新たな文明の創造』朝倉書店　一九九六年
飯山陽『イスラム2・0』河出書房新社（新書）二〇一九年

〈著者紹介〉
須田晴夫（すだ はるお）
1952 年 2 月、東京生まれ。
1977 年 3 月、東京大学法学部卒業。
2012 年 2 月、団体職員定年退職。
論文：「西田哲学と『中道』の論理」
「神の変貌」、その他
著書：『新版 日蓮の思想と生涯』、『日興門流と創価学会』（ともに鳥影社）
『改訂版 新法華経論 現代語訳と各品解説』（電子書籍）
訳書：『現代語訳　人生地理学』上下（電子書籍）

新版 生命変革の哲学
—日蓮仏教の可能性

2024年7月3日初版第1刷発行
著　者　須田 晴夫
発行者　百瀬 精一
発行所　鳥影社 (choeisha.com)
〒160-0023 東京都新宿区西新宿3-5-12トーカン新宿7F
電話 03-5948-6470, FAX 0120-586-771
〒392-0012 長野県諏訪市四賀229-1（本社・編集室）
電話 0266-53-2903, FAX 0266-58-6771
印刷・製本　モリモト印刷

ISBN978-4-86782-100-8　C0010